本书由西北政法大学出版基金及陕西省社会科学基金项目（2016F010）资助出版

环境司法文库　　　王树义　王旭光　主编

国家2011计划司法文明协同创新中心
最高人民法院环境资源司法理论研究基地（武汉大学）

决胜绿色法庭：
生态文明建设司法保障机制研究

Wins in the Green Tribunals:
On the Judicial Protection Mechanism of the Construction of Ecological Civilization

王继恒　著

中国社会科学出版社

图书在版编目（CIP）数据

决胜绿色法庭：生态文明建设司法保障机制研究／王继恒著．—北京：中国社会科学出版社，2021.3

（环境司法文库）

ISBN 978-7-5203-8005-8

Ⅰ.①决⋯　Ⅱ.①王⋯　Ⅲ.①生态环境—环境保护法—研究—中国　Ⅳ.①D922.684

中国版本图书馆 CIP 数据核字（2021）第 038288 号

出版人	赵剑英
责任编辑	梁剑琴
责任校对	周　昊
责任印制	郝美娜

出　版	中国社会科学出版社
社　址	北京鼓楼西大街甲 158 号
邮　编	100720
网　址	http://www.csspw.cn
发行部	010-84083685
门市部	010-84029450
经　销	新华书店及其他书店
印　刷	北京君升印刷有限公司
装　订	廊坊市广阳区广增装订厂
版　次	2021 年 3 月第 1 版
印　次	2021 年 3 月第 1 次印刷
开　本	710×1000　1/16
印　张	18.5
插　页	2
字　数	313 千字
定　价	108.00 元

凡购买中国社会科学出版社图书，如有质量问题请与本社营销中心联系调换
电话：010-84083683
版权所有　侵权必究

总　　序

　　司法是适用或执行法律的活动，随法律的产生而产生，亦随法律的变化而变化，呈动态的过程。

　　我国的环境司法是二十世纪七十年代末八十年代初，随着我国环境立法的产生而出现的一种司法现象，至今只有短短三十余年的历史。历史虽短，但发展很快，新问题也很多，例如环境司法专门化、环境公益诉讼、环境权利的可诉性、环境案件的受案范围、审理程序、"三审合一"、跨区域管辖、气候变化诉讼、证据规则、生态性司法、环境法律责任的实现方式、环境诉讼中的科学证据、专家证人等。这些问题几乎都是近十年来逐渐出现的，并且还在不断产生，亟待环境法学理论界和环境法律实务界的关注和深入研究。

　　国家 2011 计划司法文明协同创新中心是 2013 年经教育部和财政部批准设立的一个学术研究协同创新平台，中国政法大学为协同创新中心的牵头高校，武汉大学、吉林大学和浙江大学为主要协同高校。其他协同单位还有最高人民法院、最高人民检察院、中国法学会、中华全国律师协会等。协同创新中心担负五大任务，即探索科学的司法理论，研究构建先进的司法制度，促进司法的规范运作，培养卓越的司法人才，培育理性的司法文化。协同创新中心的活动宗旨和历史使命是，促进我国司法的文明化进程，加强我国司法文明的软实力，助力法治中国建设，提升我国司法文明在当代世界文明体系中的认同度和话语权。环境司法和环境司法文明是我国司法和司法文明的一个重要组成部分，尤其在用严密的环境法治和最严格的环境法律制度推进和保障生态文明建设的今天，显得更为重要。因此，环境司法的理论、实践和文明发展，无疑是司法文明协同创新中心关注的重点。

　　最高人民法院环境资源司法理论研究基地（武汉大学）是最高人民法院在武汉大学设立的一个专门从事环境资源司法理论研究的机构，研究范围包括中外环境司法理念、理论、环境司法制度、环境司法运行、环境司法改革以及环境司法文化等。

　　国家 2011 司法文明协同创新中心和最高人民法院环境资源司法理论研究基地（武汉大学）共同推出的《环境司法文库》，旨在建立一个专门的学术平台，鼓励和促进环境司法问题研究。《环境司法文库》向国内外所有专家、学者和司法实务工作者开放，每年推出数本有新意、有理论深度、有学术分量的专著、译著和编著。恳请各位专家、学者、司法实务工作者不吝赐稿。让我们共同努力，为我国环境司法的健康发展，为环境司法文明建设作出力所能及的贡献。

国家 2011 计划司法文明协同创新中心联席主任
最高人民法院环境资源司法理论研究基地（武汉大学）主任
王树义
2016 年 6 月 16 日

目　　录

第一章　因时顺理：生态文明与生态法律文明 …………………（1）
第一节　生态文明：人类文明发展的必然选择 ………………（2）
一　文明及其历史演进 ……………………………………（2）
二　生态文明：人类文明的新范式 ………………………（6）
第二节　生态法律文明：生态文明建设的重要依托和可靠保障
　…………………………………………………………………（12）
一　生态法律制度与生态文明建设 ………………………（12）
二　兹事体大：生态文明建设中的环境法制变革 ………（24）

第二章　道以明向：生态环境司法保护的理论逻辑 ……………（33）
第一节　环境司法的基本范畴 …………………………………（33）
一　环境司法的概念、特点和功能 ………………………（33）
二　"专门化"：环境司法发展的重要维度 ………………（45）
第二节　环境司法专门化的合理性和正当性之辩 ……………（50）
一　环境司法专门化的必然性和必要性 …………………（50）
二　环境司法专门化的现实可行性：理论和实践基础 …（55）
第三节　环境司法改革与环境司法专门化 ……………………（60）
一　在工具理性与价值理性之间：我们需要什么样的环境
　　司法 ……………………………………………………（60）
二　在理想与现实之间：以环境司法改革推动"专门化"的
　　再发展 …………………………………………………（62）

第三章　如切如磋：生态环境司法保护机制的创新实践及问题
　　　　检视 ………………………………………………………（65）
第一节　破而后立晓喻新生：数说环境资源审判领域的作为 …（65）
一　破茧成蝶示范全国的奇迹：环境司法的贵州实践 …（65）
二　环保法庭一度最多的省份：环境司法的云南实践 …（78）

三　"三合一"审判的创新典范：环境司法的江苏实践 ……… (85)
　　　四　三级法院设环境法庭第一省：环境司法的海南实践 …… (111)
　　　五　司法审判助力"三秦"环境保护："陕西新军"的
　　　　　实践探索 ……………………………………………………… (123)
　　第二节　在边缘处思考：环境司法专门化的实践检视 …………… (144)
　　　一　回顾与展望：环境司法地方实践梳理与经验总结 ……… (144)
　　　二　"问症"环境司法：专门化面临的问题与挑战………… (152)

第四章　他山之石：域外生态环境司法保护机制及经验分析 …… (175)
　　第一节　环境审判的历史转型：国际社会专门环境法院和
　　　　　　法庭的发展 …………………………………………………… (175)
　　　一　环境法院和法庭"全球化"发展趋势的根源 …………… (175)
　　　二　环境法院和法庭的运行模式 ……………………………… (180)
　　第二节　欧盟环境司法 ……………………………………………… (182)
　　　一　欧洲法院及对欧盟环境政策与法律的影响 ……………… (183)
　　　二　欧盟提起环境诉讼的依据 ………………………………… (185)
　　　三　欧盟成员国的环境司法实践 ……………………………… (186)
　　第三节　其他国家环境司法最佳实践疏议 ………………………… (199)
　　　一　世界首家环境法院：澳大利亚新南威尔士州土地与
　　　　　环境法院 ……………………………………………………… (199)
　　　二　美国最早的专门环境法院：佛蒙特州环境法院 ………… (205)
　　　三　环境法院成功运作的世界典范：新西兰环境法院 ……… (211)
　　　四　印度的环保"司法堡垒"：国家绿色法庭 ……………… (219)
　　第四节　域外环境司法成功经验：共性规律及其趋势 …………… (227)
　　　一　完善的环境法律制度体系 ………………………………… (228)
　　　二　综合且集中的管辖权 ……………………………………… (231)
　　　三　健全的审判保障机制 ……………………………………… (232)
　　　四　环境案件审理方式的多元化 ……………………………… (234)
　　　五　有效的诉讼支持手段 ……………………………………… (235)

第五章　鉴往知来：我国生态环境司法保护机制的完善与发展 … (237)
　　第一节　向内求取向新而行：走符合国情的特色化环境司法
　　　　　　之路是王道 …………………………………………………… (237)
　　　一　厚筑环境司法专门化的法制基础 ………………………… (238)

二　建立维护环境权益的专门司法途径——环境法院 ……… (240)
三　完善审判程序 ……………………………………… (246)
四　拓宽案件来源 ……………………………………… (253)
五　完善审判保障机制 ………………………………… (261)
六　共画公益保护最大同心圆：健全环保与司法的协调联动执法机制，增强国家环境司法力量 ……………… (267)

第二节　直挂云帆济沧海：直面新时代中国环境司法面临的新机遇新挑战 …………………………………… (269)
一　途正可登顶：以制度自信推进制度建设 ………… (269)
二　有为才有位：直面新时代环境司法面临的挑战 … (272)
三　在守正创新中昭示自觉：构建"中国之治"环境司法新格局 ……………………………………………… (273)

结语　以司法的名义助力生态文明建设 ……………… (277)
参考文献 ……………………………………………………… (282)
后　记 ………………………………………………………… (285)

第一章　因时顺理：生态文明与生态法律文明

生态兴则文明兴、生态衰则文明衰是对人类文明发展规律的深邃思考。生态文明、美丽中国、人与自然和谐，是中华民族伟大复兴中国梦的历史必然、时代应然。作为中华民族永续发展、人类社会持续共存的千年大计，建设生态文明已然是重要且急迫的课题。因此，有必要从制度上明确生态文明建设的前进方向和工作要求，推动新时代生态文明建设行稳致远。

继党的十八大报告将生态文明建设纳入中国特色社会主义"五位一体"总体布局后，党的十九大报告又首次提出建设"富强民主文明和谐美丽"的现代化强国目标，从而使"美丽"成为社会主义现代化建设的绿色属性和醒目底色。

对生态文明的高度重视，在党的根本大法中也得到了充分体现。例如，党章修改中增加了生态文明的内容，明确提出"中国共产党领导人民建设社会主义生态文明"[1]。

2018年3月11日，十三届全国人大审议通过的《宪法修正案》将"生态文明建设"的重要内容历史性地写入宪法，顺应了时代发展的大势和党心民心之所向，为生态环境法治建设提供了新的动力和保障，体现了党和国家对生态环境问题的高度重视，也反映了新时代背景下对社会经济发展路径转变、优化升级的深刻理解。

宪法上的生态文明是对人的尊严价值的彰显和保障。人的尊严与幸福，是现代宪法的核心价值。在当代社会，人的尊严的实现离不开良好环境的支撑。因为，"良好的生态环境是最公平的公共产品，是最普惠的民

---

[1] 《中国共产党章程》（中国共产党第十九次全国代表大会部分修改，2017年10月24日通过）"总纲"第19自然段。

生福祉"①。只有保护好自然环境,才能更好地保障和实现人民不断增长的美好生活需要和促进人的自由而全面发展的价值目标。

在宪法中明确规定生态文明建设最根本目的是保障人民福祉。在新时代背景下,实现生态环境根本好转和生态文明建设全面提升,事关人民的生存和发展权益。因此,以宪法之名确立生态文明的重要性,也就不单是宪法意义上的法律确认,更彰显着中华文明对于美好生活、个人发展等人类重大命题的认识和理解。

第一节 生态文明:人类文明发展的必然选择

一 文明及其历史演进

(一)何为文明

不言而喻,在不同的历史时期和不同的语境中"文明"一词的含义有所不同。一般来说,文明总是与蒙昧、野蛮、无知、落后、粗鄙、低级等民智初开的状态相对称,而与开化、进步、光明等状态相关联的一个概念,泛指人类社会形态进入一个相对于"野蛮"而更为高级的状态,它是反映人类社会进步和开化程度的标志和尺度。例如,19世纪的日本学者福泽谕吉就曾说过:"文明是一个相对的词,其范围之大是无边无际的,因此只能说它是摆脱野蛮状态而逐步前进的东西。"② 在现代汉语中,"文明"一词也反映了这种意思,是指人类社会发展到较高阶段并具有较高文化的状态。

汉语"文明"一词在中国古代典籍中很早就已出现。例如,《周易·乾卦》中曰:"见龙在田,天下文明";《周易·贲卦》说:"刚柔交错,天文也;文明以止,人文也。"唐人孔颖达注疏《尚书》时将"文明"解释为:"经天纬地曰文,照临四方曰明。"又说:"文明,离也,以止良也。用以文明之道,截至人也,是人之文德之教。"还说:"天下文明者,阳气在田,始生万物,故天下有章而光明也。"可见,古人解释"文

---

① 中共中央文献研究室:《习近平关于社会主义生态文明建设论述摘编》,中央文献出版社2017年版,第127页。

② [日]福泽谕吉:《文明论概略》,北京编译社译,商务印书馆1995年版,第30页。

明"既包含"以文明人"或"以文明德"的人文教化摆脱或驱除愚昧由野蛮而渐至文雅之意,也指与自然天象相对的属于人文范畴的观念和制度。①

在西文的语境中,文明通常与蒙昧(uncivilization)和野蛮(barbarism)相对,反映着社会进步的程度,它是人类创造的积极成果。思想家摩尔根的《古代社会》和恩格斯的《家庭、私有制和国家的起源》,都曾从这个意义上论及文明。例如,摩尔根根据社会发展时序,将人类历史进程划分为蒙昧、野蛮、文明几个阶段。恩格斯在《家庭、私有制和国家的起源》这部著作中,沿用了摩尔根《古代社会》一书中的历史分期法。

另外,从国外各种辞书中关于"文明"一语的解释来看,情况也大抵如此。例如,1961年法国的《世界百科全书》将"文明"解释为:"开化的社会"或"高度发达的社会"以及"文明事业"等。又如,1964年的《英国大百科全书》认为:"文明是包括语言、宗教、信仰、道德、艺术和人类思想与理想的表述"。再如,1978年的《苏联大百科全书》中称:"文明是社会发展、物质文化和精神文化的水平和程度。"总之,它们都程度不同地表明,文明是指人类社会的开化程度和进步状态。

从词源上看,英文中的"文明"(Civilization)一词源于拉丁文"Civis",是古希腊"城邦"的代称,其最初的含义是指城市的居民以及人们生活于城市和社会集团中的能力,后引申为一种先进的社会和文化发展状态以及达到这种状态的过程,其涉及的领域广泛,包括民族意识、技术水平、礼仪规范、宗教思想、风俗习惯以及科学知识的发展等。按照美国政治学家塞缪尔·亨廷顿的认识,文明的观点是相对于"野蛮状态"而由18世纪法国思想家提出来的。它是"世界观、习俗和文化(物质文化和高层文化)的特殊联结。它形成了某种历史的总和"②。正是从这种观点出发,亨廷顿把人类的历史看作一部文明的演化史。

那么,何为文明呢?具体而言,所谓"文明"是指"人类借助科学、技术等手段来改造客观世界,通过法律、道德等制度来协调群体关系,借助宗教、艺术等形式来调节自身情感,从而最大限度地满足基本需要、实

---

① 参见冯时《见龙在田天下文明:从西水坡宗教遗存论到上古时代的天文与人文》,《濮阳职业技术学院学报》2012年第3期。

② [美]塞缪尔·亨廷顿:《文明的冲突与世界秩序的重建》,周琪等译,新华出版社2002年版,第20页。

现全面发展所达到的程度"①。之所以这样说，是因为"人作为一种'类存在'，至少具有使用和制造工具（包括一切科学手段）、依赖和凭借社会关系（包括一切社会制度）、渴望和追求情感慰藉（包括一切精神享受）这三个基本特征。唯其如此，人类才可能有对真的探索、对善的追求、对美的创造"②。

文明的这一属人的含义表明，文明是一个存在于人自身，反映着整体的人的存在状态和发展状态的整体概念，是人的劳动实践的自觉性和能动性在人身上的实现程度，这就是所谓的文明。关于这一点，哲学家黄枬森曾言："两个文明的建设③，从一定意义上讲，都是人的建设。物质文明是人的实践能力的标志，精神文明是人的思想水平的标志。"④ 这说明，文明作为人类特有的存在方式，是直接与人相对应的，是人的能动性的整体呈现。

总之，文明是人类文化发展的成果（包括物质文化、制度文化和精神文化），是人类改造世界所取得的物质和精神成果的总和，以及通过这种成果的总和所表现出来的人类社会进步和发展的水平及程度。⑤

（二）人类文明的历史演进

历史充满着辩证法。人类文明的历史进化之路，不是由哪个先知先觉者规划和设计出来的会如约前来、如期而至，而是在一个充满了矛盾性和复杂性的过程中辩证发展的艰难历史进程。在文明演进的过程中，一方面总会馈赠人类以新的物质和精神成果，另一方面也会把发展中衍生的新的

---

① 陈炎：《"文明"与"文化"》，《学术月刊》2001年第2期。
② 同上。
③ 人类对文明的认识和实践会随着社会发展不断深化和拓展。从改革开放之初党和政府提出物质文明和精神文明两个文明建设的任务，到21世纪初提出"政治文明"的概念，使原来的"两个文明"建设转变为"三个文明"建设，再到党的十七大正式提出"生态文明"的概念，从而使"三个文明"建设转变为"四个文明"建设，充分说明了我们党和政府对全面建设文明社会认识的深化和发展。既适应了不同历史时期改革和现代化建设不断深化的要求，也反映了改革和现代化建设必须走科学发展之路的历史规律。
④ 《黄枬森文集》（第六卷），中央编译出版社2012年版，第191页。
⑤ 文明有广狭两义，可泛指人类文化发展成果的总和，也可特指人类文化发展的特定阶段，如一个区域、一个社会、一个时代或一个民族所具有的生产方式、物质生活及精神生活这样一个局部性的整体。美国学者摩尔根根据社会发展时序，将人类进程划分为蒙昧、野蛮、文明几个阶段。原始社会本质上属于蒙昧和野蛮时代，因为它还没有完全从动物界走出来。因此，原始的蒙昧和野蛮时期应当不在文明之列，真正文明的时代是指人类进入农业社会之后的一种文明状态。

问题和矛盾带入历史过程之中。新的问题和矛盾既可能是摧毁文明的力量，也可能是文明的助产婆和推动文明不断更新形态以适应人类生存发展需要的动力之源。正因为如此，才使得人类文明的发展之路充满了坎坷和诸多不确定性，既可能面临凶险、危机重重甚至招致文明的毁灭，也可能逢凶化吉、转危为安，从而实现文明的转型跨越。而这一切无不考验着人类的生存智慧和处事能力，也取决于人类自身的自我觉醒和理性认知。这既是历史的必然，又是主体的自觉选择。

文明反映着人类与自然的矛盾。一部人类文明的发展史，就是一部人与自然的关系史。生态兴则文明兴，生态衰则文明衰。自然生态的变迁决定着人类文明的兴衰更替，这已成为人类文明发展不可逾越的普遍定律。正如美国生态学家卡特在《表土与人类文明》一书中所说的："文明之所以会在孕育了这些文明的故乡衰落，主要是由于人们糟蹋或者毁坏了帮助人类发展文明的环境。"①

纵观历史发展，随着文明的推进，从文明的萌芽、到文明的跨越、再到文明的深化，人类文明先后经历了原始文明（先文明时期）、农业文明（次生文明时期）和工业文明（继生文明时期）三种社会形态，现在正处在文明的过渡、转换乃至超越的重要历史关节点上。按理说，文明作为人类特有的存在方式，随着它的历史演进，人与自然的矛盾应不断趋于和谐，但事实正好相反，文明的发展不仅没有使这对矛盾缓和，而且在不断地加剧着二者之间的对抗和冲突。更有甚者，当今这种对抗和冲突所引发的"公地悲剧"，最终也带来了人类生存和发展的危机。

历史上，人类每一次对自然的胜利，其实都遭到了自然的报复。生态问题是在农业文明发展过程中出现的一种新的社会矛盾。② 据历史考证，曾辉煌一时的古代文明，如古埃及文明、古巴比伦文明、古希腊文明和玛雅文明等之所以衰落并最终难逃毁灭的命运，皆源于文明所赖以生存的根基——自然生态环境遭到严重破坏，这几乎成为农业文明不可逃脱的一种历史宿命。

工业文明同样难逃历史的辩证法。我们知道，自人类进入工业文明时

---

① ［美］弗·卡特等：《表土与人类文明》，庄崚等译，中国环境科学出版社1987年版，第5页。
② 生态问题在原始文明时期不能说不存在，只不过从总体上看，在原始文明时代，生态问题还是潜在的，还没有成为一个严重的社会问题，因而也就没有相对独立出来。

代以来的短短三百余年间,其所创造的科技成果和经济成就曾使得整个世界焕然一新。然而,在其令人目眩的辉煌背后,却是环境污染、资源枯竭、生态危机的灾难对人类乃至生物生存的威胁。最终,建立在掠夺和奴役大自然基础之上的工业文明在创造人类文明奇迹的同时,也把人类推到了濒于毁灭的边缘。显然,要真正解决人与自然尖锐对抗的矛盾,使人与自然的关系达到一种和谐的状态,根本的出路还在于超越工业文明本身,构建一个本质上能够与自然和谐相处的新的文明形态。

二 生态文明:人类文明的新范式

(一) 文明的变革:生态文明之构建

生态文明作为一种新的文明范式,是在人类文明经历了数万年的发展之后,是在工业文明激烈的内在矛盾和冲突中脱颖而出的新的文明形态。生态文明作为人类社会进步的重大成果,是实现人与自然和谐发展的必然要求。目前,生态文明已经不再局限于一种思想观念上的存在,而是已然成为世界各国在经济社会发展过程中要求保护生态环境、协调人与自然关系方面的生动实践。在当代,超越工业文明构建生态文明,已经成为世人的共识。① 尽管,作为未来文明的一种美好的社会形态,生态文明才开始展露端倪,但无论如何可以肯定的是,生态文明不仅仅是一次有意义的理论创新,更是一种有意义的实践活动。

正确认识和领会生态文明的本质内涵,是开展生态文明建设的首要前提和基础。生态文明是一个众说纷纭的新话题,对其具体内涵和实现方式的认知见仁见智。不过,不同的理解和看法也恰好说明,生态文明是一个内涵丰富、包容性强的概念。但不管怎样,欲了解生态文明先得了解传统社会的文明是怎样的,或者说需要了解生态文明是在什么样的基础上提出的。

在我们看来,作为人类文明的一种生态化新模式,生态文明主要是在针对传统文明,特别是工业文明"反自然"特性的缺陷和弊端所造成的生态危机的基础上提出的新的文明形态。而生态危机,正如有学者所说

---

① 生态文明作为未来的一种文明形态,它对于工业文明的超越是一个辩证的扬弃过程,超越不意味着全盘否定,也不等于抛弃,更不是毁灭,而是在继承和吸收工业文明及其成果的基础上发展出更为高级的生态文明。

的，它是一个"专门用来表明人类活动与自然关系的概念，主要指由于人类不合理的活动，导致基本生态过程即生态结构与功能的破坏和生命维持系统的瓦解，从而危害人类存在的现象"①。从表现上看，生态危机主要是环境污染、资源破坏以及生态恶化等现象，但其实质却是人类存在方式的危机，是人类文明的危机。要解决这些问题，就必须对工业文明的诸多不利于人与自然和谐发展的方面有所改造，不仅要求人类用更文明的方式对待大自然，而且要求人类必须在价值观、生产方式、生活方式、社会制度等方面都体现出一种人与自然能够协调发展的崭新面貌。在此意义上，可以说生态文明是一种后工业文明，是人类社会对传统工业文明"天人对立"的弊端所造成的恶果进行反思，并在探索"另外道路"的努力中提出的一种新的人类文明发展形态。

文明反映着人类与自然的矛盾，但不同的文明方式在对待和处理人与自然的关系方面却截然不同。在历史的长河中，人类文明发展的历史进程其实是一部"以人类为中心"征服自然和改造自然的历史，同时也是一部大自然惨遭人类贪婪索取和肆意破坏的"血泪"史。自工业革命以来，特别是20世纪中叶以来，大规模、高速度发展的现代生产活动，造成了人与自然矛盾的尖锐对立和冲突，引发了诸如环境污染、资源枯竭、土地沙化、物种灭绝、全球变暖和臭氧层空洞等一系列的环境问题，严重威胁人类的生存和发展。可以说，人类整个现代文明就是在人类统治自然的基础上发展起来的。历史已告诉我们，在人与自然对抗与冲突的基础上创造的文明，必然是生命之绿的衰减愈演愈烈的文明，也注定是不可持续的文明。因此，人类必须吸取旧的工业文明的教训，实现现代文明的生态转向，建立新的文明形态——生态文明。

之所以作出这样的判断，其理由在于，文明作为人类存在的特有方式，它产生于人类与自然的矛盾，又在这一矛盾的推动下不断前行。正如有学者所指出的：判断人类文明发展趋势的正确方法是分析其内在的矛盾，并从这种矛盾中找到未来文明发展的方向。现在，人类文明面临的最大困境就是经济社会的快速发展与资源环境之间的矛盾。未来的文明必须也只能在化解这些矛盾的基础上产生，这决定了未来的文明形态必然是一种能够正确处理人与自然矛盾、实现可持续发展的文明，而这样的文明只

---

① 余谋昌：《当代社会与环境科学》，辽宁人民出版社1986年版，第213页。

能是生态文明。①

与传统文明截然不同的是，生态文明是一种在尊重自然的基础上发展起来的与自然亲和的文明、一种能够重建和催生自然之绿的文明，它首先是以要求人与自然建立和谐关系为主导和标志，使之更适合人类生存和发展的新的文明形态。进而言之，这种文明形态在人与自然的关系上所呈现的是这样一种新型的天人关系："在这种关系中，无论是自然之天，还是作为主体的人，都循'道'而动，彼此相互作用，相互依存，协调发展，既不以人为中心，也不以物为中心，而是以'道'即规律为基础，以人与自然的和谐关系为中心，在相互对立而又相互统一中保持共存共生的友好关系。"② 尽管，我们无力给生态文明下一个确切的定义，也难以描绘和详述出未来生态文明这种新的文明形态的更多内容和具体细节，但是这种文明形态所具有的遵循生态规律、使人类文明建立在永续发展的基础之上的本质特征，却是完全可以肯定的。因为，"优良秀美的地球生态环境是人类文明繁荣发展的基础和前提，人类文明必须把保持自然生态环境系统的正常运转作为其重要标志之一"③。

人类要尊重自身，首先要尊重自然，在自然规律所允许的范围内与自然界进行物质能量的交换，否则必然会遭到自然的报复。以史为镜，鉴往知来。生态文明作为人类文明未来发展的方向，必然是把旧的"以人类为中心"的发展转向人类与自然持续协调发展的轨道上来，在人类的行为与生态的关系方面强调，把"生态系统的美丽、完整和稳定作为判定人的行为是否正确的重要因素"；在人类的生存和发展与环境的关系方面，强调自然界的生态优化是人类生存的基础和发展的保障。因为，只有这样才能从根本上实现人与自然的和谐，真正把人类带向"希望之乡"。

（二）权利与治理：对美好生活的向往蕴含生态文明建设的价值论基础

建设生态文明是关系人民福祉、关乎民族未来的大计，是实现中华民族伟大复兴中国梦的重要内容。建设生态文明就是要以资源环境承载能力为基础，以自然规律为准则，以可持续发展、人与自然和谐为目标，建设

---

① 参见左亚文《资源·环境·生态文明——中国特色社会主义生态文明建设》，武汉大学出版社2014年版，第40—41页。

② 左亚文：《资源·环境·生态文明——中国特色社会主义生态文明建设》，武汉大学出版社2014年版，第6页。

③ 李良美：《生态文明的科学内涵及其理论意义》，《毛泽东邓小平理论研究》2005年第2期。

生产发展、生活富裕、生态良好的文明社会。因此，生态文明建设要坚持生态为民、生态利民、生态惠民，着眼新时代社会主要矛盾变化，大力解决损害群众健康的突出环境问题，为人民群众提供更多优质生态产品，不断满足人民日益增长的美好生态环境需要。

人与自然的关系是天成的，它们是相互依存、相互联系的整体。美好生活的实现当然离不开人与自然的关系，而在人与自然的关系中应当承认和重视自然的先在性。人是自然存在物，不可能脱离自然而独善其身，只能选择某种有利于自身发展的与自然的关系。这说明，人类的功利和幸福不能逾越自然所允许的范围。换言之，人类只有在与自然和谐相处的前提下，才能获得真正持续、健康的功利和福利。正是在这个意义上我们说，保护环境就是在保护人类，建设生态文明就是在造福人类。因此，说到底对于生态文明建设来说，一个最为根本的问题就是如何处理好人与自然的关系问题。

人与自然的关系既可以处于相对和谐的状态，也可以处于对抗冲突的状态，是努力求得和谐从而创造和建构一个新的文明，还是一意孤行继续沉溺于工业文明表面的繁华中不能自省自觉，这是一个事关人类从哪里来又可能到哪里去的性命攸关的大事。换句话说，人生存在地球上，到底应当怎样对待他所赖以栖居的大自然，既是一个现实问题，也是一个未来问题。其实，在笔者看来，关于这个问题的思考，中国古代传统文化中"天人合一""大同社会"的理想图景所昭示的人类生存对"本真"的追求与"和谐"的向往，就曾给予过我们很多有益的启示。这里面既有对现实问题的关切，又不乏对未来问题的长远谋划。当今，我们之所以倡导推动人类走向生态文明的新时代，就是因为文明作为人类特有的一种存在方式它意味着，人类选择以什么样的文明方式生存，不仅是决定人类是否能够走出现实"生存困境"的大问题，而且也是关涉人类能否在和谐美好的自然生态中走向"诗意栖居"① 的家园这样一个生存理想问题。

丹麦著名童话作家安徒生说："仅仅活着是不够的，还需要有阳光、自由和一点花的芬芳。"向往美好生活，是人类社会生活的目标导向和普

---

① 目前，我国严峻的环境形势不仅对生态安全构成了挑战，也在威胁着公众的健康和生存发展利益。因此，社会发展既要设法解决涉及民生之患、民生之痛的环境健康和安全问题，又要努力谋求涉及民生之利、民生之福的未来发展问题。因此，要清醒地认识加强生态文明建设的重要性、紧迫性以及艰巨性和长期性。

遍价值追求。新时代人民对美好生活的向往有了更为丰富的内涵，不仅指物质生活和精神生活还包括优质的生态生活。生态生活是"延续'好生活'的必要前提，是实现'美生活'的主旨意涵"①，将美好生活纳入生态视域来分析和思考，这就使得良好的生态环境成为人民对美好生活向往的题中之义和重要期待。而生态文明正是这样一种旨在促进人与自然实现双赢和谐境界的人类生存方式和完整的美好生活图景。正如有学者所指出的，作为一种新型文明，生态文明是"一种重新实现人类与自然生态系统和谐发展的'亲生态'新型文明，或者叫做'良好生存于自然生态之中的文明'。这样的文明既是与生态相关的，又是符合生态学规律的，不仅是一种事实描述，也具有一定的价值内涵。虽然，'生态文明'带上了'生态'一词，但并不意味着它是与人无关或者要否定人们利益的文明，它仍然是属人的文明。任何一种文明都离不开人，生态文明也一样，不可能完全'走向荒原'，但可以并需要'走向和谐'"②。

在生态文明时代，诗意栖居与和谐守望无疑是人类应有的境界与追求，它标示着一种精神的向度和人的存在的一种独特性与创造性，"它的意义不仅在现实层面使生态环境得到保护，而且它也是人的存在的形上境界和超越性的表征，即人不仅是生物性的存在，同时更是一种精神性的和文化性的存在，正是这一点充分彰显了人的价值和意义"③。在生态文明中，诗意与和谐意味着人与自然界之间绝不只是局限于物质关系，而是要建立起人的完整本质同自然的多维价值（包括资源、环境、伦理、科学、审美、医疗、休闲、教育和宗教等方面的价值）之间的全面的联系。这种文明的价值体系，是人与自然之间认识的、功利的、伦理的和审美的关系的统一，是精神关系和物质关系的统一。它以人的最终解放和全面发展为元价值，并以此为人类终极关怀的核心。正如马克思在《1844 年经济学哲学手稿》中认为的那样：自然界不仅仅是自然科学的对象，而且也是"作为艺术的对象"，人不能仅仅将自然界作为物质资源加以占有，还应保持一种精神上的沟通，保持一种诗意与审美关系。这是人与自然、人与社会的崇高境界。

---

① 栾淳钰：《马克思主义生态观与人民美好生活》，《光明日报》2019 年 5 月 23 日第 6 版。
② 严耕、林震、杨志华：《中国省域生态文明建设评价报告（ECI 2010）》，社会科学文献出版社 2010 年版，第 54—55 页。
③ 于文秀：《生态文明时代的文化精神》，《光明日报》2006 年 11 月 27 日第 12 版。

应当明确的是，在人与自然的关系中，一方面生态是基础，即人的生存与发展都本于生态，这正如"自然界，就它本身不是人的身体而言，是人的无机的身体"。良好的生态环境，是人的生存之本、健康之源、发展之基。另一方面，人又是生态的目的和主体。这要求人类履行好管理自然的使命，做一个称职的自然的管理者，要切实"担任起自己与自然关系的主动协调者、自然意志的忠实表达者，自然法则的自觉执行者"①。对于自然要有关切之心，热爱之情，要倾心尽力去维护自然对人类的可享用性。只有这样，自然界才能为人类提供更多以往无法比拟的福利，子孙后代才能拥有一个天蓝、地绿、水净的美好家园；也只有在这样一个人与自然的矛盾能够得到很好解决的情况下，人的本质和人的自由全面发展才能真正实现。

良好的生态环境是最普惠的民生福祉体现出深厚的民生情怀和强烈的责任担当，而以人为本就要改善人的生存条件，为人的发展提供最基本的自由。现实的生态问题需要新的理论来解决人与自然关系的失衡问题，建设社会主义生态文明。目前，我国社会主要矛盾已经转化为人民日益增长的美好生活需要和不平衡不充分的发展之间的矛盾。对此，既需要运用马克思主义生态观正确看待和协调人与自然的关系，又应当高度重视生态文明与社会发展和人的发展的紧密联系，通过加强生态文明建设以优质生态产品满足人民日益增长的优美生态环境需要，从而切实地维护好、实现好、发展好人民生态权益的价值诉求，促进人的自由而全面发展。

美好生活是从共创到共享的奋斗过程，现实的人最终成为由自己所组成的社会、自然界乃至自身的主人。② 如果说世界上有一个能为世代人类所共同憧憬并希望通过努力追求实现的"明日的美丽生存梦想"，在我们看来，则非这样的生存环境莫属：在一个"天人共泰"的世界里，环境优美舒适、人民丰衣足食、安居乐业，人们能够全身心投入自然的怀抱，感受自然之美、领略自然之妙、接受自然的熏陶；在这样一个世界里，"鹰击长空、鱼翔浅底，万类霜天竞自由"，人与自然能够各得其所、和谐共存。这难道不是值得我们热切期待，并需要为之努力奋斗的生态文明

---

① 刘湘溶：《生态文明论》，湖南教育出版社1999年版，第211—212页。
② 参见栾淳钰《马克思主义生态观与人民美好生活》，《光明日报》2019年5月23日第6版。

时代的人类生存愿景吗？

第二节　生态法律文明：生态文明建设的重要依托和可靠保障

正如有学者指出的：生态法律文明建设的首要任务就是要构建为生态文明建设服务的法律体系。而在这方面的重点就是尽快完善环境、资源以及其他相关领域的立法。①

经国序民，正其制度。制度乃定国安邦之根本，是整个社会有序发展的保障。人类文明的发展进步离不开制度的全面有效实施，离不开全社会对法治精神的尊崇。建设生态文明社会，同样需要以制度来规范和约束整个社会的生态行为。生态文明制度建设在生态文明建设中具有基础性地位。没有制度保障，生态文明建设就难以行稳致远。因此，建设生态文明重在建章立制，构筑法治屏障，这也是推进国家治理体系和治理能力现代化的必然要求。

习近平总书记指出，"保护生态环境必须依靠制度、依靠法治。只有实行最严格的制度、最严密的法治，才能为生态文明建设提供可靠保障。"② 我们必须要把生态文明建设纳入法治化、制度化轨道，把制度建设作为推进生态文明建设的重中之重，努力实现生态文明建设在各领域各环节均有法律政策可依、有规章制度可循。

一　生态法律制度与生态文明建设

（一）生态文明建设的法理

法律既是文明之果，也是文明进步之因。人类文明的演进，从来就是与法律制度的变革相伴而生、相互促进的。这不仅在于法律制度的形成与发展是人类社会发展变迁和文明演进的内在要求，而且在于法律制度在推动和引领文明发展乃至维持和增进文明进步所可能具有的意义上。庞德在论述制度与文明的关系问题时曾指出："对过去，法是文明的产物；对现

---

① 参见何勤华、顾盈颖《生态文明与生态法律文明建设论纲》，《山东社会科学》2013年第11期。

② 中共中央文献研究室编：《习近平关于社会主义生态文明建设论述摘编》，中央文献出版社2017年版，第99页。

在，法是维持文明的工具；对未来，法是增进文明的工具。"① 生态文明建设与环境资源法制有着天然的内在联系。之所以这样说是因为，生态文明的提出不可能仅限于资源节约和环境治理的具体实践方面，而且内在地包含着以生态文明的要求去重塑新的制度文明以发挥其在促进文明与生态共生、人与自然和谐为目的的制度建设的要求上。

在中国经济高速增长和物质财富极大增加的背景下，多年的环境欠债和落后的环境治理以及监管现状，使得环境污染和资源破坏作为社会财富和环境公共物品递减项，已成为制约经济持续发展和社会和谐进步的最大障碍。如果不从政策制度乃至思想观念上作根本的改变，发展的前景将不容乐观。尽管这些年国家在应对资源环境和生态问题上采取了诸多卓有成效的措施，但由于特殊的国情和特殊的发展阶段，我国生态文明建设仍将会面临资源短缺、环境污染和生态恶化所带来的严峻挑战，而且这些问题不可能在短期内得到根本的改变。

事实上，社会经济发展过大的环境代价已经使中国环境发生了巨大变化。目前，人与环境关系的主要矛盾已经从人类开发利用能力的制约转变为自然环境的脆弱性和自然资源有限性的制约，人对自然的依赖性不但没有减弱，反而在更多层面上加重了。② 在当下的中国，这种环境资源供给的不充分与经济社会持续发展对环境资源需求不断扩大的矛盾在进一步加剧，已经成为新时代中国特色社会主义建设中面临的突出问题。

从法治建设的角度看，生态文明建设中法律保障体系的完善是实现生态文明这一目标的重要抓手。党的十九大报告指出，我们要建设的现代化是人与自然和谐共生的现代化，既要创造更多物质财富和精神财富以满足人民日益增长的美好生活需要，也要提供更多优质生态产品以满足人民日益增长的优美生态环境需要。然而，中国特色社会主义进入新时代，我们却面临着人民日益增长的美好生活需要和不平衡不充分的发展之间的矛盾。这已经成为满足人民日益增长的美好生活需要的主要制约因素。因此，如何加强生态文明建设以协调好人与自然的关系；如何以绿色发展引领经济社会可持续发展；如何以优质生态产品满足人民的优美生态环境需要，无疑对生态文明法治建设提出了更高、更新的要求。

---

① ［美］罗斯科·庞德：《法律史解释》，邓正来译，中国法制出版社 2002 年版，第 37 页。
② 参见王五一、杨林生《全球环境变化与健康》，气象出版社 2009 年版，第 113 页。

在我们看来，在这种情况下，既需要通过发挥好制度在协调经济社会发展和生态环境保护方面的作用，从而走出一条人与自然和谐共生、环境与发展互助共赢的生态现代化的绿色发展道路；又需要通过依靠法律对人们环境利用行为的调整，有效发挥其在生态文明建设中作为"善"的促进者和"恶"的抑制者的功能，从而协调好人与自然的关系；更需要通过良好制度安排对提供资源、环境和生态公共物品的行为予以法律上的支持和鼓励，而对有害资源、环境和生态的行为予以法律上的规制和惩罚，从而发挥其对维护生态秩序的强有力的保障作用。[①]

对此，《我们共同的未来》曾指出，"国家和国际的法律往往落后于事态的发展。今天，步伐迅速加快和范围日益扩大的对发展的环境基础的影响，将法律制度远远地抛在后面。人类的法律必须重新制定，以使人类的活动与自然界的永恒的普遍规律相协调。迫切需要的是：认识和尊重个人和国家在可持续发展方面的相应权利和义务；建立和实施国家和国家间实现可持续发展的新的行为准则；加强现有的避免和解决环境纠纷的方法，并发展新的方法"[②]。这样看来，尽管目前我国已经基本形成了以宪法为基础、以环境保护法为核心、以环境资源保护单行法为主干，以及包括其他部门法中的环境保护规范为补充的完善的环境法律体系，然而，看似"完善"的法律体系在环境监督管理实践中的运用却并不总是能够给我们带来预期的效果，甚至在一定意义上可以说，今日中国愈益严重的环境问题，制度沉疴难辞其咎。

更有甚者，目前中国正处在工业化、城镇化加速发展的历史时期，环境与发展之间的矛盾会持续加大乃至进一步激化，从而导致各种结构性环境风险叠加式爆发并最终引起经济社会发展的严重震荡。然而，面对错综复杂的环境问题，由于治理主体和治理手段单一，法律制度不完善、体制机制创新滞后、公民参与程度低、治理信息不透明等问题突出，我国的环境公共治理无论是在理念和法律制度方面还是在治理模式方面都尚显不足，还难以适应甚至脱离环境治理实践的要求。因此，生态文明建设需要环境法律制度不断发展完善以适应人类持续生存对良好环境的需要，而其

[①] 生态文明制度建设既要坚持"反向倒逼"构建和不断健全生态环境责任体系以强化追责问责，也要坚持"正向引领"构建环境保护考核体系以不断完善生态环境考核制度。

[②] 世界环境与发展委员会：《我们共同的未来》，王之佳、柯金良等译，吉林人民出版社1997年版，第430页。

中尤以和谐理念之确立、人本价值之彰显、法律生态化之推进为环境法制建设之要。①

(二) 新时代我国生态文明制度建设的实践探索

法与时转则治、治与世宜则有功。坚持和完善生态文明制度体系建设，提升生态治理能力和水平是时代赋予我们的重大课题。生态文明建设是由理念、制度和行动构成的完整体系。在我国，要搞好生态文明建设无疑需要在观念更新、文化支撑、科技进步、制度构建，以及生产生活实践等多个方面综合施策、系统应对、全面治理，但其中制度建设显得尤为重要。因为，制度的引领和规范是节约资源和保护环境的基石，也是提高国家治理能力以改善生态环境的根本举措。因此，生态文明建设必须依靠制度和法治。

"完善有利于节约能源资源和保护生态环境的法律和政策，加快形成可持续发展体制机制"②，是生态文明建设的必然要求。为此，党的十八届三中全会提出，必须建立系统完整的生态文明制度体系，用制度保护生态环境。党的十九大报告还明确指出，加快生态文明体制改革，"构建政府为主导、企业为主体、社会组织和公众共同参与的环境治理体系"③，是新时代生态文明建设的主要任务。④ 党的十九届四中全会通过的《中共中央关于坚持和完善中国特色社会主义制度、推进国家治理体系和治理能力现代化若干重大问题的决定》提出，坚持和完善生态文明制度体系，促进人与自然和谐共生。近年来，我国生态文明制度体系日趋完善、保障作用进一步发挥，推动了生态环境质量持续好转。

值得一提的是，2014 年《环境保护法》首次在立法目的条款中将"推进生态文明建设"写入该法，既体现了我国新时期的发展观和基本理

---

① 我们认为，固然环境法学科发展和环境法治建设都离不开环境法哲学的思想启蒙和价值引领，也应当重视其对于推动传统法学科和部门法的生态化变革以适应生态文明建设的时代要求所具有的重要意义，但这并不意味着可以轻视环境法解释学在促进环境法实施中的实践价值。相反，生态文明建设应当加强环境法解释学研究以便更好地促进环境法规范在环境执法和环境司法实践中的运行价值。因此，我们要处理好环境法哲学与环境法解释学之间"体"与"用"的辩证关系。

② 《十七大以来重要文献选编》（上），中央文献出版社 2009 年版，第 19 页。

③ 习近平：《决胜全面建成小康社会夺取新时代中国特色社会主义伟大胜利——在中国共产党第十九次全国代表大会上的报告》，人民出版社 2017 年版，第 51 页。

④ 生态环境保护需要"全社会"行动，让政府、企业、公众等各个主体共同行动起来。从法律上来看，这就需要强化生态文明建设中"全社会"行动的制度保障。

念,也表明了生态文明建设对环境法治建设的迫切需求。而且我国 2018 年《宪法修正案》还第一次历史性地将"生态文明"写入了宪法。生态文明入宪,为依法"实行最严格的生态环境保护制度"解决突出的环境问题、保护生态环境,用法律护航"美丽中国"建设、促进人与自然和谐共生提供了法律总纲和根本法保障,对国家的环境治理乃至法治的生态化转型具有重要的指导和引领作用。

推进生态文明制度体系建设必须要在完善制度设计上下功夫,用制度强化各级政府的环境管理职能、明确环境治理和生态文明建设的主体及其责任,为生态环保"设红线""立禁区"、进一步提高违法违规成本、加大执法力度、严惩重罚生态环境违法行为,避免"公地悲剧"、遏制环境污染恶化趋势,真正让制度成为刚性约束和不可触碰的高压线。①

建设生态文明还需要强化"全社会"行动的制度保障,即为政府、企业、公众、环境公益组织等多元利益主体协商共治生态环境难题提供制度保障,构建政府为主导、企业为主体、社会组织和公众共同参与的环境治理体系。个人、企业、政府部门既是能源资源的消耗者和污染物的排放者,也是生态文明的建设者。生态文明建设具有外部性,排放者损害了社会效益,但个人收益却很大;建设者增加了社会效益,但个人收益却很小。这正是当下生态文明建设的难点所在。为解决这一问题,需要通过科学的制度设计使各个主体的付出与回报对称、损害与惩罚对称、权责利对称,并承担其相应职责。② 如果每个主体都能切实履行环境保护义务、采取节约资源、治理环境、爱护生态的行动,则生态文明建设必成。

系统完备、科学规范、运行有效的生态文明制度体系,应当是一个由具有刚性规制作用的现代法治为统领力的生态文明管理制度建设,由具有激励性功能为主动力的市场选择制度建设,由具有人文教化为引导力的生态文化宣传教育制度建设,由具有广泛群众基础为多元主体支撑力的社会公众参与制度建设等所组成的生态文明制度建设合力体系。③ 进入 21 世

---

① 实践证明,对企业执法既有"力度"又有"温度",在从严查处偷排偷放、恶意排污、数据造假、危废非法处置等违法犯罪行为的同时,制定科学合理的标准规划、指导帮助企业达标生产,往往能够取得较好的治理效果。
② 参见李佐军《供给侧改革助推生态文明制度建设》,《人民日报》2016 年 4 月 5 日第 7 版。
③ 参见方世南《习近平生态文明制度建设观研究》,《唯实》2019 年第 3 期。

纪以来，为有效应对环境挑战，建设符合国情的生态文明，我国生态文明制度建设可谓发展迅速、成效显著。特别是党的十八大以来，党中央大力推进生态文明制度体系的建立、完善和实施，污染防治力度之大，制度出台频度之密、监管执法尺度之严、环境质量改善速度之快前所未有。较为突出的变化主要表现在，不仅生态文明建设的法律调整范围不断扩大，制度的刚性持续得到强化，而且在生态环境治理的方式上也开始出现重要转型。

例如，过去的法律偏重于规制企事业单位和其他生产经营者，缺乏对政府的环境行为尤其是政府的宏观规划行为的制约。2003年正式实施的《环境影响评价法》将政府规划纳入环境影响评价，扩大了生态环境法律约束的范围。又如，2014年修订的《环境保护法》，以其深度变革和显著创新赢得了广泛赞誉，被称为"史上最严环保法"。新法最大的亮点之一就是以规范和制约有关环境的政府行为为战略突破口，强化了政府环境责任并建立了严格的责任追究机制，力图治愈旧法中"重企业管制，轻政府规制"的弊端。

生态文明制度体系建设必须全面反映不同社会群体的环境需求，协调和促进环境利益和风险的合理分配，为多元利益主体积极参与环境治理提供强有力的制度保障。为此，在对政府和企业进行法律约束的同时，国家还通过法律手段加大了对公众参与生态文明建设的支持力度，适应了当今公共领域多元共治的现代环境治理理念的新变化。在这方面较具代表性的立法是2014年《环境保护法》将"信息公开和公众参与"独立成章，标志着环境保护作为公共事务正由传统意义上的职能主体——政府及其相关部门监督管理，转向政府、相关部门与公众共同管理。

另外，2012年《民事诉讼法》修订时，还增加了颇为引人瞩目的"民事公益诉讼制度"。如该法第55条规定："对污染环境、侵害众多消费者合法权益等损害社会公共利益的行为，法律规定的机关和有关组织可以向人民法院提起诉讼。"尤其是2014年《环境保护法》第58条"对污染环境、破坏生态，损害社会公共利益的行为，符合法定条件的社会组织可以向人民法院提起诉讼"的规定，标志着"环境公益诉讼制度"的正式确立。这为公众以诉讼的方式参与环境治理和生态保护奠定了权利基础，提供了法律支持。从此，在法制层面上，中国的生态环境保护事业开始步入公民赋权的新阶段，环境治理和生态保护模式开始从政府直接控制的"政府主导型"向"社会制衡模式"转变。①

当然,在肯定成绩的同时我们还应当看到,当前我国生态环境保护中存在的突出问题大都与体制不完善、机制不健全、法治不完备有关,由此造成的生态文明制度体系的合力不足、驱动不够、执行不力,影响了生态文明建设进程。为此,必须深化生态文明体制改革,构建产权清晰、多元参与、激励约束并重、系统完整的生态文明制度体系,把生态文明建设纳入法治化、制度化轨道。② 必须大力消除制度性障碍,"用严格的法律制度保护生态环境,加快建立有效约束开发行为和促进绿色发展、循环发展、低碳发展的生态文明法律制度,强化生产者环境保护的法律责任,大幅度提高违法成本。建立健全自然资源产权法律制度,完善国土空间开发保护方面的法律制度,制定完善生态补偿和土壤、水、大气污染防治及海洋生态环境保护等法律法规,促进生态文明建设"③。

在生态文明制度建设方面还有一个值得重视的问题,即如何在当今中国环境危机频发、资源环境承载能力持续下降的情况下,按照生态文明建设的目标要求逐步建立一套符合中国国情的环境公共治理制度体系,特别是在如何以环境质量改善为核心、以制度建设为保障强力推进环境治理,切实把"制度优势"转化为"治理效能"实现环境质量持续改善和高位向好方面,我们还面临诸多挑战。因此,必须进一步加强顶层设计,加快构建以治理体系和治理能力现代化为保障的生态文明制度体系,为新时代解决错综复杂的生态环境问题、化解现阶段我国社会主要矛盾提供制度依据和保障。但也应当看到,生态文明制度体系建设并非一劳永逸,依然任重道远,需要继续扎实推进,切实用最严格的制度和最严密的法治保护生态环境。

(三) 值得借鉴的国际生态文明建设和环境公共治理制度

1. 国际生态文明的立法实践

国际借鉴是完善我国生态文明制度的外生动力。生态环境问题是需要国际社会共同面对、守望相助,并通过国际合作才能得到有效解决的问题。在全球环境治理格局中,中国不可能是"局外人"和"旁观者",这

---

① 参见姚燕《新世纪以来生态文明建设的回顾与分析》,《当代中国史研究》2013 年第 3 期。
② 参见中共中央宣传部《习近平总书记系列重要讲话读本》,学习出版社、人民出版社 2016 年版,第 240 页。
③ 《中共中央关于全面推进依法治国若干重大问题的决定》,人民出版社 2014 年版,第 14 页。

决定了我国必须要以全球视野开展生态文明制度建设。通过深化交流和务实合作，学习借鉴域外环境治理的创新理论和成功实践的有益经验，既有助于不断自新、发展完善从而开启中国生态文明制度建设的新篇章，也可以为解决人类共同面对的环境问题增添更多色彩、更多范式、更多选择，从而贡献中国智慧和中国方案，共谋全球生态文明建设。

总体来看，人类社会的生态文明理念主要是经由国际政策法律文件的影响和推动，而向国内外传播、发展并不断走向成熟的。国际生态文明立法，始于20世纪六七十年代西方工业文明引起的生态危机。[①] 1972年，人类环境会议通过的《人类环境宣言》规定了"人类有权在一种能够过尊严和福利的生活环境中，享有自由、平等和充足的生活条件的基本权利，并且负有保护和改善这一代和将来的世世代代的环境的庄严责任"，其所确立的人类环境权和代际正义，开创了国际生态立法的先河，为生态立法提供了价值导向和理论基础。[②] 1987年，世界环境与发展委员会通过的关于人类未来的报告——《我们共同的未来》在论述了当今世界环境与发展方面存在问题的基础上，指出："必须为当代人和下代人的利益改变发展模式"，并提出了"可持续发展"概念，实现了人类有关环境与发展思想的重要飞跃。

1992年，在巴西里约热内卢召开的联合国环境与发展大会上，国际社会就"可持续发展"的道路达成共识，正式通过了包含27项可持续发展原则的《里约宣言》。该宣言旨在为各国在环境与发展领域采取行动和开展国际合作提供指导原则，规定一般义务。这标志着人类发展模式实现了一次历史性飞跃，由此创造了农业文明、工业文明之后又一个新文明时代的到来。此后，"可持续发展"原则开始成为各国发展战略和生态立法的指导思想。[③]

2002年，以"拯救地球、重在行动"为宗旨的可持续发展世界首脑

---

① 有学者认为，西方国家生态文明政策法律经历了三个发展阶段，即缺乏生态理性的保护自然阶段、具有些许生态理性的发展优先的保护自然阶段与秉持生态理性的生态保护和协调发展阶段。参见胡德胜《西方国家生态文明政策法律的演进》，《国外社会科学》2018年第1期。

② 事实上，我国20世纪70年代初期最早意识到自身的环境问题就是受联合国人类环境会议的直接启发。

③ 生态文明是可持续发展的重要标志，也是生态建设所追求的目标。从可持续发展到生态文明，是从发展方式到人类文明形态的升华。中国的生态文明建设既是对国际社会可持续发展理念的有益探索和具体实践，也是对可持续发展理念在理论和实践方面的重要贡献，对其他国家可持续发展行动的深入开展乃至实现社会文明的转型提供了经验借鉴。

会议在南非约翰内斯堡召开，会议对于人类进入 21 世纪所面临和解决的环境与发展问题具有重要意义。正如会议主席——南非总统姆贝基指出的，10 年前通过的《里约宣言》和《21 世纪议程》等重要文件，以及此后举行的一系列关乎人类进步与社会发展的国际会议表明，全世界已经达成这样的共识：社会进步和经济发展必须与环境保护、生态平衡相互协调，提高全人类的生活水平和质量、促进人类社会的共同繁荣与富强，必须通过全球可持续发展才能实现。为此，会议承诺要"建立一个崇尚人性、公平和相互关怀的全球社会，这个社会认识到人人都必须享有人的尊严"。这为推动世界各国可持续发展的制度建设奠定了重要的伦理基础。

2012 年，在里约热内卢召开的联合国可持续发展大会（又称"里约+20 峰会"），围绕"可持续发展和消除贫困背景下的绿色经济"和"促进可持续发展机制框架"两大主题，就 20 年来国际可持续发展各领域取得的进展和存在的差距进行深入讨论，大会最终达成了题为"我们憧憬的未来"的成果文件。成果文件肯定绿色经济是实现可持续发展的重要手段，鼓励各国根据不同国情和发展阶段实施绿色经济政策，还重申了"人是可持续发展的中心"的价值目标，为推进全球可持续发展合作提供了一个重要契机，对于确立全球可持续发展方向具有重要指导意义。

2015 年，联合国可持续发展峰会在纽约联合国总部开幕，会议通过了一份推动世界和平与繁荣、促进人类可持续发展的成果文件——《改变我们的世界：2030 年可持续发展议程》。这一涵盖 17 项可持续发展目标的纲领性文件，是一份结束贫穷、为所有人创造有尊严的生活、不落下任何一个人的路线图。新设立的 17 项可持续发展目标将在未来 15 年内，应对世界在可持续发展方面的三个相互联系的元素，即经济增长、社会包容性和环境可持续性。2012 年，在里约+20 峰会上，各国重申将自由、和平和安全以及尊重人权纳入基于千年发展目标的新的发展框架，强调公正、民主的社会是实现可持续发展的必要条件。可持续发展目标中的目标 16，致力于为实现可持续发展建设和平和包容的社会，为所有人提供司法救济途径，以及在各级建立有效和问责的体制。这无疑对各国深化促进生态文明建设的体制机制，完善生态环境保护制度具有重要启示。

2. 环境治理良好型国家的法治实践

西方发达国家是工业文明所致环境问题的最早受害者，也是环境治理和生态保护的最早觉醒者。目前，生态文明建设良好型国家的一个普遍趋势和成功经验，就是纷纷注重依法治理环境，实行生态治理的法治化。这些国家不仅在长期的工业化进程中都制定有一系列较为严密的生态法律制度，而且在生态治理实践中也较为强调严格生态司法、执法、明确政府生态责任，致力于运用法律制度调整人与自然的和谐关系，积极倡导和推动采取政府、市场与社会力量的"多中心"共同治理，促进生态文明建设的健康发展。

美国是生态文明立法最为完善的国家。尽管在20世纪60年代后期"现代环境时代"已经开始，但美国的环境政策却有着深远的历史根基。20世纪70年代为"环境的十年"，也是美国环境政策的分水岭。从1970年开始，美国环境治理制度发生了重要变化，主要表现为大量联邦环境法律法规的出现并随着社会经济的发展逐渐上升为国家战略和长期规划，美国的环境治理进入了一个新的阶段，环境保护不再是经济发展的附属物，而是成为一个独立的领域。

在生态体制机制方面，美国设立有联邦生态保护司法系统，并且规定联邦环保局与地方环保局按照"生态区划主义"实行"双轨制"生态治理分权执法模式，各州设环境质量委员会和被宪法授权的环保执法部门。同时，还建立生态检察官制度，检察结果可用于将来可能的法律行动。美国生态执法信息公开、透明，环保当局要对外公开环境执法所有行政、民事、刑事行动细节，接受社会公众监督和制约，[①] 公众参与环境行政程序的途径得到扩展并成为法庭上主要的力量。[②]

德国是目前世界上生态环境最好国家之一，这与德国环境公共治理制度体系的完整性和规制的有效性是密不可分的。20世纪70年代，是德国环境公共治理制度的转型期。这一时期，随着生态逐渐进入德国政治及社会的主流，相应的德国环境公共治理的法律制度开始逐步转变为全方位解决环境问题，整个国家的发展战略也开始从经济发展优先逐步向经济与环境相协调发展转变。在环境公共治理的法律制度体系逐步建立健全之后，德国环境公共治理的重点逐步转向严格组织、有效实施阶段。与此同时，德国也将可持续发展确定为国家目标，并按照可持续发展的要求，构建了

---

① 参见龚昌菊、庞昌伟《值得借鉴的国际生态文明制度》，《光明日报》2014年1月9日第16版。

② 参见廖红、[美]克里斯·郎革《美国环境管理的历史与发展》，中国环境科学出版社2006年版，第138页。

对社会和生态负责任的经济秩序。

德国的环境立法以保护人类生命、健康与尊严为目标，以预防、责任、合作等为准则，具有环境法律法规逐步增加和细化、环境法内容的生态化、环境法的一体化、环境法机制的间接化，以及环境法的区域化和国家化等鲜明特征，各种法律规定非常完备、严谨、具体详细，具有很强的可操作性。① 环境公共治理法律制度的科学制定及有效实施，对德国的环境保护事业产生了至关重要的影响。

时至今日，德国的环境保护无论在法律法规的完备程度、环保政策的执行效果还是环保理念的先进性等方面均处于世界前列。

谈到德国的环境公共治理法律制度，不能不提到1994年德国《宪法》第20条关于"国家为将来之世世代代负有责任以立法，以及依据法律法规经由行政和司法，于合宪秩序范围内保障自然之生活环境"的规定。这一条款对德国的生态文明建设、环境保护乃至政治、经济各个领域都产生了极其深远的影响。②

俄罗斯是生态大国，有生态化立法传统，③ 在生态立法方面不仅注重创新，而且在诸多环境治理标杆性国家中也颇具特色。俄罗斯环境公共治理制度变迁具有特殊性，与苏联有着千丝万缕的联系。1991年苏联解体，独立后的俄罗斯加快了国家法制建设的步伐，随之生态法也获得了新发展。这一时期不仅制定和颁布了一大批涉及自然资源利用和保护的专门性法律，也加强了保护环境、防治污染方面的立法，改变了过去重自然资源立法，轻环境保护的立法现状。这一阶段俄罗斯生态法发展的另一个显著标志是逐步实现了"其他部门立法的生态化"④，即各部门法在立法过程中，必须考虑国家关于保护环境、防治污染、合理利用和保护自然资源的生态要求，注重发挥对生态社会关系的配合调整。⑤

---

① 参见卢洪友《外国环境公共治理：理论、制度与模式》，中国社会科学出版社2014年版，第301页。

② 同上书，第275页。

③ 例如，从环境法律制度变迁看，自苏联时期，俄罗斯就将环保与生态安全的概念写进了宪法。又如，"法律生态化"就是苏联最早提出来的。

④ 例如，这时行政法、民法、刑法以及其他法律中，开始出现大量有关生态法律规范。部门立法的生态化不仅是俄罗斯生态法发展的一种新的形式，而且也进一步推动了俄罗斯生态法的发展。

⑤ 参见王树义《俄罗斯生态法》，武汉大学出版社2001年版，第121—130页。

近年来，俄罗斯不断加强环境资源立法，特别是 2002 年颁布的《环境保护法》作为俄罗斯在生态环境立法方面的最新成果，它所体现的俄罗斯在生态保护和环境管理方面新的理念、指导思想和价值取向，以及由该法所确立的基本原则和独具特色的制度，反映了俄罗斯生态保护和环境管理的发展趋势，值得关注和学习。例如，该法确立了"为满足当代人和未来世世代代的需要，加强环境保护领域的法律秩序和保障生态安全"的立法目的；规定了"每个人都有享受良好环境的权利""生态利益、经济利益和社会利益相结合""利用资源付费、损害环境赔偿""生态环境保护优先""保护生物多样性""发展生态教育、培育和建设生态文化"以及"国际合作"等一系列生态保护的基本原则，以及在环境管理中必须遵循的"生态保险""生态鉴定""生态认证""生态监督""生态基金"等基本法律制度。另外，在俄罗斯联邦法律监督和实施机制方面，还实行了"生态警察"和"生态检察"制度等。

日本不仅是亚洲国家，也是当今国际社会环境立法的典范。作为一种典型的制度创制，日本环境政策的发展演变是伴随着所处的环境形势特征而不断调整的。20 世纪 70 年代前后是日本环境"公害"[①]问题最为严重的时期，由公害引发和催生的民众环境保护运动以及在维护受损权益的诉讼活动中的法律诉求，直接推动了日本公害防治立法的发展，使 20 世纪 70 年代成为日本历史上污染防治立法的兴盛时期。[②]此后，鉴于世界能源危机和国内民众对环境权利要求呼声的高涨，日本政府开始重新审视既有的环境战略、环境政策和环境保护理念，并带来了环境政策由"公害防止"向"环境保护"的转换。20 世纪 80 年代开始，由于气候变化和臭氧层破坏等全球环境问题的凸显，日本的环境治理开始由国内治理向全球治理转变。

进入 20 世纪 90 年代，日本的环境政策开始向着建设可持续化社会的新阶段迈进，环境立法呈现出多样化、细致化、人本化、可持续化的特

---

① 公害概念的提出，明确了与"私害"的区别，有利于划分公害制造者和公害防止者的责任义务，维护公害受害者的权益，同时也为建立和完善日本公害防止法律体系与管理体制奠定了基础。

② 这一时期，是日本历史上有名的"环境公害"期，各种公害在全国集中爆发。公害病给当地居民的健康造成了严重损害，为此受害者纷纷向致病企业提起民事诉讼请求损害赔偿，一些地方法院作出了命令被告企业支付损害赔偿的判决。

点，不仅立法内容丰富、涉及面广，而且立法、司法、行政各个环节相互协调配合，对环境问题的关注已不局限于公权力的限制和惩罚，开始向经济活动团体生产、分配、销售、消费的全过程延伸，司法中对环保的肯定态度更加明确，在国际环保合作上政府显得更加主动。[①] 值得一提的是，在此期间日本制定的《环境基本法》确立的"环境资源的享受与继承""构筑对环境负荷影响小的可持续发展社会""通过国际协调积极推进全球环境保护"的三个基本理念，为日本创造可持续的环境保护型社会奠定了基础。

进入21世纪以来，日本环境保护明显呈现出理念丰富化、视野国际化的特点，"循环社会""生物多样性""低碳社会"等概念成为21世纪日本环境发展的现实目标，并建立了相应的法律体系。其中，2000年日本政府颁布的《循环型社会基本法》旨在通过建立循环型社会改变"大量生产、大量消费、大量废弃"的现状和人们不可持续的生活方式，从而通过抑制对自然资源的过度消耗以减少对环境的负荷，促进经济社会与环境协调发展。作为日本建立循环型社会的一部宏观的综合型指导性法律，《循环型社会基本法》确立了建设循环型可持续发展社会作为日本经济社会发展的总目标，在此基础上，日本又相继制定了一系列促进资源有效和循环利用的法律。这种环境政策的转变，把日本的环境保护和建设又带入了一个新阶段。

近年来，日本又雄心勃勃地提出了"21世纪环境立国战略"，并努力地在深入推进可持续发展社会、美丽国土和环境国家建设方面，寻求具有更高层次和更具内涵价值的行动。至此，日本生态环境保护和建设，被提升到了一个更高层次的发展阶段。

二 兹事体大：生态文明建设中的环境法制变革

生态文明建设需要环境法有更大的制度担当，需要环境法依据"万物相形以生、众生互惠而成"的生态自然观以及生态文明建设的内在要求去重塑新的制度文明，通过加大有效制度供给以及充分释放制度创新红利更好地发挥其在促进文明与生态共生、人与自然和谐方面的作用。为

[①] 参见卢洪友《外国环境公共治理：理论、制度与模式》，中国社会科学出版社2014年版，第126页。

此，环境法需要在理念、价值及其制度体系的生态化转型方面作出相应变革。

(一) 人与自然的和合：重新审视并确立环境法制建设的"和谐"理念

在我们看来，"和谐共生"作为人与自然的应然性存在关系是一种重要的自然天道观，也应当是生态文明制度建设中指导环境法理念变革的重要思想基础、精神指引和理论依据。环境法的和谐理念是以人与自然和合的生态观为基础，在自然生态的"生生和谐"、人与自然的"协变和谐"、天人合一的"融通和谐"三个维度上展开的，它们为环境法"崇真""向善"和"臻美"的品格提供了思想和文化基础。

1. 自然生态的"生生和谐"

自然生态的"生生和谐"是自然内部的自我和谐，即自然界天地万物和自然本体的普遍的、本然的和谐状态。天行有常，万物皆规律。宇宙天地间的一切相互联系、相互作用共同组合为有序稳态的有机整体结构，一切自然之存在都按照自然法则自我运行，周而复始、生生不息，这是不以人的意志为转移的自然存在的本性。自然的运动、万物的生长，都是按照其内在的有机关联的自然而然的规律性运动着，自然生态系统的演化是无限发展的过程。它之所以无限发展是因为生态系统是物质循环系统，循环运动是它的基本特征。生命生生不息是因为生命现象从一个过程到另一个过程，最后一个过程又导致第一个过程，使生命成为自然保持系统。诚所谓"天地有大美而不言"，自然生态就是一个构造精密、运行有序、功能优异的有机生命体，故而显现出一种生机无限、活力迸发的"生生"有机性和谐。

自然生态的生生和谐，是我们在处理人与自然的关系时所必须遵循的自然科学准则。它要求我们在从事一切影响自然的活动时，要"尽物之性、顺物之情、不竭物力"；要尊重自然的生命进程，按自然规律办事、顺天而作，遵循与自然承载能力能够达到有机协调的方式来开展一切活动，尤其是不能过度干扰或破坏自然的自我繁衍和和谐稳定的生命进程。否则，违背了"天意"，破坏了自然生态自我生命运动的自然节律和生命运行过程的自我调节，就会使生态结构和功能发生紊乱，使生物圈的物质循环失序，并最终导致整个自然环境的恶化。

2. 人与自然的"协变和谐"

人与自然的"协变和谐"是人类在正确认识自然生态规律的前提下，通过不断协调和优化人与自然之间的关系，在使自然生态朝着更加完整、稳定、多样化、复杂的方向不断演进，从而在实现自然价值递增的同时也能给人类自身的生存和发展造就一个更好的环境基础。从自然与人的生存发展关系上看，"人的需要的本质是对自然物的依赖性。因此，它不应该成为人征服自然的借口，而正好是人与自然和谐相处的原因。人的需要只是构成自然价值的一种主体选择性的要素，它必须在对自然物的依赖中得到满足，这就决定了人想要更好地满足自身的需要，就必须尊重自然及其自然物的属性，尤其要尊重生态系统及其生物的属性"①。这意味着，如果人类能够积极地创造条件切实协调好与自然的关系保护和优化自然，自然就会更好地造福于人类。因此，人类理所应当地要尊重自然、爱护自然，并设法采取各种有效的方法和措施不断追求和递进实现人与自然的和谐，以便取得与自然的共生共荣。

人与自然的协变和谐要求人类按照客观规律办事、爱护自然、保护自然，改变宰制和奴役自然的态度，主动承担起维护与自然和谐关系的责任；要求人类采取与自然和谐共生、协同进化的态度和行为，改变过去靠征服自然来显示自身强大的做法去对待大自然；要求人类要"赞天地之化育"，重建人与自然之间本真的亲和关系，从而使他们能够在和谐的存在序列中相生并济、相照相温。事实上，人类也只有改变过去那种对大自然倨傲不恭的态度，做到在开发利用自然的过程中师法自然、尊重自然，才能够保证人类自身在成为生态和谐承担者的同时，也成为生态和谐的受益者；在为人与自然的和谐作出生态贡献的同时，也获得丰厚的自然回报。

3. 天人合一的"融通和谐"

天人合一的"融通和谐"是人与自然的关系在协调和优化基础上所能达到的一种更高质态的和谐，那是一种天人关系在高度亲和状态下所展现的应然性和谐之美。天人合一的融通和谐表达了人类对诗意栖居的生存理想的渴求和善愿，体现了法律的人本价值理念对人类自由而全面发展的

---

① 黄志斌：《绿色和谐管理理论——生态时代的管理哲学》，中国社会科学出版社 2004 年版，第 142 页。

绿色终极关怀。[①] 人是现实的存在，但现实的人却总是不满足于人的生存现实，总是希望使现实变成对人来说是更加理想的现实。因而人虽然生活于当下却总是满怀着一种对人的现实的超越去追求理想生活的期待和向往，这便是属人的生活世界的独特性和人的生活的基本事实，是人之所以为人而对其生存和发展的理解和期许。

显然，"如果，一个社会不再以一种理想的乌托邦社会加以参照以照亮前景，而是根据事物本身去盲目要求，这个社会就会相当危险地误入歧途。如果，革命的力量不是使在抽象中展示的理想付诸实现，相反，以灾难性的手段去诋毁甚至毁灭那种尚未在具体中出现的理想，那么，再糟糕也莫过于此了。惟有乌托邦的目标明晰可见并成为人类的前景时，人的行动才会使过度的趋势变为主动争取的自由。即使空想主义者至多只允诺显而易见的空想的乌托邦，但是在其中就已经对乌托邦所具有的客观现实的真实可能性作出了自己的承诺"[②]。

人与自然有着天然的亲和性，回归自然乃是人的一种内藏于心底的渴望，它体现了人最深层的对自由理想的向往。生存的本真状态就是一种诗意的生存，一种物我两忘的自由境界。诗意的生存是审美的生活，在这样的生活里人超越了功利的束缚和物质的羁绊实现了生命的自由。诗意的生存也是可持续的生存，它摆脱了自然之于人的压迫，人通过自己智慧的增长获得了生活的力量而不再为自然所奴役。同时，人又同自然达成了更高层面上的和解，达成了新的一致。人认识到了人与自然的和谐，认识到了人与自然是一种共生共在的关系，于是追求可持续生存便成为人新的追求，这是可持续生存的理想境界，这便也是一个诗意地栖居于地球的人类之理想生存范型对人的生存和发展所可能具有的意义。

法律作为承载着人的基本价值和人类生活理想的人造物，固然必须立足于人的日常生活世界，必须要深切关注人的现实生活或当下的生存境遇，时

[①] 中国古代的"天人合一"论包含着要求人类要以至诚之心遵循天之规律，不违天时、不拒天命从而达到"天人合一"的目标。这是一种古典形态的生态人文精神。现代意义上的生态人文精神倡导以辩证思维看待人与自然的关系，主张人类自我关怀的同时还要求把传统的人文精神所指向的对人的关怀扩展到对自然的关怀上来，既要以人为本重视人的生存与发展，又要善待自然努力承担起人类对自然天地万物应尽的生态义务。

[②] [德] 布洛赫：《乌托邦的意义》，载董学文、荣伟《现代美学新纬度——"西方马克思主义"美学论文精选》，北京大学出版社1990年版，第208页。

时处处对生活于现实中的人的世俗生活给予深切关怀,并充分满足现实的人的正当合理的生存与生活的需求。但这并不否认法律在不背离人的现实生活的同时而又坚定地朝向人对未来理想生活追求的应然旨趣,即用人的生存理想来观照人的生活现实的审美旨趣和美学思维逻辑。因为,人与动物之根本不同就在于动物只是按照它所属的那个种的尺度和需要来建造,而人却懂得按照任何一个种的尺度来进行生产,并且懂得怎样处处都把内在的尺度运用到对象上去。因此,人也按照美的规律来建造自己的生活。①

"这种价值和意义与人性的契合,呈现出的乃是社会活动主体在法治问题上的审美立场。就法治自身而言,它所呈现的乃是法治的审美观照,即法治的美学标准。"② 显然,能够反映并体现着人对未来生存理想之美学意境的法律可以说既是对法的属人性的肯定,又何尝不是生态文明时代环境法针对人类可持续性生存问题在更高层次上对"以人为本"价值的高扬呢?

(二) 为美好而来:环境法制变革应当彰显绿色生存的"人本"价值

从理论上看,生态文明建设本质上是以"人"而非以"物"为本为价值取向的文明,它的提出反映了生态危机时代人的全面发展价值对文明发展的新要求和新期待。之所以这样说是因为,在生态恶化的条件下通过建设生态文明为人们提供良好的生态环境,就是为了保障人们的根本利益、满足人们的现实需要、奠定人们全面发展的基础,这就要求建立一种能够真正实现人与自然和谐的生态文明。因此,生态文明本质上是一种蕴含新的绿色人文关怀的文明。生态文明与环境法制建设在价值取向的一致性,要求环境法制建设在助力实现生态文明的过程中坚持绿色生存中的人本价值立场,重视人民群众对健康和谐的美好生态生活的向往。

从实践上看,坚持"以人民为中心"是新时代坚持和发展中国特色社会主义的基本方略之一,也是习近平新时代中国特色社会主义思想的人民立场的鲜明体现。进入新时代,人民群众对美好生活的向往从认识到实践都发生了重大变化,由过去的求"温饱"和为"生存"到现在的盼"环保"和要"生态",需要日益多元和广泛,已不仅仅局限于对物质财富和经济生活的要求,对环境问题的社会关注度更高、反响更强烈,对良

---

① 参见《马克思恩格斯全集》第42卷,人民出版社1979年版,第97页。
② 姚建宗:《法治的生态环境》,山东人民出版社2003年版,第153页。

好环境的期待也更为迫切。把生态文明建设纳入中国特色社会主义建设"五位一体"总体布局，就是对解决这一矛盾的战略考量。建设生态文明是最普惠的民生福祉，关乎每个人的生命健康，应当成为当代中国人推动实现伟大中国梦的共同价值追求。

党的十九大报告提出我们要建设的现代化是人与自然和谐共生的现代化，既要创造更多物质财富和精神财富以满足人民日益增长的美好生活需要，也要提供更多优质生态产品以满足人民日益增长的优美生态环境需要。对此，习近平总书记指出生态环境是关系党的使命宗旨的重大政治问题，也是关系民生的重大社会问题。他还强调良好生态环境是最普惠的民生福祉，坚持生态惠民、生态利民、生态为民，重点解决损害群众健康的突出环境问题，不断满足人民日益增长的优美生态环境需要。

基于此，笔者认为，生态文明建设中的环境法制必须坚持以人民为中心、增进人民群众的环境福祉的价值理念，坚持将法治作为生态环境保护的根本手段，从以下几个方面加强和不断完善制度体系建设：

1. 确立"生态人本"的法律价值观

确立生态人本化的法律价值观，需要一改过去环境法制的旧观念重新认识环境法制建设所蕴含的人本价值的独特性。法律不仅是世俗政策的工具，法律也不但能够被用来解决"问题"，同时它在任何时候都体现"价值"、都与"目的"有关。环境法的发展和完善以尊重人的主体性和价值性，以对人的环境权益的保护和关怀为其应有的追求是法的人文属性的必然要求。矫正和克服过去环境立法中重法律的政策工具主义、实用功能主义的立法偏向，重振环境法治建设的绿色人文价值应当是新时代环境法制建设发展和完善的必由之路。

从根本上说，一种法律制度是否具有权威性、能否获得合法性、会不会面临信用危机，都取决于该制度在推进法律中的人在有尊严的生存和幸福的生活方面所可能具有的价值。从这个意义上来说，一切真正法律制度架构的合法性和权威性的基础，必须且只有立基于对人之为人的终极关怀上才是其得以存立和持续发展的正统性理据。这必然要求法律应当"合乎人性、尊重人格、体现人道、体恤人情、保障人权"①。环境法岂能例外？

---

① 李龙：《人本法律观研究》，社会科学文献出版社2006年版，第2页。

2. 以"环境权"为基础构建环境法律制度体系

环境权是公民基本权利的具体表达。马克思将人的自由而全面发展，看作人的各种权益实现的过程。① 环境权作为生态文明时代的标志性权利，是直接影响人以及人类社会的生存和发展的带有基础性和根本性的权利，对于人的自由而全面发展具有决定性影响。这启示我们，争取人的环境权，就势必要更加注重生态文明建设与社会发展和人的发展的紧密联系，坚持人民中心的立场，保护和改善环境以不断满足人民日益增长的生态环境需要，保障公众的环境权益，促进人的自由而全面发展。

民有所呼，法有所应；民有所求，法有保障。从法治的角度看，确立环境权的法律地位并以此为基础构建环境法律制度体系，既是环境法治的核心命题和根本价值诉求，也是尊重和保障人权的价值理念对环境法制建设提出的直接要求。从这种要求出发必然需要环境法制建设把"环境权"确立为制度建设中的核心价值，把人的自由全面发展作为环境法律制度的权威价值来源。这种人本价值理念体现在具体制度的建构和法律的实施上，要求生态文明建设中环境法制的发展和完善必须确立以保障"环境权"的实现为核心的法律制度体系建设为支柱，以全面加强和促进人与自然和谐的法律保障机制为实施手段，确保以人为本的价值理念不仅能够体现在环境立法中，而且能够切实落实到环境法律实践中。因为只有将以人为本的价值理念转化为切实可行的制度安排，才不至于存在"价值悬设"的危险。

3. 重视人们在良好环境中"生态优存"的新需求

从人的需求发展与环境的关系上看，满足人们的基本需要、提高和改善人们的生活质量，既是人们对环境保护的基本诉求，也是人们在良好环境中生存和发展的需要对环境保护提出的新的更高的要求。因为，把环境质量仅保持在维持人们健康的水平上，就像人要吃饱穿暖一样是人们生活的基本需要。随着经济、社会的发展和人们生活水平的不断提高，在要求改善物质文化生活水平的同时，进一步要求建设一个清洁、安静、优美、舒适的环境就会成为人们的迫切需求。而满足在一个清洁、安静、优美和舒适的环境中生活的"生态需求"，也就当然地会成为衡量人们福利水平改善和一个社会文明程度的重要标志。在当下，生态需求不仅是现代人的

---

① 参见方世南《马克思主义生态观的时代发展》，《光明日报》2018年6月22日第11版。

一种新的最基本、最重要的生存需要，也必将会发展成为能够启迪人的德性、智性和心性，激发人的潜能，促进人的自由而全面发展的享受需要、发展需要和自我实现的精神需要，即"一种想要变得越来越像人的本来样子、实现人的全部潜力的欲望"的需要。

生态需要既反映着人与自然的关系，又体现着人与自然的协调发展。这样说是因为，生态需要的满足是以各环境要素的良好状态以及生态系统整体使用价值的功能所决定的。这意味着，人们对良好环境质量要求越高，生态系统的整体有用性也就越重要。因此，人类要想通过提高生活质量、改善生活福利并最终过上一种更符合"人类本性"的生活，就必须要以与自然和谐的方式在不断协调与自然环境的关系中为过一种健康而富有生产成果的生活的权利创造客观条件。这是衡量人们能够在良好环境中生存和发展的重要尺度，也是维护人们在良好环境中的生存和发展权益的前提基础和重要保证。

显然，从环境质量之于人的尊严生存所具有的意义上看，环境法制的建设、发展和完善自然不应当回避生态环境的美学价值。生态审美价值的提出，突出了环境的舒适性和人的精神功利价值对环境法在满足人们的绿色生存功能上的要求。重申生态环境的审美价值，不仅能够提升环境法制建设的境界，同时也为环境法制的发展提出了更高的要求。历史地看，生态审美价值的确立意味着缺乏环境审美意识的传统环境保护法的必然终结。这也就是说，对生态环境美的价值追求要求环境法必须从最初的以保护人类生存所必需的环境条件向最终以实现保护人类发展和幸福所必需的"良好环境"转型。

（三）生态文明建设的法治课题：顺应时代要求实现法律"生态化"

生态文明制度建设必须以生态文明观为指导遵循生态环境的系统性规律，按照是否有利于促进人与自然和谐共生、推进生态文明建设来思考制度的功能定位及发展和完善问题，努力实现法律的"生态化"转型。

在我们看来，"法律生态化"就是把生态学原理和原则贯穿于一国立法和法律实施的全过程，用人与自然协调发展的理念对现行法律制度按其是否符合环境保护客观要求的准则进行生态方面的法律调整、改进和创新，通过强化法律机制对生态社会关系的调整功能以最优地处理人与自然关系，实现人类社会可持续发展的理念、方法和实践。①

法律生态化是依法推进生态文明建设的内在要求和不断加强生态文明制度建设的重要路径，也是为了更好地为依法推进生态文明建设提供强有力的制度支持和法律保障，以及推动环境保护法律制度体系必须要实现的自我变革，它代表了生态文明制度建设的未来发展趋势。开展法律的生态化应以生态文明建设的要求为指导，结合生态环境保护的法律实践对我国环境法律体系作出总体性评价，将生态文明的理念、方针、政策措施纳入法律法规，对忽视、缺失或者不符合生态环境保护和建设要求的法律法规及时作出调整、修改、补充和完善，对影响环境法律实施效果的制度性障碍尽快加以破除。通过大力推进适应生态文明时代的法律制度建设，使各类不同的法律充分反映环境保护的利益、价值和诉求。

法律生态化还是使人类的活动与自然界永恒的普遍规律相协调的最好的法形式，它是法律制度在当今面临生态危机的严峻挑战后，为顺应生态文明建设的潮流、协调好人与自然的关系而对全面加强环境保护的要求作出的新的制度安排。从其价值目标上看，法律生态化既是环境法制建设面对人的生存和发展的现实需要在应对生态危机方面所作出的具体法律回应，也是生态文明建设为保障"人的尊严生存"价值目标的实现而对环境法制建设提出的必然要求。因此，在促进生态文明建设中，环境法制建设理应顺应生态文明的要求走生态化的法制建设之路，以更好地发挥环境法制对生态文明建设的保障作用。

---

① 参见王继恒《环境法的人文精神论纲》，中国社会科学出版社2014年版，第208页。

第二章 道以明向：生态环境司法保护的理论逻辑

第一节 环境司法的基本范畴

一 环境司法的概念、特点和功能

环境司法是一般司法的特殊形式，也是一般司法功能在环境保护领域的延伸和扩张。因此，司法的概念应当是我们认识环境司法的逻辑起点。

(一) 清源正本：司法概念回溯

所谓司法，就是指国家司法机关依据法定职权和法定程序，具体应用法律处理案件的专门活动。① 由于司法是针对具体争讼的个案，通过依法审理、适用法律以确定当事人的权利义务关系和法律责任的过程，因此司法作为法的实施的重要方式之一，属于"法的适用"的范畴，它主要是指同立法行为、行政行为相区别的检察、审判行为。在我国，"司法"一词有广狭两义。广义上的司法包括审判、侦查、检察等国家权力的运作行为以及调解、仲裁等"准司法"活动。② 狭义上的司法则仅指审判。

从严格意义上来说，我国的司法主体只有人民法院和人民检察院。因为司法主体是法定的，即作为司法主体，其资格和职权是法定的，必须是由国家宪法和法律所确认的具有行使司法权能的专门国家机关。在我国，

---

① 参见张文显《法理学》，高等教育出版社、北京大学出版社1999年版，第306页。
② 近年来，西方出现了一种所谓的"新司法"观念，认为司法是多样的，不为法官或法院所独有，也不单是国家的职能。这实际上就是司法权的部分社会化，主要是指国家司法权逐步向社会化发展，开始出现了一些非法院的国家机关或社会组织也具有一定的司法性质和作用，或者说部分司法权为社会组织分担的现象。例如，民间调节、仲裁就是由社会组织行使的一种准司法权。再如，ADR 解纷方式等也都程度不同地体现出了司法的社会化现象。

这种法定的司法权可具体划分为检察权和审判权,分别由检察机关和法院行使。可见,凡享有法定审判权和检察权的国家机关,才能被视为司法主体。显然,将公安机关、司法行政机关以及监狱机关等也纳入"司法机关"是不适当的。

尽管公安机关以及司法行政机关的职务行为与检察和审判活动直接关联或者说在一定程度上参与了司法过程,但这些职务行为如公安机关的侦查、拘留、预审和执行逮捕等主要是辅助案件审理而展开的活动,多属于行政"执法"的范畴而不具有实质"司法"的意义。因此,从这个意义上看,与其将公安机关、司法行政机关等也统称为"司法机关",不如称为"政法机关"更为适当、也更加名副其实。

"司法"一词在我国古代早已有之。在汉语中,"司法"之"司"具有"掌管""操纵"之意,而掌管或操纵法律者,当然是指对事实和法律进行判断者,即司法者或曰法官。[①] 这样看来,所谓司法顾名思义就是指执行法律或实施法律的专门活动。然而,这只是说文解字意义上的司法概念,与近代意义上的与立法、行政相对应的司法概念相去甚远。

我国古代之所以不存在与近代意义上的立法、行政相对应的司法概念,一方面是因为中国几千年的专制统治,不仅没有分权的制度也没有分权的思想,行政长官与司法长官兼于一身,司法与行政历来是不分的,没有形成一套专门的司法机构。另一方面,从司法所具有的"执行法律"的含义来看,我国历来强调裁判官员在"听讼断狱""决讼诏狱""平亭狱事"等方面的作用,裁判案件在于"上报皇恩、下慰黎民",而未强调通过解决纠纷而使法律得以执行的作用,这也是"司法"一词在"执行法律"含义上未被得到确认的一个原因。[②] 目前,在我国关于现代司法的认识与世界各国相同,是一种与立法和行政有区别、相对应的国家活动的统称。

在西方国家,普遍的观念认为司法即审判,也就是作为审判机关的法院行使审判权,对刑事、民事、行政等案件进行审理和裁判。这种观念普遍出现在一些国家的宪法规范之中。例如,美国联邦《宪法》第3条第1款就规定:"合众国的司法权,属于最高法院和国会不时规定和设立的下

---

① 参见李修源《司法公正理念及其现代化》,人民法院出版社2002年版,第26页。
② 同上书,第27页。

级法院。"① 又如，德国联邦《基本法》第92条规定："司法权属于法官，由联邦宪法法院、本基本法规定的联邦法院和各州法院行使。"②

另外，从国外的一些权威辞书关于"司法"一词的解释来看，司法的语义也大多是与法官、法院以及案件的审理和裁判联系在一起的。例如，《牛津法律大辞典》对"Judicial"（司法的）一词的解释为："关于法官的术语，在很多情况下区别于'立法的'和'行政的'，在另外一些情况下区别于'司法之外的'，后者指不经法院的处理以及没有法官的干预的处理。"③ 又如，《布莱克法律词典》在解释"Judicial power"（司法权）时认为，司法权是法院享有的，对当事人提请其解决涉及当事人人身权益与财产权益的纠纷作出判断，对法律进行释义并宣告法律是什么的终局性权力。这种权力被赋予法院和法官，以区别于立法权和行政权。④ 再如，《布莱克威尔政治学百科全书》将"Judicial function"（司法功能）解释为："在诉讼当事人双方的争执中听取和评判案情并作出最后裁定的能力。"⑤ 可见，在西方的观念中，司法是不同于其他国家机关和社会组织以及公民实施法律的专门活动。

我们认为，司法作为一种公平和正当的用以化解矛盾和解决纠纷的权威性制度安排，包含着司法的对象（纠纷）、司法权的主体（法官）以及司法权运行的制度空间（程序）三方面的内容。因此，司法一定是与"司法权"的配置和行使，与"司法机关"的组织结构以及司法权运作的程序密切相关的立体概念。因此，对"司法"概念的认识和理解，只有把司法主体、司法权的行使以及司法权应当遵循的运作程序结合起来，才可能形成一个较为完整的司法概念。

（二）环境司法的概念、特征和功能

1. 环境司法的概念

环境司法顾名思义，是对与环境相关或者说一定是与"环境纠纷"

---

① 姜士林：《世界宪法全书》，青岛出版社1997年版，第1618页。
② 同上书，第802页。
③ [英] 戴维·M. 沃克：《牛津法律大辞典》，北京社会与科技发展研究所译，光明日报出版社1988年版，第484页。
④ See *Black's Law Dictionary*, fifth edition, West Publishing Company, pp. 761–762.
⑤ [英] 戴维·米勒、韦农·波格丹诺：《布莱克威尔政治学百科全书》，邓正来译，中国政法大学出版社1992年版，第377页。

的解决有关的司法活动的称谓,它是司法功能在环境保护方面的体现和运用。因此,我们认为环境司法简而言之就是指,享有司法权的国家机关依据环境法律处理环境案件、解决环境纠纷的专门活动。

环境司法作为国家司法活动的一个特殊类别,与一般司法活动既相"和合"而又有所"不同"。"和合",言明了环境司法具有一般司法的共性;"不同",言明了环境司法具有异于一般司法的特殊性。环境司法所具有的一般司法的共性,是由"司法"的本质属性所决定的。环境司法具有的不同于一般司法的特殊性,是由"环境案件"的性质所决定的。认识环境司法具有的一般司法的共性,有利于按照司法规律开展环境司法活动。认识环境司法的个性,有利于正确开展环境司法专门化的实践探索。

环境司法是国家环境治理体系的重要环节,在生态文明建设与绿色发展中发挥着重要作用。在环境保护方面强化司法手段的运用,就是要利用国家赋予司法机关的权利和权威,尤其是充分发挥审判职能作用,通过依法审理环境资源刑事、民事、行政案件,对污染环境、破坏生态违法犯罪行为给予审判和严惩,保护国家自然资源和生态环境安全;对环境污染纠纷进行裁定和调解,对污染受害者或者受损的生态环境给予救济和赔偿,保障社会公众的人身、财产权利和其他各项环境权益;制约公共权力,督促行政机关依法及时履行监管职责,查处破坏生态环境的行为,推动生态环境质量不断改善,促进经济社会可持续发展,维护环境正义和代际公平。

2. 环境司法的特征:共性与个性的辩证统一

环境司法具有的一般司法的共性,主要表现在:

一是职权的法定性。职权法定,也就是司法主体法定,它是指在司法活动中只能由那些享有司法权的国家机关及其司法人员依据法定职权和法定程序运用法律处理案件。司法权是一项专属性权利,具有排他性。因此,这项权利只能由享有司法权的国家司法机关及其司法人员行使,其他任何国家机关、社会组织和个人均不能行使此项权利,环境司法也不例外。

二是程序的法定性。程序性是司法最重要、最显著的特点之一。环境司法是司法机关严格依照法定职权和法定程序所进行的专门活动。因此,在环境司法中严格遵循法定程序也是合法性所要求的。目前,我国的环境司法活动依据的法定程序主要有刑事诉讼程序、民事诉讼程序和行政诉讼程序三类。① 这些程序规则既是环境司法工作正常开展的重要保证，也是确保环境司法公正、公平的重要条件。

三是裁决的权威性。环境司法是司法机关以国家的名义运用法律解决案件的专门活动，因此它所作出的裁决具有很大的权威性，也即具有由国家强制力保障的法律效力，非经法定程序变更，其由国家强制力保证执行的效力不容怀疑，任何组织和个人都必须执行。

环境司法具有的不同于一般司法的个性特征主要表现在：

一是环境司法的社会公益性。环境司法面对和要解决的环境纠纷，主要是人们在开发、利用、保护和管理环境资源的过程中产生的权利义务之争。这种权利义务之争除了涉及个体私益的保护和法律救济问题，还必须要考虑环境作为社会公共产品所承载的公共利益的维护和法律救济问题。

环境诉讼目标的双重性决定了，在环境诉讼中解决公民个人之间的民事纠纷并非单一目的，它还承担着必须实现有效维护社会公共利益的目标。环境纠纷的社会公益性，决定了环境司法具有不同于一般司法只关注私益救济的特质，而是具有很强的社会公益性。环境司法的社会公益性特征，要求环境司法活动应当遵循从有利于保护最大多数人的利益出发，做到统筹兼顾、协调各种利益关系，充分发挥环境司法职能作用以维护环境公共利益之目的。

二是环境司法的综合复杂性。环境司法的综合复杂性，主要是由环境纠纷的复杂多样性和利益冲突的广泛性所决定的。环境司法面对的纠纷不仅数量众多、类型多样，而且跨越刑事、民事、行政三大诉讼门类，并非以孤立或单一的诉讼形式就能得到很好的解决。这种环境纠纷的整体性所要求的救济的整体性，决定了只有实行专门环境诉讼才能有效避免传统环境诉讼所固有的对环境纠纷整体性的肢解，克服对环境纠纷的诉讼救济实行分离式诉讼所带来的诸如公益保护缺位、私益保障不足、预防功能低

---

① 环境司法活动既要遵循一般民事诉讼、刑事诉讼和行政诉讼的程序规则要求，又对适合环境纠纷解决需要的特殊程序规则具有一定需求。目前，我国的民事、刑事、行政三大诉讼程序规则大都是针对传统人身、财产权益纠纷的，难以适应环境纠纷解决尤其是对环境公益救济的实际需要。但我国目前还没有针对环境纠纷解决的专门的环境诉讼程序法，这种状况对环境纠纷的顺利解决形成了一定的制约。

下、法院司法困难等问题。①

从内容上看，环境司法既涉及环境污染的责任承担和损害赔偿问题，又包括自然资源的权属确认以及不当开发利用导致的生态损害赔偿和补偿问题；既有提出停止侵害、排除妨碍、消除危险、恢复原状等权利要求的，又有要求对具体行政行为的合法性进行司法审查的；还有提起要求环境保护行政机关履行法定职责之诉的。

从利益冲突的广泛性上看，环境纠纷既包括个人利益与社会利益之间的冲突，又包括局部利益与整体利益之间的冲突，还包括眼前利益与长远利益之间的冲突；既包括环境私益与环境公益之间的冲突，又包括经济利益与环境利益之间的冲突，还包括代内利益与代际利益之间的冲突。

环境纠纷的复杂多样性以及利益冲突的广泛性，决定了一个特定环境案件的审理可能既涉及民事诉讼、行政诉讼以及刑事诉讼，也可能在这些案件的审理过程中出现私益诉讼、公益诉讼或者公益诉讼和私益诉讼交叉的情况，从而使得环境司法活动的综合复杂性也极为突出。

三是环境司法的专业技术性。国外有环境审判是"科学审判"之说，在一定程度上既言明了环境案件的审理专业性强具有浓厚的科技关联性（technology complication）的特点，也指出了环境案件的审理对审案法官和涉讼律师的综合素质要求较高的现实。

环境司法的专业技术性主要表现在：环境问题因果关系的证明涉及医学、生物学等科技知识的综合运用；环境损害的发生原因及其发展过程往往涉及自然科学的多个领域，对专门的环境科学技术知识要求较高；环境纠纷的处理会涉及大量环境监测数据的调取、认定和环境标准的甄别以及环境危害的鉴定和评估等技术工作。环境纠纷处理的专业技术性，增加了环境案件审理的艰难性。

四是环境司法的预防恢复性。请求救济内容的预防性，是环境司法不同于一般司法活动的一个突出特点。通过诉讼解决环境私益纠纷只是环境司法发挥作用的一个方面，更为重要的是通过审理环境公益诉讼案件发挥其在维护和保障环境社会公益方面的功能。在环境公益诉讼中，原告的请求主要不是简单地要求被告对所受损害承担金钱给付的赔偿责任或恢复原状的责任，因为针对过去已发生的损害事实采取救济措施，对于防范环境

---

① 参见吕忠梅《环境法学》，法律出版社 2008 年版，第 204 页。

公益损害结果的发生，避免或减轻损害的出现和进一步扩大意义不大。因此，环境公益诉讼的请求内容还具有指向未来、防止或减轻环境公益诉讼损害结果发生的意义。因而提起环境公益诉讼的请求应是禁止令状、停止侵害及排除妨碍和宣告性判决，而非损害赔偿。①

环境司法的预防恢复性要求，在环境案件审理的过程中重视环境资源的生态功能价值、树立预防和恢复性司法理念，"加大预防原则的适用力度，依法及时采取行为保全、先予执行措施，预防环境损害的发生和扩大。落实以生态环境修复为中心的损害救济制度，最大限度修复生态环境"②。对可能存在修复的，应采取修复为主的恢复性措施，对于不能修复的也不能置之不理、弃之不顾，要通过"失之东隅、收之桑榆"的方式，采取"替代性修复"③措施加以解决。另外，在环境行政责任和刑事责任案件中，也应当建立预防恢复性生态环境损害救济模式。

五是环境司法的职权能动性。④ 与传统的强调当事人中心主义、偏重于私益救济和纠纷解决的诉讼不同，环境司法需要综合回应环境资源价值的多元性、环境纠纷的复合性以及环境权益维护和环境审判的公益性。这时，如果过度强调司法被动和中立无助于环境公共利益的司法救济。相反，在诉讼中却需要法院通过发布诉前禁令、行使释明权修正诉讼请求、主动调查取证、进行多重法律关系的并案审查、提高科学证据的证明效力、创新裁判方式、实施执行回访和监督等若干举措，构建绿色职权主义审判机制。⑤ 因此，传统法治理论中司法被认为是一种消极、封闭、保守的法官裁判权的观念，在环境审判中已不合时宜，需要在司法改革中予以

---

① 参见吕忠梅《环境法学》，法律出版社 2008 年版，第 205 页。
② 最高人民法院《关于充分发挥审判职能作用为推进生态文明建设与绿色发展提供司法服务和保障的意见》第一部分（2）。
③ 例如，补种复绿、增殖放流、提供公益劳务等都是替代性修复责任的很好例证。
④ 我们认为，司法的被动性主要体现在司法作为事后的判断，是针对已然的纠纷或违法事实而发生作用的。再则，司法遵循不告不理、不诉不判、恪守中立、依法司法之原则。这都是从司法权的运作方式上对司法的认识。其实，从司法权的本质属性和司法的运作规律上看，司法是被动与能动的统一。如在环境案件审理中，对事实的科学认定、法律的正确适用和判决的最终形成，无不需要法官的能动司法活动。因此，问题的关键并不在于环境司法活动中是否需要司法能动或者说在多大程度上需要司法能动，而在于司法能动是否是在恪守司法规律、秉承司法理性基础上的司法能动；是否有利于环境案件的公平审理和实现环境司法维护环境公共利益、满足经济社会可持续发展的目的。
⑤ 参见张忠民《环境司法守正出新》，《中国审判》2018 年第 12 期。

认真反思。

专门的环境诉讼在程序构造上突破了当事人中心主义构造，特别强调法官的作用，要求法官能动地进行司法活动。因为彻底的当事人主义存在着当事人双方为各自利益而战从而无暇顾及甚至牺牲环境公共利益的风险，显然这时候承认法官在环境案件中的诉讼主动权，是有利环境保护的正确选择。因此，出于保护环境公共利益、维护公众环境权益的需要，在环境诉讼尤其是环境公益诉讼活动中，需要法院在"尊重审判规律的前提下，依法适度强化能动司法，创新审理方式和裁判方式，探索符合需要的证据保全、先予执行、执行监督等特殊规则，发挥公益诉讼的评价指引和政策形成功能"①，以防止或避免因司法的消极被动导致环境公利益得不到充分保护，公众环境权益得不到公平救济等不利后果的出现。

环境司法的职权能动性主要表现在以下几个方面：在原告的诉讼请求不足以保护环境公共利益时，法官应当承担一定的释明义务，令其变更或增加停止侵害、恢复原状等诉讼请求。对于涉及环境公共利益的举证事项，法院认为有必要应当主动依据职权调查收集，对相关证据认为需要鉴定的，应当主动委托鉴定。在公益诉讼中对于当事人达成的调解协议或和解协议以至于要求撤诉的请求，法院应当依职权主动审查，对于有损公共利益的内容，应当对当事人的处分权作必要的限制，裁定不予准许。

3. 环境司法的功能

功能，即功用与效能，就是指事物或方法所发挥的有利的作用。② 这样看来，所谓环境司法的功能则可以理解为环境司法所具有的、对社会有益的功用和效能。环境司法的功能，是对环境司法所具有的内在性的、应然性的、有益性特点的反映。所谓环境司法功能的内在性，即是指环境司法自其产生就具备的在功能量度方面的规定性；所谓环境司法功能的应然性，即是指环境司法自身应当如何，而不及于环境司法在实际中是怎样的。也就是说，环境司法的既定功能能否被实现以及实现的程度如何是另外一个层面的事情。所谓环境司法功能的有益性，即是指环境司法对社会的意义是正向的、正值的，不包括含有负值方面的影响。

---

① 最高人民法院《关于充分发挥审判职能作用为推进生态文明建设与绿色发展提供司法服务和保障的意见》第五部分（17）。

② 参见中国社会科学院语言研究所词典编辑室编《现代汉语词典》，商务印书馆2002年版，第438页。

鉴于环境司法的特殊性，环境司法的基本功能也表现出一定的特殊性。根据最高人民法院《关于充分发挥审判职能作用为推进生态文明建设与绿色发展提供司法服务和保障的意见》的要求，今后各级人民法院在环境资源审判工作中应当着重发挥好以下四个方面的基本功能：

一是环境权益救济功能。环境权益的司法救济也称环境权益的诉讼救济，是指权利人在其环境权益遭受侵害、损害或有遭受损害之虞时，通过司法途径实现侵害的排除或损害的填补等。① 权利的司法救济，是权利人之权利保障的最后屏障。因此，当权利人的权利被侵害后能否获得及时、公正的司法救济，常常是衡量一个国家公民权之保障的充分性、有效性和现实性的重要评价尺度或参照标准。环境权益的司法救济离不开法律制度的支撑，尤其是环境公益诉讼制度的完善。而且，要有效实现环境权益的司法救济，除了在实体法上扩大环境权益的法律保护范围，针对环境权益的特点设计出符合程序理性的司法救济制度就显得至为重要。

我们知道，自20世纪70年代以来，世界上有相当一部分国家都将"环境权"作为公民的一项基本权利在宪法和环境基本法中确立了下来。② 现代环境权理论以保护人类赖以生存的生态环境为出发点，伴随着环境权的人权属性和宪法属性的探讨而得以不断发展、走向深化。然而，鉴于环境权概念的抽象性和原则性，导致环境权的司法保护一直难以取得实效。在环境权利这样的特殊权利体系尚未完善尤其是最终也可能难以确定化的情况下，环境诉讼解决纠纷的作用应该得到更为充分的发挥。③ 在这方面，应当把有效实施公益诉讼制度作为重点，在民事诉讼法、行政诉讼法基本制度框架下，结合公益诉讼特点，创新、完善具体的审判程序，更好地发挥司法保障公众环境权益的职能作用。

"有权利始有救济、无救济即无权利"，言明了救济之于权利的确证和维护的极端重要性。正如《世界人权宣言》第8条所指出的，"任何人当宪法或法律所赋予他的基本权利遭受侵害时，有权由合格的国家法庭对

---

① 参见吕忠梅《环境法学》，法律出版社2008年版，第179页。
② 1972年《人类环境宣言》将人类在良好环境中享有自由、平等、充足生活条件的权利确定为一项基本人权。此后，不少国家相继将环境保护条款纳入宪法或其他部门法予以规范。尽管我国宪法中没有明确的环境权概念，但却蕴含着环境权益保护的宪法价值和基本精神。例如，我国宪法关于"国家保护和改善生活环境和生态环境，防治污染和其他公害"的规定，具有保护公民环境权益的价值取向和法律意义，应当可以认为是宪法关于环境权益保护的宪法依据。
③ 参见吕忠梅《环境法学》，法律出版社2008年版，第181页。

这种侵害行为作有效的补救"。对环境权益的保护，离不开能动司法。"在今天，人们根据新的权利要求向法院请求救济的倾向十分强烈，不管法院愿不愿意都不得不肩负起这一重任，而且法官还必须负起通过审判创制法和权利的责任。"① 环境权是应当获得司法救济的权利，因为我国加强生态文明建设的根本目的是为人民创造良好的生产生活环境，通过司法手段保障环境权益是生态文明建设的重要方面。

二是公共权力制约功能。加强对政府环境行为的司法审查，是环境司法的一项重要功能。鉴于政府担负着国家环境管理的重要职责和实现环境保护目标的重要任务，因此政府的环境行为是否得当往往会对国家的环境质量和公众的环境权益产生重要影响。环境保护是"市场失灵"领域，应当发挥政府的管理和调控作用。然而，在环境资源问题上也存在着严重的"政府失灵"（governmental failure）。因此，加强对政府环境行为的监督制约，确保其依法行政、履职尽责对不断提升环境治理水平、改善环境质量具有决定性意义。正因为如此，美国《国家环境政策法》不仅加强了政府的环境管理职责，而且关于《国家环境政策法》的判例表明，联邦行政机关的"对人类环境有重大影响的联邦行动"是可受司法审查的。② 例如，依据《清洁空气法》的规定，联邦环保局应当采取某种行动或履行某种义务而未采取有效行动或履行义务，则联邦环保局可能成为公民诉讼的被告。自20世纪70年代以来，大多数法院在环境诉讼中对行政行为持"严格审查"的态度。法院以其司法审查权有力地保护公共环境利益并约束政府的有关环境的行政行为。③

在我国，依照法律规定，人民法院担负着通过审判、执行各类行政案件，监督和支持行政机关依法履行其环境管理职责的重要任务。近年来，各级人民法院充分认识到，行政审判对于合理开发利用自然资源、预防环境污染和生态破坏方面的重要作用，把行政审判作为加强环境资源审判的重要内容，注重发挥司法建议在促进有关行政机关依法决策和科学管理方面的作用，尤其是发挥环境公益诉讼在监督和支持行政机关依法履行职责方面发挥了重要作用，也取得了一定的效果。

---

① [日] 谷口安平：《程序的正义与诉讼》，王亚新等译，中国政法大学出版社2002年版，第194页。
② 参见王曦《美国环境法概论》，武汉大学出版社1992年版，第151页。
③ 同上书，第143—144页。

据统计，2016年全国各级人民法院共受理各类环境资源行政案件35177件，审结29126件。2016年3月，最高人民法院还发布了10起环境行政保护典型案例，人民法院充分发挥行政审判职能，既依法监督和及时纠正行政机关的不作为和违法作为，督促环境保护行政主管部门依法履行职责，加强信息公开，也通过对合法行政行为的确认和支持，引导行政相对人遵守环境法律法规，依法承担相应责任。①

三是矛盾纠纷终结功能。有效应对不断增多且日益复杂的环境纠纷，是环境司法的首要功能。近年来，随着经济社会的快速发展和人口的不断增长以及城市化扩张带来的巨大压力，使得人与自然的矛盾和冲突愈发紧张，伴随着环境污染和生态破坏的不断加剧而产生的环境纠纷也随之日益增多并更为复杂。目前，环境利益冲突日趋严重，群体性纠纷层出不穷。在这种情况下，如何发挥司法的矛盾纠纷终结功能，从而妥善处理各类环境纠纷就成了环境司法改革迫切需要回答和解决的一个重要问题。尤其是伴随着立案登记制度②改革而可能出现环境资源案件大幅增加的情况下，这个问题显得就更为突出。

环境纠纷不仅有着迥异于传统纠纷的特点，而且专业性强、复杂程度高，这使得普通法院或审判机构在审理此类纠纷时不可避免地面临诸多挑战，如对案件的裁判缺乏相应的环境司法理念的指引，相应法律和技术专家在案件中的专业技术支持不够，案件的诉讼成本高昂且审判耗时太长、赔偿额度偏低以及判决缺乏应有的环境考量等。面对这些问题，既需要通过体制机制的改革和不断完善以不断提升司法在化解新型纠纷方面的能力，也需要一改传统的纠纷解决型司法的被动风格，把化解矛盾、终结纠纷贯穿于审判和执行工作的始终，以能动司法为新型纠纷找出最妥当的解决方案，最终实现社会正义。

一般而言，当某类社会冲突大量涌现时，作为社会公平正义的最后一道防线，司法必须与时俱进给出相应的司法救济。显然，要解决好上述问

---

① 参见郑学林《中国环境资源审判的新发展》，《人民法院报》2017年6月7日第8版。
② 立案登记制度是指案件受理制度。为充分保障当事人诉权，切实解决"立案难"问题，最高人民法院提出要改革案件受理制度，变立案审查制为立案登记制。对人民法院依法应该受理的案件，做到有案必立、有诉必理。当事人只要提供符合形式要件的诉讼，法院应当一律接受，并在规定的期限内依法处理。立案登记制度降低了立案门槛，有助于从源头上解决"立案难"问题，让民众的诉求不再被挡在法院大门之外，保障了诉权的真正实现。

题，较好地做法就是设置专门的环境案件审判机构来对环境案件进行集中审理。在环境资源案件审理中，人民法院应当注意统筹发挥好判决和调解在环境纠纷解决中的双重作用，可以根据案件的性质、特点以及当事人的情况等因素妥当地选择和运用判决或调解作为结案的基本方式。

环境案件一般关联性强、利益交织和冲突明显、多涉及民生民利问题，社会的关注度高，加之普遍存在损失鉴定难度大、因果关系难认定、审理周期长、诉讼成本高以及执行难等方面的问题，如果能够以调解的方式息事宁人、及时解决争讼效果会更好。当然，在注重调解的同时也要注意发挥判决的作用，尤其是环境公益诉讼案件要立足于判决，通过判决来确立规则以便更好地为评价和指导人们的环境行为提供依据和标准。不仅如此，在环境资源审判中还要注重构建多元化的纠纷解决机制，使诉讼和非诉纠纷解决方式相互衔接、相互配合、优势互补，为环境纠纷的解决提供多元化的选择。

四是公共政策形成功能。在环境诉讼中，法院通过解释和运用法律具有明显的创造作用，社会政策形成机能突出。[①] 正如有学者指出的："现代型诉讼的出现，在修改传统诉讼观念和诉讼机能的同时，铸就了新的诉讼机能，包括促进对话机能和政策形成机能。"[②] 法院的这种能动作用，也体现在环境诉讼之中。较之以传统的纠纷解决型司法，环境公益诉讼中的法院已不再固守传统诉讼中的中立地位，已由"'公平的决策者'变成了'真理追求者'——人们对他的主要期待是希望他得出一个正确的结论或者为在诉讼中逐渐显露出来的问题找出最妥当的解决方案，为此，可能不得不采取非常主动的行动"[③]。这使得法院和法官在解释、补充或者填补法律漏洞的过程中，明显具有培育社会变化和实施公共政策的功能。正是这种法院作用的特殊性，改变了司法的运作方式，使其与立法机关的行为方式具有明显的共通之处。

一般来说，司法并不涉及公共政策的制定问题，因为司法机关不得越俎代庖去做本应由立法或行政机关处理的事项。但是在现代社会中，为了

[①] 从环境资源审判的实际情况来看，公共政策的形成主要体现在司法解释的制定和环境公益诉讼、新型环境权益纠纷以及其他复杂疑难环境资源案件的裁判之中。

[②] 刘荣军：《程序保障的理论视角》，法律出版社1999年版，第49页。

[③] [美]米尔依安·R. 达玛什卡：《司法和国家权力的多种面孔》，郑戈译，中国政法大学出版社2004年版，第250页。

解决不断出现的一些新的复杂的社会经济问题,在立法数量大幅增加的同时,立法中原则性条款的增多和立法漏洞的存在也不可避免。依照"法律非经解释不能适用"的原则,显然在具体案件的审理过程中需要通过法律解释去克服法律的局限性从而正确适用法律,这客观上增加了司法解释法律和创造法律的契机。对此,丹宁勋爵就曾指出:"如果国会的法律是用神明的预见和理想的清晰语言草拟的,它当然会省去法官们的麻烦。但是在没有这样的法律时,如果现有的法律暴露了缺点,法官们不能叉起手来责备起草人,他必须开始完成找出国会意图的建设性的任务。他不仅必须从成文法的语言方面去做这项工作,而且要从考虑产生它社会条件和通过它要去除的危害方面去做这项工作。然后,他必须对法律的文字进行补充,以便给立法机构的意图以'力量和生命'。"① 由此形成了以裁判要旨和司法解释为代表的裁判规则,进而对公共政策的完善和执行发挥重要的确认与补充作用,使现代司法具有了政策形成这一衍生功能。②

在环境诉讼中,法院的裁判具有广泛的波及效应。传统诉讼中,法院的裁判只适用于个案,其裁判也只影响到此案的当事人。在环境诉讼中,司法的影响力已明显超越了案件当事人。尽管环境诉讼也直接面对着争讼纠纷的解决,但同时也隐含着对各种与环境利益有关的社会关系的间接调整,纠纷所涉及的环境社会问题无可避免地被纳入诉讼结果的影响范围。环境诉讼产生的影响,比如围绕日照、景观等具体环境人格利益纠纷所进行的权益界定、侵权认定等司法判断,会超出具体案件纠纷本身波及相关的社会关系,影响甚至改变既有的社会利益分配格局、相关产业的发展以及现实的或潜在的当事人的切身利益,为全体社会成员确立有关行为指南,甚至促进环境政策的制定与执行,推动环境法律的发展,达到全面实现权利救济的目的。由此,环境资源审判也就具有了更加明显的形成公共政策的职能作用。③

二 "专门化":环境司法发展的重要维度

(一)环境司法专门化的概念

环境司法专门化亦即环境案件审判专门化,是指通过在国家或地方设

---

① [英]丹宁勋爵:《法律的训诫》,杨百揆、刘庸安译,法律出版社2000年版,第13页。
② 参见王旭光《论环境资源司法的基本功能》,《人民法院报》2015年9月9日第8版。
③ 同上。

置专门的审判机关，或者在人民法院内部通过设置专门的审判机构或组织，由专门的审判人员对环境案件进行专项审理的制度或手段和方法。

我国环境资源审判专门化起步较早，尽管当时可能尚不存在我们现在所谓的环境司法专门化的明确概念，也不一定存在较为规范和系统的环境司法专门化活动，但一些地方性的环境案件审判实践，一定程度上却存在环境司法专门化的实质内容。例如，早在20世纪80年代，福建省就成立了覆盖三级法院的林业审判庭，用于集中归口审理涉林刑事、民事和行政案件。近年来，为了适应生态文明建设的需要，该省又通过改制建立了"生态环境审判庭"，将过去较为单一的林业审判扩大到一并审理环境资源和生态类案件，实现了由"小环保"到"大环保"的蜕变，较好地应和了时代发展对环境司法的迫切需求。

环境司法专门化是司法专门化的题中应有之义。[①] 司法活动专门化是一个历史演进的过程，是与社会劳动分工的增加、社会生活复杂化的趋势密切相关的。从社会经济生活发展的大背景来理解，可以说司法活动专门化是现代社会中社会分工在法律领域的体现，是法律活动职业化和专门化的一种特定形式的延伸。[②] 从国内外的历史经验来看，随着社会分工、特别是市场经济条件下的高度社会分工的发展，法律机构会发生一种趋势性的变化，即法律的专门化。[③] 司法专门化是法律专门化的必然结果和重要组成部分。

法律专门化至少有三方面的含义：首先是指从事法律事务人员的专门化；其次是指法律机构设置的专门化；最后表现为相对独立的法律机构运作。环境司法专门化作为司法活动专门化的特定形式有着更为丰富的内涵，它既有司法专门化的一般特点，也有其自身的特性。

(二) 环境司法专门化的主要内容：多元多维的体系

环境司法专门化是基于环境案件的特殊性须由特定审判机构中具备相应专门知识的法官，依据相应的审判程序和工作机制来对此类案件进行集

[①] 从司法发展的角度看，随着审判业务的不断细化和类型化，尤其是面对一些新型的特殊案件，为了更好地发挥司法审判的职能作用，克服传统审判面临的"专门化不专"的问题可能对新型特殊案件的审理带来的不利影响，需要运用专门化的手段、方法或措施围绕新型特殊案件的审理而对传统审判要素进行重新组合和优化配置。例如，设立适应特定案件审理的组织机构、制定专门的程序规则，将特定案件归口管理，并交由具有一定专业知识优势的法官审理等。

[②] 参见苏力《法律活动专门化的法律社会学思考》，《中国社会科学》1994年第6期。

[③] 同上。

中审理的系统概念。较为成熟的环境司法专门化应当是多元多维一体化的专门化，至少应当包括以下几个方面的内容：

1. 审判机构专门化。从国际经验看，依据法院管辖案件范围性质的不同，法院有了普通法院和专门法院之分。普通法院是一国法院组织体系的主干，管辖范围最广，一般可以受理各种公法和私法上的争讼案件，比如普通民事、刑事案件。传统上，与普通法院相对应的专门法院则主要审理公法范围内的特定案件，如行政争讼案件和宪法争讼案件。20世纪以来，由于世界各国社会情势的变化，诉讼事件日渐复杂，许多案件需要以专门的知识、特别的手段来加以处理，于是各国还根据各自审判实践的特殊需要设置了各种专门的法院，如军事法院、宗教法院、宪法法院、行政法院、青少年法院、商事法院、海事法院、劳动法院等专门法院。[1]

20世纪70年代后期，环境司法专门化的趋势开始出现，其主要表现就是环境案件被集中于专门的环境审判机构审理。这些机构包括独立的环境法院、在法院内部设立的环境法庭以及在法院内设立的较为固定的环保合议庭等。有序推进审判机构专门化的建设，是加强环境资源审判工作、促进环境司法专门化健康发展的前提条件和重要手段。

2. 审判程序专门化。环境司法专门化对程序正义的独立价值有着特殊的要求。我们知道，法官对案件的审理是通过程序所提供的制度性空间来进行的，离开了程序司法不仅无法实现对纠纷的介入，而且司法的功能也将无法实现。但是，诉讼程序的本质使命在于有效且恰当地解决社会冲突，如果创设或发展诉讼程序的努力脱离解决社会冲突的实际需要，那么，由此而形成的程序至多只有学理上的审美价值，诉讼程序完善的功利评价只能依据于该程序在解决社会冲突方面的实际效果。[2] 因此，创设和发展能够满足环境纠纷解决实际需要的专门性诉讼程序，是环境司法专门化的必然要求。

环境审判的正当性不仅可以通过实体法自身的正当性而获得，而且也需要依赖和凭借"程序正义"的价值和功能来实现。[3] 因此，有必要重新

---

[1] 参见陈业宏、唐鸣《中外司法制度比较》，商务印书馆2000年版，第160页。
[2] 参见顾培东《社会冲突与诉讼机制》，四川人民出版社1991年版，第55—58页。
[3] 一般来说，程序的价值和功能一是有助于实现实体权利，二是可以通过正当程序而获得裁判结果的正当化。这主要表现在依正当程序作出的判决即使对于承担不利后果的当事人也不得不接受该结果，同时也有利于回应社会对公正审判的正当性的期待和认同。

认识程序的价值，尤其需要针对环境纠纷的特性设计符合程序理性的环境司法救济制度。这要求大力推进审判程序专门化建设，要根据案件的特点和审判的需要积极探索和完善证据保全、诉前禁令、依职权调取证据、举证责任分配、损害鉴定、专家顾问等一系列制度。为进一步解决好环境公益诉讼程序的完善问题，还要不断探索和完善环境公益诉讼专项基金制度，加强对赔偿金专项用于生态环境修复的管理；加大对原告的司法救助力度，充分发挥环境公益诉讼主体维护公共利益的积极性，从而建立符合生态环境和自然资源保护需要的专门诉讼程序。

3. 审判主体专业化。法官是司法过程中最具活力的因素，在一定意义上，司法的功能能否实现以及实现的程度如何，端赖于法官的素质高低。美国法学家德沃金曾言："法院是法律帝国的首都，法官是帝国的王侯。"① 这一关于司法权定位的经典名言让崇高而又威严的法官职业多了些神圣，但也深刻地揭示了作为审判活动主体的法官，其整体素质对法院独立行使审判权的真正实现有着重要影响这一蕴意。案件的审理是一种知识密集型活动，需要法官具备足够的从业素质才能使审判职能发挥出预期作用。因此，法官必须具有相适应的专业知识优势才能在案件审理进程中准确地解释和适用法律，保证案件裁决的形式合理性与实质合理性的统一。

从环境司法对法官的要求看，具有优良的法律素养和对法律与社会生活的高超驾驭技术，是合格环境法官应当具备的基本素质。除此之外，还需要法官对环境法律的内在精神、原则和功能以及适用技术的透彻理解与把握，这是由环境司法的特殊性所决定的。长期以来，由于我国对法官的专业背景缺乏特殊要求，对法官的任职条件也较为宽松，导致法官的职业化水平较低。近年来，随着知识化、专业化、职业化的要求越来越高，一些法官的法学专业知识和实践技能未能及时更新和同步提高，对一些新型案件在事实认定和法律适用上出现偏差甚至错误在所难免。

目前，我国法院系统缺乏专门的环境审判队伍，更缺乏擅长环境审判的"专才"。绝大多数法官没有接受过专门系统的环境法教育和培训，缺乏审理环境案件的业务知识，影响了环境案件的公正合理的解决。显然，环境资源专门审判机构建立以后必须要解决审判人员的专业化问题，即专

---

① [美]德沃金：《法律帝国》，李常青译，中国大百科全书出版社1996年版，第361页。

业性法官队伍的建设问题。按专业化要求，环境案件审判机构的专门人员必须是具备相应的环境法律专业知识和审判技能专长的人，否则无法胜任该审判工作。审判主体的专业化问题是有效推进环境司法专门化的当务之急，也是提高环境司法服务水平的关键和核心内容。

4. 工作机制专门化。环境资源审判系统性强，是一个涉及审判各要素的有机联系、协同一致、整体推进的体系性运作过程。环境司法面对的环境资源案件量大面广、种类多元，跨越刑事、民事、行政三大诉讼门类。要确保环境资源审判工作的有效开展，就需要各级人民法院根据环境资源保护利用的现实需要和当地的案件特点，积极探索构建刑事、民事、行政审判和立案、执行等业务部门既分工负责又紧密配合的"协同审判工作机制"。科学界定各审判业务部门审理环境资源案件的职责分工，妥当确定环境资源专门审判机构的职责范围，充分发挥其专门化研究、协调和指导作用，大力强化环境资源立案、审判和执行机构之间，刑事、民事和行政三大审判之间的相互配合，形成环境资源审判的整体合力。①

另外，环境资源刑事、民事、行政案件的归口管理模式以及与行政区划相分离的管辖制度，也是工作机制专门化的特点和要求。这就要求法院还要按照审判专业化和内设机构改革的要求，立足本地经济社会发展、生态环境保护需要和案件数量、类型特点等实际情况探索建立专门机构。对于环境公益诉讼以及跨行政区划的环境污染、生态破坏等案件，探索实行跨行政区划集中管辖，即将环境资源民事、行政乃至刑事案件统一由一个审判机构审理的"二合一"或者"三合一"归口审理模式。

环境资源审判不是封闭和孤立的，也不可能是法院一家的独角戏。推进环境资源审判工作需要加强协同审判、搞好审判内部关系的协调，同样也需要争取"外援"、搞好审判外部关系的协调。因囿于司法的被动性，更何况"就保护环境公共利益而言，司法只是最后一道防线，环境公益诉讼也并非不二法门"②，这势必要求环境资源审判部门在准确把握司法权边界的前提下，通过"审判协调联动机制"的建立，积极加强与能够启动或者参与诉讼的环境资源职能部门、检察机关、公安机关、社会组织

---

① 参见最高人民法院《关于充分发挥审判职能作用为推进生态文明建设与绿色发展提供司法服务和保障的意见》第六部分（20）。
② 江必新：《用司法的力量保护环境公共利益——环境公益诉讼的特点及应对机制》，《人民法院报》2017年11月22日第5版。

等的协调联动，推动生态环境的综合治理，构建环境纠纷多元共治机制。

第二节　环境司法专门化的合理性和正当性之辩

环境司法专门化的内涵回答了"环境司法专门化是什么"的问题，从逻辑上看，接下来就需要我们回答为什么要提出环境司法专门化的问题。换言之，也就是要对它存在的合理性与正当性作出回答，这是一个理论问题也是一个实践问题。从司法发展的角度看，环境司法专门化具有历史必然性；从社会需要看，环境司法专门化具有客观必要性；从实践上看，环境司法专门化具有现实可行性。

一　环境司法专门化的必然性和必要性

（一）环境司法专门化是现代司法发展的必然趋势

司法是法治社会中的一个极富实践性的重要环节，它既是一个以审判为中心的概念，又是一个处于不断发展变动中的概念。从司法产生和发展的历史看，作为国家管理社会活动的一种最基本的形式，司法不是从来就有的，而是人类社会发展到一定历史阶段的产物，是随着国家的形成、法律的出现而产生和形成的一种社会现象，也必将随着社会的发展而发展。在人类社会的早期，国家尚未产生也不存在维护国家秩序的法律体系，自然也就谈不上用公正、理性的司法的方式解决矛盾和冲突的问题。[①] 随着国家的产生以及法律的出现，通过司法途径定纷止争，才使得各类冲突和矛盾得以和平解决、受害人获得必要救济、社会秩序得以维护。然而，在国家产生的相当长的历史时期，由于国家管理社会事务的职能缺乏明确的分工，司法还远未成为某一国家机关集中、专有的职能，因而不存在近代意义上的专门的法院和法官，也没有独立的司法权概念。[②]

随着社会文明的发展进步，人们日益感觉到由专门机构和专职人员按照法律来解决纠纷的必要，这样一来，司法才逐渐变成了由专职人员组成的国家专门机构开展的职业化活动。毋庸置疑，现代民权社会的要求和国

[①] 这时候非司法的方式是解决纠纷的主要手段，如人们之间的矛盾和冲突是通过复仇、决斗、私刑等暴力的、任意的方式来解决的。

[②] 近代意义上的司法专指法院适用法律的审判活动，它是与三权分立的理论和实践密不可分的。

际社会司法的发展方向就是根据发展变化中的社会现实不断增强司法功能，使法院能够在充分实现其解决社会纠纷基本功能的同时，也能够有效发挥权力制约和公共政策制定、调节和引导社会生活等方面的重要功能。而现代司法要实现上述功能，就必须要根据经济社会发展进步出现的新情况、新问题、新形势，改革既有的司法制度以适应整个社会对现代司法提出的新要求。

众所周知，司法以解决社会冲突为使命，它与社会冲突相伴相随，是社会关系最稳定的调节器。作为法律与社会生活的纽带和中介环节，司法连接着法律与社会生活中的个别事件。司法的过程就是运用法律解决个案纠纷，将法律适用于个案的过程。司法的功能在于通过对纠纷的解决来维护法律规则背后的主流价值观，这是一个社会得以维系和发展不可或缺的基本条件。随着社会的发展，当司法自身的价值维护能力不足以满足社会生活发展需要的时候，就必然会面临制度的创新，否则其存在的合理性就值得怀疑。

司法地位的强化还在于，司法在具有形式普遍性的同时，在实质意义上司法可以解决其他机关所不能解决的一切纠纷，并且司法解决具有终局性特点，这就赋予了司法超越于其他解纷方式的普遍性效果。因而，司法最终解决原则作为法治社会的一项基本原则，成为保护公民权利的最后屏障。正因为如此，一个国家的司法运行状况不仅直接标示着法律对于社会生活的调整效果以及法律适用的情况，也常常成为衡量一个国家法治现代化发展进程和法治化水平的一个重要参照维度。

环境司法是生态文明法治保障的重要维度，在环境保护领域走环境司法专门化道路有其历史必然性。近年来，随着经济社会的快速发展，我国环境问题也日益突出，由此导致的各种社会矛盾和冲突不断显现并日趋激化，环境案件大幅递增。但由于我国现行的司法制度以及传统的诉讼模式在保护环境、惩治环境违法犯罪行为、维护公民环境权益等方面存在较大缺陷，致使环境纠纷发生后人们不能、不愿、不敢提起诉讼的问题突出，造成环境司法功能难以正常发挥，不能满足社会公众对环境正义的司法诉求。"置忍气吞声的权利者于不顾将导致社会出现大量非正义现象，其后果不单是个人的权利遭到践踏，法和审判也会失信于民，最终导致人们对正义的绝望。"① 尽管从法院或社会期许的角度看，各方面都希望司法救济成为环境保护和化解环境纠纷的主渠道，但是目前在法院审理的一些环境案件中，不能应赔尽赔、当赔即赔或者审判周期长、赔偿额度低等突出问题，严重影响了权利人司法维权的积极性。况且环境审判尺度不一，也还存在一定程度上的地方保护主义。

其实，对和谐社会建设来说，矛盾和纠纷的出现并不可怕，关键的问题还在于一个社会能否根据纠纷解决的实际需要，科学合理地设置一套能够化解纠纷的解决机制。正如有学者指出的："公害纠纷的存在本身不是问题，有问题的是既有的纠纷处理体系是否有化解纠纷的能力。"② 事实上，"由于社会关系的日益复杂化，社会冲突越来越趋于综合性。同一冲突兼具民事、经济、行政以及刑事诸方面的不同性质，或者包容着多个不同性质的冲突。要将这些冲突按照人们主观划定的框框逐一进行分解，然后依不同程序加以解决，不仅成本甚高，而且没有可能。能动地适应这种变化，势必要引起传统的诉讼分类方式的改变，至少将改变现有的诉讼类型结构"③。而我国目前因环境纠纷的频发、高发所产生的严重社会问题，则正好凸显了既有的纠纷解决机制在应对更为复杂的新型纠纷方面能力的低下。换句话说，"司法解决纠纷的能力"还尚未被视为一个应当引起警觉的大问题，即便近年来这种情况已有所好转。面对这种情况，如何消除既有体制机制的制约，根据需要发展现代司法，适应社会的发展，调整、修正、完善现有的司法制度，就成了生态文明时代司法改革值得重视也无法回避的重要课题。

另外，鉴于环境司法面对的纠纷利益关系复杂，法律关系具有复合性，环境损害与生态功能损害的认定和评估以及环境致害行为与损害后果因果关系的证明等都是具有较强科学技术性的专业性问题，正是这种案源、程序和对法官从业水平的较高要求决定了环境案件的审理必须走专门化的发展道路，这也是当今世界环境司法的共同发展趋势。正因为如此，我们认为，环境司法作为环境保护整体格局的重要环节，在当今严峻的环保形势下，这把环境保护的正义之剑不仅不能缺位，还应当高高举起。

---

① [日]小岛武司：《诉讼制度改革的法理与实证》，陈刚等译，法律出版社2001年版，第63页。
② 叶俊荣：《环境政策与法律》，中国政法大学出版社2003年版，第291页。
③ 顾培东：《社会冲突与诉讼机制》，法律出版社2004年版，第46页。

（二）环境司法专门化是"类案专办"的客观需要

环境案件的专业性是实行专门化审理的根本原因。正如有学者指出的，唯有案件专业方可成为环境司法专门化的理论支点。① 环境案件的专业性主要体现在三个方面：一是受理机构和受害人的不确定性。环境媒介的易流动性、污染物的扩散性导致了案件管辖和原告、被告确立的难度较传统民事、行政、刑事案件增大，如果仍然按照传统行政区划式的法院设置则无法适应现实需求。二是案件审理需要极强的科学理性和法律理性的融合。举证责任分配和因果关系确认难度较传统案件增大，在纠问式的审理模式下对法官的知识结构、把控庭审能力的要求更加严格，传统的民庭、行政庭、刑庭法官的能力水平略显不足。三是案件执行结果考验着司法的价值追求。传统案件的执行无外乎弥补受害人的受损利益，赔偿损失是最佳方式，而环境案件不仅涉及私益的财产或人身，更多的是自然环境和生态自身，无受害人的情况更是比比皆是。因此，其执行方式与结果必须对环境或生态的修复作出回应。②

环境案件的专业性不仅指环境案件中常涉及较多的科学技术性问题，还有由环境法保护对象的环境资源客体所决定的环境案件在法律适用上的特殊性。③ 这两种特殊性相结合，使得对此类案件审理涉及的事实认定和法律适用的判断方式都迥异于对其他类型案件的判断。因此，有必要将环境案件同普通的民事、行政和刑事案件区别开来实行专门化审理。质言之，"专门法院的设置之所以必要，就在于人们有理由期待能由对某种性质纠纷的解决具有职业技能和专业水准的法官以适合纠纷性质的程序和裁决方式使纠纷获得相对完满的解决"④。

另外，对环境案件进行专门化审理将会导致环境资源案件审判呈现规模化，这样一来通过集中审理环境案件法官也更易于从大量的审判实践中

---

① 参见宋宗宇、郭金虎《环境司法专门化的构成要素与实现路径》，《法学杂志》2017年第7期。

② 同上。

③ 如环境法作为社会法规范，是以社会本位、国家干预、公私法融合为特征的新型法律。这类法律远远超出了传统行政法、民法的理论和制度的边界，具有全新的理念和制度要求，也赋予了环境法律关系主体许多新的权利，这些新型权利的行使具有公私法交融的特性，对这些权利的保护也需要有公私法手段的结合。另外，环境法还具有很强的科学技术性，不仅具备法的一般价值，它主要还是以人类经济社会的可持续发展为价值目标的法。这些环境法的精神与特质，是法官在审理环境案件时作出评价和判断的标准。

④ 左卫民等：《诉讼权研究》，法律出版社2003年版，第166页。

积累审判经验，把握不同类型案件的共性和差异，从而有助于优质高效地对个案作出裁判。显然，这无论对于研究环境资源审判规律、更新环境司法理念，还是对于规范环境审判程序统一案件裁判尺度，从而从体制机制和保障措施的不断优化上促进和提高环境司法服务水平都是极为有利的。

其实，早在20世纪50年代，根据审判实际需要我国就曾在人民法院设立过专门的铁路运输法院、水上运输法院。20世纪80年代又建立了专门的森林法院和海事法院，2000年还建立了专门的知识产权审判庭。这说明，基于特别诉求的特殊救济机制——环境法庭的设置及其环境司法专门化审判的实践探索，必将会为中国司法改革创造出更具活力和显示中国特色、并能够更好地服务于生态文明建设的环境司法机制。

（三）环境司法专门化是改革审判制度、消除司法体制机制制约的必然要求

环境司法是环境法实施的主要方式之一，也是环境法得以实现的一种终局性制度保障。目前，在环境司法方面我国还存在一些不利于环境法实施的因素，这主要表现为环境违法案件的可诉性不强。例如，在实践中通过行政执法手段解决的环境案件较多，真正通过司法途径解决的案件则相对较少。

就环境刑事司法而言，最明显的就是环境刑事案件公诉少。[①] 一些重大环境刑事案件本应由环境执法部门移送检察机关立案侦查并依法提起公诉，但由于失职、渎职和权力寻租，致使环境行政部门不惜以罚代刑，该移送的不移送，检察机关该公诉的不公诉，从而导致一些侵害环境的刑事案件无法立案进行刑事审判。环境民事司法也存在很多问题，典型的就是诉讼主体受限。诉讼主体受限意味着，大部分的环境污染侵权案件都会因为主体的不适格而使受害人无法通过法定的程序来维护自身的合法权益。

就审判制度自身存在的问题来看，实行环境司法专门化也是极为必要的。目前，我国的审判制度在很多方面已经不能适应贯彻绿色发展理念、推进生态文明建设、坚持节约资源和保护环境的基本国策，实行最严格的生态环境保护制度，为人民创造良好生产生活环境的现实需要。这突出表现在，过去在设立专门法院方面，较少考虑环境保护和生态建设的需要；

[①] 自2011年《刑法修正案（八）》确立"污染环境罪"罪名以来，我国刑法对污染环境犯罪的惩治力度大为提升，污染环境犯罪在我国成为一种常态类犯罪。

在设立审判庭方面,对环境公益诉讼考虑不周;在法院功能方面,很少考虑生态环境的治理与修复问题;在法官队伍建设方面,较少考虑法官的环境法素养问题等。

这些方面表明,我国通过司法手段处理环境案件,促进法律实施的能力存在严重不足。因此,无论从环境权益的司法保证方面还是从应对不断增多且日益复杂的环境纠纷需要看,抑或从不断加强和统一环境执法和司法的角度来看,强调环境司法专门化的必要性都有其合理性。而且通过审判专门化实现法律的统一适用,也是当前我国法院改革的重要方向和现代司法的基本价值追求。

二 环境司法专门化的现实可行性:理论和实践基础

(一) 诉讼权理论为环境司法专门化提供了学理支持

诉讼权即所谓的司法保护请求权,就是指公民在认为自己的合法权益受到侵犯或有纠纷需要解决时,享有的诉诸公正、理性的司法权求得救济和纠纷解决的权利。[①] 在现代法治社会,诉讼权因其基础性和保障性已成为公民、组织所享有的一项基本人权,并为诸多制度所保障。诉讼权的保障,往往与可诉范围、起诉条件、裁判费用、法院设置以及法律援助制度等密切相关。就诉讼权保障与法院设置的关系而言,由于法院设置的合理与否直接关系着公民诉讼权便利实现与否,因此诉讼权的保障问题不能不关注此问题。

一般来说,司法审判制度对公民诉讼权的保护有两种方式:一种是动态的方式,如法院通过审判机制的良性运行过程等加以实现;另一种是静态的方式,即法院首先在设置上就充分考虑民众利用司法服务的各种需要,并在此基础上尽最大可能为他们提供便捷及高质量的服务。[②] "可接近性"是诉讼权保护对法院设置的重要要求,这常常涉及法院的专门化问题。将各种纠纷与争议能够得其门而入诉诸国家专门审判机构,是"接近正义"的基本模式和首要途径。

鉴于普通法院制度不利于有效救济特别权利要求的现实,因此特别诉求生成特别保护机制成为当今世界司法制度发展的一大潮流。从世界范围

---

① 参见左卫民等《诉讼权研究》,法律出版社 2003 年版,第 2 页。
② 同上书,第 149 页。

来看，基于诉讼便利而设置法院制度主要有两种类型：一是根据请求权的规模而形成的特殊救济机制，即小额法院的设置；另一个就是根据纠纷的特殊性质生成的特殊化救济机制，即专门化审理机构的设置。某一特定种类的争议和有关事务由为此目的特别设立的法院或法庭来审理。法官们对此类事物有专门的知识和经验，并采用适合特定纠纷的程序和裁决方式。因此对当事人来说，获得的法律服务的质量更高。在这里，纠纷的性质构成了特殊救济机制的产生基础。①

根据《人民法院组织法》的规定，我国现行法院体系由普通法院与专门法院两个系列构成，这样看来，根据案件的特殊性质和纠纷解决的实际需要而设立环境法院（法庭）等专门化审理机构，亦属于与特别诉求相适应的特殊救济机制。

（二）新型专门环境法院（法庭）的设立于法有据

我国《宪法》和《人民法院组织法》都有关于设立"专门法院"的规定。尽管《宪法》和《人民法院组织法》并未对环境法院（法庭）这类新型专门审判机构的设置作出直接规定，但这并不意味着专门环境审判机构的设立缺乏法律基础。②

1. 《宪法》依据。从我国《宪法》第129条的规定看，人民法院体系是由"最高人民法院、地方各级人民法院和军事法院等专门人民法院"构成的。最高人民法院是由宪法所设立的最高国家审判机关，它既是特殊的法院类型又是一个具体的审判机关。地方各级人民法院和专门人民法院，是除最高人民法院外的另外两种法院类型。其中，军事法院是宪法明确承认的专门人民法院。除此之外，宪法没有对其他专门法院的设置作具体规定。

我们认为，从语义上看，宪法关于军事法院"等"专门人民法院的立法表述应当可以理解为"军事法院和其他专门法院"。这也就是说，军事法院等专门法院一语中其实隐含着除了军事法院外，根据社会发展和实际审判需要还可以设立其他新型专门法院或审判组织，如海事法院、知识

---

① 参见左卫民等《诉讼权研究》，法律出版社2003年版，第153页。
② 应当承认，较之以日益缜密的行为法，我国的组织法总体上还比较粗疏。以《人民法院组织法》为例，该法迄今虽已经历了三次修改，但仍然存在规范空白以及与现实严重脱节的情况。这是长期以来组织法的重要性没有引起足够重视的结果，这样的立法现状造成组织法的规范力长期不足，难以发挥其对机构设置、运作和监督等方面的规范作用。

产权法院以及环境法院等方面的特定内容。从立法技术上看，这样的规定较为灵活，也增加了法律的适应性。

专门人民法院与最高人民法院和地方各级人民法院的区别，主要表现在管辖权和受理案件的不同上。最高人民法院和地方各级人民法院享有一般管辖权，可以受理各种类型的案件。而专门人民法院通常拥有特定管辖权（也可能存在跨区域管辖的情况），受案范围有特定要求，仅审理某些情况特殊、专业技术性较强的案件。

2.《人民法院组织法》依据。除宪法依据外，人民法院组织法也为设立专门环境法院（法庭）提供了依据。例如，新修订的《人民法院组织法》①第 12 条规定：人民法院分为最高人民法院、地方各级人民法院、专门人民法院。第 15 条规定：专门人民法院包括军事法院和海事法院、知识产权法院、金融法院等。显然，这里的"专门人民法院"如同宪法规定一样，②应当可以理解为包括军事法院以外的其他专门法院，如环境法院等。另外，《人民法院组织法》第 27 条还规定："人民法院根据审判工作需要，可以设必要的专业审判庭。"从该条规定可以看出，依据"按需设立"的原则各级人民法院可以根据实际情况设立环境资源等专业审判庭。换句话说，《人民法院组织法》第 27 条之规定，其实赋予了我国各级人民法院可以依据需要灵活设置专门的环境资源审判庭的权力。

针对基层人民法院设立环境资源审判法庭的问题，除了可以以《人民法院组织法》第 27 条的规定作为设立专门环境法庭的依据之外，该法第 26 条又作出了如下规定："基层人民法院根据地区、人口和案件情况，可以设立若干人民法庭。"这意味着，基层人民法院具有因需自主设立不同类型人民法庭的选择权。进而言之，随着环境案件的不断增多以及审理环境案件的实际需要，基层人民法院应当具有设立环境资源审判法庭的权力。

我们认为，这样理解应当说并不违反《人民法院组织法》关于基层

---

① 该法已于 2018 年 10 月 26 日由第十三届全国人大常委会修订，自 2019 年 1 月 1 日起施行。

② 其实，1979 年的《人民法院组织法》对专门法院的规定作了比宪法更多的列举。例如该法第 2 条第 3 款规定："专门人民法院包括：军事法院、铁路运输法院、水上运输法院、森林法院、其他专门法院。"1983 年修订后的《人民法院组织法》根据宪法规定修订了相关内容，保持了与宪法规定的一致性。

人民法院可以依据情况"特"设不同的人民法庭的规定。从这可以看出，在基层法院设置专门法庭的问题上，《人民法院组织法》的规定具有一定的灵活性和前瞻性。退一步讲，即使在基层法院单独设立环境法庭行不通，也可以在有条件和有需要的基层法院设立类似于巡回法庭或派出法庭等形式的环境资源法庭。① 可见，我国《人民法院组织法》对于专门环境审判机构的设置预留了一定的制度空间，提供了组织法依据。

当然，也应当看到，即便根据《宪法》和《人民法院组织法》之规定我们可以得出各级人民法院具有因需设立必要的专门环境审判机构的法律授权，但对于专门环境审判机构设立的组织形式的决定权、审批程序等，以及这些专门审判机构的法定职权以及运行程序，《宪法》和《人民法院组织法》都没有作出明确具体的规定，存在法律依据不充分的问题。我国《宪法》第129条第3款规定"人民法院的组织由法律规定"。而且《人民法院组织法》第15条第2款还针对专门人民法院的问题特别指出，"专门人民法院的设置、组织、职权和法官任免，由全国人民代表大会常务委员会规定"。以此观之，立法上的疏漏是显而易见的。

审判权是《宪法》和《人民法院组织法》赋予人民法院的公权力，必须遵循职权法定原则。从审判权的运行机制上看，实践中无论环境司法活动采用环境法院还是环境法庭模式，其审判权的行使均需权自法出、权依法行，或者说要以法律的明确规定或授权为依据。这样看来，在我国专门环境审判机构无论是在其设立还是组织形式和法定职权等方面都存在立法不充分或者说缺乏法制保障的说法，是有一定根据的，并非言过其实。

3. 司法政策为加强环境审判发挥审判职能指明了方向提供了依据

关于设立环保法庭实行环境案件专业化审理问题，早在2010年7月最高人民法院公布的《关于为加快经济发展方式转变提供司法保障和服务的若干意见》中就有了明确规定。例如，为了保证各类环境保护纠纷案件的妥善审理，该意见指出："在环境保护纠纷案件数量较多的法院可以设立环保法庭，实行环境保护案件的专业化审理，提高环境保护司法水平。"②

---

① 从诉讼权保障与法院设置的关系上看，派出法庭有利于公民接近司法、及时行使诉讼权。派出法庭是我国法院设置的优良作法，与法治国家普遍设立"社区法院"的做法有异曲同工之处。因此，从这个意义上看，基层人民法院根据需要设立环境派出法庭是必要的。
② 《关于为加快经济发展方式转变提供司法保护和服务的若干意见》，第13条。

2014年7月,最高人民法院发布的《关于全面加强环境资源审判工作为推进生态文明建设提供司法保障的意见》也指出:"要本着因需设立、分步推进的原则,建立环境资源专门审判机构,为加强环境资源审判工作提供组织保障。除高级、中级人民法院外,个别案件较多的基层法院经高级人民法院批准,可以设立环境资源审判机构。"①

2016年6月,最高人民法院发布的《关于充分发挥审判职能作用为推进生态文明建设与绿色发展提供司法服务和保障的意见》还从加强环境资源审判体制机制建设方面,对积极探索设立专门审判机构等问题作出了进一步规定。该意见指出:为了充分发挥环境资源审判在救济环境权益、制约公共权力、终结矛盾纠纷和形成公共政策等方面的功能作用,推动生态环境质量不断改善,促进经济社会可持续发展,维护环境正义和代际公平,各级人民法院应当"按照审判专业化和内设机构改革的要求,立足本地经济社会发展、生态环境保护需要和案件数量、类型特点等实际情况,探索建立专门机构,明晰职责分工,打造既精通法律又熟悉环境知识的专业化审判团队。对于环境公益诉讼以及跨行政区划的环境污染、生态破坏等案件,探索实行跨行政区划集中管辖"②。

4. 环境司法专门化有国内外实践经验参照

(1) 我国现有环保法庭的设立验证了可行性。近年来,鉴于环境案件的特殊性和复杂性,为了提高案件的办案质量和效果,地方各级人民法院自发尝试专门化审理模式,成立专门审判机构审理此类案件。

据统计,自2007年全国第一家环保法庭在贵州省清镇市人民法院正式成立以来③,截至2017年6月全国设立环境资源审判庭、合议庭或者巡回法庭共计956个,其中专门审判庭296个,合议庭617个,环境资源巡回法庭43个。福建、贵州、江苏、云南、重庆等地法院,还构建了涵盖三级法院的环境资源审判专门化体系。④

值得注意的是,2014年6月,最高人民法院也根据需要设立了环境

---

① 《关于全面加强环境资源审判工作为推进生态文明建设提供司法保障的意见》,第16条。
② 《关于充分发挥审判职能作用为推进生态文明建设和绿色发展提供司法服务和保障的意见》,第七部分(26)。
③ 其实我国早在20世纪80年代就开始了环境案件审理专门化的实践探索。例如,1988年武汉市硚口区人民法院根据该院环境案件逐年增多,且案件审理复杂、特殊等情况,就曾向最高人民法院提请设立环境法庭,但未得到支持。
④ 参见江必新《环境权益的司法保护》,《人民司法》2017年第25期。

资源审判庭专门审理环境资源案件，这是世界上最高法院设立专门机构负责环境资源案件的一次创新。

环境司法专门化的有益尝试，适应了中国环境形势日趋严峻和环境案件日益增多的客观现实，为我国人民法院系统设置常态化的环境审判机构提供了极具参考价值的经验，既是必要的，也是可行的。

（2）国外环境司法专门化实践提供了可资借鉴的参照样本。环境司法专门化，是20世纪60年代末出现的司法现象。1969年，新西兰环境法院和美国佛蒙特州环境法院先后成立，拉开了环境司法专门化的序幕。随后，澳大利亚新南威尔士州"土地与环境法院"、澳大利亚昆士兰州"规划与环境法院"等相继诞生。① 进入20世纪70年代后期，世界各国环境司法专门化趋势已成，表现为大量的专门审理环境案件的机构开始出现。据美国丹佛大学斯特姆法学院乔治·普林夫妇的不完全统计，截至2009年年底，共有41个国家建立了354个环境专门审判机构。②

值得一提的是，印度为了快速有效地解决与环境污染有关的案件，专门制定了《国家绿色法庭法》，不仅解决了环境司法专门化的法律依据问题，而且通过设立国家绿色法庭，为印度环境保护提供了司法保障。

第三节 环境司法改革与环境司法专门化

一 在工具理性与价值理性之间：我们需要什么样的环境司法

中国的环境司法改革，是在顺应生态文明时代要求充分发挥审判职能作用，为推进生态文明建设提供司法服务和保障，积极回应人民群众要求提供更多优质生态产品以满足其日益增长的优美生态环境需要，以及维护不断高涨的环境权益的正当诉求的基础上提出的。正如党的十九大报告指出的："建设生态文明是中华民族永续发展的千年大计。必须树立和践行绿水青山就是金山银山的理念，坚持节约资源和保护环境的基本国策，统筹山水林田湖草系统治理，实行最严格的生态环境保护制度，形成绿色发

---

① 参见王树义《论生态文明建设与环境司法改革》，《中国法学》2014年第3期。
② 参见李挚萍《外国环境司法专门化的经验及挑战》，《法学杂志》2012年第11期。

展方式和生活方式,坚定走生产发展、生活富裕、生态良好的文明发展道路,建设美丽中国,为人民创造良好生产生活环境,为全球生态安全作出贡献。"①

环境资源审判是国家环境治理体系的重要环节,它连接着法律与社会生活的个案,直接标示着法律对于社会生活的调整效果以及法律的适用情况,是环境治理法治化程度的一个重要表征。因此,应当充分发挥司法在推动和保障生态文明建设和绿色发展中不可或缺的重要作用。

影响我国环境司法改革的动因多种多样,既存在司法与社会需求脱节难以承载经济社会发展对环境司法提出的新要求和新期待等外部因素,也存在来自环境司法自身体制机制的制约或不利影响产生的司法活动运行不畅和司法机能低下等方面的内部原因,这些都是可能引起环境司法改革的直接功利目的。但不论中国环境司法面临多少现实矛盾,因此必须要进行改革以改变司法在环境保护领域不能很好作为的理由有多么充分,有一点是可以肯定的,即既有的环境司法对于社会公众环境权益的保护不充分和不完善,是环境司法必须要进行相应改革的根本原因。

在笔者看来,中国加强生态文明建设的根本目的还是实现"环境惠民"的基本价值,即通过为人民创造良好生产生活环境,解民生生存之忧、谋民生发展之利、创民生普惠福祉。说到底,就是为了有效维护和保障公众在健康、舒适、优美环境中生存和发展的权益。而通过司法手段保障环境权益,则是生态文明建设的重要方面。

环境司法改革需要有明确的目标、模式和导向。党的十九大报告对生态文明建设的整体部署不仅与环境司法改革密切相关,同时也为新时代环境司法改革创造了新机遇,指明了未来发展的方向、目标和路径,主要体现在:

"人与自然和谐共生"的生态观,为环境资源司法提供了价值遵循,也为我们明确了在处理发展和环境保护冲突案件时的优先选择;坚持节约优先、保护优先、自然恢复为主的方针,指明了生态文明建设的基本遵循,是对环境资源司法理念的重要指引;加快推进绿色生产和消费的法律制度和政策导向,建立健全绿色低碳循环发展的经济体系,为在环境资源案件中平衡环境保护与经济发展的关系提供了基本判断标准;提高污染排

---

① 《中国共产党第十九次全国代表大会文件汇编》,人民出版社2017年版,第19页。

放标准、强化排污者责任、健全环保信用评级、信息强制性披露、严惩重罚等制度,为环境资源司法提供了未来制度安排的依据;统筹"山水林田湖草"的系统治理体系,为环境资源司法专门化的推进拓展了巨大空间;实施重要生态系统保护和修复重大工程,建立市场化、多元化生态补偿机制,为生态环境责任追究和承担提供了新思维;设立国有自然资源资产管理和自然生态监管机构,为处理生态环境执法和司法的关系提供了体制基础;坚决制止和惩处破坏生态环境的行为,为环境资源司法指明了裁判原则。① 人民法院应当深刻理解这些明确而具体的部署,充分认识新形势下服务和保障生态文明建设与绿色发展的重要意义,以新发展理念统筹推进环境资源审判工作。

中国的环境司法改革,是当代司法改革中的一个宏大的、富于时代性的主题,既需要从我国本土的司法资源中获取有价值的给养,又必须与西方环境司法的理念和环境司法制度相参照;既要从我国经济社会的发展和实践中探寻环境司法改革的根基,又必须要借鉴外国环境司法制度中的先进经验;既要体现环境司法的理想要求,又要合理构造环境司法的现实体系。

中国的环境司法改革还是一项综合性的创造性工作,所涉内容广泛,包括环境司法的理念、体制、制度以及环境司法文化等各方面的内容。这里面既有属于整个司法改革的共性问题,也不乏环境司法改革的个性化问题。但总的来说,目前我国环境司法改革应当着重解决的主要问题是树立现代环境司法理念、实行环境司法专门化、探索和规范环境公益诉讼案件的审理。② 其中,环境司法理念是环境司法改革的先导,环境司法专门化是环境司法改革的关键,环境公益诉讼案件的规范审理是环境司法改革的突破口和发力点。

二 在理想与现实之间:以环境司法改革推动"专门化"的再发展

十余年来,中国环境司法专门化的实践探索,从无到有、从少到多、由简入繁、逐步深入,取得了一些重要的阶段性成果。

---

① 参见吕忠梅《新时代中国环境资源司法面临的新机遇新挑战》,《环境保护》2018 年第 01 期。

② 参见王树义《论生态文明建设与环境司法改革》,《中国法学》2014 年第 3 期。

在司法理念确立方面，进一步树立了现代环境司法理念。2016年6月，最高人民法院发布的《关于充分发挥审判职能作用为推进生态文明建设与绿色发展提供司法服务和保障的意见》，提出了严格执法、维护权益、注重预防、修复为主、公众参与的现代环境司法理念，为环境资源审判实践指明了方向。

在环境资源专门审判体系化建设方面，着力构建包括审判机构、审判机制、审判规则、审判理论和审判团队在内的"五位一体"专门化体系，取得了新进展。例如，"环境审判机构发展有序、环境审判机制有效运行、环境审判程序可操作性增强、环境审判理论发展迅速、环境审判团队建设加强、环境司法专门化前行顺畅"①，为充分发挥环境资源审判职能作用提供了保障。

没有最好只有更好。通过环境司法改革推动环境司法专门化向纵深发展，最终实现环境司法公正的价值理想，是一个反复试错不断积累的长期过程。目前，在生态环境司法保护方面，人民法院尚有许多难题需要破解，还有很大的深化和拓展空间，这就需要我们在既有成绩的基础上进一步思考环境司法专门化的发展和未来走向问题。

在这方面不乏建设性意见，如有人指出推进环境资源审判专门化应当注意解决好以下三个方面的问题，即"加快从分散式改革向体系化改革发展、逐步实现从形式专门化向内容专门化的转换、充分关注从狭义专门化向广义专门化的延伸"②。环境司法专门化实践探索的初期，更多的是碎片化的、形式上的、狭义的专门化，即出于实际需要满足于专门化过程中个别问题的解决、缺乏对环境司法过程的系统性考察，且偏重于组织机构的设置及其运行机制的保障等形式问题的构造，而对于现代环境司法理念的树立以及审判规则的创新和环境法官的培育等涉及环境司法专门化中的一些实质性问题关注不够。在环境审判与其他主体之间的联系与协调方面，缺乏包容性发展思维，协调联动不够，不能适应多元共治的要求。而从分散到整合、从形式到内容、从狭义到广义发展的环境司法专门化，恰是环境司法专门化从初级到高级、并不断走向成熟和完善的重要标志。

---

① 吕忠梅、焦艳鹏：《中国环境司法的基本形态、当前样态与未来发展——对〈中国环境司法发展报告（2015—2017）〉的解读》，《环境保护》2017年第18期。

② 王旭光：《环境资源审判专门化的基本特性与路径方法》，《人民法院报》2016年6月22日第5版。

还有人指出，环境司法是生态文明法治保障的重要环节，应当以生态文明理念和法治文明理念对中国环境司法的实践进行优化或校正。未来，中国环境司法的发展应当在专门化、精细化、个案公正三个方面做好文章，才能为推进生态文明建设提供有力司法保障。其中，"'专门化'是中国环境司法发展的重要维度，'精细化'是中国环境司法发展的重要方向，'个案公正'是中国环境司法追求的价值目标。"① 其实，无论是环境案件审判的专门化、还是精细化，无非还是想要在环境司法活动中，通过对程序公正的再造去实现环境司法审判结果的公正性，即个案正义。但专门化和精细化却是实现这一司法目的的重要方法、手段和路径，代表了环境司法改革今后努力的方向。

环境司法改革最忌流于形式、最需要虚功实做，但对于一些宏观性的问题同样需要进一步认识和廓清。有鉴于此，我们认为，中国环境司法的健康发展，除了需要技术路线上的指引和目标模式上的清晰，还应当在改革、法治、发展三个维度上加以审视。从改革维度看，专门化作为环境司法改革的重要依托，就是要通过破旧立新革除，既有环境司法体制机制上的弊端、消除或减少环境司法过程中的各种矛盾、进一步释放环境资源审判的职能作用；从法治维度看，环境法庭的名称、设置标准、案件的裁判原则、裁判标准、程序规则以及司法权与其他主体之间的权利关系等环境司法活动方面的内容，既需要探索创新，更需要通过立法加以明晰和规范化，从而减少不必要的司法不当行为。从发展维度看，环境司法活动尤其要契合生态文明和生态法治理念，唯此才能更好地推动环境司法理念的转变，并以理念转型引领环境司法实践，从而更好地推动生态文明建设。

---

① 吕忠梅、焦艳鹏：《中国环境司法的基本形态、当前样态与未来发展——对〈中国环境司法发展报告（2015—2017）〉的解读》，《环境保护》2017 年第 18 期。

第三章 如切如磋：生态环境司法保护机制的创新实践及问题检视

2007年，中国环境司法专门化的先行者——贵阳市中级人民法院环境法庭、清镇市人民法院环境法庭正式挂牌成立。我国历史上第一个专门环境法庭由此诞生，此举开创了我国环境审判专门化的先行性实验。此后，贵阳在环境司法体制机制上进行的积极有益和卓有成效的探索创下了多个国内首例，得到了社会各方面的充分肯定，被誉为环境公益诉讼的"贵阳模式"。

"贵阳模式"是对环境司法专门化实践中取得的成绩的充分肯定，也是对贵阳环境司法专门化过程中为全国环境司法提供经验借鉴的高度概括。以贵阳环保审判为样本，江苏、云南等地也陆续设立环境法庭。经过近几年的发展和积极探索，我国已有相当一部分省、自治区、直辖市尝试性地在省高院、中院，以及基层法院分别设立了环境法庭。环保法庭作为司法审判制度改革过程中的一项实践创新，是我国环境司法专门化过程中迈出的具有里程碑意义的一步，为推进环境诉讼专门化奠定了重要基础。

第一节 破而后立晓喻新生：数说环境资源审判领域的作为

一 破茧成蝶示范全国的奇迹：环境司法的贵州实践

贵州省作为国家生态文明试验区，不仅在全国生态文明建设中一直走在前列，也特别重视通过司法途径保护生态环境，而且反映审判质效的多项指标在全国居于前列。贵州法院在长期的环境司法实践中经过探索创新形成的审判智慧——生态环境司法保护的贵州经验，值得学习、观察和思考。

在我们看来，贵州实践的最大价值在于其成功实践为我国开展环境司法专门化提供了一种可能，这是一种实现突破的可能，而这种可能最终点燃了中国环境司法专门化全面和持续发展的星星之火！

（一）环保法庭设立的背景及原因

贵阳环保法庭因水而生，① 是全国首家设立专业环保审判庭和环保法庭的法院。贵阳中院环保审判庭、清镇法院环保法庭（简称贵阳环保两庭），成立于2007年11月20日。随着城市化进程的加快，贵阳的人口也呈逐年上升趋势，饮用水源安全保障的重要性也日渐凸显。作为贵阳市390余万人主要饮用水源的红枫湖、百花湖和阿哈水库，即"两湖一库"均系人工湖泊，且地处贵阳市近郊。据统计，贵阳市红枫湖、百花湖与阿哈水库中"两湖"流域内有60多个污染源，年排放各种废水约2.2亿立方米，其中相当一部分上游污染源处于贵阳市行政管辖范围外。因行政区划、隶属关系不同，"两湖一库"污染环境执法困难很大。

一片水域因分属于不同的地区，受多部门管理，单靠行政手段难以有效解决污染治理顽疾。面对这个难题，能否借鉴海事法院的方式建立环保法庭，实行集中管辖，破解环境污染因行政区划、隶属关系不同而难以治理的问题呢？为改变这种现状，通过设立环保法庭依法治理贵阳市"两湖一库"的水污染问题，切实保障市民饮用水安全的动议被提上议事日程。② 同时，贵阳市委也提出要加大对贵阳市环城林带和对生态环境的保护力度，高举法律武器保住贵阳的青山绿水。在这种情况下，仅仅历时68天（2007年9月17日至11月20日），在贵阳中院和下辖的清镇市人民法院就设立了环保审判庭和环保法庭。③

（二）环保法庭的运行与实效

1. 法庭的受案范围

环保两庭的受案范围主要包括刑事案件，即贵阳辖区内因妨碍社会管

---

① 虽然成立环保两庭的初衷，是为了解决水资源保护和水污染治理问题，然而从环保两庭的实践看，其审理的案件不仅涉及水，还包括大气、森林、土地等各种环境要素的司法保护问题。

② 参见赵军《贵阳法院生态保护审判案例精选》，人民法院出版社2013年版，第1页。

③ 2013年3月，贵阳市环保两庭正式更名为"生态两庭"；2017年8月，更名为"环境资源审判庭"。法庭的名字变了，审判的力量日益彰显。目前，我国专门环境资源审判机构已超过1350个。从1到1350，足以见得第一家环保法庭在中国环境保护的进程中激荡起了多么深远的波澜。

理秩序，破坏生态资源保护而触犯《刑法》的案件；民事案件，即贵阳市辖区内所有涉及生态环境、生活环境的排污侵权、损害赔偿案件；行政案件，即贵阳市辖区内，涉及水土、山林保护而产生的行政案件；涉及"两湖一库"水资源保护而产生的行政案件；其他涉及生态环境和生活环境保护而产生的行政案件。

除此之外，环保两庭还受理环境公益诉讼案件，即各级检察机关、"两湖一库"管理局、各级环保局、林业局等相关职能部门可以作为环境公益诉讼的原告向人民法院提起环境公益诉讼。案件类型涉及"两湖一库"及环城林带的环境保护、管理、侵权、损害赔偿等。

2. 法庭的工作情况及取得的效果

贵阳环保两庭自成立以来，对于贵阳市辖区外涉及"两湖一库"的一审案件，由贵州省高院采取指定管辖的方式实行跨区域专属管辖。这一审判机制改革的尝试，有利于统一不同行政区域间审理环境保护案件的司法尺度。5年多来，贵阳环保庭共审结涉及水体、土地、大气等污染的各类案件619件，惩治罪犯477人，成为一把"环保利刃"。[①]

值得关注的是，环保两庭通过公益诉讼等手段审理了一批既有实践参考价值又不乏重要理论研究价值的环保案件。[②] 从案件审理和执行反映出的实际效果看，环保法庭在保护环境、推动生态文明建设方面成效显著，发挥了重要的保障作用。例如，通过相关环保案件的审理，贵阳市"两湖一库"水质明显好转，由五类、劣五类上升到三类、二类，饮用水源达标率100%；森林覆盖率由34.7%提升到43.2%，年均增长1.7个百分点；空气质量优良天数95%以上。[③] 这说明，设立环保两庭加强环境保护的初衷不仅在环境司法实践中得以显现，而且也取得了实实在在的成效。

司法实践是不断发展的，贵阳环保两庭创新审判举措的脚步未止。截至2017年2月，这个成立于2007年的小法庭共受理各类环境保护案件

[①] 参见《贵阳环保法庭频频"亮剑"（绿色家园）》，《人民日报》2013年5月18日第10版。

[②] 环保两庭把环境公益诉讼从理论推向了实践，自成立的五年多来共审理了13件环境公益诉讼案件，占全国总量的一半，案件类型齐全，原告主体涉及行政机关、检察机关、环保组织以及公民个人，开启了环境公益诉讼的热潮，也产生了重要的示范价值。

[③] 参见赵军《贵阳法院生态保护审判案例精选》，人民法院出版社2013年版，第2页。

1160 件，平均每年 116 件。① 贵阳法院的环保审判，发端于公益诉讼也成长于公益诉讼。10 年来，环保审判从无到有、从不完善到日益成熟，环保法庭用一个一个的判例探索着环境司法专门化的新路径，为法律完善提供一次又一次的实践参考，逐步形成了符合司法规律、具有贵阳特色的环保司法专门化机制或者叫专业化环保审判"贵阳模式"。这是以环境公益诉讼为中心而建构起来的审判机构专业化、审判程序专业化、证据判断专业化、判决方式专业化、判决执行专业化模式。②

在审判机构专业化方面：在成立全国第一家环保法庭的基础上，近年来，贵州各级人民法院打破传统行政区划限制，实现环境案件专门化审理，根据各地辖区面积大小、生态功能划分、案件数量、审判力量、方便群众诉讼等因素，在全省三级法院共设立 29 个专门化机构，跨县级行政区域集中管辖环境资源案件，通过司法手段治理跨区域污染等环境问题，是全国最先形成布局合理、适度集中的环境资源审判机构体系的省份。③ 另外，贵阳环保法庭还在全国率先实行"三合一"审理模式的尝试，有利于节约司法资源，统一各类案件的裁判尺度。

在审判程序专业化方面：贵阳的环保审判积极践行能动司法理念，在审判程序中相对强调职权主义而非当事人主义，对民事诉讼辩论原则和处分原则的适用作出了必要的限制。④ 例如，出于公益保护的需要，即便当事人不主张的事实，法院也要审理；对当事人双方自认的事实法院也要审查；对原告放弃诉讼请求、承认对方请求以及和解、撤诉等诉讼行为进行严格限制。

在证据判断专业化方面：环境污染案件专业技术性强、成因复杂，无论是因果关系的认定还是举证责任的分配都迥异于一般的民事诉讼。因

---

① 参见《贵阳法院：10 年环保审判护航绿水青山》，http://gz.people.com/cn/n2-2017/110g/c194。
② 参见肖建国《环保审判的贵阳模式》，《人民法院报》2011 年 7 月 7 日第 5 版。
③ 参见《依法保护绿水青山——贵州法院环境资源审判工作综述》，http://www.fzshb.cn/2019/yw_2019/39236.html。
④ 奉行司法消极主义是西方法律传统在近现代法治中确立的一项原则。体现在民事审判中，其主要表现为法官的作用要受制于当事人处分权的制约，他们既不能向当事人言明自己的价值观和意见，也不应主动向当事人提议进行和解。从目前世界各国的民事诉讼程序改革的趋向来看，向司法积极主义转化成为一种普遍做法，主要体现在以加强法官在诉讼中的职权和对案件的管理来实现提高效率的目的。

此，有必要借助"外脑"建立专家顾问组、专家咨询委员会、专家陪审员、专家证言等制度，解决环境污染成因分辨难、损害结果防治难等问题。为此，清镇市环保法庭成立了环保专家咨询委员会，明确了在案件审理过程中可以邀请环保专家就专业问题发表意见。在这个基础上，2010年3月，贵阳市中级人民法院把"专家证人"这一模式运用到环保审判当中。

在判决方式专业化方面：传统的裁判方式不符合生态环境保护的需要，也不利于生态损害的治理和修复。为此，贵阳环保法庭在实践中本着环境审判"重罚更重修复"的司法理念，因地因事制宜探索创新了诸多与环境保护相适应的裁判方法和确保生态环境及时有效修复的环境司法措施，积极适用补种复绿、增殖放流、还林还草、护林护鸟、劳务代偿、异地修复等责任承担方式进行判决；将传统意义上的财产保全扩大到行为保全，创设环境侵权诉前禁令，发出补植令、监管令，避免"边诉讼边破坏"；建立从"金钱罚"到"行为罚"，损害赔偿方式从"原地恢复"到"异地恢复"，从"简单惩罚"到"替代恢复补偿"；不仅惩治污染和破坏环境的人，更试图通过公正审判使遭到破坏的生态得到恢复，寻求刑事制裁、民事赔偿、生态修复的有机衔接，做到惩治违法犯罪、赔偿经济损失、修复生态环境的"一判三赢"。这些做法和有益尝试不仅大大丰富了生态环境损害赔偿责任的内涵，也使得司法对环境保护的措施更为多样化，取得了良好的法律效果、生态效果和社会效果。

在判决执行专业化方面：为了保证判决执行不落空，环保法庭积极制定并实施环保案件全程跟踪执行回访制度，通过承办法官的案后回访，督促被告履行判决，一旦发现履行不力，依法启动强制执行程序。除此之外，环保法庭还在判决执行中引入了第三方监督机制，即在案件回访中引入环保组织、志愿者对排污企业的整改情况进行跟踪监督。环保法庭通过在相关网站上将一些环保案件的起诉状、整改方案等诉讼资料进行公示，为公众参与创造了条件，也开拓了公众参与环境司法的新形式。

长期以来，由于我国环境保护的社会监督机制不健全，阻碍了庞大的社会资本潜能的有效释放。加之政府监管的缺位，在一定程度上放纵了企业违法排污的行为。第三方监督机制的引入，无疑既可以使公众参与环境保护的权利落到实处，客观上也能起到强化对污染者监督制约的作用。例如，2012年，在中华环保联合会起诉贵州好一多乳业公司水污染案审理完后，清镇市环保法庭提出由贵阳公众环境教育中心对贵州好一多乳业公司污水处理运行进行监督取得了良好效果。在恢复原状判决执行方面，环保法庭还通过尝试引入恢复原状的具体标准（如当地适用的环境质量标准、环境要素原有的功能标准等），或者引入代履行机制让具有资质的专门机构去完成环境治理和恢复的任务，由被告支付相应费用来解决恢复原状判决执行的问题。

（三）典型案例之"斟"：创新与启示

【案例1】一湖碧水再回归："两湖一库"管理局诉天峰化工公司公益诉讼第一案

【基本案情】 2007年12月10日，贵阳市政府所属"两湖一库"管理局作为原告，向清镇法院环保法庭提起环境污染损害诉讼，要求天峰化工公司停止排污侵权。这是环保法庭自成立后受理并当庭审结的贵州省首例环境公益诉讼案件。

法院经审理查明：被告用于堆放磷石膏废渣的渣场位于红枫湖饮用水源保护区范围内，但未修建相应的防水、防渗以及废水处理等环保设施，导致该渣场堆放的磷石膏废渣通过渗滤对红枫湖的上游羊昌河造成严重污染，进而直接影响到红枫湖的水质，严重威胁到贵阳市民的饮水安全。

法院经审理认为：环境是人类社会持续协调发展的必要前提，水资源保护则是环境保护中一项极其重要的环节。原告是依法负有管理红枫湖水资源公共职责的政府职能部门，有权代表公共利益提起环境公益诉讼。本案中，被告的行为对红枫湖上游的羊昌河造成重大污染，直接影响到贵阳市主要饮用水源红枫湖的水质，威胁到人民群众的健康安全，侵害了广大人民群众的利益，构成侵权。

环保法庭据此当庭宣判：判决被告立即停止使用给环境造成重大污染的磷石膏废渣场，并采取相应措施，在2008年3月31日前排除该废渣场对环境的妨碍，消除对环境的危险。

判决生效后，环保法庭多次通知双方到庭就案件执行问题进行协商。截至2008年8月，被告天峰化工公司已主动关停产生磷石膏废渣的磷铵生产线，开始拆除生产线设备。环保法庭也督促被告抓紧清运旧存的磷石膏废渣，并要求其做好该废渣场的防渗漏工作。同时，环保法庭也建议原告在跨区域的环保资金帮扶上尽力为被告的治理工作提供一定的帮助。

【典型意义】 2007年12月，刚成立一个月的清镇环保法庭便将"第一把火"烧向了红枫湖上游的排污元凶——天峰化工公司,从而使该案成为中国环境司法专门化道路开启以来受理的第一例环境公益诉讼案件,并被评为 2007 年全国最有影响的公益诉讼案件之一,具有划时代意义①。

首先,在没有法律规定的情况下如何认定贵阳市"两湖一库"管理局为适格主体法庭作了认真思考,结合当时的法律法规及法理先行一步、率先进行司法探索创新,通过判决确认了行政机关在环境公益诉讼中的原告资格,突破了在普通诉讼中原告必须是"直接利害关系人"的限制扩大了原告范围。这一案例表明:"由政府部门作为原告提起环境公益诉讼追究排污者的民事责任,对于震慑污染者非常有效。其深远意义不仅仅在于个案的解决和个别污染行为的制止,而是一次公权力和私力救济结合的有益尝试,是在构建我国公益诉讼制度的设计中对如何确立原告的主体资格作了积极的探索"②,在全省乃至全国都产生了较大影响,为环境公益诉讼的立法和开展积累了宝贵经验。

其次,"两湖一库"管理局诉天峰化工公司公益诉讼案,作为环保法庭成立后审理的第一案,通过环保法庭的判决尤其是为了确保"绿色判决"不落空,环保法庭的后续执行不仅使得红枫湖总磷大幅下降,而且对红枫湖水质的改善产生了重要影响,解决了以往单靠行政手段治理跨区域水污染的失灵问题。实践证明,贵阳用司法的方法治理环境找准了建设生态文明城市的着力点,通过环保法庭审理跨区域、专业性强的环境污染案件更显优势,标志着环境治理开始走向全新的"拐点"。从该案开始,贵阳生态保护法庭受理了多起环境公益诉讼,并逐渐形成了环保审判的"贵阳模式"。该模式表明,通过公益诉讼破解环境保护和生态保护难题,成本低、效益高、生态收益显著,值得推广。③

另外,本案在破解环保案件"判决易、执行难"困局方面也进行了

---

① 其实,清镇环保法庭审理的多起公益诉讼都具有开创性作用。例如,"定扒造纸厂污染南明河案"是我国环保团体提起的首例公益诉讼案件,被认为"找到了民间环保组织打开环境公益诉讼大门的钥匙"。又如,"中华环保联合会诉贵州省修文县环保局环境信息公开案"开启了以司法审查推动政府信息公开之门的先例。还有,全国首例"个人"作为原告的公益诉讼案扩大了公众参与的范围。这些案件的审理,不仅为我国环境公益诉讼制度的建立提供了丰富的司法实践素材,也推动了公益诉讼的立法进程。

② 《贵阳法院:10 年环保审判护航绿水青山》,http://gz.people.com/cn/nz2017/1109/c194。

③ 参见《改革开放四十年:环境司法专门化以来的环境公益诉讼第一案》,http://www.chinacourt.org/index.php。

积极探索。环保案件一般来说执行周期长、监督难度大,特别是涉及生态修复的判决、从执行完毕到生态修复往往需要很长的时间,如何保证执行不落空以避免判决成为一纸空文,环保法庭对判决执行的及时回访监督就显得至为重要。为了切实有效地消除环境危害保护当地生态环境,清镇环保法庭把案件审理和执行统筹考虑,在实践中取得了明显效果起到了积极的示范作用。为此,环保法庭出台硬规定,要求判案法官必须对生效判决执行进行回访督促被告履行,如消极敷衍了事则依法启动强制执行。①

本案中,判决被告天峰化工公司对10年堆积的300万吨矿渣进行回收处理,消除对饮用水源的影响,停止使用废渣场。该判决的顺利履行,正是法官通过执行回访和历时3年的监督才彻底治理了污染源收到了良好的治理效果。据环保厅监测,在天峰化工公司污染源消除后,红枫湖总磷下降了将近60%,水质从原来的五类、劣五类水质上升到三类水质,取水口稳定在二类水质。

【案例2】环境刑事"柔性司法"第一案:郎某某盗伐林木案

【基本案情】 2007年10月20日至11月20日,被告人郎某某在乌当区水田镇中寨组水井坡和蚂蚁坡,用手锯和斧头盗伐集体所有林木马尾松26株、华山松3株、共计29株,活立林木蓄积12.907立方米,直接经济价值6453.50元。该案于2007年12月14日由清镇市人民检察院提起公诉,环保法庭于12月28日开庭审理并当庭作出判决。

清镇环保法庭根据郎某某的犯罪事实和证据认为:贵阳素有"林城"之称,森林资源丰富。环城林带是贵阳作为中国避暑之都的天然名片,在贵州石漠化日益严重的今天,森林植被的保护尤为重要。被告人郎某某违反社会管理秩序,以非法占有为目的,盗伐集体所有林木12.907立方米,数量较大,破坏了贵阳市的环城林带和生态环境,其行为已构成盗伐林木罪,论罪本应从重处罚,但鉴于其主动赔偿集体经济损失,有较好的认罪及悔罪表现,故亦可酌情对其从轻处罚。

因受害单位乌当区某村委会未就被告人的犯罪行为给其造成的损失为

---

① 一般刑事案件回访内容主要包括附带民事判决部分或非刑罚处罚部分的执行情况,如判决植树的义务是否履行、成活率如何等;民事案件回访的内容主要是判决义务是否履行,法院判决后是否对污染进行治理、整改,是否又有新的污染产生,当事人双方是否又有新的纠纷产生等;行政及行政非诉执行案件的回访内容主要涉及相对人是否又有新的违法排污行为,行政机关是否对行政处罚程序作出了有效改进等。

由提起诉讼，清镇市人民检察院依照《刑事诉讼法》的规定提起附带民事诉讼，是依据法律规定维护社会公共利益的一种方式，程序合法，请求得当有据，法院予以支持。且被告人郎某某支付的赔偿款 6453.50 元并不足以弥补其犯罪行为所造成的生态价值损失，故被告人还应当补种树苗以尽其补偿义务。据此，判决被告郎某某有期徒刑 2 年，并处罚金 1000 元。同时判决被告赔偿被害单位经济损失 6300 余元，并在案发地补种树苗 145 株。

【本案的亮点创新和启示】被告人郎某某盗伐林木一案，是环境保护法庭受理的第一件"非刑罚措施配合适用"的环保刑事案件。该案有若干法治亮点值得思考，也应当作为今后环境司法活动的重要参照，并以此为契机培育和激发出更多富有启发意义和借鉴价值的环境司法的创新实践。

根据《刑法》的相关规定，对于盗伐、滥伐林木的犯罪分子，要判处有期徒刑等刑罚及罚金。① 在环保法庭成立后，对盗伐、滥伐林木的犯罪，环保法庭均建议受害单位或检察机关提起附带民事诉讼，不仅追究犯罪分子的刑事责任，还要从经济上对其制裁从而达到震慑效果。同时，环保法庭还根据《森林法》的相关规定，以"植补令"和"管护令"的形式创造性地判决被告人在案发地补种树苗以弥补其对林业资源造成的破坏，让被告人以劳役来修复被其破坏的生态环境。② 这一做法更有利于保护环境，体现更深层次的环境资源修复的生态文明目的。③

该案是法律制裁的刚性与生态的可持续性得到良好结合的成功范例。我们认为，如何有效惩治环境违法犯罪行为，尤其是能否将惩治的效果用于自然生态的有效恢复和科学治理是环境法治建设的经典课题。该案并不是简单地对案件一判了之，而是将惩治环境犯罪的实际效果与改善环境联系起来，实行惩治与生态修复并举，较好地体现了生态修复这一环境司法的重要价值。尤其是该案中检察机关通过提起附带民事诉讼的方式，将生

---

① 例如，《刑法》第 345 条（盗伐林木罪）规定：盗伐森林或者其他林木，数量较大的，处三年以下有期徒刑、拘役或者管制，并处或者单处罚金；数量巨大的，处三年以上七年以下有期徒刑并处罚金；数量特别巨大的，处七年以上有期徒刑，并处罚金。

② 例如，《森林法》第 39 条规定：盗伐森林和其他林木的，依法赔偿损失；由林业主管部门责令补种盗伐株数十倍树木，没收盗伐的林木或者变卖所得，并处盗伐林木价值三倍以上十倍以下的罚款。

③ 参见赵军《贵阳法院生态保护审判案例精选》，人民法院出版社 2013 年版，第 77 页。

态修复从法院审理案件应当恪守的基本司法理念和法院审判职能延伸的一种倡导行为,转变成了案件审理中的一种具体实践和通过判决确定的一项法定责任,是对生态修复的环境司法理念的生动诠释和对环境司法审判职能的有力担当。

该案值得肯定和借鉴的地方在于,在衡量执行效果方面环保法庭奉行重罚更重修复生态的目标,正是看到了赔偿经济损失并不足以弥补被告的犯罪行为给环境造成的损失,故创造性地在环境审判中运用了非刑罚的处罚手段,在判决被告人赔偿经济损失的同时还应当在案发地补种树苗。为此,环保法庭在制定详细的工作方案后,于3月12日植树节当日将服刑的罪犯提押到案发地补种树苗,通过法制宣传在扩大审判效果的同时也起到了很好的社会效果。①

值得一提的是,考虑到环境案件的特殊性,类似于责令恢复原状、限期治理等非刑罚措施作为刑罚的必要替代或补充措施,已经在国外一些国家的立法中得到了重视。例如,《法国环境刑法》第514·49条第2款规定:在由于从事以上第4项、第6项和第8项指出的违法行为(非法处置固体废物)被判刑的情形下,法庭可以下令将未被依法处理的废弃物损害的现场复原,并规定逾期罚款。② 显然,这里的"将未被依法处理的废弃物损害的现场复原"就是关于非刑罚处理方法的具体规定。再如,《俄罗斯联邦刑法典》第26章中的"生态类犯罪",还规定了一些不剥夺被判刑人自由而责令犯罪人用"劳动改造"恢复被损害环境的非刑罚措施。③ 实践证明,在环境犯罪的处罚中,重视非刑罚措施的配合适用,有利于充分发挥刑法在保护环境资源、恢复自然生态方面的功能。

另外,本案还带给我们两点重要启示:其一,从完善立法的角度看,在生态文明建设过程中刑法如何因应生态法益保护的特殊需要而作出相应变革是值得重视和思考的问题。其二,从社会学的角度看,社会问题往往是人和社会发生偏离所导致的问题,需要通过社会控制社会调适来协调个

---

① 其实,我国的司法实践中很早就有过在环境犯罪案件中配合适用非刑罚措施的判例。例如,2002年12月,湖南省临武县人民法院对犯罪人王某某滥伐林木一案,就作出判处有期徒刑3年,缓刑4年,并且在缓刑期内要求其植树3024株,成活率要达到95%以上的判决。参见郭建安、张桂荣《环境犯罪与环境刑法》,群众出版社2006年版,第454页。

② 参见赵国青《外国环境法选编》,中新环境管理咨询有限公司编译,中国政法大学出版社2000年版,第717页。

③ 参见《俄罗斯联邦刑法典》,黄道秀译,北京大学出版社2008年版,第128—135页。

人行为和社会运行之间的关系以及促进人和社会的和谐发展。就环境犯罪而言，涉罪主体往往文化水平低、受贫困因素干扰大，这一点在欠发达地区表现得尤为明显。因此，有效解决环境犯罪问题既需要加大刑事制裁的力度，也离不开其他一些社会化的综合治理措施。比如，通过宣传教育提升生态文明意识，尤其是通过精准扶贫解决贫困群体的温饱乃至致富问题，可能才是提高环境治理效能的治本之策。

【案例3】诉源治理：周某某诉清镇百隆陶业有限公司环境民事赔偿——"调"定音第一案

【基本案情】该案是清镇法院环保法庭成立后审理的第一起因公民个人利益受到环境污染造成损害而提起的民事诉讼赔偿案件。

1998年，原告周某某租用贵州省中八劳教所的土地种植果树及绿化树。2006年，被告清镇百隆陶业有限公司通过清镇市招商局招商引资，在紧邻原告苗圃处建厂生产陶瓷产品。由于生产排放烟尘中的二氧化硫等化学成分带来的污染，造成原告苗圃中的部分植物枯死、部分果树挂果减少。原告遂向清镇市人民法院提起诉讼，要求判决被告赔偿经济损失25万元。

2007年11月底，环保法庭受理此案。为有效解决好当事人纠纷又不影响被告企业生产，环保法庭经多次调解，在双方意见分歧逐渐缩小的基础上，承办法官邀请清镇市招商局、环保局、林业局相关人员共同参与调解，到现场查看污染和损失情况，了解基本案情。

通过采取面对面、背对背、教育说理、法理分析等调解方法，环保法庭法官轮流给双方当事人做工作，行政机关人员也从各自角度对双方进行疏导，形成大调解的格局。经过努力，原被告双方最终就赔偿问题达成一致意见，被告一次性赔偿原告经济损失7万余元，双方在行政机关的见证下当场签下了调解协议，被告同时还表示将积极开展污染治理。1月21日、22日，环保法庭向双方送达了调解书，案件正式调解结案。

【典型意义及启示】化解矛盾也可以无须"对簿公堂"。通过有效整合社会资源营造大调解格局，既降低了诉讼成本，也成功化解了矛盾、顺利解决了纠纷，是本案的成功和可取之处。环境污染损害赔偿的最大特点就是污染原因和造成的损失往往要通过鉴定才能够得出，而这种鉴定专业、复杂且成本较高，贵州省还没有相关的鉴定机构。在这种情况下，环保法庭在受理的案件中都非常注意调解手段在案件中的运用，注重案前介入,防患于未然。实行诉讼与非诉讼相衔接的纠纷解决机制,打破"坐堂办案"的被动方式,提前介入环境污染事件,主动参与环保行政部门的调解工作,使大量矛盾纠纷化解在诉前。

本案是在环保法庭的主持和多方参与下,由双方当事人达成和解协议以调解方式结案的典型案例。其典型意义在于,即便纠纷已经到达法院,但仍存在通过调解将其有效化解在诉讼程序之外的可能,有利于民事纠纷迅速、简便地获得解决,从而实现满足各方利益需求之目的。

在环境民事侵权案件中,适用调解制度往往能够发挥及时制止环境污染侵权行为,实现对受害人的权益乃至对环境造成的污染和破坏尽早得到救济、治理和恢复的诉讼目的。这是由调解自身具有的程序优势所决定的,如调解程序的便利性、灵活性与合理性,使得当事人之间的对立和争执更易于在和谐至少是非对抗性的环境中化解,法官参与调解在提高结案效率、节约司法资源的同时,还可能获得比判决更为合理的结果。正因为如此,在现代型的一些特定纠纷如环境纠纷的解决中,包括调解在内的一些非诉讼方式往往更适合纠纷解决的需要,甚至一些国家还形成了一些针对特定类型纠纷的专门化处理机制。①

以日本为例,从日本公害纠纷处理的实践来看,"调解和仲裁的申请内容多为有关公害的损害赔偿问题。但公害纠纷处理制度是依靠当事人的互让,达到消除公害的目的,从而使纠纷得到解决,因此,不仅金钱赔偿问题,持续中的公害原因的停止行为请求,为预防将来的损害适宜地设置防除设施、改善原料燃料、改变作业时间和停止作业,甚至对工厂的迁移这样的依靠裁判解决困难的要求,都可望通过协商灵活地加以运用"②。

在国际社会,新西兰环境法院卓有成效的调解机制也备受瞩目。新西兰的环境法院是根据《资源管理法》设立的。《资源管理法》明文规定了"调解"可以作为争端解决的一种方式,新西兰环境法院通常也会鼓励当事方进行调解,当事方也可以选择在诉讼的任何程序中开展或终止调解程

---

① 例如,日本的《公害纠纷处理法》规定的四种公害纠纷处理的形式除了斡旋、仲裁和裁定,也包括调解。公害纠纷具有涉众性,易导致集团诉讼,并且环境问题属于国家行政管理的范畴,由政府出面聘请有关专家进行调查和分析论证,往往是解决纠纷和制定政策的基础。为此,日本制定了一系列相关法律法规,并在80年代建立了公害等调整委员会,负责对公害纠纷进行调查和处理,可以进行调解和裁定。

② [日]原田尚彦:《环境法》,于敏译,法律出版社1999年版,第40页。

序。据统计，环境法院受理的案件有超过 90% 通过调解顺利解决而无须开庭。① 鉴于调解是由法院自身的具有专业技术的委员来担任调解人员，法院的这种调解服务被认为是新西兰环境法院的一大"创新"。②

域外环境纠纷处理中的调解实践告诉我们，重视环境诉讼中的调解和加强法官的调解职能不是可有可无的。它让我们看到了，当我们极力在为"畅通环境维权的司法通道"而辩护时，其实也很有必要去认真思索一下是否需要根据某些纠纷的特殊性多发性，以调解等一些非正规的实现正义和保障权利的手段来作为灵活解决纠纷的代替性方式，进而追问一些可能涉及环保法庭调解机制之建构需要关注的问题。例如，如何合理厘定调解在环境纠纷解决中的适用范围，协调好能调则调、当判则判的关系；如何科学地规制好调解机制的运行，以便充分发挥其特长和优势；如何做好调解与诉讼的衔接，并且不至于影响诉讼程序的功能等问题。我们认为，这些问题应该随着环境司法实践发展的需要作出调整，值得进一步研究。

调解并非完全的解决纠纷的"自力救济"方式。在涉及环境民事公益诉讼的案件中，为了避免当事人之间达成的和解协议损害社会公共利益，还需要司法机关对协议的内容进行审查才能出具调解书。一般来说，法院在对调解协议进行审查时，应当以法律法规和政策以及社会公共利益、公序良俗为依据，对协议进行内容和形式两个方面的审查以确保其合法性。如通过审查确实存在有违反法律规定或损害社会公共利益的问题时，则可以宣布调解协议无效或将其撤销。

近年来，清镇环保法庭在审判实践中为了运用司法手段切实解决企业污染问题保护当地生态环境，在一些案件的审理中除了秉承以往的一些成功做法（如证据保全、受理案件后邀请专家制订技术方案并作为执行依据以及第三方监督等），还进行了新的尝试和有益探索，如对公益诉讼和解协议进行公示。待公示期满后并无异议，才下发调解书。公示本身就是一种很好的社会监督方式，这种做法值得肯定。

值得注意的是，在 2019 年中央政法工作会议上，习近平总书记明确指出："把非诉讼纠纷解决机制挺在前面，从源头上减少诉讼增量。"我

---

① 参见胡斌《新西兰环境法院初探》，《甘肃政法学院学报》2014 年第 3 期。
② 参见杨帆、黄斌《瑞典、澳大利亚、新西兰、美国的环境法院及其启示》，《法律适用》2014 年第 4 期。

们认为，提升非诉讼纠纷化解能力、加强"诉源治理"，是推进国家治理体系和治理能力现代化的题中之义，有利于提高社会治理水平和能力。诉讼是守护社会公平正义的最后一道防线，却不是唯一的也未必是最好的选择。把非诉讼纠纷解决方式挺在前面，一个重要的价值就是减少社会对抗，增加和解机会。因此，有矛盾不一定要针锋相对、对簿公堂。相反，"调解优先、诉讼断后"，不仅能够达到定纷止争、化解矛盾的目的，还更有利于实现"人和事了"的社会效果，同时也能够减少大量的司法成本。

二 环保法庭一度最多的省份：环境司法的云南实践

云南素有"植物王国""动物王国"的美誉，是中国西南生态安全的屏障，保护好环境资源对全国乃至全世界都具有重要意义。2008年，以"一湖两江流域"水资源保护为契机，云南省第一个环境资源审判庭成立，拉开了环境司法保护的序幕，至2018年全省已成立18个环境资源审判庭。在长期的环境司法审判实践中，云南法院取得了诸多创新性成果。

例如，环境资源审判庭通过构建"多审合一"审判模式实行环保刑事案件集中管辖；通过创新环境执法与司法联动新机制加大对云南环境的司法保护；通过探索环境民事公益诉讼制度开创了云南特色的公益诉讼成功先例，创造了多个全国第一：首创司法与行政联动执法机制，成立首个"环境公益诉讼救济专项资金账户"，建立首个"环境公益诉讼林"，首创"禁止令"和"专家证人"制度等。如今，随着立法的完善，环境公益诉讼日益成熟，云南环境资源审判正在经历着由初创时期的试点探索向逐步规范化的发展方向转型。

（一）环保法庭设立的背景及原因

2008年12月，昆明中院设立云南首个环境保护审判庭，也是全国第三家成立环境保护审判庭的法院，开始探索民事、刑事、行政、公益诉讼执行"四合一"审执模式，开启了云南法院环境资源案件集中审理的专门化探索。玉溪中院紧随其后成立环境保护审判庭，审理了在全国有重大影响的阳宗海砷污染案。大理两级法院环境保护审判庭成立以来，以环境审判为平台，全面参与洱海环境治理，统筹助力苍山保护。曲靖中院审理了在全国较有影响的首例民间组织针对铬渣污染提起的环境民事公益诉讼案件。以安宁、澄江县法院为代表的基层法院也先后审理了一批环境资源案件，为当地的生态环境提供司法保护。

第一批成立的昆明中院环境保护审判庭和玉溪中院环境保护审判庭是在阳宗海重大砷污染事故的风口浪尖上成立的，而后来拟推广建立环保法庭重点区域的9大高原湖泊中有6个已经被污染。

阳宗海是云南九大高原湖泊之一，位于昆明市和玉溪市交界处。湖泊面积约31平方千米，总蓄水量6.04亿立方米。碧波万顷的海子宛如一颗"高原明珠"，镶嵌在滇中大地上，哺育着沿湖数万生灵。2002年以来，阳宗海近6年保持二类水质。然而，从2008年6月开始水体中的砷浓度持续上升甚至超过五类水质标准，类别为劣五类。阳宗海出现砷超标的严重污染。

2008年12月，在阳宗海砷污染事件发生后，昆明、玉溪市中级人民法院临危受命，在公众和舆论的关注下分别成立了环境保护审判庭[①]，负责审理区域范围内涉及环境保护公益诉讼的刑事、民事、行政案件。之后，玉溪市的澄江县、通海县法院也相继成立了环保法庭。据统计，2011年云南在昆明、玉溪、曲靖设立环保法庭11个，已成为我国设立环保法庭最多的省份。[②]

2016年2月，云南省高级人民法院设立环境资源审判庭，填补了云南三级法院环资庭建设中省级法院缺失的空白，形成三级法院环境资源审判有效衔接。截至2018年，云南共设立18个环境资源审判庭，其中省高院1个，中级法院6个，基层法院11个。基层法院同时设有3个环境资源审判合议庭。全省三级法院共有环资法官34人，法官助理12人，书记员15人。[③]

（二）环保法庭的受案范围及工作情况

1. 法庭的受案范围

2008年11月，昆明中院、市检察院、市公安局以及市环保局共同出台《关于建立环境保护执法协调机制的实施意见》，阐明了运用司法与行政手段相结合的双轨制进行环境治理，并明确规定在昆明中院设立环保审判庭。中院的环保审判庭主要负责其管辖区内涉及"一湖两江"（即滇池

---

① 后更名为"环境资源审判庭"。
② 截至2014年5月，福建法院已设立生态庭50个（其中高级法院1个、中级法院7个、基层法院42个），专门合议庭15个，已成为我国设立环保法庭最多的省份。
③ 参见《云南发布环境资源司法保护白皮书》，《中国环境报》2017年6月8日第8版。

及长江和珠江）流域治理、环境保护以及饮用水保护的公益诉讼的民事案件、刑事案件以及行政案件一、二审等案件。基层法院的环境法庭则负责环保的一般民事案件、行政案件和刑事案件的一审和执行。

2. 审执模式的创新实践+生态修复机制的探索运用

近年来，云南省各级人民法院环资庭结合各自的区域特点，以审判实践为依托创新多项工作机制，为推动环境民事公益诉讼奠定了坚实基础。例如，昆明中院环境资源审判庭在环境司法审判创新工作中，先后出台《关于办理环境民事公益诉讼案件若干问题的意见（试行）》和《关于公安机关协助人民法院执行禁止令的若干问题的意见》等一系列创新性制度措施；玉溪市中级人民法院先后制定《关于环境资源保护案件案由分类和案号编写的意见》，与市检察院联合制定《关于办理环境资源民事公益诉讼案件若干问题的意见》，还与各相关单位共同制定了《玉溪市环境资源保护执法协调联动工作实施办法》；大理市中级人民法院在机制创新中积极推行环保法律意见书制度，提前介入因环境污染引发的纠纷，通过向污染者发放环保法律意见书，努力将纠纷化解在诉前；曲靖市中级人民法院着力创建审判工作新机制，以点带面依托审判工作点形成的网络在事发地巡回审理，增强公众的保护环境法律意识。

实践中，作为市县两级法院环境资源审判工作的先行者，昆明中院环境资源审判庭自成立以来即开始了对涉及环境的刑事、民事、行政案件及公益诉讼执行实行"四合一"审判执行模式的创新实践，结束了长期以来环境司法权分散行使的状况，强化了环境司法的功能，整合了审判资源，相对统一了执法尺度。通过集中审理环保案件加强了对当地环境的保护，对环境案件的彻底解决发挥了重要作用。此后，昆明中院还与市检察院、市公安局、市环保局共同制定了《关于建立环境保护执法协调机制的实施意见》，在全国率先建立了环境保护司法与行政执法联动机制。

环境公益诉讼案件的成功审判，也催生了相关保障制度的建立。在昆明中院与市环保局的共同推动下，昆明市政府于2010年10月25日公布了《昆明市环境公益诉讼救济资金管理暂行办法》，在我国首次确立环境公益诉讼救济专项资金制度，使环境民事公益诉讼及其他环境案件的赔偿金进入专门账户，以真正实现修复生态、维护环境公共利益之目的。

昆明中院环境资源审判庭成立四年来，共受理各类环保案件76件，其中刑事案件33件，民事案件38件（含环境民事公益诉讼6件），行政案件 3 件，执行案件 2 件。昆明中院下辖的 14 个基层法院中，有三个基层法院成立了环保审判庭，两个基层法院成立了环保合议庭，集中审理全市的环保案件。目前，与当初环境资源审判法庭自成立至 2013 年近 5 年时间里共受理案件不足 100 件、公益诉讼案件仅 6 件案件明显不足的情况相比，2014 年至 2015 年 5 月，法院受理的环保案件数量达到 122 件，已经高于此前 5 年受理案件的总和。① 案件数量的倍增，一方面归因于案件受理范围的扩大，同时也与公众环保意识的提升以及社会对环境保护需求的增长有关。

在审判中，昆明法院在全国率先成立首个"环境公益诉讼救济专项资金账户"，明确公益诉讼的利益归属；建成首个"环境公益诉讼林"示范基地，用于集中植树、涵养水源、修复生态环境；探索多样化诉讼责任承担方式，由单一的罚金处罚转向多样化处罚方式，尝试进行生态修复；实行环境刑事案件"集中管辖"制度，集中审理污染、破坏环境犯罪案件。

2015 年 4 月，昆明市盘龙区人民法院对一起非法捕捞水产品案进行公开审理并当庭宣判，要求在滇池封湖禁渔期间非法捕捞水产品的多名被告在宣判当日将其自愿购买的 40 万尾滇池土著鱼苗投放滇池。该案系云南首例采用生态修复机制审理的水产资源类环境刑事案件。无独有偶，在 2015 年年初，宜良县人民法院审结一起 33 人非法占用农用地系列案件，同样采用恢复被破坏植被的方式，会同当地森林公安指导村民选择适宜树苗对非法开挖的林地进行补种，最终将毁林开荒后又恢复补种的 360 亩林地退还给相应的村小组统一管理。这是昆明两级法院把恢复性司法理念运用到刑事审判当中的实例。

近年来，云南全省各级人民法院围绕保障生态文明建设目标，积极开展环境资源审判工作。2017 年，共受理并审结各类环境资源刑事案件 1750 件，分别涉及污染环境、破坏土地、矿产、森林、草原和野生动植物资源等环境犯罪；审结涉及大气、水、土壤等环境污染损害赔偿案件，农村土地承包合同，供水、电、气、热力合同等各类环境资源民事案件 2227 件。此外，自 2016 年各级人民法院成立环境资源审判庭以来，共受理林业、环境保护行政管理等环境保护行政案件 1088 件，通过落实行政

---

① 参见《昆明中院发布环保绿皮书》，《人民法院报》2015 年 6 月 3 日第 1 版。

机关负责人出庭制度，进一步推进行政机关积极作为、依法行政。①

在打破地方保护跨行政区划集中管辖方面，云南法院还积极探索建立与行政区划适当分立的环境资源案件管辖制度，逐步改变以行政区划确定的自然流域生态系统分割管辖模式成效显著。例如，云南省高级人民法院按照"根据本辖区生态环境保护需要，实行由部分中级法院、基层法院跨行政区划集中管辖"的具体要求，积极探索在全省范围内构建环境案件集中管辖制度。确定以昆明、玉溪、曲靖、红河、大理、迪庆6家中级法院为核心，分滇中、滇南、滇东北、滇东南、滇西、滇西北6个片区，跨行政区划集中管辖环境民事公益诉讼案件、省级政府提起的生态环境损害赔偿案件和检察机关提起的民事公益诉讼案件。

（三）典型案例分析

【案例1】补偿性恢复一判双赢：昆明市环保局诉昆明三农公司和羊甫公司环境污染侵权纠纷案

【基本案情】 2010年8月11日，昆明中院受理了由市环保局起诉，市检察院出庭支持起诉的昆明三农公司与羊甫公司环境公益民事侵权纠纷一案。经查实，自2009年7月开始，三农公司、羊甫公司在环保治污设施未竣工验收的情况下，将承包的养殖用地分割发包给200余户生猪养殖户，因养殖废水随意排放渗入地下水系统，导致距畜牧小区直线距离不足1千米的大龙潭饮用水源受到严重污染。污染事故发生后，官渡区环保局经行政调查对三农公司作出责令停止生猪养殖，罚款50万元的行政处罚决定。

2010年2月27日至3月3日，畜牧小区再次发生养殖废液泄漏事故，经检测大龙潭水氨氮指标严重超标。三农公司上述违法排污行为造成了严重的水环境污染后果，羊甫公司作为畜牧小区项目申报单位未经原环评审批主管机关同意，擅自将畜牧小区项目交由三农公司实施，且在建设过程中未履行或督促三农公司履行环评批复要求的环境保护义务，应当对本次水污染事故的后果承担连带赔偿责任。

受理案件后昆明中院依法组成有人民陪审员参加的合议庭，经合议庭评议，于2011年1月26日公开一审判决两被告立即停止对环境的侵害，

---

① 参见《云南法院系统环境资源审判庭增至18个司法护航七彩云南绿水青山》，《法制日报》2018年10月13日第3版。

向"昆明市环境公益诉讼救济专项资金"支付人民币 417.21 万元，向"昆明市环境公益诉讼救济专项资金"支付评估费人民币 132520 元用于治理被污染的大龙潭。

一审宣判后，三农公司与羊甫公司不服，向云南省高级人民法院提起上诉。云南省高级人民法院受理该上诉后经公开开庭审理，于 2011 年 5 月 26 日依法作出了"驳回上诉维持原判"的终审判决。

【典型意义】该案是昆明中院环资庭挂牌成立以来审理的云南省首例环境民事公益诉讼案件，开启了行政机关提起公益诉讼的先河。该案同时也是全国首例经过两审终审由高级人民法院维持原判的环境民事公益诉讼案件，被评为 2011 年全国法院十大典型案例。

最高人民法院《关于为加快经济发展方式转变提供司法保障和服务的若干意见》指出，"法院依法受理环境保护行政部门代表国家提起的环境污染损害赔偿纠纷案件，严厉打击一切破坏环境行为"。该案就是云南首例以此为依据确立的，环保局以"公益诉讼人"提起的环境民事公益诉讼案件。通过案件的审理，法院不仅确认了环保局在环境民事公益诉讼中的主体资格，而且为行政机关开辟了一条通过司法保护环境的救济途径。

该案有以下几个方面的创新值得关注：

其一，起诉人称谓由原告改为"环境公益诉讼人"，突破了《民事诉讼法》对发起诉讼人仅用"原告"的做法，从而从称谓上对公益、私益两大不同诉讼体系作了区分。

其二，赔偿金支付给昆明市环境公益诉讼救济专项资金账户用于专项环境治理，开辟了治污新途径，体现了公益诉讼案件特点，较好地解决了公益诉讼的利益归属问题。

其三，公益诉讼人起诉免交诉讼费直接判决败诉方向法院缴纳诉讼费，减轻了公益诉讼发起人的财政压力，有利于鼓励更多潜在的"好事者"从事公益诉讼，让更多的人来关注环境公益事业推动公益诉讼发展。

该案的成功审结不仅在司法实践中具有探索性的实践价值与示范意义，而且在诉讼法理论上也具有开创性的深远意义。[①]

[①] 参见谭柏平、马芸《云南省首例环境民事公益诉讼案件审结的现实意义》，《中国环境法治》2011 年第 2 期。

【案例 2】 检察环境民事公益诉讼第一案：景谷矿冶公司环境污染案

【基本案情】 普洱市人民检察院与被告景谷矿冶公司环境污染民事公益诉讼纠纷一案，于 2016 年 4 月 12 日立案审理。

经审理法院认定：2015 年 3 月 7 日，被告景谷矿冶公司选冶厂料液输送管道发生断裂，导致 200 立方米左右硫酸铜料液泄漏，造成沿途部分农田、菜地被污染并导致部分河段的鱼类死亡。事故发生后，被告景谷矿冶公司启动了环保事故应急预案，封堵泄漏位置、采取了用氢氧化钠中和的方式对外泄料液稀释，并对受影响的菜地、水沟进行清理，但未对受损害的生态环境进行修复。

2015 年 3 月 8 日，景谷县环保局作出《责令改正违法行为决定书》，要求被告景谷矿冶公司停产整改。4 月 7 日，景谷县环保局作出《行政处罚决定书》，对被告景谷矿冶公司罚款人民币 16 万元。被告景谷矿冶公司于 2015 年 4 月 13 日支付了罚款。经各方同意，2015 年 4 月 4 日，景谷县环保局委托云南德胜司法鉴定中心进行司法鉴定，并为此支付鉴定费用人民币 40 万元。2015 年 12 月 14 日的鉴定结论认为：

景谷矿冶公司硫酸铜料液外泄与周边农田河流环境污染损害之间具有因果关系；距离事故点最近的泄漏口下游 100 米镉超标；选冶厂下游两个监测断面中铜、铬、砷浓度超过《土壤环境质量标准》中二级标准的要求；不考虑背景因素的情况下，主要超标的铜、镉、汞污染物主要分布于污水直接进入的农田和农田沟道中；此次环境损害数额量化结果为人民币 135.83 万元，其中包括农田环境污染损害费用 52.86 万元，生态环境损害修复费用为 82.97 万元。

在案件审理过程中，经普洱中院主持调解，公益诉讼人云南普洱市检察院与被告景谷矿冶公司自愿达成如下协议请求人民法院确认：由被告景谷矿冶公司赔偿生态环境损害修复费用 82.97 万元至普洱市财政局指定的账户；由被告景谷矿冶公司支付司法鉴定费用 40 万元至景谷县环保局；案件受理费用 15966 元，减半收取 7933 元，由被告景谷矿冶公司负担；以上款项由被告景谷矿冶公司于民事调解书生效后 15 日内付清。

普洱中院于 2016 年 12 月 8 日，将民事公益诉讼起诉书、调解协议在相关媒体进行了为期 30 日的公告。公告期满后未收到任何意见或建议。普洱中院经审查认为，调解协议不违反法律规定和社会公共利益应当出具调解书。为此，于 2017 年 1 月 16 日出具了民事调解书，并于 2017 年 1

月18日送达了公益诉讼人云南普洱市检察院和被告云南景谷矿冶有限公司。由于被告及时履行了约定义务并全额进行了赔偿,最终该案以调解方式结案。

【典型意义】 该案是在普洱中院的主持下,环境民事公益诉讼当事人普洱市人民检察院与被告景谷矿冶有限公司通过自愿达成和解协议,由被告及时履行约定义务并最终进行全额赔偿结案的案件。

不同于以往的是,法院在案件审理过程中,依照《最高人民法院关于审理环境民事公益诉讼案件适用法律若干问题的解释》[①] 第25条"环境民事公益诉讼当事人达成调解协议或者自行达成和解协议后,人民法院应当将协议内容公告,公告期不少于三十日。公告期满后,人民法院审查认为调解协议或者和解协议的内容不损害社会公共利益的,应当出具调解书"的规定,通过具体适用"公益诉讼和解协议公示制度",较好地解决了企业的污染治理责任和生态环境的保护问题。

由于环境公益诉讼案件并非诉讼当事人双方的私人利益,而是依法对污染环境破坏生态而损害社会公共利益的行为,由人民法院追究违法者法律责任的诉讼。因此,不论案件是判决还是调解,也不论是刑事制裁还是民事裁判,都必须以社会公益的救济为目的,都必须体现环境修复的内容。为了避免和解协议可能存在的损害社会公共利益的情形出现,有必要经过法院依法审查并通过确认后才能出具调解书。

该案的审理中,法院的法治思维和规则意识在具体的司法实践中得到了很好体现,客观上也使坚持规则之治的环境治理要求能够在具体司法实践中得到切实遵循,值得肯定。

三 "三合一"审判的创新典范:环境司法的江苏实践

江苏省经济发达,但工业化、城市化发展过程中的环境隐患和风险却异常突出。加之长期以来由于环境资源案件审判的专业化程度不高,使得环境纠纷高位运行与环境诉讼低位徘徊的矛盾日益突出,这客观上制约了环境司法功能的有效发挥。在此情况下,如何充分发挥司法力量治理污染保护环境,江苏面临掣制与突围的大考。

---

① 该解释于2014年12月8日由最高人民法院审判委员会第1631次会议通过,自2015年1月7日起施行。

2007年太湖暴发大面积蓝藻污染，这一突发事件拉开了无锡大力治污的序幕。2008年，无锡中院正式组建环境保护审判庭，基层法院设立环境保护合议庭专司各类涉及环境损害的案件，实行环境刑事、民事、行政案件三审合一。从2014年开始，江苏在全省范围内开始全面推行将环境刑事、民事和行政案件划归同一个审判庭审理的"三合一"集中审判工作机制。

在审判实践中，江苏法院通过树立正确的环境资源审判司法理念，公正高效地审理各类环境资源案件，完善环境资源审判配套工作机制，扩大环境资源审判的公众参与度，打开了江苏环境资源审判工作新局面，环境资源审判工作也进入了发展新阶段。

（一）环保法庭的设立及审判机构的新发展

江苏环保审判起步于震惊全国的无锡太湖蓝藻污染事件。该事件发生后，无锡中院随即出台了《关于全市法院依法保障和服务治理太湖保护水源工作的意见》。在总结历年涉及太湖环保审判实践的基础上，在全国第一次正式提出建立专门化环保审判工作模式的新思路。[①] 2008年4月，无锡中院正式组建全国第二家、江苏第一家环保审判专门机构——环境保护审判庭。这标志着太湖生态环境保护不再单纯依赖行政手段，通过司法手段将会成为未来环境保护整体格局中需要不断强化和发展完善的新机制。

太湖蓝藻污染事件让太湖生态环境成为社会关注的焦点。2007年5—6月，作为无锡城区工业生产和居民生活主要用水地的太湖暴发了严重的蓝藻污染，造成无锡城区自来水污染，数百万人生活用水和饮用水严重短缺，给生产、生活造成极大影响。2008年5月距太湖蓝藻事件暴发正好一周年，江苏无锡中院环境保护审判庭成立。可以说，蓝藻事件引发的"水生态危机"直接催生了无锡的环保法庭。

当然，无锡环保法庭的成立还有其更深层次的原因。比如，环境保护存在规范供给不足，环境保护行政执法乏力难以有效应对日益严重的环境危机都是客观原因。但不论怎样，人民法院敢于立足解决实际问题、强化司法担当、自觉承担保护环境公共利益的社会责任，积极回应社会环境保

---

① 参见刘鸿志等《运用司法手段解决环境问题：无锡环保审判的创新与成效》，《环境保护》2017年第13期。

护需要是无锡环保审判得以顺利问世的重要实践背景。

按规定,环保法庭承担的职责主要包括:依法审理涉及无锡市辖区内水土、山林保护的排污侵权、损害赔偿、环境公益诉讼等涉及环保的一、二审刑事、民事、行政案件,并负责生效案件的相关执行工作和对有关部门、企业提出环境保护方面的司法整改建议。

从无锡环境案件受理情况看,自成立至2009年5月的一年间,无锡环保法庭共受案300多件,这些案件主要以行政案件和行政非诉讼执行案件为主,相应的民事和刑事案件受案量极少。截至2017年,无锡环保法庭共审结各类环保案件2254件(其中民事146件、刑事86件、行政61件、行政非诉1961件),被最高人民法院授予"环境资源司法实践基地"称号。①

带头是最有力的动员。除无锡环保法庭外,江苏高院还制定下发了指导性文件,要求由环境资源审判庭或合议庭统一审理环境资源类案件,不断整合司法手段通过实行刑事、民事、行政责任"多管齐下"提升环境司法保护效能。为此,江苏高院于2014年12月成立了环境资源审判庭②,主要审理与环境资源保护有关的行政、刑事、民事、非诉行政执行案件。

此后南京、无锡、常州、徐州、宿迁、淮安6家中院,常熟、溧阳等4家基层法院相继成立环境资源审判庭;7家中级法院和27家基层法院行政庭设立专门合议庭;指定全省31家基层法院跨区域集中管辖本区域及指定区域环境资源案件。③

2017年,苏州市中级人民法院、南京市高淳区人民法院、扬州市邗江区人民法院相继成立环境资源审判庭。徐州铁路运输法院从2017年1月1日起集中管辖徐州市全部环境资源一审案件。目前,全省共计省法院、8家中院、13家基层法院成立了环境资源审判庭。④

---

① 参见《2016年无锡法院环境资源审判白皮书》,http://www.wxrb.com/news/wxxw/201702/t201。

② 2014年12月4日,江苏省高级人民法院正式组建"环境资源审判庭",并开庭审理了常隆农化有限公司等6家企业与泰州市环境保护联合会环境侵权公益诉讼上诉案,即所谓的"天价污染赔偿"诉讼案。

③ 参见《江苏省高院通报环境资源审判工作情况》,http://finance.sian.com.cn/sf/news/2015-12-04/160812279.html。

④ 参见《江苏法院2017年度受理环境资源案件3400余件,567人获刑》,http://www.jsfy.gov.cn。

近年来，江苏省法院环境资源案件数量逐年大幅增长。2014年，江苏全省法院一审审结污染环境犯罪案件33件100人，同比分别增长450%和525%，超过现行《刑法》生效以来15年全省法院审结的污染环境犯罪案件和人数的总和；特别是2014年以来，全省法院受理环境民事公益诉讼案件数居全国法院前列。①

2017年，江苏全省法院共受理环境资源一审案件3432件，同比增加72.12%；结案3288件，同比增加84.62%，结案率95.8%。其中，一审新收环境资源类刑事案件1387件，同比增长46.15%；通过依法判处实刑、慎用缓刑、强化罚金刑等手段，充分发挥了刑事司法的惩治和震慑功能，严惩了污染和破坏生态环境的违法犯罪行为。新收环境公益诉讼案件59件，审结36件。新收江苏省政府提起的生态环境损害赔偿诉讼案件2件。②

在案件审理中，江苏全省法院坚持以恢复性司法理念为指导，以生态环境切实修复为价值目标，充分发挥环境保护司法职能，积极探索审理原则和裁判方式，较好地维护了国家和社会公共利益。江苏法院在案件审理中探索的异地补植、劳役代偿、增殖放流、环保技改费用抵扣等恢复性和预防性司法审判经验以及工作方法，得到最高人民法院充分认可并向全国推广。

近年来，江苏法院在推进环境资源审判专门化建设方面又有了一些新突破。例如，为了着力解决水污染方面的突出问题，实施流域环境和近岸海域综合治理，经江苏省高级人民法院批准，在江苏省灌南县设立连云港灌河流域环境资源审判巡回法庭，集中管辖全省灌河流域涉水环境资源保护一审案件和江苏海域内环境资源一审案件。

建立以灌河流域为核心、以"陆海统筹、区域联动"的河海生态功能区为司法管辖范围的跨行政区划专门审判机构，可以有效提升环境司法综合保护和整体保护效能，实现流域司法治理和保护的完整性，促进海洋生态体系建设。连云港灌河流域环境资源审判巡回法庭的建设，标志着江苏环境资源案件专门化审判机制和集中管辖体制的新发展与新突破，对推

---

① 参见《江苏省高院通报环境资源审判工作情况》，http://finance.sian.com.cn/sf/news/2015-12-04/160812279.html。

② 参见《江苏法院2017年度受理环境资源案件3400余件，567人获刑》，http://www.jsfy.gov.cn。

进全省环境资源审判工作具有重要而深远的意义。

2019年3月，江苏法院又打破按照行政区域布局审判机构的旧模式，在全省范围内率先以"生态功能区"为单位来布局环境资源法庭，新设了9家环境资源审判法庭。① 例如，江苏省在全省范围内以生态功能区为单位，设立长江流域（南、北片）、太湖流域、洪泽湖流域、骆马湖流域、淮北丘岗区域等9家环境资源法庭，集中管辖由全省基层人民法院受理的环境资源案件。这是江苏法院在全面推进环境资源审判体制改革，构建集中管辖和专业审理的环境资源审判体系方面的一项重大举措。

依据生态功能区设置环境审判机构，适应了生态环境具有整体性和流域性的规律，客观上需要加以系统和整体保护的基本要求，有利于破解长期以来由于环境资源案件的管辖权分散在与行政区划高度统一的地方法院，而难以实现整体保护目标的现实困境。从以往实践来看，传统上依托行政区划设置的审判机构审理环境案件，也易于受到来自地方和部门的不当干预，影响环境司法的公正性。显然，此举有利于加强对生态环境整体性的司法保护，实现生态系统内司法保护尺度的统一。

（二）健全环境司法新机制拓展环境司法新领域的有益尝试

无锡环保法庭自成立伊始就不断创新环保审判理念，建立环保审判工作机制，改革环保审判工作方式，在充分发挥司法审判职能保护生态环境方面形成了很多创新作为。

环境案件法律关系复杂且专业性较强，为防止不同审判程序之间产生裁判冲突，2008年无锡中院在全国率先实行环境案件民事、刑事、行政"三合一"的审判模式，并在现有法律法规对环境案件诉讼程序等问题缺乏明确规定的情况下，结合审判实践于2008年4月制定《环境保护案件管辖实施意见》，明确了环境刑事、民事、行政案件的分类和级别管辖规则以推动环境案件的专业化审判。为积累环境案件审判经验、统一裁判标准和培育专业审判队伍，2014年无锡中院还制定了《关于贯彻落实环境案件"三审合一"集中审判的意见》，明确锡山、滨湖、江阴、宜兴4家基层法院跨区域管辖辖区外涉环保刑事、民事、行政及非诉执行案件。这些试点，在一定程度上解决了同一法院内部内设机构分立，审判尺度不一

---

① 2019年6月28日，南京环境资源法庭正式办公，集中管辖江苏全省9个生态功能区法庭的上诉案件和中级人民法院管辖的一审案件。此举无疑向环境法院又迈进了坚实的一步。

的问题。为专业法院设置积累了经验、储备了人才，奠定了"三合一"审判的基础。

环境诉讼不是孤立诉讼，既需要整合法院内部的审判资源，也离不开与外部的协调联动。为此，无锡法院在推动环境司法与行政执法协调联动方面进行了积极探索。2013年，无锡中院积极建议和推动建立无锡环境行政执法与司法联动工作机制，设立"执法联动工作办公室"，成立联席会议，建立联动工作协作平台，形成及时、快捷、高效的工作机制，为地方政府环境行政执法提供司法支持和帮助。同时，鼓励和支持行政执法机关借助司法力量提高环保行政执法效率和履行环境公益民事诉讼职责，弥补了环保行政执法手段的单一和不足。

为防止环境违法以罚代刑，建立"两法衔接"平台示范全国。环境污染案件频发，执法不严是重要原因之一。实践中，一些案件本该通过司法程序追究刑事责任，却因为种种原因有案不立、有案不移、以罚代刑的情况在环境保护领域一度非常突出，导致环境违法成本过低，并弱化了法律的威慑力。为此，江苏检察机关会同省政府法制办在全国率先建立了省级层面覆盖全部行政执法领域的"两法衔接"移送标准和信息共享平台，真正实现了行政执法与刑事司法的无缝对接。通过行政执法与刑事司法相连通的"两法衔接"平台，不少案件线索被移送到检察机关加大了对环境犯罪的打击力度。2016年审理的13家拉链厂非法排放电镀废水重金属污染环境案中，经联席会议多次讨论统一了行政、司法机关在证据审查标准上的诸多分歧，充分体现了通过联动平台打击环境犯罪的巨大优势。

在通过环境司法提前介入支持行政执法机关借助司法强制措施提高行政执法效能方面，无锡中院制定了《关于规范环保行政职能机关申请人民法院对破坏环境资源、影响环境资源保护等违法行为采取强制措施案件审查程序的指导意见》，确立了这项工作在环保审判工作中的前置地位，明确了运用司法手段及时制止污染环境、破坏生态等违法行为的环境司法提前介入制度。该意见鼓励环保行政机关在查处环境违法行为的初期，在依法责令环境违法行为人停止实施违法行为，行为人仍继续实施的，可以申请法院采取强制措施。2013年无锡法院审理的环保部门申请对某镀膜公司环境污染责令停工案中，被执行人因超标排污被环保部门责令停工，法院通过现场勘查，及时发出"禁止令"，及时遏制了环境污染的扩散。

中国的环境公益诉讼有着浓重的无锡色彩。环境公益诉讼是司法保护生态环境的重要内容，无锡环保法庭对环境公益诉讼进行了大胆尝试。尤其在环境民事公益诉讼上，环保法庭没有坐等立法完善，而是根据环保审判工作需要，明确方向、审慎突破，不仅将环境公益诉讼列入受案范围，还通过制定《关于办理环境民事公益诉讼案件的试行规定》将环境公益诉讼主体范围扩大为检察机关、环保行政主管部门、环保社团组织、居民社区物业管理部门，在诉讼主体多元化方面迈出了重要一步。2009年，无锡法院受理了中华环保联合会诉江阴港集装箱有限公司环境污染侵权案。该案的审理，在法无明文规定的情况下，为有效保护环境公共利益，首次确认环保社团具有提起环境民事公益诉讼的原告主体资格，开创了环境民事公益诉讼的先河，被誉为中国NGO环境民事公益诉讼的破冰之举。2014年修订的《环境保护法》第58条吸纳了该案在原告资格认定上的成功做法，明确规定了符合法律规定的社会组织可以提起环境民事公益诉讼。

在环境公益诉讼案件裁判方式和救济途径的探索方面，无锡法院在案件审理中，始终以恢复性司法理念为引领，积极探索环境修复责任的承担方式以及灵活多样的救济途径。对环境损害的救济不是传统的损害赔偿机制能够解决的，应该采取切实可行的救济措施对受到损害的环境进行修复。因此，与传统案件的裁判方式不同，环境司法必须体现环境修复的内容。例如，在中华环保联合会与某生猪专业合作社环境民事公益诉讼案中，无锡法院通过专家论证后，委托第三方专业机构编制环境修复、监理两套方案，并判决侵权人根据方案要求限期恢复生态环境，通过环保部门的监测验收，在限期内不能修复的，由法院委托第三方治理环境，所需费用全部由侵权人负担。

并非所有的环境损害都能通过修复恢复如初，实践中对于无法修复或者修复成本过高的问题如何处理，无锡法院通过创设"替代性修复责任方式"较好地解决了这一问题。在2012年中华环保联合会诉无锡市一景区管理委员会非法占有山林资源案中，法院运用异地补植受损植被的方式替代性修复环境损害。这一创新之举，在全国首开生态损害赔偿方式先河，被誉为"全国生态补偿环境公益诉讼第一案"。①

在推进环境资源公益资金制度建设方面，实践中通过环境公益诉讼案件审理获得的环境修复赔偿款如何管理和使用的问题，也是环境诉讼过程中遇到的一个难题。2012 年，无锡中院与徐州市财政局联合制定《无锡市环保公益金管理暂行办法》，在全省率先设立独立列支、独立管理的环保公益金专项资金账户，首次明确规定了环保公益金的来源、用途和使用程序，专款专用于受损环境的修复。另外，徐州市中级人民法院与徐州市环保局、财政局向市人大常委会报送了《关于建议〈徐州市环境保护公益金管理条例〉立法项目的报告》，该立法项目纳入徐州市人大常委会2018 年立法计划。淮安市清江浦区人民法院联合区人民检察院制定《关于环资类刑事案件生态修复费用使用管理办法》，严格费用管理，确保修复费用专款专用。截至 2018 年，全省已设立 8 个环境资源公益资金专门账户。②

刑事案件受害人可以提起附带民事诉讼要求赔偿。如果"受害者"是环境，也可以这样做吗？如果可以，如何为无告的大自然伸张正义？在这方面，无锡法院注重司法职能拓展，通过创新刑事制裁、民事赔偿、生态补偿有机衔接的环境修复责任方式，形成连环制裁效应，实现生态立体化保护，为加强环境保护提供了有效司法保障。2012 年 5 月，无锡法院通过制定《关于刑事附带环境公益民事诉讼的实施意见》，规定了刑事附带环境民事公益诉讼的审理方式。

2014 年无锡法院审理的王某某非法占用农用地刑事附带民事公益诉讼案中，法院建议检察机关及时介入提起附带民事公益诉讼，以犯罪人修复环境的水平作为刑事责任量刑的酌定从轻情节。最终被毁坏的耕地在法院监督下限期复垦，并经国土部门验收恢复了原有的耕地水平。检察机关提起公益诉讼就是要确保被破坏的生态环境得到有效修复，被损害的社会公共利益得到及时维护。该案在附带民事责任的追诉中，法院以修复环境为责任承担的主要方式，要求被告人积极履行修复义务，并以此作为定罪

---

① 该案的成功做法，被最高人民法院《关于审理环境民事公益诉讼案件适用法律若干问题的解释》所采纳。如第 20 条规定：原告请求恢复原状的，人民法院可以依法判决被告将生态环境修复到损害发生之前状态和功能。无法完全修复的，可以准许采取替代性修复。

② 参见《江苏法院 2017 年度受理环境资源案件 3400 余件，567 人获刑》，http://www.jsfy.gov.cn。

量刑的酌定情节,较好地体现了恢复性司法的环保理念。

总之,从审判实践来看,江苏环保法庭解决了四个方面的问题:一是了解了"主体资格颇受争议"的原告通过启动环境司法程序实现保护环境健康与安全目标所产生的社会公共价值;二是检验了审理环境公益民事诉讼案件的程序和裁判方法;三是探索了环境违法行为人承担民事责任方式的多样性;四是积累了如何积极支持地方政府在发展经济的同时保护环境的司法路径和方法。①

(三)"三审合一"集中审判模式的实践探索

江苏省是我国开展环境司法专门化试点较早的省份。2012年4月,江苏高院下发《关于在全省部分法院开展环境保护案件集中化审判试点工作的通知》,明确规定在南京、无锡、徐州中院以及部分基层法院实行刑事、民事、行政"三审合一"审判工作机制,并首次正式明确将环境公益诉讼纳入受理范围。

2013年12月6日,江苏省高级人民法院再次出台《关于开展资源环境案件"三审合一"集中审判的若干意见》,探索将资源环境刑事、民事和行政案件(包括非诉行政执行案件)统一由行政审判庭设立的环境保护合议庭或专门的环境保护审判庭审理。要求在全省范围内普遍实行环境案件集中管辖,在13个省辖市各指定1—3个基层法院集中承担资源环境案件审理工作。该意见的核心是将资源环境案件由部分法院集中管辖,建立确保审判质量与效果的集中审判模式。

为了保障"三审合一"落到实处,该意见在"三审合一"集中审判工作制度和机制的完善方面做了诸多有益探索:

(1)在资源环境民事公益诉讼制度方面:意见要求各地法院积极探索公益诉讼的主体、范围、证据规则以及裁判方式等相关问题,并探索设立环境保护公益基金。设立环境保护公益基金在现行法律中尚未规定,具体操作方式是将环保案件中被告的民事赔偿金和刑事案件被告人的罚金等纳入基金。

(2)在专家证人和人民陪审员制度方面:对于资源环境案件中所涉及的专业技术问题,当事人可以向人民法院申请专家证人出庭,就专业技术性问题进行说明,接受法庭和当事人询问。必要时,人民法院也可以依

---

① 参见刘鸿志等《运用司法手段解决环境问题:无锡环保审判的创新与成效》,《环境保护》2017年第13期。

职权要求专家证人出庭对专业技术问题作出说明。人民法院可以按照法定程序选聘部分专家担任人民陪审员与法官共同组成合议庭，参与资源环境案件的审理以提高资源环境案件的审判专业水平。

（3）在环境保护临时禁令制度方面：在紧急情况下，污染破坏环境行为具有可能严重危及环境安全，造成环境难以恢复和加重对环境破坏情形的，可以根据《民事诉讼法》第100条的规定，经原告申请，人民法院审查后认为确有必要且符合法律规定条件的，可以作出裁定，禁止实施环境污染破坏行为。原告没有提出申请的，人民法院在必要时也可以依职权裁定作出临时禁令。① 诉讼前提出环境保护临时禁令申请的，申请人应在禁止实施环境污染破坏行为裁定送达后及时起诉，人民法院应当及时受理审理。

（4）在资源环境恢复性司法机制方面：资源环境案件不能一判了之，要充分运用司法手段改善减轻或者消除破坏资源污染环境的危害状态，建立资源环境案件的恢复性司法机制。对资源环境案件中的民事诉讼部分，可以根据案件的具体情况以判令侵权人消除污染恢复原状的方式，代替单纯的物质损害赔偿，使已经造成的环境污染尽快消除。

江苏高院环境案件集中审判模式的确立，表明了当地法院系统重视并致力于提高环境案件审判质量和效果的积极态度，也回应了社会对改变和完善目前我国环境司法现状的期待，是宝贵的司法改革探索。②

（四）江苏实践的司法样本：典型案例分析

【案例1】全国首创生态损害"异地补植"赔偿恢复生态平衡：中华环保联合会诉无锡蠡湖惠山景区管委会生态环境侵权公益诉讼案

【基本案情】 该案是无锡滨湖法院自2008年成立环保合议庭以来受理的环保公益诉讼第一案，也是该院受理的全国首例由民间环保组织提起的环境公益诉讼案件。

2012年6月，中华环保联合会接到举报称，无锡市蠡湖惠山景区管委会在建动物园和欢乐园过程中，未经批准和办理相关手续改变林地用途

---

① 环境侵权损害不仅后果严重而且具有一定的风险性，因此针对环境侵权行为较为理想的救济方式乃是停止侵害、排除妨碍和消除危险。从防患于未然的角度看，采取预防性的手段或措施有利于及时制止持续性侵权行为，减轻或避免损害后果的进一步扩大。这一要求体现在环境司法实务中意味着，法院有权根据案件具体情况及时下发"禁止令"，责令侵权行为人立即停止侵害，使损害不至于再继续扩大。

② 参见《"三审合一"怎么审？——江苏省高级人民法院出台意见资源环境案件进入集中审判模式》，《中国环境报》2014年1月8日第8版。

建造了观光电梯破坏山林植被影响生态环境。中华环保联合会经调查后发现，惠山景区管委会有三种擅自改变林地用途行为：规划范围内擅自改变林地用途建造场馆与道路；规划范围外占用林地建造观光电梯；宕口地块闲置空地上林木被砍伐植被遭破坏。遂于2012年9月向无锡滨湖法院提起诉讼，要求惠山景区管委会恢复已经占用的林地用途，赔偿因砍伐林木破坏植被等违法行为给生态环境造成的损害。

法院经审理查明：惠山景区管委会在用地审批手续不完善的情况下，占用3677平方米的林地用以建造观光电梯。该观光电梯是连接动物园和欢乐园之间的通道，同时也属于消防安全通道。虽然被告的行为属于社会公益建设的性质，但未获得用地批准，其行为客观上对生态环境造成损害，应当承担相应的民事责任。但如果要求被告原地恢复林地状态，拆除已建大型设施则是对财富的极大浪费。

庭审中，惠山景区管委会提出占用的林地无法原地恢复，且电梯有应急、救生、消防、救援通道的功能。其提出3套异地补植方案：在十八弯窑湾地区造林4500平方米；在华藏寺地块绿化5600平方米；在充山地区绿化4000平方米。对惠山景区管委会提出的3套方案，法院一方面要求惠山景区管委会将方案在网上公示，另一方面合议庭法官通过调查走访绿化专业人士得知3套方案均符合滨湖地区的生态修复，惠山景区管委会提出的工程总造价符合林木种植和养护的实际情况。在法院的要求下，被告也已经将全部工程款打入无锡市环保资金专用账户专款专用于该项补植工程，以确保工程的全面实施以及为期一年的林木养护。

最终，法院综合考虑苗木选择的合理性、林木养护的便利性和补植方案的可行性等因素，判决惠山景区管委会通过异地补植进行生态损害赔偿，要求被告于6个月内在十八湾荒地补植4500平方米林木，并通过无锡市绿化质量监督管理中心验收。该判决于2013年1月生效。目前，惠山景区管委会已履行赔偿义务补植林地7000平方米，超过了判决补植4500平方米的要求。

【典型意义】 本案是在创新裁判方式，落实环境修复责任，注重环境司法社会效果方面取得成功的典型判例。

林业资源是地球上最重要的资源之一，是生物多样性的基础，也是人类生存和发展不可缺少的环境要素，具有蓄水保土、防风固沙和调节气候等多种功能。科学研究和无数事实证明，森林的生态效益远远高于同等数量作为木材和非木材产品的林木的经济效益。尽管林业资源具有可再生性，但这种可再生性只有在不对其造成不可逆的损害的基础上才能实现。这也就是说，林业资源作为一种可再生自然资源，只有在采伐合理及时更新的基础上才可以使其不断增长持续利用。我国《森林法》第5条明确规定："林业建设实行以营林为基础，普遍护林、大力造林，采育结合，永续利用的方针。"这是在遵循自然生态规律和社会经济规律的前提下，总结国内外林业建设经验的基础上提出来的。只有贯彻这个方针，才能推进我国林业建设持续稳定发展，实现青山常在永续利用的林业发展目标。

我们认为，植树造林是扩大森林资源、提高森林覆盖率、改善生态环境的基本途径之一。本案中，惠山景区管委会在建动物园和欢乐园的过程中擅改林地用途破坏林木植被，在林地上盖场馆、修路、建观光电梯的违法行为客观上已造成生态损害。为了充分发挥林木防风固沙、调节气候、改善环境等功能，弥补因被告人滥伐林木的行为给林业资源造成的损害，法院有必要从恢复环境的角度在判决中体现环境修复的内容。值得肯定的是，本案在判决中法院没有拘泥于以往环境侵权损害主要以金钱罚作为赔偿责任的主要承当方式，而是选择了通过"补植林地"这一能够充分弥补生态损害的"行为罚"进行生态损害赔偿，继而判令破坏林木毁坏绿地的被告人惠山景区管委会补种复绿用以恢复生态环境，有力贯彻了恢复性司法的环保理念。

为了使判决的内容得到切实履行，从补植方案的设计、施工计划的落实、验收方案的审查，法院一一关注。由于新种植的树木无法确保一定时间内的存活率，需要专人看管养护，法院一并判决被告对树木管护1年，避免了以往重植轻管的弊端，有效保证了补种树木的存活量。同时明确在被告人补种树木及管护期间，由无锡市绿化质量监督管理中心验收，保证了被破坏的林木资源能够得到有效修复。另外，在法院的要求下，用于植补工程的费用也已经悉数上缴并纳入无锡市环保基金专项账户，从而确保了工程的全面实施和林木的养护。这些有益探索和尝试不仅有力保障了案件执行效果，也有利于促进生态可持续发展，可谓一判双赢，值得推广。

本案更为可取的是，鉴于如果要求被告原地履行复绿义务，需要拆除已建大型公共设施则可能造成社会资源巨大浪费的事实，法院认为环境侵权案件中，"恢复原状"不仅仅指就地恢复原有环境状况，更主要的是恢复环境的生态容量达到生态平衡，这更符合恢复原状的法理精神。故而在就地恢复不能的情况下，法院首开生态损害赔偿方式先河，创造性地适用了"异地补植"① 这一替代性修复责任方式恢复生态平衡。这是法官司法智慧的体现，也是法官根据案件的实际情况、采取具体问题具体分析的辩证思维，在环境司法实践中能动地解决现实问题所取得的重要成果。

本案也是公众参与环境司法的成功判例。环境司法涉及社会公益的司法救济问题，它不是封闭的循环，理应依托社会的力量共同承担起环境保护的社会责任。本案中，对于惠山景区管委会提出的3套备选异地补植方案，法院要求被告在案件审理期间对补植方案进行了具体设计和网上公示，满足了公众的知情权和参与权。法官在办案过程中，也充分考虑了公益诉讼的公众性，在充分听取民意、吸收专业意见的基础上，保障了裁判结果的公平公正性和社会可接受性也维护了司法的公信力。

综上，本案的审理带给我们的有益启示在于：②

其一，处罚理念的提升：从"金钱罚"到"行为罚"是一种新的跃升。本案中，法院选取了能够充分弥补生态损害的行为处罚，使得司法裁判的社会效果得以充分体现。这不仅是处罚手段从单一处罚到多重处罚的改变，更是司法处罚理念的重大跃升。

其二，损害赔偿方式的拓展：损害赔偿方式从"原地恢复"固化模式到"异地恢复"灵活模式是一种新的拓展。本案中，采取了"异地恢复"的办法，这虽然不能恢复原有的环境状况，但能够完全恢复环境的生态容量，达到生态平衡，符合"恢复原状"的法理精神。

其三，裁判方式的转变：从"一锤定音"式判决到"吸纳民意"式裁判是一种新的转变。这种开放灵活的裁判样式，对公益诉讼提升司法公信力有着里程碑式的意义。

【案例2】探索公益诉讼之路上的标杆案件：泰州市环保联合会诉常隆化工等6家企业违法处置废酸污染环境"天价公益诉讼案"

该案是2014年《环境保护法》通过后我国首例由环保组织提起的环

---

① 2015年7月6日，连云港法院环境司法执行基地正式投入使用。该基地是江苏省首个环境司法执行基地、占地400亩，位于市云台山风景区南云台林场。该基地的建成，为保障全市资源环境案件的裁判结果的有效执行提供了重要场所。该基地集惩治、教育、修复等功能于一体，今后凡是涉及补种复绿的案件，将集中在该基地统一执行。

② 参见张宽明等《无锡滨湖法院判决"异地补植"恢复生态平衡》，《人民法院报》2013年2月20日第1版。

境公益诉讼案,也是全国首例判赔数额超亿元的环保公益诉讼案。该案在审理过程中,对环保组织原告资格的认定,采用专家辅助人出庭的审理模式、引入"虚拟成本"计算法确定污染修复赔偿数额,以及审慎而富有创新地对高额赔偿费用履行方式的探索,使得该案无论对今后我国环境司法实践中的个案审判还是相关法律的进一步完善都具有极为重要的参考价值,也使得该案在我国环境公益诉讼历史进程中具有了标杆意义。正如有学者所说的,这起由环保组织作原告、检察院支持起诉的环境公益诉讼案件,不仅参与主体最特殊、诉讼程序最完整,而且涉案被告最多、判赔金额最大,同时探索创新最多、借鉴价值最高,展现出人民法院鲜明的环境司法政策,堪称示范性案例,值得全面总结与重点评析。①

【**基本案情**】2012年1月至2013年2月,江苏省泰州市常隆、锦汇等6家化工企业将其生产过程中所产生的大量副产酸总计2.6万吨,不仅没有按照正常程序处理,反而通过补贴的方式以支付每吨20—100元不等的价格,移交给无危险废物处理资质的4家公司处理,并且任由这4家公司采用直接排放和船舶偷排等方式将副产酸倾倒进泰运河和古马干河,从而导致水域周边的生态环境受到严重污染。经江苏省泰兴市人民法院审理,14人因犯环境污染罪被分别判处2—5年有期徒刑,并处罚金16万—41万元。

2014年8月3日,泰州市环保联合会向泰州市中级人民法院提起公益诉讼,要求涉案的6家化工企业赔偿环境修复费。根据省环科学会废酸倾倒事件环境污染损害评估技术报告,常隆化工等6家企业在此次污染事件中违法处置的废物在合法处置时应花费的成本(虚拟治理成本)合计36620644元。根据《环境污染损害数额计算推荐方法》,污染修复费用应以虚拟治理成本为基数,按照4.5倍计算。因此,请求判令被告企业赔偿上述费用用于环境修复,并承担鉴定评估费用和诉讼费。

支持起诉的泰州市人民检察院认为:检察院依职权发现,常隆化工等6家企业违法将废酸交给无危险废物处理资质的单位偷排,导致水体严重污染,损害社会公共利益,应承担污染损害赔偿责任。环保组织对责任企业提起民事公益诉讼,请求赔偿损失,符合法律规定。

---

① 参见别涛《泰州"天价环境公益诉讼案"的成功探索》,《中国环境报》2015年1月14日第8版。

2014年9月10日,泰州中院公开审理了这起环境污染公益诉讼案。法院经审理查明:在2012年1月至2013年2月,涉案6家企业总计将25349.47吨在生产过程中产生的副产酸交由4家没有处理资质的公司处理,并被这些公司在一年内倾倒至当地河流。一审法院认为,6家化工企业在主观上具有非法处置危险废物的故意,客观上造成了严重污染后果。法院引入"污染修复虚拟成本"概念,根据受污染河流地表水分类,在环保部环境污染损害数额计算推荐方法规定的4.5—6倍范围内确定赔偿费用为废料正常处理成本的4.5倍,判决6家化工企业赔偿环境修复费用合计160666745.11元,并支付鉴定评估费用10万元。

一审判决后,常隆化工等6家化工企业不服、并共同向江苏高院提起上诉。江苏省高级人民法院于2014年11月20日受理,在查明事实后认为,上诉人与原审被告在明知副产酸有可能被非法倾倒的情况下,却对此持放任态度,其向并不具备副产酸处置能力和资质的企业销售副产酸,应视为是一种在防范污染物对环境污染损害上的不作为,该不作为与环境污染损害之间存在法律上的因果关系。

2014年12月29日,江苏高院二审判决维持泰州中院对6家化工企业关于赔偿环境修复费用的判决。常隆化工等6家被告企业应于判决生效30日内,将应赔款项支付至法院指定的泰州市环保公益金专用账户。逾期不履行的,应加倍支付迟延利息。如果当事人提出申请且能提供有效担保,应赔款项的40%可以延期一年支付。判决生效一年内,如被告企业能够通过技术改造对副产酸进行循环利用明显降低环境风险,且一年内没有因环境违法行为受到处罚,其已支付的技术改造费用可以凭环保行政主管部门出具的环境守法情况证明,项目竣工环保验收意见和具有法定资质的中介机构出具的技术改造投入资金审计报告,向泰州中院申请在延期40%额度内抵扣。

6家公司中的锦汇公司不服二审判决,向最高人民法院申请再审。理由之一为:江苏高院改变泰州中院判决,要求其安排资金进行污染治理的技术改造,侵犯了企业的经营自主权。2016年1月21日,最高人民法院开庭再审,并当庭作出裁定:驳回锦汇公司的再审申请,并明确认定江苏高院的二审判决不仅没有侵犯企业的经营自主权,反而发挥了环境民事公益诉讼的指引功能,指引污染企业通过技术改造担负起环境保护的企业责任。

【典型意义及学理分析】"天价公益诉讼案"带给我们诸多启示，而其"价外之价"尤其值得我们认真思考和加以总结。我们认为，作为环境公益诉讼的标志性案件，该案的审理带给我们的最重要的启示以及值得进一步思考的问题，就是为该案判决所体现和传递出的"环境有价损害担责"的理念和价值追求，将会成为未来经济社会发展的重要考量。一起普通的非法倾倒危险废物污染环境案件，由于泰州市环保联合会对6家提供危险废物的源头企业提起了环境民事公益诉讼，而被判令赔偿环境修复费用1.6亿余元，不仅让非法倾倒危险废物成为一件"危险"的事情，而且也通过案件的审理宣示了环境并非"无主物"，不是任何人无须支付代价可以任意对其占有、处置和损害。只有对造成生态环境损害的责任者严格实行赔偿制度，才能使环境有价损害担责的保护理念落到实处，切实保障公众的环境权益维护社会的公平正义。

　　长期以来，由于我国相关立法偏重规制因环境污染导致的人身、财产损害赔偿问题，缺乏对遭到破坏的环境和生态进行治理和修复费用的赔偿，加之在生态环境损害赔偿方面存在技术支持薄弱、社会化资金分担机制尚未建立等诸多问题，导致了环境致害者的违法成本极低，生态环境损害得不到足额赔偿、受损的生态环境得不到及时修复的问题比较突出。实践中，正是在环境保护方面存在的这一严重"制度症结"在一定程度上助长了企业粗放型的生产消费方式：一方面企业过度消耗资源造成巨大浪费，另一方面又毫无节制肆意排污加剧了污染。这既不利于依法约束企业无视环境成本的生产经营行为，从根本上解决违法成本低、守法成本高的突出问题以及督促企业改变以牺牲环境为代价的经济增长方式，也不利于强化企业环境治理的主体责任，增强企业的环境风险意识。

　　2014年10月通过的《关于全面推进依法治国若干重大问题的决定》明确指出："用严格的法律制度保护生态环境，加快建立有效约束开发行为和促进绿色发展、循环发展、低碳发展的生态文明法律制度，强化生产者环境保护的法律责任，大幅度提高违法成本"，坚决制止和惩处破坏生态环境行为。要解决这个问题，较好的做法是建立环境成本的合理负担机制，让环境违法的代价具有威慑性。本案中，法院判令环境污染涉案企业赔付1.6亿余元的环境修复费用，不仅严惩了违法企业，相信对其他企业也是严厉警示。

　　在我们看来，本案的价值远不止于所谓的"天价赔偿"，还在于法院有着神来之笔的创新性裁判方式,即"用企业的环保技改投入抵扣赔偿款"的有益探索。环境案件往往涉及也容易引发广泛的利益冲突,尤其是经济发展和环境保护之间的矛盾较为突出,"难以完全考量某一利益并作绝对式的推进"①。因此,环境案件的解决必须重视各种利益冲突可能对人类生存和发展带来的各种影响,需要以可持续发展观为指导,兼顾各种不同的利益关系,以求得不同利益诉求和价值取向的协调和兼容。根据"利益共生"②原则的要求,法官在案件审理过程中需要对不同的利益关系进行决策权衡并作出妥善处理,方能展现环境司法的理性。在本案中,虽然 1.6 亿余元天价赔偿数额的计算有依据,但生效判决的执行可能会给企业的生产经营以及社会安定和谐带来的不利影响是否需要法院在案件裁判过程中加以考量,并在环境保护与经济社会发展之间作出妥帖的利益安排呢?显然,司法裁判的结局不能"按下葫芦浮起瓢",解决了一个矛盾,同时又制造一个新矛盾。这要求法院在审理案件过程中,在强调环境公共利益保护价值正当性的情况下,还应充分考虑企业的生存和发展需求,尽量避免企业因承担责任而破产关闭从而损害了经济发展的合理要求。③

本案中,在二审庭审之间,法院合议庭人员通过对部分涉案企业进行实地考察、与企业和政府人员分别座谈,在充分探讨企业改进生产工艺、循环利用副产酸的可能性的基础上,对赔偿费用的支付方式作出了调整,即判决生效之日起一年内,如涉案 6 家企业能够通过技术改造对副产酸循环利用,明显降低环境风险,且在一年内没有因环境违法行为受到处罚的,其已经支付的技术改造费用可以凭环保行政主管部门出具的环境守法情况证明、项目竣工环保验收意见和具有法定资质的中介机构出具的技术改造投入资金审计报告,向泰州市中级人民法院申请在延期 40% 额度内

---

① 叶俊荣:《环境政策与法律》,中国政法大学出版社 2003 年版,第 25 页。
② 我们认为,"利益共生"或"利益兼顾",是环境法在协调不同利益关系上的基本准则。因此,在处理环境案件时,不能因强调环境公益价值的正当性而否定其他利益诉求的合理性。实际上,通过加强对环境弱势利益的倾斜性保护,或者说为防止因攫取经济利益而牺牲环境利益进而实现经济利益与环境利益的平衡,是环境法的基本价值。
③ 保护优先强调了对不当发展的限制,言明了经济发展不能超越环境资源的承载能力,更不能以破坏环境浪费资源为代价。其对于发展的指导意义在于,要通过环境保护优化经济增长,把经济发展的立足点转到提高质量和效益上来,更多依靠节约资源和循环经济来实现发展。这就势必要求企业要在转变发展观念、创新发展方式、提高发展质量上下功夫。

抵扣。这种允许污染企业以环保技术改造费用部分抵扣赔偿金额的判决，与企业自身的发展和环境保护并行不悖，有利于引导和鼓励企业通过技术改造走向可持续发展，是从源头上解决企业在环境保护方面存在问题的治本之策，体现了恢复性司法和预防性司法的理念。

"公益诉讼究其本质乃是以公益的促进为目的诉讼机制，诉讼的实际目的往往不是为了个案的救济，而是督促政府或受管制者积极采取某些促进公益的法定作为。"① 从这个意义上看，本案既是用司法的力量保护环境公共利益的成功之作，无疑也是通过司法的力量为加快推进企业转型升级，实现绿色发展、循环发展，为促进经济发展和环境保护有机统一提供有力保障的现实典范。该案的裁判，并没有停留在只是要求被告对损害的简单的金钱赔偿上，而是还进一步要求被告采取有效措施防范环境损害结果的发生，避免或减轻损害的出现和扩大，符合环境公益诉讼对环境损害实施补救和预防的需要和应当坚持"保护优先兼顾发展"的裁判要旨，值得大书特书。②

本案不可忽视的破冰意义和探索价值还在于，在2014年《环境保护法》及《最高人民法院关于审理环境民事公益诉讼案件适用法律若干问题的解释》尚未实行之时，法院通过积极释法为社会组织参与环境公益诉讼提供了在主体资格认定上的司法支持。正因为如此，原告资格的特殊性也就成了本案最大的亮点和争点之一。本案中，泰州市环保联合会系依法成立的环保社会组织，针对污染企业损害环境公共利益的行为依法提起环境民事公益诉讼获得胜诉索赔成功，对于激励潜在的环保社会组织通过诉讼方式维护社会公共利益，必将产生重要而深远的影响和示范带动作用。事实上，本案审理的结果也证明了，建立和实施环境公益诉讼制度不仅可以为公众参与环境保护提供制度化的渠道，还可以增强公众的参与意识，有效促进环境保护事业的健康发展。

从理论上看，源自罗马法上的公益诉讼（民众诉讼），其本质上就是为了保护社会公共利益而设置的诉讼类型，除法律有特别规定外，凡市民都有权提起。由此来看，所谓的环境公益诉讼理应可以理解为，只要有可

---

① 叶俊荣：《环境政策与法律》，中国政法大学出版社2003年版，第224页。
② 环境公益诉讼还起着形成或促进环境保护公共政策的作用，因而要求法院在审理环境公益诉讼案件的时候，必须要综合考虑经济社会发展与环境保护之间的关系。

能导致环境公共利益损害或有侵害之虞时，任何人都可以为维护环境公共利益而向法院提起诉讼。① 因为在这里"环境公益诉讼起诉资格的实质问题是起诉人是否能够表明一些实质性的不负责任或滥用职权而导致的环境危险或损害，而不在于是否涉及他的个人权利或利益，从而使越来越多的公民个人或其他组织通过司法力量维护环境公共利益"②。

从实践上看，无论普通法国家还是大陆法国家，环境公益诉讼都是公众参与保护环境，有力遏制侵害环境公益行为的重要而又惯常使用的法律手段或诉讼形式。从诉讼的效果来看，作为有效保护环境的一种有力司法武器，它既可以有力支持和弥补环境行政执法手段之不足，也可以有效制约环境侵害行为，从而极大地保护和改善环境，值得大力推动。以产生于20世纪70年代的美国"公民诉讼"（citizen suit or citizen action）制度，也就是我们所说的"私人检察官"制度为例，从该制度的实践历程看，它对鼓励公众参与环境保护，保障公民的环境权益，完善环境法律、法规和政府环境执法产生了极大的推动作用。但即便如此，在谈论公益诉讼原告资格问题上，有一个问题还是应当注意的，即应然上的原告资格与实然上的原告资格毕竟不是一回事。至于在法律上如何具体认定公益诉讼的原告资格，在不同的国家亦有不同的规定。总体来看，在这一问题上我国采取的是窄口径的做法，即对适格原告进行较为严格的限制。

本案中，关于泰州市环保联合会的适格原告问题，法院依据2012年修订的《民事诉讼法》第55条"法律规定的机关和有关组织"针对污染环境损害社会公共利益的行为可以提起诉讼的规定，认定泰州市环保联合会具有提起环境公益诉讼的主体资格，符合《民事诉讼法》"鼓励广大的民事主体依据诉讼的方式维护公共利益"的立法本意。这样看来，法院对民事诉讼法的理解与适用并无不当。但也应当看到在本案中，法院对《民事诉讼法》第55条作文义解释的背后，隐含着通过支持环保组织提

---

① 任何人均可以提起公益诉讼作为应然上的判断，并不等于任何人在实然上都能够提起公益诉讼，并通过诉讼活动实现诉讼目的。因此，任何人之说并不意味着环境公益诉讼的原告资格不受任何限制。相反，由于环境诉讼的专业性和复杂性，不是任何人提起了诉讼都能将诉讼进行到底，实际诉讼能力的欠缺可能还不利于公益诉讼的展开。显然，"适格"一定是内含原告是否具备有效参与诉讼的实际能力这一问题的。

② 别涛主编：《环境公益诉讼》，法律出版社2007年版，第24页。

起公益诉讼而发挥司法的环保功能的积极考量。①

其实，在我们看来，法院的这种做法是在我国大力加强生态文明建设，努力推进环境司法专门化的背景下顺势而为主动选择的结果。不可否认，从实际效果来看，该案法院的这种处理方式对于启动公益诉讼维护环境公共利益发挥了非常积极有益的作用，但也应当承认，事实上由于《民事诉讼法》关于环境民事公益诉讼原告资格条件在立法规定上存在的不明确，加之又缺乏相关配套解释进一步界定的情况下，这客观上对于将法律具体适用到案件来说带来了相当程度的不便，或者在一定意义上可以说是存在法律适用缺乏明确依据的情况的。

依照《民事诉讼法》的规定，既然提起环境民事公益诉讼的原告是指"法律规定的机关和有关组织"，显然这里的"有关组织"一定是特定的、符合法律设置条件的有关组织，而不是其他组织，更无可能是没有什么限制的社会组织，那么，法律规定的有关组织应当符合那些条件呢？这个问题虽然《民事诉讼法》没有回答，但从案件审理之后才开始生效的《环境保护法》第 58 条的规定可以看到，有资格提起环境民事公益诉讼的社会组织应当具备如下两个基本条件：其一，依法在设区的市级以上人民政府民政部门登记；其二，专门从事环境保护公益活动连续 5 年以上且无违法记录。只有符合这两个法定条件的社会组织向人民法院提起诉讼的，人民法院才应当依法受理。

显然，在案件审结之后才生效的《环境保护法》对有资格提起环境民事公益诉讼的社会组织是作了相对较为严格的限制的，不仅包括本案中依法支持起诉的检察机关和一审、二审以及再审法院都认为的"泰州市环保联合会是在民政部门依法登记成立的环保组织"这一要求，还应当包括至少 5 年专门从事环境保护公益活动且不存在因从事业务活动违反法律、法规受过行政、刑事处罚的情况这一要求。那么，这样看来，相对于《民事诉讼法》较为笼统的对"有关组织"原告资格的规定，《环境保护法》的规定则明显地把相当一部门社会组织的环境公益诉讼的主体资格排除在外了。具体到本案，泰州市环保联合会肯定是不具备提起环境公益诉讼的主体资格的。即便是在本案审理中法院以 2014 年《环境保护法》

---

① 参见吕忠梅《环境司法理性不能止于"天价"赔偿：泰州环境公益诉讼案评析》，《中国法学》2016 年第 3 期。

尚未生效为由提出不予适用符合"法不溯及既往"的原则，但从 2014 年《环境保护法》第 58 条的规定来看，无论如何也推导不出我国在立法上对于社会组织提起环境民事公益诉讼的主体资格的问题，会由 2012 年修订的《民事诉讼法》相对宽松的规定反而又走向了 2015 年生效的《环境保护法》趋于严格限制的结论。

相反，从有利于发挥环境民事公益诉讼的制度功能保护环境公共利益的角度来看，对社会组织提起环境民事公益诉讼的主体资格应当在立法上采取更为宽松的态度，尽量减少限制的条件并辅之以激励，以便让更多的社会组织能够较为便利地使用公益诉讼这把制度利器去监督制约环境违法行为，而不是通过法律设置更为严格的准入条件把更多的社会组织排除在公益诉讼制度的大门之外，只让它们袖手旁观待在一旁充当环境违法行为的看客，显然这是一个极不利于公众参与环境保护事业的自相矛盾的悖论。有鉴于此，我们说，本案中法院在对泰州市环保联合会原告资格认定问题上存在较为明显的"司法能动"之嫌，或者说存在打法律"擦边球"进行"选择性司法"倾向也并不为过。而事实上在本案中，恰恰是在这一问题上不仅是被告不服一审判决提出上诉的一个理由，也是二审之中案件争议的一个焦点问题。

本案审理在原告资格的认定上，带给我们了一些需要进一步思考的法律问题。如环境公益诉讼的适格原告究竟应当向哪个方向走才能既满足需要又不脱离国情；应当如何正确看待社会组织在环境公益诉讼中应有的法律地位；环境保护法对社会组织提起环境公益诉讼的原告资格作过多的限制是否得当；未来环境保护法的修改和完善，是否有必要根据环境保护的实际需要，进一步放宽社会组织提起环境公益诉讼的门槛限制。从本案的审理来看，这些问题即存在理论争议，也是一个必须要解决的实践问题。其实，问题还远不止于哪些社会组织可以提起环境民事公益诉讼，环境公益组织能提出什么诉讼请求也是环境民事公益诉讼中与原告资格密切相关的一个重要问题。修订后的《环境保护法》只规定了符合条件的社会组织可以提起公益诉讼，但却没有规定可以提出哪些诉讼请求。

一般来说，社会公益性组织提出的诉讼请求的范围，也就是要求污染者承担侵权责任方式的范围。从我国《民法典》[①] 第 179 条规定的承担民

---

① 2020 年 5 月 28 日，十三届全国人大三次会议通过，自 2021 年 1 月 1 日起施行。

事责任的方式来看，在环境公益诉讼活动中，社会公益性组织可以提出停止侵害、排除妨碍、消除危险的一些具有明显预防性质的诉讼请求。还可以提出恢复原状的诉讼请求，即要求损害者承担治理污染和修复生态的责任，如果损害者不予治理、修复或者存在治理修复不能的情况，法院可以委托有关单位代履行，费用由损害者承担。实践中，一些法院在审理公益诉讼案件中，引入第三方修复机制，由环保企业负责实施修复、法院负责审核修复方案、环保机关负责监督实施和验收，既有效地落实了环境修复责任，也取得了较好的环境司法社会效果。

请求救济内容的预防性是提起环境公益诉讼的主要目的。不同于私益诉讼，在环境公益诉讼中，原告的诉讼请求主要不是事后的要求被告对所受损害作出简单的金钱赔偿或恢复原状，而是从污染产生的"上游"着手，要求其采取有效措施防范环境损害结果的发生、避免或者减轻损害的出现和扩大。因此，环境公益诉讼请求主要是禁止令状、停止侵害、排除妨碍以及宣告性判决，而非损害赔偿。例如，目前在我国台湾地区，经过许可的公益性的社团法人和财团法人只能对污染企业提起不作为之诉，即请求法院对污染企业下发禁令，要求企业停止某些行为或者禁止从事某些行为。①

本案中各方协调联动所形成的"合力"，对推动案件的审理所起到的积极作用也颇值得重视和肯定。例如，检察机关支持起诉、环保行政部门的积极配合以及专业机构的有效参与，对环境公益诉讼的顺利开展都发挥了重要作用。本案中，泰州市和江苏省两级检察院作为支持起诉人出庭支持环保组织维护公益，是对环保组织的有力支援，可以使其摆脱心有余而力不足的困境，开展公益诉讼活动也更加有底气和得心应手。泰兴市、泰州市、江苏省几级环保部门及其所属监测机构对案件的审理给予了水质监测和基数认定方案的协助，其他专业机构如环境监测站、环科学会提供了评估鉴定性质的技术报告。案件的审理还聘请专家辅助人提供技术辅助，出庭就环境生态专业方面的技术问题进行说明和解释。②

实践证明，这些做法和诉讼经验既符合环境公益诉讼案件的特点，也

---

① 参见信春鹰主编《中华人民共和国环境保护法释义》，法律出版社 2014 年版，第 203 页。

② 参见别涛《环境公益诉讼的成功探索——泰州"天价环境公益诉讼案"始末及评析》，《中国环境报》2015 年 1 月 14 日第 8 版。

为类似案件的审理提供了有益范例。同时，该案的实践也说明，环境公益诉讼不是孤立之诉，更不是法院一家的独舞。不同职能部门之间的协调联动以及社会各方的广泛参与，是保证环境公益诉讼制度有效发挥作用的重要条件。从法理上看，环境公益诉讼制度不仅可以为环境公共利益提供有效的司法保护和救济，也是环境保护管理部门行政执法的重要支持和补充。因此，在诉讼中环保部门应当积极配合和支持司法机关开展环境公益诉讼活动，尤其是应通过参加调查和提供相应的环境技术与监测数据等方式支持司法机关的环境诉讼活动。

关于环境公益专项资金的使用和管理问题，在我国一些地方的环境司法实践中作出过规范。例如，昆明市政府发布的关于《昆明市环境公益诉讼救济资金管理暂行办法》，在我国首次确立了环境公益诉讼救济专项资金制度，确保了环境民事公益诉讼及其他环境案件的赔偿金能够进入专门账户，以真正实现修复生态维护社会的环境公共利益之目的。从国际上看，对于环境公益性质的赔偿金，一般的做法是，通过制定环境损害赔偿基金制度的专门立法来实现其有效利用和监管。环境公益损害一般赔偿额度大，而高额的赔偿金是否能有效利用于环境修复之目的，这就必然会涉及环境公益诉讼中赔偿金的使用问题。本案中涉及的赔偿金主要用于污染水体的修复，其余部分纳入法院指定的地方相关环保专项资金，用于区域环境治理。目前，我国尚没有关于生态环境损害赔偿资金管理方面的统一规定，对赔偿资金和修复费用的使用与管理形成了一定的制约。因此，有必要建立与环境公益诉讼制度相配套的专项资金管理制度，以便更好地发挥环境公益诉讼制度的社会价值。

环境损害评估在本案中的运用也是本案的一个值得借鉴之处。环境损害评估是确认生态环境损害发生及其程度，认定因果关系和可归责的责任主体，制定生态环境损害修复方案和量化生态环境损失的技术依据。评估报告还是生态环境损害赔偿的重要证据。因此，环境损害评估是环境污染损害赔偿纠纷案件中不可或缺的一环，其在案件审理中的重要性自不待言。该案之所以能够顺利审结，相当程度上得益于相关损害评估的专项技术规范。

目前，我国环境鉴定评估能力虽然初步形成，但至今尚未建立统一的国家生态环境损害鉴定评估技术标准体系。加之，鉴定评估管理制度不健全，这些问题的存在都使得损害赔偿的客观公正难以得到保障。本案中，虽然对环境侵权责任数额的认定具有创新性，但环境污染损害评估的规范化问题、对赔偿数额的认定是否正确及修复费用的计算方法是否适当的问题，也都是本案审理中存在争议的焦点问题。显然，为减少环境公益诉讼案件中损害赔偿数额认定上的争议，做到当赔则赔应赔尽赔以及更好地维护生态环境损害赔偿的公正性，我国应加快完善环境损害评估制度。

【案例3】环境治理何以成功：污染环境被判960小时公益劳动案

【基本案情】 2012年以来，被告王某某在经营恒旺石英石加工厂期间，未依法在环保部门办理排污许可证，购买工业废盐酸用于清洗石英石，将酸洗过程中产生的100余吨含酸废水通过渗坑排放至连云港市赣榆区龙北干渠，导致龙北干渠及与其相连的芦沟河受到严重污染，损害了公共利益。

经赣榆县环境监测站对王某某污染水域污水、地表水进行环境监测，被告排水出口及龙北干渠等处的污水及受污染的河水中pH值和氟化物严重超标，其中pH值最高超标4.38倍，氟化物最高超标45.8倍。根据原环境保护部确定的环境污染损害数额计算推荐方法，Ⅲ类地表水污染修复费用的确定原则为虚拟治理成本的4.5—6倍。经专家评估，100吨浓度10%酸性废水虚拟治理成本约为14616.7元。

连云港市中级人民法院审理认为：被告王某某未经环保主管部门批准取得排放污染物许可证，将含酸废水未进行无害化处理即通过渗坑排放，造成水污染也影响了周边土壤生态环境，其应对造成的环境污染损害承担赔偿责任。因其未经处理即行排放导致治理成本扩大，无法具体测算对环境和生态的损害程度，依据环境污染损害数额计算推荐方法，采取虚拟成本治理法符合实际。结合王某某排放废酸数量及环境监测评估意见等，被告造成的环境损害酌情认定为75000元。王某某主张其经济困难，自愿在赔偿不足的情况下，通过提供有益于环境保护的劳务活动抵补其对环境造成的损害，符合"谁污染谁治理、谁损害谁赔偿"的环境立法宗旨。较单纯赔偿更有利于环境的修复与治理，法院予以采纳。

据此，法院判决被告王某某赔偿其对环境污染造成的损害51000元，交付到法院指定的财政专户用于对生态环境恢复和治理。被告王某某于本判决生效后2年内提供总计960小时的环境公益劳动，以弥补其环境损害赔偿金的不足部分，该项劳务执行由赣榆区环境保护局负责监督和管理。鉴于原告作为不以营利为目的的公益组织，其为提起公益诉讼支付的合理费用应由被告承担。被告王某某于本判决生效后10日内，支付原告赣榆区环境保护协会为提起公益诉讼支出的费用3500元。

【典型意义和思考】污染者治理、破坏者恢复,是环境法损害担责原则的基本要求。因此,针对污染环境破坏生态造成损害的,损害者应当为其造成的损害依法承担治理和修复责任。本案中,连云港市中级人民法院通过环境公益诉讼,判令被告承担环境修复费用,是被告对其污染破坏环境造成的损害必须承担的代价,不应该转嫁给国家和社会,合理合法。然而,如果被告因经济困窘无力足额支付赔偿金的情况下,法院该如何要求其去承担环境污染损害的赔偿责任呢?

本案中,被告对其造成的污染损害有赔偿意愿,但其违法经营的石英厂已关闭停产,亦无财产可用于污染的治理和修复。在此情况下,法院没有固守以往类似案件的刑罚+赔偿金的裁判方式,而是从有效救济公益、实现生态可持续性的目标出发,在被告赔偿不能的情况下积极寻求新的更切合实际也更有人情味的替代性解决方案——"劳役代偿"的方式,通过判决被告承担960小时环境公益劳动,以行为责任的方式补偿其环境损害赔偿金不足的部分。这种创新性的判决方式不仅具有可操作性和可执行性,也有助于最大限度地实现自然生态的修复,不失为一判双赢、一举两得的成功范例。

从人文司法的角度看,让被告在力所能及的范围内,通过接受公益劳动改造承担环境修复的行为责任,这种相比较更具有引导性的柔性执法方式或者行为矫正措施,可以让被告在遵守规范维护秩序的行为责任中获得更多的心理认同和环境保护的内生动力,效果可能远比惩罚手段要好,也不至于引起较多的对"判决"的抵触和抗拒。而且被告通过身体力行的责任履行方式,还能切实增强其环境保护意识和守法的自觉性,提高其防止环境污染和生态破坏的责任感,有利于减低再犯率。更为重要的是,这种做法也有利于被告公民人格的培育和社会角色的回归,从而真正发挥惩前毖后的作用。①

---

① 环境问题产生的根源主要是人类在自然面前缺乏仁爱之心、悲悯情怀以及对生生之德的敬畏,而这个问题在生产、生活实践中的突出表现就是环境社会责任的严重缺失。在这种情况下,受私欲驱使对自然无限度开发利用是必然选择。因此,从根本上说,只有培养起一种善待自然和维护生态和谐的道德责任,人类才能在开发利用自然时爱护自然、自觉承担起保护天地万物的责任。这说明,环境保护不能一味强调惩罚等强干预措施,还应当辅之以宣传教育和调动多元主体参与等弱干预手段的介入,通过"疏堵结合"才能更好地解决问题。

采取替代性劳动的方式不一定需在其污染区域内提供劳务，鉴于环境保护的统一性要求，亦可采取植树、种草等有益于生态环境的方式进行。本案中，经连云港市中级人民法院与赣榆区环保局、赣榆区建设局联系，初步确定劳务内容为被告到赣榆区建设局从事绿化方面的劳动，兼从事指定的环境保护公益宣传等工作。这可能是这一案例判决在环境治理方式上，远远大于案件本身带给我们的启示意义。

本案在审理中对涉及的一些专门性的问题，依托专家证人提供专业技术支持，保证了损害数额计算的科学性，也使法院的判决结果更为科学严谨。本案中，双方当事人对污染损害的事实均无异议，但面临对损害后果因被告未对含酸废水进行无害化处理即排放至相关水体，造成治理成本扩大无法准确计算的情况下，如何确定科学的评估标准的难题。

为此，法院采取了专家证人当庭论证的方式为案件的审理提供了专业技术支持。根据原环境保护部《关于开展环境污染损害鉴定评估工作的若干意见》中环境污染损害数额计算推荐方法，可采取虚拟治理成本乘以一定系数确定环境修复成本的方法。原告方委托的鉴定机关对虚拟治理成本采用纯碱治理的方法确定，出庭专家证人则认为本案含酸废水的治理，涉及pH值和氟化物两种超标污染的处理，采用纯碱治理不能解决氟化物超标问题，建议采用氢氧化钙进行处理，经鉴定人和专家证人当庭论证，最终一致认可采用了专家证人评估数据。①

在公益诉讼活动中，原告提起诉讼的目的并非出于自身利益的考虑，主要是为了保护社会公共利益，维护环境资源的公共安全。因此，公益诉讼并不能给原告带来直接的利益，相反原告因提起诉讼还必须为此承担一定的成本。为了鼓励更多的"好事者"能够提起诉讼，对原告采取适当的激励机制是必要的。例如，诉讼费用制度可以从有利于原告的角度进行设计，对原告进行一定的奖励等。本案中，为了保证公益诉讼活动的正常开展，法院对原告的起诉缓收相关诉讼费用。判决由被告支付原告为公益诉讼活动支出的律师费用，诉讼费用也由败诉的被告承担，符合环境公益诉讼案件的特点。

---

① 参见韩东良、方帅《污染者被判960小时环境公益劳动》，《中国环境报》2015年6月24日第5版。

四　三级法院设环境法庭第一省：环境司法的海南实践

海南有中国"后花园"之称。蓝天碧水的海南，拥有我国连片面积最大、保存最完整的热带雨林，贡献了相当于我国陆地面积 1/4 的广阔海域，是我国唯一的热带岛屿省份。从高空俯瞰，海南岛犹如嵌入浩瀚汪洋中的一块翡翠，在蓝与绿的交融互动中熠熠生辉。从资源禀赋来看，海南也堪称大自然的"宠儿"：长夏无冬、温暖湿润的气候，物种丰富的热带雨林，滩潭相间的江河湖海，绵延的海岸线……得天独厚的资源环境，是海南的核心竞争力和优势所在。

青山绿水、碧海蓝天是海南的本色和底色也是发展的最大本钱，失去这一本钱就可能失去所有。保护大自然赐予海南的这个生态大宝库，就是保护自然价值和增值自然资本，就是保护经济社会可持续发展潜力和后劲。因此，海南应高度重视省域生态文明建设中的"增绿""护蓝"问题，保护好海南的生态环境。

海南省在全国较早地开展了环境司法保护的地方实践。例如，海南高院 2011 年即在全国高院中率先成立环境保护审判庭。通过审理涉及环境资源类案件、开展环境民事公益诉讼制度试点，出台多项环境资源审判指导性文件，环境司法在服务和保障海南生态文明建设和绿色崛起以及增强可持续发展能力过程中的地位日益凸显，正发挥着越来越重要的作用。

（一）"国际旅游岛"规划催生环保法庭

海南是我国最大的经济特区和唯一的热带岛屿省份，优质的生态环境资源是海南发展的最大优势和实现可持续发展的最大资本，也是海南国际旅游岛发展战略目标实现的根本条件和保障。因此，海南省历来比较重视生态环境的保护工作。近年来，随着"海南国际旅游岛"规划上升为国家战略，海南省坚持并积极践行生态立省、环保优先发展理念，始终把生态环境保护放在经济社会发展首位，不断加大环境保护力度。在水环境和大气环境治理、噪声和固体废物治理、垃圾分类和农村生态环境整治以及节能减排和循环经济等方面做了大量工作，环境治理成效明显。

然而尽管通过环境治理和保护，海南的环境状况有了进一步改善和优化，环境质量也有了明显好转和进一步提高，但海南在推动经济建设中，环境承载力也面临严峻考验，总体来看环境形势依然不容乐观。从管理角度看，其制约因素主要是因为过去环境执法部门在查处环境违法行为时，因为法律没有赋予其现场查封等强制执行权,难以及时有效地制止各种污染和破坏环境的违法行为的情况较为突出。近年来,虽然环保部门接到的环境案件投诉逐年递增,但进入法院审理的环境案件却并未因此而有所增加,这与环境纠纷司法救济机制存在的障碍不无关系。这些问题的存在,既暴露出单一的环境行政执法手段在环境保护方面存在的严重不足,亦反映出通过创新司法审判机制、加大生态环境司法保护力度以弥补行政执法缺陷面临迫切需求。

过去,由于缺乏环境案件集中管辖和统一归口管理的体制机制,使得涉及环境资源保护的各类案件如刑事、民事、行政以及非诉行政执行案件不仅均按传统的管辖模式由各地区法院分散管辖,而且法院受理的案件也会因性质不同由不同的审判庭分别加以审理。加之法官在案件审理方面的环境司法能力与环境案件的专业性和复杂性不相适应,使得环境案件的审判难以满足环境保护的现实需要,也严重制约了司法功能在环境保护工作中的有效发挥。

显然,通过设立环保法庭,形成专业化的审判队伍,对环境案件实行集中审理,有利于充分运用司法手段保护生态环境。这对于形成行政手段和司法手段并行的"双轨制"环境保护模式,提高对环境案件的审判和执行效率,降低司法成本,加大环境执法的工作力度,有效制止污染环境破坏生态的环境违法犯罪行,保障公众的环境权益都具有重要意义。正是在这种背景下,海南省决定增设环境保护审判机构、成立环境资源审判庭。

(二) 为探索创新环境资源审判建言

海南是首个在高级、中级和基层法院设立环境法庭的省份,[①] 在发挥环境法庭的作用、推进环境公益诉讼方面进行了诸多有益探索。

2009年9月,海南省高级人民法院提出要在全省部分法院设立环保审判庭或环保合议庭,建立环保公益诉讼机制和诉讼基金。此建议得到海南省委省政府的高度重视和有关部门的积极回应。

2011年1月,海南省环境保护审判庭应运而生,这是我国第一家设在高级人民法院的环保法庭,也是全国首家获得正式编制的环保审判庭。

[①] 截至2014年,贵州、福建成为继海南之后出现的另外两个覆盖三级法院成立环境法庭的省份。

随后，海南第一、第二中级人民法院，海口、三亚中级人民法院相继设立环保审判庭。

2012年6月，海南省首个基层法院环保法庭在海口琼山揭牌成立。据悉，随着条件的进一步成熟，海南将在生态核心区和环保任务重的沿海市县（区）基层法院逐步设立相应机构。

海南省高级人民法院环保审判庭的职责为：审理涉及水资源污染、空气污染、放射性污染、噪声污染和环境破坏、环境损害侵权有重大影响的一审案件，各类二审环境案件（含环境资源公益诉讼案件）；审理涉及因环保方面不服行政机关作出具体行政行为而发生的二审行政诉讼案件；审理涉及环境资源保护方面的国家赔偿案件等。

涉及初审的中级人民法院环保审判庭的职责是：审理辖区内含通海可航水域的水污染、空气污染、放射性污染、噪声污染和环境破坏等各类一审民商事案件（含环境民事公益诉讼案件）等。有的中级人民法院环保审判庭，实行环境刑事、民事、行政案件"三合一"的管辖模式。

虽然海南在全国较早设立了环保法庭，但随着生态环境保护和经济发展之间的矛盾日益凸显，推进环境司法审判改革也势在必行。为此，海南法院积极探索创新、多措并举开展环境资源审判改革试点工作，试行环境资源案件跨流域、区域提级集中管辖及环境资源民事、刑事、行政案件"三合一"归口审理，推动建立海南省环境资源执法、司法协调联动机制。另外，海南法院还致力于在"五个进一步"方面持续推进和不断深化环境资源审判改革，打造海南环境资源司法改革升级版：①

一是进一步完善环境资源审判机构设置，新设立尖峰岭和吊罗山两个国家级自然保护区环境资源巡回法庭和三沙群岛人民法院环境资源海上巡回法庭，尚未设立环境资源审判庭的法院在相关业务庭设立环境资源审判合议庭，审理依法应由该院管辖的环境资源民事、刑事和行政案件；二是进一步增强环境资源审判力量；三是进一步规范环境资源司法统一司法尺度；四是进一步拓展多元化担责方式，采用"替代性修复"和"异地补植"等生态修复损害赔偿方式，实行诉前禁止令制度，引入"以劳代偿"方式等；五是进一步提升环境资源司法公众参与度。实践证明，海南法院

---

① 参见陈敏等《海南法院全面推开环资审判改革》，《海南法制时报》2017年8月4日第1版第13版。

环境资源审判改革成效显著。

自2016年7月在全省法院推行环境资源审判改革以来，海南法院在全省设立环境资源审判庭和巡回法庭13个，共审理各类环境资源案件2247宗，环境资源司法保护的触角已延伸至海南的陆地、森林、海洋、岛屿、岛礁，覆盖海南全域的环境资源司法保护格局已初步形成。目前，海南设立环境资源审判庭的法院全部实现了环境资源民事、刑事、行政案件"三合一"归口审理，恢复性司法裁判方式在环境资源案件审判中普遍适用。①

针对环境资源案件存在地方保护主义、跨区域案件分段治理、各自为政、治标不治本等问题，海南法院环境资源审判改革根据海南五大河的自然流向对环境资源案件实行跨区域提级集中管辖，即海南在省内五大河（海南南渡江、万泉河、昌化江、宁远河、陵水河）流域流经市县试行环境资源案件由海口中院、海南一中院、海南二中院、三亚中院、陵水法院5家法院跨区域集中管辖，有效破解了环境资源案件分段治理和地方保护的难题。

另外，海南还试行了自然保护区环境资源案件专门管辖制度。2016年9月，环境资源保护任务较重的海南鹦哥岭、霸王岭两个国家级自然保护区环境资源巡回法庭揭牌，这两个保护区的环境资源一审案件由海南二中院专门管辖。

实施改革法院将结合省情依法审理"四大类"环境资源案件，包括涉环境污染防治和生态保护案件、涉自然资源开发利用案件、涉气候变化环境资源案件的审判以及环境资源公益诉讼案件。试行诉前禁止令制度，符合法定情形的，先行禁止实施污染和破坏环境资源的行为。探索开展修复性司法，凡有可能对生态环境进行修复的，要在判令环境破坏者承担赔偿责任或处以刑罚的同时，责令其恢复原状、修复生态。②

同时，海南省还为环境资源审判改革出台了一系列配套制度。具体包括：建立海南环境资源执法司法协调联动机制，实现环境资源执法司法充分互动形成保护合力；建立海南环境资源司法鉴定机构、专家机制和人才

---

① 参见金昌波《海南初步形成覆盖全域的环境资源司法保护格局》，《海南日报》2018年6月8日第8版。

② 参见《海南改革环境资源审判工作》，《光明日报》2016年7月18日第8版。

库，为环境资源执法司法特别是证据的认定提供有力技术支持。海南高院还牵头联合17家相关单位，制定下发了6项环境资源执法司法规范性文件，为环境资源审判提供了系统化制度指导。①

（三）公益诉讼制度及环境执法司法联动机制的实践探索

为确保环境资源审判工作的有效开展，海南法院在建立生态环境司法保护新模式方面进行了积极探索。2011年7月海南省高级人民法院发布了《关于开展环境资源民事公益诉讼试点的实施意见》，这是海南省高级人民法院设立国内首个环境保护审判庭后率先开展环境资源民事公益诉讼试点工作的有益尝试。该意见对环境资源民事公益诉讼案件的范围、起诉主体、立案的条件、先予执行、审判程序等作出了规定。该意见明确指出，检察院、相关行政主管部门、依法成立的自然保护区管理机构、从事环境保护和社会公益事业法人组织、基层群众性自治组织、公民六大主体均可作为原告提起环境民事公益诉讼。但环境公益诉讼对公民有条件开放，公民有权对污染和破坏环境资源的行为进行监督、检举和控告，有权书面申请检察院、相关行政机关提起环境公益诉讼。检察机关、相关行政机关在合理期限内不予起诉的，公民可以自行提起环境公益诉讼。

诉讼费用问题是环境民事公益诉讼司法实践中的一块"烫手山芋"。为了解决诉讼费用负担的制约，有效破解环境公益诉讼启动难题支持更多的人打"环保官司"，2011年9月海南省高级人民法院与省财政厅联合印发了《海南省省级环境公益诉讼资金管理暂行办法》，标志着海南省省级环境公益诉讼资金正式设立。暂行办法共有10条，对环境公益诉讼资金设立的目的、环境公益诉讼资金的概念、内容、适用范围、来源、预结算、使用和监管，以及环境损害赔偿金的归属等都作出了规定。

按照规定，省级环境公益诉讼资金是指，对国家机关、其他法人组织以及公民个人提起环境公益诉讼涉及的诉讼费用进行补助的专项资金，包括案件受理费、申请费、调查取证费、鉴定费、勘验费、评估费以及其他诉讼费用。②公民法人或其他组织为自身利益提起的环境民事诉讼，缴纳诉讼费用确有困难的，可以依照国务院公布的《诉讼费用交纳办法》，申

---

① 参见金昌波《海南初步形成覆盖全域的环境资源司法保护格局》，《海南日报》2018年6月8日第8版。

② 参见《海南设环境公益诉讼资金解决诉讼费用负担问题》，《人民法院报》2011年9月14日第1版。

请缓交、减交或者免交等司法援助。

省级环境公益诉讼资金的来源为省级财政拨款,实行国库集中支付,单独核算,专项支付在省高院以及海南省第一中级人民法院、省第二中级人民法院、海口市中级人民法院、三亚市中级人民法院等审理环境公益诉讼案件的相关诉讼费用,以此支持国家机关、其他法人组织以及公民提起环境公益诉讼。

环境公益诉讼资金的管理使用,由省财政厅进行监督。申请人申请环境公益诉讼资金的,应填写《海南省省级环境公益诉讼资金申请表》,并提交起诉状或上诉状,人民法院受理案件通知书等相关材料,申请材料由省级人民法院立案庭负责受理。对于人民法院判决无特定受益人的环境损害赔偿金以及人民法院裁判文书确定由当事人负担的诉讼费用,应当由义务人自行缴纳。义务人拒绝缴纳的,在执行过程中强制追缴,上缴省级财政。

省级环境公益诉讼资金的设立,是开展环境民事公益诉讼制度试点工作的配套措施和必要条件,有利于从制度上推动更多的适格主体提起环境公益诉讼,充分发挥环境保护审判职能,完善环境民事公益诉讼制度。①

无独有偶,2012年12月《海口市市级环境公益诉讼资金管理暂行办法》也获批实施,并设立每年10万元的环境公益诉讼资金。该资金主要用于救济国家机关、其他法人组织及自然人提起环境公益诉讼所需的诉讼费用,包括案件受理费、申请费、调查取证费、鉴定费、勘验费、评估费以及其他因诉讼产生的费用。该资金使用的范围包括海口市中级人民法院、琼山区人民法院受理环境公益诉讼案件所产生的诉讼费用。

为加强制度建设促进联动协调,2017年1月海南高院还出台了《海南环境资源执法司法联动机制实施意见(试行)》,这标志着海南环境资源执法司法联动机制正式启动。联动机制的建立与运行意味着,成员单位将通过加强环境资源执法司法联动协调、信息共享、有效衔接和无缝对接,充分发挥行政、司法职能作用,形成环境资源执法司法合力,以便更

---

① 目前,法律、司法解释对环境公益诉讼资金的性质和使用并未作出明确规定,各省在司法实践中尚处于探索阶段、做法不一。总体来看,各地的探索主要包括上缴财政和建立专项基金或由基金会代管两种模式。这些做法对于建立符合我国国情的公益诉讼资金制度提供了有益借鉴,需要认真对待并加以总结,待时机成熟后,尽早推动建立统一的环境公益诉讼资金制度,以规范环境公益诉讼专项资金的来源、管理和使用问题。

好服务于海南生态文明建设和绿色发展。

根据实施意见，联动机制主要涉及各成员单位实行联席会议制度、建立联动执法司法信息共享平台、建立完善案件移送机制、建立重大案件会商和督办制度、建立紧急案件联合调查机制、建立奖励惩戒机制等方面的内容。近年来，海南不断深化生态环境行政执法与刑事司法的衔接工作，严肃查处环境污染刑事案件，实现了生态环境行政执法与刑事司法的有效互补，形成了齐抓共管的格局，有效解决了一批突出环境问题。

(四) 法例辨理：典型案例分析

【案例1】恢复性司法厚筑环保法治屏障：李某非法占用农用地破坏环境资源整治修复案

【基本案情】 该案是海南省实施环境资源民事、行政、刑事案件"三合一"归口审理以来，将恢复性司法理念运用到非法占用农用地罪案件中的首案。

2013年10月，李某租用凤蛟村24亩土地修建仓库。因未报国土部门审批擅自占用农用地，临高县国土局对李某作出行政处罚，责令李某退还非法占用的土地，限期30日内自行拆除在非法占用的土地上新建的建筑物和其他设施，恢复土地原状，并处以罚款人民币391555.6元。2015年9月2日，李某向国土局缴纳罚款15万元，剩余罚款24万余元一直未缴纳，也一直未对地上建筑物实施拆除。

海南省人民检察院第二分院在开展生态检察工作中，发现临高县国土局未将该土地违法案件移送司法机关，随于2016年3月28日发函，建议国土局将案件移送临高县公安局依法审查。同年4月20日，国土局将该案移送临高县森林公安局。

2017年5月8日，海南省人民检察院第二分院向海南省第二中级人民法院提起公诉，指控被告人李某犯非法占用农用地罪。经鉴定，李某建设所占的仓储区占地总面积为19.91亩，其中Ⅳ级保护林地17.34亩，已水泥硬化面积为13.75亩，因水泥硬化，林地土壤结构已发生改变，林业种植条件已遭到严重毁坏。

海南省第二中级人民法院受理该案后，认为该案涉及的土地面积虽然不大，但破坏性严重，该案若是一判了之，一方面已被破坏的生态环境不能及时得到修复，另一方面如果事后由政府实施强拆和土地复垦，将会付出巨大代价。

为充分发挥生态环境刑事案件恢复性司法功能，达到惩罚犯罪与生态修复双重效果，合议庭讨论决定将生态修复司法机制运用到案件审理中。经沟通和协调，促使国土局与李某签订了土地复垦协议，约定李某应在协议签订之日起4个月内自行拆除地上建筑物，并按国家复垦技术标准，恢复土地原貌，并缴纳15万元土地复垦押金；经验收合格后，该押金退还李某，若经验收不符合土地复垦标准，该押金作为土地复垦费用，由国土局代为组织复垦。

海南省二中院审理认为：被告人李某非法占用林地，改变被占用林地用途，数量较大，造成林地大量毁坏，其行为已构成非法占用农用地罪。被告人与国土资源局签订《土地复垦协议书》，并已对涉案林地上的建筑物动工实施拆除，可酌情从轻处罚。综合被告的犯罪事实、自首情节和悔罪表现，遂判决被告人李某犯非法占用农用地罪，判处有期徒刑二年，缓刑三年，并处罚金人民币40万元；责令被告人李某按期履行完毕其与国土资源局签订的《土地复垦协议书》，修复被其犯罪行为破坏的生态环境。

【典型意义及启示】本案是海南法院通过案件审理发挥环境司法审判职能，积极探索建立生态环境司法保护新模式的成功范例，有以下几个方面的做法值得借鉴：

首先，本案是运用恢复性司法机制审理环境资源刑事案件的有益探索。以惩治犯罪促"生态修复"是本案的一大亮点。在该案审理过程中，法院对于李某非法占用农用地犯罪行为的认定和制裁没有止步于简单的一判了之，只追求法律的惩治警示效果，而是在对被告判处刑罚加大刑事惩治力度的同时，一并考虑到了因犯罪行为引起的已被破坏的生态环境如何及时且能够最大程度修复的问题。在案件审理中，法院坚持"制裁违法、重视恢复"的原则，通过引入生态修复司法理念，较好地发挥了环境刑事案件的恢复性司法功能，达到了惩治犯罪与生态修复双赢、法律效果与社会效果俱佳的目的。

其次，本案也是各职能部门相互协调、密切配合，通过发挥联动机制共同助力生态环境保护的案例。本案中，检察机关在开展生态检察过程中发现国土局未将土地违法案件及时移送司法机关的情况下，通过发出《建议移送涉嫌犯罪案件函》的方式，向国土局提出将案件移送森林公安局依法审查的检察建议后，国土局将案件移送森林公安并经检察机关立案依法提起公诉，最终由法院公开开庭审理实现打击犯罪的同时使受损的生态环境得到修复的案件。该案的成功审理，进一步说明环境治理需要多元参与、离不开多部门形成合力。

最后，本案还是通过运用"合同书"或者"环境保护责任书"以及"执行保证金"的方式，探索创新执行模式实现生态修复的典型案例。本案中，通过法院的积极协调和主动磋商，最终促成国土局与被告李某签订了"土地复垦协议"。以环境行政合同的间接管理手段作为监督被告履行土地复垦和修复义务的方式，使得土地修复活动既有章可循，也可以克服过去单靠强制性行政措施实现环境治理目标存在的绩效不彰的弊端，也使国土局的监督检查更具有可操作性。同时，以土地复垦押金作为担保，既确保了案件的可执行性又有利于实现修复效果的可靠性，是本案中一个较好的做法。

本案也给我们带来一些审理同类案件的有益启示：

一是在办理盗伐、滥伐林木以及非法占用农用地等破坏环境资源刑事案件时，应当注重探索建立生态环境恢复性司法保护机制，充分发挥环境刑事案件恢复性司法功能，做到严惩重罚违法犯罪的同时又能确保受损的生态环境得到及时有效修复。在环境刑事案件中，犯罪分子锒铛入狱，但受损的生态环境却得不到修复，荒山依旧、土地荒芜、林木枯死，这种情况以前很常见。而惩治环境犯罪的本意是要保护生态环境。显然，仅一判了之难以达到保护生态环境的目的。因此，在办理环境资源刑事案件中，必须改变"重制裁、轻修复"的惯常做法。通过开展恢复性司法，力求实现惩治犯罪与保护生态的双重目的。

二是在办理环境资源刑事案件时，应当注意做好行政执法与刑事司法两方面的横向协调和衔接。环境治理不是孤立的、不能各自为政，相反需要各部门既要各司其职，又要相互配合、齐抓共管。而部门之间协同治理的好坏，往往是环境资源治理能否整体奏效的关键。本案就是一起典型的通过行政执法与刑事司法"两个衔接"，及时发现和移送案件线索并最终使案件得到审理的成功例子。

三是在办理环境资源刑事案件中，应当注重发挥检察机关的监督职能，尤其是及时发现和移送破坏环境资源案件背后的职务犯罪线索，有利于扩大监督效果。环境资源案件往往与有关职能部门存在管理缺失或履职不力密切相关，因此通过开展生态检察工作深挖案件背后的渎职犯罪，有利于督促相关职能部门履职尽责、依法行政，从而从根本上预防和减少环境犯罪。

【案例2】行政执法与刑事司法衔接互补破获篡改伪造监测数据案

【基本案情】 2018年12月12—14日，海南省公安机关联合环保厅监察部门，对重点排污单位在线自动监控设施开展检查发现：乐东县污水处理厂在线监测站房的总磷自动分析仪的进水采样管未与采水泵管路连接，采样管被人为插入矿泉水瓶中；琼中县污水处理厂在线监测站房的自动监测仪COD（化学需氧量）、氨氮校正因子参数被多次篡改。

两家污水处理厂的上述行为涉嫌篡改、伪造自动监测数据或者干扰自动监测设施，导致更改时段的自动监测数据严重失真，不能反映污水排放浓度的真实情况。获此情况后，海南省公安厅立即部署琼中、乐东两地公安机关旅环部门与生态环境部门依法开展联合调查和案件取证工作。

经核实，乐东县污水处理厂运行班副班长卢某，在厂长石某、运行班班长陈某的授意下，将在线监测站房的总磷自动分析仪的进水采样管插入自行调配的水样中；琼中县污水处理厂潘某、王某、吴某3名操作人员，擅自改动自动监测仪COD（化学需氧量）、氨氮校正因子参数，导致更改时段的自动监测数据严重失真。

2019年1月，乐东、琼中县公安局已刑事拘留该6名犯罪嫌疑人，犯罪嫌疑人对篡改、伪造在线监测数据的事实均供认不讳。

【典型意义及思考】 近年来，为了能够更为及时、有效地打击环境违法犯罪，海南不断深化环境行政执法与刑事司法的衔接工作。为此，生态环境厅联合省公安厅、省检察院、省高院印发了《海南省环境行政执法与刑事司法衔接工作办法的实施意见》，为促进联动协调提供了制度保障。

该意见通过建立通报协作制度、预警督办制度和认罪认罚从宽等制度，以期更好地促进部门之间协作。实践中，环保部门通过与司法部门的有效衔接，查处了一大批环境污染刑事案件。本案就是海南环境行政执法与刑事司法通过无缝对接，及时立案查处的2起污染源自动监控弄虚作假的典型案件。

在本案中，环保监察部门借助尚在试运行中的"污染源动态管控系统"，捕获自动监测设备参数修改记录及视频记录，成功锁定了琼中污水处理厂篡改、伪造自动监测数据的证据，而后又在直接检查中及时固定了乐东县污水处理厂"进水采样管线未与采水泵管路连接，采样管被人为插入矿泉水瓶中"的证据后，迅速完成了现场勘察及调查询问笔录，且固定了企业"主观故意造假"的笔录证据，最终由生态环境部门及时移送上述2起案件，并在当地公安机关的积极配合下，及时完成了案件的立案查处工作，有力震慑了排污企业。

环境监测是环境保护的基础性工作，是推进生态文明建设的重要支撑。环境监测数据，是环境质量的"晴雨表"和实施环境管理与决策的基本依据。无论是对环境形势的总体评估还是对个别案件的查处，都离不开环境监测数据的支持。如果环境监测数据弄虚作假，环境监测的预警效应就会大打折扣，不仅会误导环境管理决策、贻误环境治理时机，而且会影响政府的公信力。因此，保障监测数据真实有效的重要性不言而喻。

实践中，一些地方为了减少环保指标考核压力谋求"数字政绩"，或为了追求短期经济利益，不当干预监测行为时有发生，相关部门环境监测数据不一致现象依然存在，排污单位篡改伪造监测数据的情况屡禁不止，导致环境监测数据质量常常"被达标"的问题突出，使环境监测数据质量缺乏有效保障，不能有效满足环境管理工作的需求。

针对环境监测质量控制体系不健全、环境监测数据不真实等造成的环境监测数据质量缺乏有效保障的问题，2014年修订的《环境保护法》第17条明确规定了"监测机构应当使用符合国家标准的监测设备，遵守监测规范，完善环境监测质量控制体系，同时要求监测机构及其负责人应当如实、客观地报出监测数据，并对监测数据的真实性和准确性负责"。从法律责任上看，这是我国首次将"数据质量"问题上升到法律层面。

目前，我国已经建立了重点排污单位的自行监测制度。①《环境保护法》第42条规定："重点排污单位应当按照国家有关规定和监测规范安装使用监测设备，保证监测设备正常运行，保存原始监测记录。严禁通过暗管、渗井、渗坑、灌注或者篡改、伪造监测数据，或者不正常运行防治污染设施等逃避监管的方式违法排放污染物。"对于通过暗管、渗井、渗坑、灌注或者篡改、伪造监测数据，或者不正常运行防治污染设施等逃避

---

① 按照2013年原环境保护部发布的《国家重点监控企业自行监测及信息公开办法（试行）》第2条之规定，所谓企业自行监测，是指企业按照环境保护法律法规要求，为掌握本单位的污染物排放状况及其对周边环境质量的影响等情况，组织开展的环境监测活动。重点排污单位可依托自有监测设备及人员开展自行监测，也可以委托其他监测机构进行监测。

监管的方式违法排放污染物的企事业单位和其他生产经营者,《环境保护法》第63条规定该行为尚不构成犯罪的,除依照有关法律法规规定予以处罚外,由县级以上人民政府环境保护主管部门或者其他有关部门将案件移送公安机关,对其直接负责的主管人员和其他直接责任人员,处10日以上15日以下拘留;情节较轻的,处5日以上10日以下拘留。

篡改、伪造自动监测数据或者干扰自动监测设施,是重点排污单位在生产经营过程中非法排污的常见手段。为有效惩治自动监测数据造假,防范企业的污染环境行为,实现行政处罚与刑事追究之间的有序衔接,2017年1月1日起实行的《关于办理环境污染刑事案件适用法律若干问题的解释》明确规定重点排污单位篡改、伪造自动监测数据或者干扰自动监测设施,排放化学需氧量、氨氮、二氧化硫、氮氧化物等污染物的,应当认定为"严重污染环境"。①

在定罪量刑方面,该解释规定重点排污单位篡改、伪造自动监测数据或者干扰自动监测设施,排放化学需氧量、氨氮、二氧化硫、氮氧化物等污染物,同时构成污染环境罪和破坏计算机信息系统罪的,依照处罚较重的规定定罪处罚。从事环境监测设施维护、运营的人员实施或者参与实施篡改、伪造自动监测数据、干扰自动监测设施、破坏环境质量监测系统等行为的,应当从重处罚。② 这些规定,对于有效防范和依法惩治环境污染犯罪无疑具有重要现实意义。

为了切实保障环境监测数据质量,提高环境监测数据公信力和权威性,促进环境管理水平全面提升,2017年9月中办、国办专门印发了《关于深化环境监测改革提高环境监测数据质量的意见》。该意见要求到2020年,通过深化改革,全面建立环境监测数据质量保障责任体系,健全环境监测质量管理制度,建立环境监测数据弄虚作假防范和惩治机制,确保环境监测机构和人员独立公正开展工作,确保环境监测数据全面、准确、客观、真实。③

在健全行政执法与刑事司法衔接机制方面,该意见指出环保部门查实

---

① 参见《最高人民法院、最高人民检察院关于办理环境污染刑事案件适用法律若干问题的解释》,第1条第7项。
② 参见《最高人民法院、最高人民检察院关于办理环境污染刑事案件适用法律若干问题的解释》,第10条。
③ 参见《关于深化环境监测改革提高环境监测数据质量的意见》,第1部分第3项。

的篡改伪造监测数据案件，尚不构成犯罪的，除依照有关法律法规进行处罚外，依法移送公安机关予以拘留；对涉嫌犯罪的，应当制作涉嫌犯罪案件移送书、调查报告、现场勘验笔录、涉案物品清单等证据材料，及时向同级公安机关移送，并将案件移送书抄送同级检察机关。公安机关应当依法受理，并在规定期限内书面通知环境保护部门是否立案。检察机关依法履行法律监督职责。环境保护部门与公安机关及检察机关对企业超标排放污染物情况通报，环境执法督查报告等信息资源实行共享。①

以此为基础，2018年8月，生态环境部还印发了《生态环境监测质量监督检查三年行动计划（2018—2020）》，对环境监测数据造假将进行全面打击，对涉嫌犯罪及存在指使篡改伪造监测数据等行为的，移交司法机关依法追究刑事责任。

近年来，尽管对于惩治自动监测数据造假以及规制企业其他环境违法犯罪的相关政策立法在不断完善，然而面对实践中依然突出的企业违法行为，如何破解猫捉老鼠式的环保监管执法困局，如何借助行政执法与刑事司法工作之间协同配合机制的建立健全和有效运行，及时发现移送案件线索、严肃查处环境污染刑事案件，形成不想假不能假的长效机制、促使企业守法成为常态，海南行政执法与刑事司法"两法衔接"机制的实践经验，给我们提供了参考、树立了典范，也带来了需要进一步深化这些问题的思考和启示。

五 司法审判助力"三秦"环境保护："陕西新军"的实践探索

建设生态文明是陕西永续发展的必由之路。陕西生态区位重要，在发展中要把生态文明建设融入"五位一体"总体布局之中，牢固树立和践行"绿水青山就是金山银山"的理念，切实把环境保护生态建设放在突出位置，构建人与自然和谐发展的现代化建设新格局，走一条绿色发展之路。

推动陕西省域生态文明建设，守护好三秦大地的绿水青山，离不开环境司法的有力保障。近年来，日益严重的生态环境问题不仅阻碍了陕西经济社会的可持续发展，也对公众环境权益造成了一定损害。而且，随着人

---

① 参见《关于深化环境监测改革提高环境监测数据质量的意见》，第3部分第8项。

民美好生活需要日益广泛以及公众权利意识和参与意识的不断提高，要求治理污染、保护生态、给子孙后代留下美好家园已经成为人民群众的重要诉求，这客观上也迫切需要筑起一道司法"防护林"，通过加强和有效发挥审判职能为推动陕西区域绿色发展、守护青山绿水、维护公众环境权益作出积极贡献。

那么，如何紧密结合陕西区域经济社会发展实际和省域生态文明建设的要求，主动依托司法审判工作，坚持问题和目标导向，积极开展环境司法专门化建设，是陕西司法改革必须面对的一项重要课题。

（一）生态文明建设实践的时代自觉：陕西环境司法专门化破局而立

1. 环保法庭设立的法治背景及原因

《中国生态文明建设发展报告（2014）》根据31个省域生态文明的建设水平和发展速度，将省域生态文明建设发展分为了5种类型，即领跑型省份、追赶型省份、前滞型省份、后滞型省份和中间型省份。① 其中领跑型省份的生态文明建设水平相对较好，发展相对较快；追赶型省份的生态文明建设水平相对较弱，但进步相对较快；前滞型省份的生态文明建设水平相对较好，但进步不太显著；后滞型省份的生态文明建设水平相对较低，发展相对缓慢；中间型省份的生态文明建设情况排在全国中间水平，或者生态文明建设水平，或者发展速度，或者建设水平和发展速度，接近相应的全国平均值。

根据上述报告，陕西省属于生态文明的建设水平相对靠后，为全国中游水平的12个中间型省份之一。从工农业生产对环境产生的总体影响上看，陕西的环境容量在减少，环境承载负荷在加重，在环境保护和改善上还应该大力投入。② 尽管陕西经过十多年的生态治理，尤其是近年来持之以恒开展生态文明建设，全力呵护三秦绿水青山，环境问题得到了巨大改善，实现了由生态弱省向生态大省的历史性转变，绿色陕西、生态陕西的目标正逐步变为现实，但一些问题尚未完全解决，依然面临着治理环境污染、发展节能减排低碳产业、转变经济发展方式、实现科学发展的艰巨任务。这表明，陕西省域生态文明建设在如何探索符合当地特色的生态文明发展之路以便尽快达到全面协调发展的状态，如何在更高起点上建设生态

---

① 参见严耕《中国生态文明建设发展报告（2014）》，北京大学出版社2015年版，第37页。
② 同上书，第58页。

文明以及在生态文明引领下建设美丽陕西,仍面临诸多挑战。

为适应省域生态文明建设的要求,陕西生态文明法治建设不断加速,先后出台多部地方性法规,为推进污染防治、保护生态环境、促进美丽陕西建设、持续改善区域环境质量,提供了强有力的法律支撑和制度保障。例如,2013年1月1日起施行的《陕西省渭河流域管理条例》,在渭河流域总量控制、排污权有偿使用、水污染补偿等方面作出了明确规定,对保护水资源、改善水生态环境起到了重要作用。2014年1月1日起施行的《陕西省大气污染防治条例》[①]是国务院印发《大气污染防治行动计划》后全国首部地方性大气污染防治法规,条例有很多创新亮点,引入了大气污染物排放许可证、燃煤总量控制、环境公益诉讼、环境污染责任保险等一批新制度。

2014年10月1日起施行的《陕西省放射性污染防治条例》是全省第一部有关放射性污染防治的地方性法规,在管理体制、监管措施和手段等方面有较大创新和突破。2016年4月1日起施行的《陕西省固体废物污染防治条例》,对提升陕西固体废物的管理水平、减轻固体废物对环境的污染起到了积极的推动作用。2017年3月1日起施行的《陕西省秦岭生态环境保护条例》,在保护秦岭生态环境、维护水源涵养、水土保持功能、保护生物多样性、推进生态文明建设等方面发挥了积极作用。

环境执法是环境保护工作的重要组成部分,加强环境执法是有效保护环境的重要手段。党的十八大报告首次把"美丽中国"作为生态文明建设的宏伟目标,政府工作报告再次强调要顺应人民群众对美好生活环境的新期待,大力加强生态文明建设和环境保护。这就势必要严格环境执法,强化环境监督,确保生态安全。为此,全省各级环保部门必须统一思想、深化认识、履职尽责、强化措施、严格执法,充分发挥环境执法在促进陕西生态文明建设和构建幸福美好新陕西中的保障与服务作用。

目前,陕西不仅环境形势依然严峻,在环保工作中对环境执法工作的重要性认识不足、重视不够,以及执法不严、监管粗放等问题还程度不同地存在,严重影响了陕西环保事业的健康发展。要改变这一现状,陕西环保就势必要立足省情区情,牢固树立"生态立省、环境优先"的发展理念,不断研究新情况适应新发展。特别是要提高认识深刻领会:在新形势

---

① 2017年7月27日《陕西省大气污染防治条例》修正案审议通过。

下进一步加强环保执法工作是环保部门依法行政履行职责的本质体现；是改变粗放型监管方式提高监管效能的重要手段；是控制污染改善环境切实维护公众环境权益的有效途径；是全面落实美丽陕西建设实现陕西环保历史性转变的迫切需要等一系列要求，不断提高执法水平和效能，为陕西生态文明建设服务。

为此，环保部门在执法实践中首先要转变执法理念坚持以人为本。建设生态陕西是人民群众的共同愿望，必须坚持"以人为本"的原则，把保障和改善民生作为执法工作的出发点和落脚点，成为推动环保工作、实现环保目标的重要举措和维护群众环境权益、推进和谐社会建设的重要力量。

其次要创新执法模式，注重构建环保大格局营造齐抓共管新合力。环保部门在强化执法职能的同时，在工作体制、机制和方法等方面要积极探索多元参与的新型环保监管机制，充分发挥公众的外部监督、企业的内部监督作用，形成相互制衡的"三元"环境执法监督体系，以适应新时期环保工作的需要，有效促进陕西生态文明建设。

同时还要注重在提升执法效能上下功夫。强化执法效能要转变执法观念，做到从事后补救式被动执法向事前预防式主动执法转变；要多举措并举加强政府相关部门之间的协同建立环境执法联动长效机制，变单一执法为多部门参与的联合执法；要更新执法理念拓展环境执法的服务功能，善于在执法过程中解决企业之困，做到执法为民。

生态文明建设离不开强大的司法能量。实践已经有力证明了环境资源审判作为国家环境治理体系中的重要一环，在打击环境犯罪、救济环境权益、终结矛盾纠纷等方面发挥着不可替代的重要作用。因此，陕西法院在省域生态文明建设中不仅不能缺位，而且必须要因地制宜、紧密结合区域的资源禀赋，积极开展环境司法专门化建设，通过不断加强环境资源审判职能，为区域生态文明建设提供有力司法保障。

自 2014 年 10 月 16 日，陕西省被确定为首批依托铁路法院开展集中受理行政案件和环境资源案件的试点后，陕西省高院高度重视并成立了工作领导小组，专门负责试点准备工作的组织实施。在深入调研、广泛论证的基础上，形成了利用铁路运输法院开展跨行政区划集中管辖行政案件和环境资源案件改革试点工作方案，并已经由最高人民法院正式批准。

2015 年 5 月，在 2014 年《环境保护法》实施后的首个环境日到来之际,陕西省高级人民法院下发了《关于新形势下进一步加强环境资源审判工作的通知》,从深刻认识加强环境资源审判工作的重大意义、充分发挥环境资源审判职能作用、牢固树立环境司法理念、不断优化环境资源审判机构和队伍素质等方面,对陕西省法院环境资源审判工作提出了目标任务和要求。

在推进环境资源审判机构建立方面,通知要求各级人民法院应根据环境资源审判业务量,合理设立环境资源审判机构。案件数量不足的地方,可以设立环境资源合议庭。个别案件较多的基层人民法院经省法院批准,也可以考虑设立环境资源审判机构。目前,陕西在全省设立环境资源审判专业合议庭29个,其中省人民法院4个专业化合议庭,中级人民法院10个合议庭,基层人民法院15个合议庭,从事环境资源审判工作的法官87名,均具有大学本科以上学历,其中研究生以上学历13名。[①]

在加强环境资源审判方面,通知强调各级人民法院要充分发挥环境资源审判职能作用,加大对涉及环境资源保护刑事案件的审判力度,依法严惩污染环境、破坏资源犯罪。畅通司法救济渠道,切实落实立案登记制度,依法及时受理环境资源保护民事案件。充分发挥保全和先予执行措施的预防和减损作用。对于涉及矿业权、林权及其他自然资源权属的股权转让、承包、联营、出租、抵押等案件,要将保护生态环境和自然资源作为裁判的重要因素予以综合考量。要依法受理环境资源行政案件,充分保护当事人诉权。案件审理既要从程序上审查行政机关的执法程序是否合法,也要从实体上审查行政许可、行政处罚等行为是否符合法定标准,特别要加强对行政机关不履行查处违反环境资源法律法规行为职责案件的审理,督促行政机关依法履职。[②]

2. 环保法庭环境司法体制机制的实践探索

2016年1月15日,按照陕西高院出台的相关规定,陕西率先在西安铁路运输两级法院实行跨行政区划集中管辖环境资源案件,协调省编办从全省选调优秀人员,在西安铁路运输中级人民法院和西安铁路运输法院、安康铁路运输法院两个基层法院设立了三个环境资源审判庭,采取"三

---

① 参见李晓锋《陕西省高级人民法院推进环境资源审判专门化工作的调研报告》,http://sxfy.chinacourt.gov.cn/article/detail/2016/12/id/2495313.shtml。

② 参见程晓杰、李晓锋《我省法院将建立环境资源专门审判机构》,《陕西日报》2015年6月5日第2版。

审合一"模式审理西安市和安康市辖区内的环境资源类刑事、民事和行政案件,并确定由西安铁路运输中级法院集中管辖西安市、安康市辖区内环境公益诉讼案件。

环境资源审判庭的成立,是法院审判体制机制上的改革创新,是主动回应社会司法需求的具体表现。针对日益严峻的生态环境问题,专业的环境资源审判机构和审判人员,全新的"绿色"审判理念,为打造天蓝、地绿、水净的陕西提供了有力司法保障,为守护三秦大地的青山绿水筑起了一道司法"防护林"。截至 2017 年 7 月底,西铁两级法院共受理各类环境资源案件 638 件。其中,环境资源行政案件 605 件,环境资源民事案件 12 件,环境公益诉讼案件 21 件。①

实践证明,西安铁路运输两级法院将维护"绿色发展"的现代环境司法理念作为环境资源审判的行动指南,采取刑事、民事、行政"三合一"归口审理模式集中审理涉及环境资源的案件,实现裁判尺度的标准化与统一化;推动专家证人出庭制度的建立,探索构建司法与环保土地管理等部门的联动机制;在审判实践中突破地域管辖限制,大胆排除地方干预有效发挥审判职能,为推动绿色发展守护青山绿水作出了积极贡献。

2017 年 7 月 31 日,为了积极应对环境资源类案件增长态势,有效提升环境资源案件审判工作专业化水平,切实保护生态环境,经陕西省编办批准,陕西高院成立环境资源审判庭,全面管理和指导全省环境资源案件。环境资源审判庭职能范围包括:审理第一、二审涉及环境污染侵权纠纷民事案件,涉及地质矿产资源保护开发的权属争议纠纷民事案件,涉及自然资源环境保护、开发、利用等民事纠纷案件;审理涉及资源类、环境类的一、二审刑事案件和行政案件;对不服下级法院生效裁判的涉及自然资源、环境资源的民事、刑事、行政案件进行审查,依法提审或裁定指令下级法院再审;对下级法院环资审判工作进行指导。

据统计,2016 年以来,全省各级法院共受理环境资源案件 3514 件,审结 3435 件。其中,2016 年至 2018 年第三季度,陕西法院共受理各类环境污染刑事案件 1072 件。受理涉及环境公益诉讼案件 95 件。② 通过环

---

① 参见《西铁两级法院:为青山绿水筑起司法"防护林"》,《陕西日报》2017 年 9 月 11 日第 13 版。

② 参见《陕西各级法院受理环境公益诉讼 95 件》,《三秦都市报》2018 年 12 月 3 日 A02 版。

境资源案件的审理，有力打击了环境违法行为，保护了公共利益，强化了环境执法监管，增强了公民的环保意识，引起社会广泛关注。

2019年3月22日，西安市鄠邑区法院生态环境巡回法庭揭牌成立，标志着鄠邑区法院生态环境巡回法庭正式启用，同时也是鄠邑区人民法院充分发挥审判职能推进生态文明建设的又一创新举措。生态环境巡回法庭的成立，有利于更好地实现行政执法与司法的衔接互动，提升生态环境案件审判质效，促进生态环境保护的法治化水平，为有力推进该区治污减霾和秦岭生态环境保护以及农村人居环境提升等重点工作，努力实现美丽鄠邑建设提供强有力的司法服务和保障。

为了发挥人民法院在秦岭北麓生态环境保护中的作用，西安市长安区人民法院于2019年10月24日挂牌成立了"秦岭北麓生态环境保护巡回法庭"。秦岭北麓生态环境保护巡回法庭设在陕西省西安市长安区境内的子午峪保护站，是长安区人民法院主动服务保障秦岭生态环境保护示范区而设立的专门巡回法庭。巡回法庭成立后，将致力于对涉及秦岭北麓保护区内的简易矛盾纠纷开展诉前调解，并依法审理涉及生态环境和资源保护的相关案件。同时，通过以案说法、开展志愿服务等形式，宣传《环境保护法》《野生动物保护法》以及陕西省和西安市秦岭生态环境保护条例等相关法律法规，实现法院审判工作与秦岭生态环境保护的有效衔接，为依法保护秦岭北麓生态环境提供有力司法保障。

在加强环境保护司法审判与行政执法的有效衔接方面，2017年2月陕西省环保厅与陕西省高院联合印发了《关于建立环境保护司法审判与行政执法联动工作机制的意见》。该意见对于加强环境保护司法审判与行政执法联动，形成各司其职、协调配合、联动互动的环境保护新机制具有重要指导意义。根据意见，该联动工作机制主要包括：

一是建立沟通会商机制。通过定期召开联席会议的方式，及时沟通解决有关问题，协调处理相关事项。二是建立信息共享机制。通过定期通报和交流信息的方式，积极开展信息共享、及时了解情况、掌握动态，增强双方工作的主动性、针对性、实效性。三是建立工作交流机制。通过互相加强工作研讨交流，共同建立工作指导制度，开展司法建议活动。四是建立工作衔接机制。通过相互配合，加强行政执法与刑事审判、民事审判、行政审判、司法执行的衔接。

为了更好地实现立足检察职能、发挥管辖优势、进一步推动完善跨行政区划管辖改革工作机制，不断提升西安、安康两市破坏环境资源保护罪案件办理质效，2019年5月13日，陕西省人民检察院印发《关于西安安康两市破坏环境资源保护罪案件批捕起诉工作由两级铁路运输检察院统一办理的通知》，明确规定西安、安康两市破坏环境资源保护罪案件由铁检机关统一行使批捕、起诉、退回补充侦查、立案监督等职能，实现了此类案件审查批捕和起诉职能的统一。

自2017年10月按照陕西省人民检察院指定集中管辖西安、安康两市环境资源类刑事案件审查起诉以来，陕西铁检机关两级三院充分发挥检察职能，深入践行"绿水青山就是金山银山"的发展理念和恢复性司法理念，一方面依法严厉打击破坏环境资源犯罪，另一方面积极探索专业化法律监督+恢复性司法+社会综合治理"三位一体"司法办案模式，联合法院通过责令被告人采取增殖放流、补植复绿、原地回填等方式进行生态修复，积极推动实现司法办案生态效益，提升办案实效。

截至2019年5月，共受理环境资源类审查起诉刑事案件156件250人，已审结案件有罪判决率100%，无撤回起诉案件。其中，生态修复案件54件95人，包括非法捕捞水产品、非法狩猎、非法盗伐林木、非法采矿类案件等，占案件总数的35%。同时，充分发挥铁检机关跨行政区划管辖监督优势，对西安、安康及其下辖23个区县公安机关及与环资案件办理密切相关的行政机关办案执法行为加强监督，促进公正执法。2019年5月，已办理环境资源类案件中追诉漏犯6件6人，书面纠正侦查活动违法8件次，依法发出检察建议7件次、检察意见4件次，均得到有效回复和落实，最大限度实现了执法办案监督的双赢多赢共赢。[①]

值得一提的是，2019年6月5日，陕西省还开创了西北五省首次建立生态环境司法保护基地的先河，率先建立了两个生态环境司法保护基地，标志着陕西法院环境资源多元纠纷解决机制的进一步完善。据悉在第48个"世界环境日"当日，西安铁路运输中级法院联合陕西省人民检察院西安铁路运输检察分院、陕西省楼观台国有生态实验林场，在林场现场举行了"秦岭生态环境司法保护基地"揭牌仪式。同日，安康铁路运输法院联合安康铁路运输检察院、安康市林业局和安康机场建设协调办公室

---

① 参见《陕西省人民检察院明确西安安康两市破坏环境资源保护罪案件批捕起诉由陕西铁检机关统一办理》，《陕西检察》2019年5月20日。

共建的安康生态环境司法保护基地在安康新机场揭牌。

建立生态环境司法保护基地，是陕西法院贯彻绿色发展理念和保护优先原则的重要司法举措。这意味着，今后法院、检察院在办理环境资源刑事、民事和公益诉讼案件时，将以生态环境司法保护基地为平台，用破坏环境资源刑事案件的犯罪嫌疑人、被告人自愿缴纳的生态修复资金，以及环境民事公益诉讼案件、生态环境损害赔偿诉讼案件中被告赔偿的生态修复资金，在基地内进行专业化"补植复绿"等替代性修复受损的生态环境，恢复原有的生态服务功能，达到"异地补植、恢复生态、总体平衡"的效果。对于盗伐滥伐林木、非法采矿、非法猎捕买卖珍贵濒危野生动物、非法捕捞水产品等各类破坏环境资源后无法恢复原地生态环境和资源不可再生的案件，法院将通过积极引导当事人采取异地补植树木、增殖放流的方式进行替代性修复，实现环境资源审判法律效果和生态效果的统一。①

（二）生态环境司法保护的审判实践：典型案例分析

【案例1】生态检察"守土有责"一案多赢：陕西弘宇科工贸有限责任公司土壤污染责任纠纷案

【基本案情】 本案系陕西省首例由检察机关提起的环境民事公益诉讼案件。

2013年3月至2014年4月，弘宇科工贸有限责任公司总经理郑某、法定代表人刘某为提高盐酸销量，在不具备化工危险废物处置资质的情况下，承诺帮助购买盐酸的企业处置生产后的废酸。因通过正规途径处置废酸费用较高，郑某遂指使员工将废酸倾倒在东祝村闲置土地上，造成土壤酸污染。经山西省环境污染损害司法鉴定中心鉴定，被污染土壤面积约600平方米，最大深度90厘米，生态环境总损失为271200—811200元。

2016年4月8日，西安市雁塔区人民法院判决被告弘宇科工贸有限责任公司犯污染环境罪，判处罚金10万元。涉案的其他被告人郑某、刘某等均被判处刑罚。

2017年8月23日，西安市人民检察院认为被告弘宇科工贸有限责任公司未修复生态环境，公共利益受损，向西安铁路运输中级法院提起民事公益诉讼，请求判令弘宇科工贸有限责任公司限期修复因其违法倾倒废酸

---

① 参见《陕西首次建立生态环境司法保护基地》，《陕西日报》2019年6月6日第10版。

污染的土壤。如不能修复土壤，则判令弘宇科工贸有限责任公司在27万—81万元范围内承担土壤修复费用。

经西安铁路运输中级法院主持调解，被告陕西弘宇科工贸有限责任公司愿意承担35万元用于本案生态环境修复。

【典型意义】首先，以办案促"生态修复"是本案的一个亮点。环境公益诉讼是利用司法手段有效保护生态环境的重要制度形式。因此，开展公益诉讼必须要突出"公益"这个核心。本案系检察机关提起的环境民事公益诉讼，无疑本案的审理要始终以"公益"为中心，牢记"公益"是检察机关提起公益诉讼制度设计的出发点、制度运行的落脚点这一宗旨。本案中，西安铁路运输中级法院在审判及执行方式上进行了有益的探索，通过调解结案最终由被告弘宇科工贸有限责任公司实际支付35万元用于修复被破坏的生态环境，实现了以本案的审理促进社会公平和维护环境公共利益的诉讼目的。

其次，环境公益诉讼对社会公众参与环境保护具有促进作用，这已为国内外环境保护实践所证明。本案在受理后，依法将案件的受理情况向社会公众告知，充分考虑了公益诉讼的公众性，在一定程度上满足了公众参与环境保护的要求，有利于形成"政府主导、公众参与、司法保障"的环境保护多元共治新格局。同时，通过加大司法公开，切实维护公众的知情权、参与权和监督权，也可以增强或有效提升环境资源审判的社会公信力。

最后，本案在审理过程中，法院组织双方当事人对污染现场地块进行了查看，确定了受污染范围，并就土壤修复存在的技术问题向山西省环境污染损害司法鉴定中心的专家进行咨询及鉴定，为案件的顺利调解奠定了专业基础。经过多次调解，结合鉴定结论及专家意见，综合考虑被告的赔偿能力等因素，最终促成双方达成了调解协议。调解协议公告后，弘宇科工贸有限责任公司支付了生态环境修复资金，由西安市环境保护局高新分局制定生态环境修复方案，使用生态环境赔偿款修复涉案生态环境，做到了案结事了，实现了法律效果、社会效果以及生态效果的统一，值得肯定。

【案例2】为公共利益"官告官"：周至县检察院诉周至国土资源局案

【基本案情】该案系周至县国土局因查处土地违法行为不到位，导致农田破坏而被判违法的西安首例行政公益诉讼案件。

2014年4月，周至县渭中村几户村民未经批准，在其责任田内私自采挖砂石，造成大量农田被毁。同年8月26日，周至县国土资源局对复垦义务人李某作出土地行政处罚决定，责令限期进行土地复垦11亩，恢复土地原状，并罚款102662元。但被处罚人未缴纳罚款，也未复垦和恢复土地原貌，周至县国土局未采取进一步措施。

2015年8月，渭中村另一村民继续深挖沙石造成耕地二次破坏。周至县国土局虽然责令其停止违法行为，但未依法对违法行为人作出处罚。2016年5月16日，周至县人民检察院向国土局发出检察建议，建议其认真履行监督管理职责，采取有效措施，及时恢复土地原貌，切实保护好土地资源。在一个月整改期限届满后，国土局仍未依法正确履行职责，涉案24.63亩土地依然没有恢复种植条件，国家和社会公共利益处于受侵害状态。

2016年11月18日，为保护农田资源，维护国家和社会公共利益，周至县人民检察院就该案向西安铁路运输法院提起了行政公益诉讼，请求法院确认周至县国土资源局未依法履行保护渭中村24.63亩基本农田的监管职责的行为违法，请求判令周至县国土资源局依法全面履行保护上述基本农田的监管职责，切实保护土地资源。

2017年4月27日法院公开审理了此案。法院审理认为：被告周至县国土资源局应当对非法占用的24.63亩土地进行挖沙采石的违法行为依法进行查处。但被告在立案调查后仅对其中被破坏的11亩土地违法行为作出了行政处罚决定，对其余13.63亩土地的违法行为未予及时查处。同时在对违法行为人李某作出的行政处罚决定生效后，国土资源局因该案涉及土地犯罪将案件移送公安机关，但未督促李某进行土地复垦，致使基本农田遭受破坏的状态长期存在。故应予确认该局未及时履行查处土地违法行为及在作出土地行政处罚决定后，未履行后续的监督管理法定职责的行为违法。

为此法院作出判决：确认被告周至县国土资源局未依法及时查处13.63亩土地违法行为，及其在作出土地行政处罚决定后未履行后续监督管理法定职责的行为违法，责令周至县国土资源局应当依法继续履行查处该13.63亩土地违法行为，及继续依法履行收缴对李某罚款的法定职责。

【典型意义及学理分析】本案是一起典型的因土资源管理部门怠于履行法定监督管理职责，存在严重管理"缺位"而导致基本农田受损致使国家和社会公共利益损害的案件。我国《土地管理法》第3条规定：

十分珍惜、合理利用土地和切实保护耕地是我国的基本国策。各级人民政府应当采取措施，全面规划，严格管理，保护、开发土地资源，制止非法占用土地的行为；第 4 条规定：使用土地的单位和个人必须严格按照土地利用总体规划确定的用途使用土地；第 36 条规定：禁止占用耕地建窑、建坟或者擅自在耕地上建房、挖砂、采石、采矿、取土等。

  本案中，周至县渭中村几户村民未经批准擅自在基本农田内采石挖沙，造成基本农田丧失耕种条件，违反了《土地管理法》关于土地用途管制制度和耕地保护制度的相关规定，理应受到行政处罚并对其破坏的耕地资源按要求进行及时复垦、恢复耕种条件。周至县国土资源局作为县级人民政府的土地行政主管部门，对本行政区域内土地负有监督管理职责，应当依法通过对本行政区内土地管理法律、法规的执行情况进行监督检查，并对违法者实施法律制裁，这是实现土地管理法制化的重要途径，也是保证土地用途管制实施和提高公民与单位法律意识的有效手段。

  从理论上看，环境监督管理承担着社会公共利益守护的重要责任，肩负着对人类赖以生存的环境的保护重任。然而，本案中周至县国土资源局针对违法破坏土地资源的行为，却明显存在未能依法及时查处，以及对土地违法行为作出处罚决定后存在执法不到位，且未能依法全面履行监管职责的行政违法行为。尤其是在公益诉讼起诉人周至县人民检察院发出检察建议①，要求其认真履行监督管理职责，采取有效措施，及时恢复土地原貌，切实保护好土地资源的履职期限届满后，周至县国土资源局仍未积极正确地依法履行职责，致使土地资源因未能得到切实保护而遭受破坏的状态长期存在。在这种情况下，周至县人民检察院依法以行政公益诉讼的监督方式，请求判令周至县国土资源局依法全面履行保护基本农田的监管职责，切实保护土地资源，无疑对于有力促进政府主管部门在环境行政执法中实现从"被动担责"转变为"主动负责"、由"被动而为"转变为

---

  ① 诉前检察建议程序是集检察外部监督与行政自我纠错于一体的制度，它旨在寻求以非对抗性而又能够将法治精神注入行政体系中的环境治理方式，实现督促行政机关自觉依法行政规范行政之目的。而以柔性示人的检察建议，正好弥补了公益诉讼刚性判决方式的不足。实践证明，通过诉前程序形成的压力既有利于督促行政机关通过自救主动纠正行政违法行为，从而进一步撬动其维护环境公共利益的主动性，同时也有利于充分节约司法成本，起到对诉讼案件有效分流的效果。实践中，检察机关应当避免检察建议"一发了之"的做法，应多注意检察建议的说理论证，多与行政机关交流磋商，共同提出解决问题的办法，争取让检察建议取得满意效果才是问题的关键。

"主动作为",进而积极开展环境保护工作具有重要意义。

从实践上看,环境资源监督管理的渎职失职,从来都是环境污染和资源破坏的伴生品。在许多环境污染和资源破坏事件的背后,人们往往习惯于谴责违法企业缺乏社会责任、没有道德底线不顾环境成本地追逐利益,而对监管部门的渎职失职却认识不足、重视不够。尽管并不是每一个环境资源案件背后都存在渎职失职问题,但从根本上说,政府在环境保护方面不作为、违法行政以及决策失误才是造成环境顽疾久治不愈的主要根源。更有甚者,一些地方政府在单纯追求经济利益的错误政绩观的指导下,使地方保护主义大行其道,成为环境违法行为的保护伞和挡箭牌。许多地方环境污染和资源破坏问题之所以长期得不到解决,看似责任在企业,实则根源在政府。① 显然,政府不履行环境责任以及履行环境责任不到位,环境监督管理部门不能依法履职尽责或者在实践中难以做到"真执法",已成为制约我国环境保护事业发展的严重障碍。因此,做好政府环境管理才是解决我国环境问题的关键。而要做好这一点,通过强化政府的环境责任无疑具有重要的现实意义,这也是被国外发达国家在环境治理过程中所反复证明了的成功经验。

实践证明,通过行政公益诉讼的方式督促行政机关依法履行监管职责,是制止环境污染和生态破坏行为,保护生态环境的有效法治手段。本案中,西安铁路运输法院通过对案件的审理,依法支持了公益诉讼起诉人的诉讼请求,最终确认被告周至县国土资源局未依法及时查处土地违法行为及其在作出土地行政处罚决定后,未履行后续监督管理法定职责的行为违法,并责令周至县国土资源局依法继续履行查处土地违法行为及继续依法履行收缴罚款的法定职责,有力彰显了司法为生态文明建设保驾护航的权威性。②

---

① 参见李永宁、李集合、韩利琳《环境资源法学》,中国政法大学出版社2016年版,第77—78页。
② 环境行政公益诉讼制度是对行政执法不足的补充,其本质是通过检察监督方式的诉讼转型推进行政机关依法履职尽责,形成公益保护合力,从而加强生态环境保护的重要制度安排。由于行政执法在环境保护中始终是第一位的,因此开展行政公益诉讼必须要树立"寓支持于监督之中"的诉讼理念,形成检察与行政之间共商、共治的环境公益保护合作互助关系,共同推动侵害公益问题得到及时有效解决。同时,也要处理好检察谦抑与诉讼必要之间的关系,既要确保公益诉讼的制度刚性又要注重并善于发挥诉前检察建议的"纠错"功能,尽力把问题解决在诉前阶段,形成严格执法与公正司法的良性互动。这是检察权谦抑性的要求,也是对行政权的应有尊重。

我们认为，该案的成功审理及其产生的示范效应，必将促使更多环境保护机关认真依法履行职责、规范行政执法活动，从而更好地肩负起保护国家和社会公共利益的使命，也必将会引导广大社会公众更加重视和积极参与环境保护，共同推进生态陕西、大美陕西建设。同时，该案的审理对于陕西法院如何进一步加强环境资源审判，尤其是如何把环境行政公益诉讼作为强化环境司法保护的突破口，不断加大环境公共利益司法保护力度，具有一定的借鉴作用和启示意义。

【案例3】小电镀作坊主违法排污污染环境承担刑事民事双重责任案

【基本案情】本案既是一起对小作坊生产经营者因严重污染环境被依法予以刑事惩处的典型案例，也是陕西省首例一并判处责任人承担民事赔偿责任的刑事附带民事公益诉讼案件。

2016年11月，被告人范某、王某租赁西安市莲湖区团结西路贺家村一民房共同经营电镀作坊，在未配置任何污水处理设施且未取得排污许可证的情况下，直接将酸洗、电镀废水排入自建管道，后汇入西安市政排水管网，部分废水溢出水槽，对周围土壤造成污染。

2017年7月4日，西安市环保局莲湖分局对该作坊予以查封并对排污口废水进行取样。经检测，范某、王某生产作坊所排废水中所含的锌超标109倍，总铬超标17.9倍，六价铬超标68.5倍。

2018年4月13日，西安铁路运输检察院向西安铁路运输法院提起刑事附带民事公益诉讼。西安铁路运输法院经审理认为：被告人在进行电镀加工生产过程中，向下水道排放的废水中污染物的含量严重超标，造成了环境污染、后果严重，已构成污染环境罪。据此，分别判处被告有期徒刑一年六个月，缓刑两年，并处罚金人民币10000元。

在刑事附带民事公益诉讼部分，由于被告向下水道排放含有污染物的废水，造成周围的土壤被污染，对被污染土壤修复处置的费用依法应予赔偿。二被告生产过程中遗留的电镀废液和电镀槽属于液态废物和固体废物，对上述危险废物的处置费用亦应由二被告依法承担。据此，法院判决被告范某、王某赔偿西安市环境保护局莲湖分局代为处置现场遗留危险废物费用人民币30760元，赔偿土壤环境污染修复费用人民币45000元。

【典型意义】环境公益诉讼是司法保护环境的重要内容。2018年3月2日，最高人民法院和最高人民检察院联合发布了《关于检察公益诉讼案件适用法律若干问题的解释》。作为检察机关提起公益诉讼制度的重要组成部分，该解释不仅对涉及检察民事公益诉讼案件审理的相关问题作了细化，同时还增加了"刑事附带民事公益诉讼"这一新的公益诉讼案件类型。

如该解释明确规定，生态环境和资源保护、食品药品安全领域的刑事案件中，需要追究被告人侵害社会公共利益的民事责任的，检察机关可以一并提起附带民事公益诉讼，由人民法院同一审判组织审理。该制度的正式确立意味着，在今后的检察诉讼实践中刑事附带民事公益诉讼开始正式步入前台，成为检察机关发挥司法监督职能、襄助社会公益司法保护、促进生态文明建设的新渠道。

本案就是陕西检察机关依据"刑事附带民事公益诉讼"制度提起的，陕西省首例通过刑罚手段依法惩处小作坊生产经营者严重污染环境犯罪行为的同时，又通过附带民事公益诉讼程序依法判决环境侵权责任人承担生态环境修复民事责任的典型案例。案件的审理充分发挥了刑事制裁与民事赔偿协同审判的制度合力在惩治犯罪与救济生态损害方面的互补功能，是陕西检察机关在惩治环境犯罪、保护生态环境方面贡献检察力量的有益探索，对于同类案件的处理具有一定示范作用。

长期以来，一些小工厂、小作坊由于投入有限、生产条件简陋，一般都不会按要求建设环保设施，难以做到达标排放的问题较为普遍。加之，出于降低生产成本、追逐更多利益的动机，导致生产经营过程中想方设法非法排放废水、废气、废渣、严重污染和破坏生态环境的问题比较突出。在本案中，为了有效保护生态环境，陕西检察机关并没有止步于提起刑事公诉，而是积极转变观念，在注重追究涉案人员环境犯罪刑事责任的同时，还以公益诉讼起诉人的身份通过利用民事公益诉讼追究行为人的民事赔偿责任，较好地实现了惩治犯罪与维护环境公益的诉讼目的。

本案的成功审理，表明了陕西检察机关在落实新时代生态文明发展理念的背景下，充分发挥检察职能、严惩污染犯罪、保护生态环境、建设绿色美好新陕西的决心。我们相信，通过此案让被告承担相应的刑事责任和经济赔偿，不仅可以提高违法行为成本，有力震慑环境犯罪行为，同时也可以教育广大群众增强环保意识，共同守护好陕西生态环境。

【案例4】陕西省生态环境损害赔偿第一案：宝鸡柴油泄漏污染清姜河案

【基本案情】 2018年4月17日，宝鸡市渭滨区政府接到水务公司报告，称清姜片区供水管道自来水受到污染。经调查，污染源位于银铜峡小石沟工地。4月16日晚，驾驶员周某给该工地工程自卸车加油，油箱容积约220升。4月17日上午8时，驾驶员发现在清姜河城市饮用水源地二级保护区内的该辆工程车发生漏油，泄漏柴油总量约180升，泄漏的柴油排入银洞峡河，流入清姜河到达嘉清水源地，对饮用水造成严重影响。

事故发生后，宝鸡市生态环境保护部门及时进行应急处置，对受污染河水进行拦截吸附，对被污染的土壤进行清理。同时对柴油泄漏的河段进行取样监测，为后续开展相应的生态环境损害赔偿工作做好必要准备。

该案从宝鸡市生态环境局作为赔偿权利人进行主体资格申请、到陕西省环境科学院参与清姜河污染河段的生态环境损害调查以及后续开展鉴定评估工作，再到2018年7月环境损害鉴定评估报告书完成，直至宝鸡市生态环境局积极与有责企业开展赔偿磋商等历时一年有余。

2019年3月，双方签订赔偿协议约定，涉事企业总共赔偿包括应急处置费、生态环境损害价值费等共计82.4万余元。目前，随着82万余元的生态环境赔偿费用上缴国库，标志着由宝鸡市生态环境局作为索赔权人，以磋商赔偿结案的陕西省第一起生态环境损害赔偿案在宝鸡顺利完成。

【典型意义】该案是宝鸡市探索的陕西省首例生态环境损害赔偿案例，必将会为陕西更多地方开展生态环境损害赔偿工作提供有益借鉴。① 该案的处理意味着，今后企业污染和破坏生态环境在构成环境犯罪后，除相关责任人要受到刑事制裁、企业需要缴纳一定罚金外，政府作为索赔权利人还可以针对造成生态环境损害的责任者要求其承担严格的赔偿责任。

过去，企业或者排污单位对生态环境造成损害，由于政府作为索赔权利人缺乏立法上的支持，导致政府因"主体缺位"而索赔不能。加之，在生态环境损害赔偿方面存在技术支撑薄弱、社会化资金分担机制尚未建立等诸多问题，使得环境致害者的违法成本极低，生态环境损害得不到足

---

① 据悉，2019年5月27日，由于3名犯罪嫌疑人非法将钻井废液排入北洛河，导致北洛河延安富县段水体污染。事发后，延安市生态环境局依法对此次水污染事件中涉事企业立案查处，同时按程序将犯罪嫌疑人移送公安机关，并委托陕西省环科院环境司法损害鉴定中心开展生态环境损害评估和司法鉴定。8月20日，延安市生态环境局组织召开"5·27"北洛河延安富县段水污染生态环境损害赔偿磋商会，与涉事企业中石化华北延能项目部签订了延安市首例生态环境损害赔偿协议。双方约定赔偿金额共计462.73万元，由赔偿义务人中石化华北延能项目部支付。截至2019年11月，全省共有6起赔偿案件，其中3起已经结案。陕西省的生态环境损害赔偿费用已累计达846万余元。

额赔偿以及无法及时有效修复的问题比较突出。

本案中，因施工单位工程车辆漏油致使清姜河城市饮用水源地发生水污染事件，宝鸡市生态环境局作为政府指定的部门机构在事发后，除了做好应急处置、积极清污外，还依法开展了生态环境损害磋商赔偿工作，对生态环境损害经过鉴定评估之后，及时向涉事企业提起索赔，要求责任者承担损害赔偿责任，有力维护了环境公共利益，保障了公共饮水安全。

我们认为，这一可供借鉴推广的经验做法，是将"环境有价、损害担责"落到实处，全面追究环境损害者刑事、行政、民事责任的有益尝试，实现了生态环境功能价值的"可诉性"，是陕西在生态环境损害索赔工作中迈出的极其关键性的一步，对今后陕西省开展环境赔偿工作具有重要的示范引导作用。

【法理分析及案件带来的思考】生态环境损害赔偿制度是生态文明制度体系的重要组成部分。为该制度所确立的由政府及其指定的行政机关作为环境公共利益索赔权人提起的损害索赔诉讼，是生态环境损害赔偿制度的突出亮点，具有鲜明的中国特色制度创新的意涵。2015年，中办、国办出台了《生态环境损害赔偿制度改革试点方案》，决定在吉林等7省市开展生态环境损害赔偿制度试点工作。为巩固试点成果、加快构建全国范围内的生态环境损害赔偿长效机制，根据2017年12月中办、国办印发的《生态环境损害赔偿制度改革方案》（以下简称《方案》）的规定，自2018年1月1日起将在全国试行生态环境损害赔偿制度。自此，我国生态环境损害赔偿制度开始步入全面推行的新阶段。[①]

从环境治理机制的角度上看，生态环境损害赔偿制度是以行政机关提起索赔诉讼的方式为主要途径和保障措施，并辅之以行政磋商机制来有效预防和充分救济生态环境损害以实现维护环境公共利益之目的的环境责任追究制度。该制度是一项在我国现有法律体系中尚未有明确规定的新制度，[②] 体现了环境资源的生态功能价值，突出了对遭到损害的生态环境本身进行治理修复的责任要求，对于落实新《环境保护法》"损害担责"要求，推动政府切实履行环境保护职责，强化企业社会责任，维护环境公平

[①] 据生态环境部透露，全国试行生态环境损害赔偿制度至今近两年的时间里，各地政府及其指定的部门或机构，已办理案件600多件，办结200多件，形成了一批有影响的典型案例。

[②] 《民法典》第1234条和第1235条分别规定了侵权人违反国家规定造成生态环境损害应承担的修复责任和赔偿责任，明确了国家规定的机关或者法律规定的组织的索赔权。

正义、保障公众环境权益、促进社会和谐稳定具有重要现实意义。

从推进环境司法保护环境的要求上看，生态环境损害赔偿责任追究制度无疑是开展环境公益诉讼等环境司法活动的基础性制度，而完善的生态环境损害鉴定评估技术体系则是保障生态环境损害赔偿制度落到实处的基础。因此，建立与之相配套的环境损害鉴定评估技术规范和工作机制，可以为司法机关审理环境损害案件提供必要的技术支持，有利于更好地发挥司法在环境保护中的作用。当然，也应当看到，目前我国试行的生态环境损害赔偿制度还面临不少理论争议和实践难题。① 还有很多问题需要理论研究加以澄清和通过完善立法加以破解和规范。针对这种情况，为正确审理生态环境损害赔偿案件，严格保护生态环境，依法追究损害生态环境责任者的赔偿责任，2019年6月5日最高人民法院还专门发布了《关于审理生态环境损害赔偿案件的若干规定（试行）》，以加强和规范生态环境损害赔偿制度的司法适用。

应当指出的是，为了充分发挥政府在环境监管及治理中的职能优势，《方案》明确了"磋商前置"②，即生态环境损害赔偿磋商是诉讼的前置条件。我们认为这样做的可行性在于，对生态环境损害由政府具体负责修复方案的实施和结果的验收，可以有效发挥政府在生态环境损害赔偿磋商、索赔及修复实施中的积极作用。相比较而言，法院作为司法机关则不具备行使环境监管的职能。因此，生态环境损害发生后，由政府负责对修复方案的制定、实施及验收，既凸显了政府在环境监管及治理中的职能优势，也是对政府环境监管职责优越性的应有尊重，有利于使受损的生态环境环境得到及时有效的修复、替代修复或补偿。

按照《方案》的要求，经调查发现生态环境损害需要修复或赔偿的，赔偿权利人根据生态环境损害鉴定评估报告，就损害的事实和程度、修复启动的时间和期限、赔偿责任的承担方式和期限等具体问题与赔偿义务人进行磋商，达成赔偿协议。磋商未达成一致的，赔偿权利人及其指定的部

---

① 例如，生态环境损害赔偿诉讼的理论基础和诉讼性质问题、政府在生态环境损害赔偿诉讼中的角色冲突和协调问题，以及政府作为索赔权利人提起生态环境损害赔偿之诉与社会组织作为适格原告提起环境民事公益诉讼的"两诉"顺位问题，等等。

② 我们认为，《方案》确立的"磋商赔偿制度"开创了环境公益救济的新途径，这意味着"民主协商"将会成为引领生态环境保护的新模式。

门或机构应当及时提起生态环境损害赔偿民事诉讼。① 本案正是依据此一规定，通过先行采取磋商赔偿的方式较好地实现了生态环境损害赔偿制度落地的实例。

我们认为，《方案》创设的磋商赔偿机制，开创了生态环境损害救济的新途径，丰富了环境管理的模式，既可以弥补强制性行政手段和诉讼解纷机制的短板，也有利于有效提升环境管理的绩效。之所以这样说是因为，损害赔偿磋商先行，可以通过及时启动与责任人的协商，在传统诉讼之外谋求更为有效、和谐的替代性纠纷解决方案，既节约了司法资源、减少了法院诉累，也可以避免损害发生后单一采取诉讼途径而产生的"费时耗力"问题，有利于促使责任人及时开展修复和赔偿，保护环境。

该案虽然已顺利结案，但同时也带给我们诸多启示或需要进一步思考的问题：

其一，关于索赔权人主体资格认定问题。按照《方案》规定，省级、市地级政府是本行政区域生态环境损害赔偿权利人。省级、市地级政府可指定相关部门或机构负责生态环境损害赔偿的具体工作。各省、市党委和政府要加强对生态环境损害赔偿制度改革的统一领导，及时制定本地区的实施方案，确保各项措施落到实处。"省级、市地级政府指定的部门或机构，要明确有关人员专门负责生态环境损害赔偿工作。"然而，在探索陕西省首例生态环境损害赔偿案例时，宝鸡市生态环境部门却是追着政府才争取到的赔偿权利人的授权的。而且一个授权报告从申请到最终拿到手里，历时将近一个半月的时间，延迟了要求责任人及时开展修复或赔偿的进程，这既不利于环境保护也人为增加了损害扩大的风险。

之所以会出现这种情况，个中原因可能是复杂的，但不管怎样地方政府都应当牢固树立起"绿水青山就是金山银山"的发展理念和底线思维，切实承担起保护和改善区域环境质量的主体责任，而在这个方面尤其需要政府在履职过程中树立法治思维、并善用法治的方式进行环境治理。这就

---

① 在这里，如何看待政府索赔权与监管权的辩证关系是值得我们思考的。我们认为，生态环境损害赔偿制度的建立为政府在环境监管之外寻求司法救济保护环境提供了新途径，弥补了环境管理中行政执法的不足，但这并没有也不可能改变政府在环境保护方面行政执法的优先性。换句话说，保护生态环境行政执法始终是第一顺位的，而诉讼救济只能是补充性的。因此，有必要加强对管理者履职尽责情况的监督制约，明确在环保领域行政执法的优先性和生态环境损害索赔的补充性，做好两者的衔接。

要求政府在推动落实生态环境损害赔偿制度时要能够清楚地认识到，依法推进生态环境损害赔偿制度，及时修复受损的生态环境是政府切实履行环境保护职责的现实需要。因此，各级政府应当按照《方案》的要求，立足地方实际、主动履责、积极作为，在实践中及时总结经验完善相关制度，努力破除生态环境损害赔偿制度实施中的体制、机制和制度障碍，加快推进本区域生态环境损害赔偿制度的贯彻落实。

其二，关于相关配套制度完善问题。《方案》指出到2020年，力争在全国范围内初步构建责任明确、途径畅通、技术规范、保障有力、赔偿到位、修复有效的生态环境损害赔偿制度。这不仅言明了生态环境损害赔偿制度体系的基本内涵，也意味着生态环境损害赔偿制度的贯彻实施离不开一系列相关配套制度的支持和保障。例如，生态环境损害赔偿协商制度、诉讼制度、协商与诉讼衔接制度，以及生态环境损害评估制度、资金保障制度和公众参与制度等。这要求地方各级政府在依法稳妥有序推进生态环境损害赔偿工作的同时，还要善于及时总结经验、完善相关制度。

从本案反映的实际情况来看，宝鸡市生态环境局在开展清姜河污染的生态环境损害赔偿工作之前，由于陕西省并不是国家开展生态环境损害赔偿制度改革试点省份，所以既存在缺乏经验积累也存在制度基础薄弱的严重问题。① 这不可避免地会带来索赔工作上的障碍。事实上，宝鸡市生态环境局在赔偿工作开始时就遇到了诸多问题，如索赔主体资格认定问题、环境损害鉴定评估机构选择问题、赔偿磋商问题。这些问题的存在，导致赔偿工作只能"摸着石头过河"。因此，接下来陕西省要高度重视生态环境损害赔偿相关配套制度，如生态环境损害赔偿磋商制度、生态环境损害赔偿鉴定评估制度、生态环境损害赔偿资金管理制度的建设，以便指导全省更好地依法依规开展索赔工作。

其三，关于案件类型问题。目前，从陕西省已有的生态环境损害赔偿案件来看，基本上都是水污染方面的案件，其他方面的案件类型则鲜有涉及。根据《方案》，由省级政府、市地级政府作为赔偿权利人提出的生态环境损害赔偿主要包括三类：一是因污染环境、破坏生态导致的环境要素损害；二是造成动物、植物、微生物等生物要素的损害；三是由环境要素

---

① 2015年中办、国办印发的《生态环境损害赔偿制度改革试点方案》，只决定在吉林、江苏、山东、湖南、重庆、贵州、云南7省市先行试点。

和生物要素构成的生态系统功能损害。① 据此，地方政府应当深刻领会和正确理解生态环境损害赔偿的适用范围，并根据地方环境保护实际，扩大索赔案件的范围，而其中要特别重视"重点生态功能区"这一作为损害赔偿制度改革重点区域的环境保护问题。

《方案》将国家和省级主体生态功能区规划中划定的重点生态功能区、禁止开发区发生的环境污染和生态破坏事件，作为生态环境损害赔偿制度改革适用的重要区域之一，表明国家对重点生态功能区的保护开始由宏观政策走向具体实践，进一步彰显了国家切实保护重点生态功能区、禁止开发区的坚定决心。另外，较之以禁止开发区，重点生态功能区所涉面积更广、承载的经济发展和环境保护的压力也更大，因此确立重点生态功能区为生态环境损害赔偿制度改革实施的重点，将有效促进我国生态安全格局的形成。

其四，关于生态环境修复与损害赔偿的执行和监督问题。应当指出的是，根据《方案》确立的"环境有价、损害担责"的工作原则的基本精神，无论磋商赔偿还是诉讼赔偿都应当明确，赔偿以"修复为本"为其要旨、赔偿只是保障修复的手段。因此，各级各地政府在开展生态环境损害赔偿工作时，切不可简单地只是以赔了之。② 相比较而言，更为重要的是在赔偿之外积极探索以修复为主的"恢复性"生态环境损害救济模式。因此，赔偿权利人及其指定的部门或机构有责任对磋商或诉讼后的生态环境修复效果进行评估，确保生态环境得到及时有效修复。③

另外，在开展生态环境损害赔偿工作过程中，地方政府还应当重视发挥公众参与在生态环境保护中的积极作用。《方案》将"信息共享、公众

---

① 这里应当注意，"环境损害"和"生态环境损害"是两个不同的概念。环境损害是因污染环境或破坏生态行为导致的人体健康、财产价值或生态环境及其生态系统服务的可观察的或可测量的不利改变；生态环境损害是因污染环境、破坏生态造成大气、地表水、地下水、土壤、森林等环境要素和植物、动物、微生物等生物要素的不利改变，以及上述要素构成的生态系统功能退化。可见，生态环境损害是环境损害的狭义概念，系专指生态环境自身损害的新型损害。

② 根据《方案》要求，赔偿义务人造成的生态环境损害无法修复的，其赔偿资金作为政府非税收入，全额上缴同级国库，纳入预算管理。赔偿权利人及其指定的部门或机构根据磋商或判决要求，结合本区域生态环境损害情况开展替代修复。

③ 生态环境损害修复一般包括自行修复、委托修复和替代修复三种类型。自行修复是赔偿义务人的责任形式，也是损害担责的必然要求。委托修复是在赔偿义务人无能力修复时，委托具备修复能力的社会第三方机构进行的修复。替代修复是指赔偿义务人造成的生态环境损害无法修复时，赔偿权利人及其指定的部门或机构开展的修复。

参与"作为基本原则贯穿于生态环境损害赔偿的全过程，进一步强化了公众参与在生态环境保护中的重要作用。① 因此，地方政府在开展生态环境损害赔偿工作中，要依法公开生态环境损害调查、鉴定评估、赔偿、修复等方面的信息保障公众知情权。但也要认识到，公众参与也面临专业知识不足、代表性不强、参与渠道不畅通等问题可能对生态环境损害赔偿制度的公正实施带来的不利影响。这要求地方政府在实践中应注重创新公众参与方式，邀请专家和利益相关的公民、法人、其他组织参加，确保公众能够有效参与生态环境修复或赔偿磋商工作。

第二节 在边缘处思考：环境司法专门化的实践检视

"将生态文明的政治蓝图转化为极具操作性的法治治理形态，环境司法专门化是其中的积极尝试。"② 总体而言，我国环境司法专门化的地方实践，走的是一条"创新驱动型"发展之路。在长期的实践探索中，各地法院无论是在环境司法理念的培育和创新方面，还是在审判组织形式、案件审理模式、审判工作机制、诉讼程序建构等方面都取得了较好的成绩，为提升环境资源案件的裁判质量和司法公信力提供了值得学习和借鉴的地方实践样本。环境司法专门化在推动环境纠纷有效解决、维护公众环境权益，为生态环境提供有力司法保障方面的作用日益显现。同时，也存在一些深层次问题。在此背景下，及时总结经验、固化已有成果、不断完善相关制度建设，从而为环境司法专门化提供更好的法律支撑就显得极其必要。

一 回顾与展望：环境司法地方实践梳理与经验总结

（一）环境司法地方实践梳理

环境司法的产生有其赖以建立的客观基础。它既是为保护和改善环境、防治污染和生态破坏提供司法解决方案的现实需要，也是为了弥补传

---

① 一般来说，生态环境损害赔偿程序包括：提起赔偿、调查和损害鉴定评估、赔偿磋商和诉讼、赔偿实施、绩效评估5个步骤。全覆盖的参与对话机制，有助于发挥赔偿全过程的监督制约，也有利于提升环境决策的公正性和效率。

② 宋宗宇、郭金虎：《环境司法专门化的构成要素与实现路径》，《法学杂志》2017年第7期。

统审判体制机制在化解环境纠纷、维护公众环境权益、保障社会和谐稳妥、促进经济可持续发展方面存在的功能不彰甚至无能为力这一短板而作出的主动选择。

环境司法专门化的实践探索,在我国经历了从无到有、从少到多、从弱到强、从不健全到逐步健全的发展阶段。自 2007 年以贵阳初创环保法庭为起点,无锡、云南、海南等地紧随其后,纷纷设立环保法庭。2013 年以来,随着生态文明战略地位的提升,环保法庭的数量持续大幅攀升,不仅开始向省级层面拓展,且组织架构和诉讼程序也开始向纵深发展。这主要表现在:在地域管辖上,部分法院已经注意到环境侵害的扩散性特征,或者从生态系统管理出发,开始实行一定程度的跨区域集中管辖。在审理程序上,一些法院开始探索适应环境案件审理需要的特殊审判机制。

先行先试的一些地方由于起步早、发展快,其取得的成效也更为明显,为全国环境司法专门化的发展提供了生动的实践样本和有益经验,具有标杆意义。

在我国,环境司法尽管起步相对较晚,但是近年来鉴于一些省份在环境司法专门化实践探索方面的示范引领和积极推动我国环境司法专门化进程不断加速。特别是自 2014 年 7 月,最高人民法院设立专门的环境资源审判庭以来,开始集中推进专门审判机构建设,系统的环境资源审判专门化改革由此开始,迎来了环境司法专门化的新纪元。

目前,从最高人民法院到基层人民法院不仅普遍建立了相应的审判机构,[①] 如环境保护审判庭、合议庭、巡回法庭,而且还在案件的审理方式上普遍采取了"多审合一"的审理模式。例如,云南、江苏、贵州等省份的环境资源审判机构在环境司法专门化实践探索中,已经在审判中尝试对案件实行"三审合一"案件审理模式,即将环境类案件不再按照以往民事、行政、刑事的类型由相应的三个不同审判庭分别进行审理,而是交由独立建制的环保法庭统一归口审理。这些实践探索在缓解案多人少的审判压力,特别是在公正审理环境案件,推进环境公益诉讼,提高环境司法水平,充分发挥审判职能作用方面发挥了重要作用。

2014 年 6 月,最高人民法院发布《关于全面加强环境资源审判工作

---

① 环境司法审判的专门机构在美国、澳大利亚、巴西、瑞典、新西兰、菲律宾等国都是指"环境法院",在俄罗斯则称作"生态法院",在其他国家一般多称之为"环境法庭"。

为推进生态文明建设提供有力司法保障的意见》，首次以司法政策的方式回应社会关切，对全面加强环境资源审判工作，充分发挥人民法院审判职能作用，为推进生态文明建设提供有力司法保障作出了全面部署。2015年11月，第一次全国法院环境资源审判工作会议提出要用绿色发展的现代环境司法理念引领环境资源审判工作。2016年6月，最高人民法院出台《关于充分发挥审判职能作用为推进生态文明建设与绿色发展提供司法服务和保障的意见》明确指出，要树立严格执法、维护权益、注重预防、修复为主、公众参与等现代环境资源司法理念。

近年来，各地法院不断完善环境资源司法理念与审判规则，注重预防和惩治相结合，落实生态环境修复制度，探索跨行政区划集中管辖，稳妥推进环境公益诉讼，我国环境司法专门化建设开始进入全面"提速"时期，实践探索也取得了不少新成效。总体来看，环境公益诉讼在稳步推进，环境司法改革在继续深化，各级法院正以环境资源审判专门化为重要抓手大力加强审判工作，通过建立专门审判机构，审理了一批有影响的案件，生态环境治理法治化水平不断提升，环境司法正在为环境资源保护和生态文明建设增添新动能。

在长期的司法实践中，不仅培养和锻炼了一支既精通法律又熟悉环境知识的专业化审判团队，而且创新了环境审判的制度与机制，同时也有效维护了环境权益。这些成果体现在环境资源案件的集中管辖、诉前禁令等行为保全的运用、案件执行方式的创新、与相关部门的司法联动、专家的实质参与、裁判尺度的统一以及环境公益诉讼的推动等诸多方面。

各地实践证明，环境司法保护机制在保障和促进生态文明建设中的地位不断凸显、作用日益明显，已经名副其实地成为守护一方水土、还自然之魅、保护公众健康、维护环境权益、推动环境质量不断改善和促进经济社会可持续发展的一把锋利的正义之剑。

环境司法专门化的地方实践，是中国环境司法发展的一个缩影、一个标杆、一个重要参照样本。例如，在这个过程中脱颖而出的"贵阳模式""无锡模式"等品牌，已经成为在环境司法改革方面积极树立环境司法理念、勇于回应现实关切、大胆推进环境资源审判改革的代名词，这些地区不仅在探索环境司法专门化、创新环境资源审判工作机制方面做了大量卓有成效的工作，而且审理了一批有重要影响的案件，形成了很多可复制可推广的有益经验，为推进全国法院环境资源审判实践和司法理论提供了丰富的素材与现身说法,既有其务实意义也不乏重要理论价值。

时光易逝,转眼间我国环境司法专门化的实践探索已经走过了十余个年头,这期间无论是环境司法理念、环境司法内涵、环境审判体系,抑或环境司法改革面临的机遇和挑战等诸方面都发生了深刻变化,而且还在继续经历着深刻的变化。风雨十余载我们已经积累了大量的实践案例,为了深入推进环境司法改革,现在到了对以往的实践之路作一些反思和小结的时候了。因此,及时总结环境司法专门化实践探索中取得的成功经验,并对其存在的问题作一些观察和思考,既是研究环境司法专门化问题的一项理论任务,也是进一步完善环境司法机制、更好地发挥环境司法审判职能作用的迫切需要。

(二) 专门化地方实践的成功经验

我们认为,我国环境司法专门化自开展以来的重大收获,就是在长期的地方实践探索中取得了三个方面的重要成果,即思想成果、制度成果和实践成果。思想成果主要体现在随着环境司法实践的不断深入,人们愈益认识到环境司法作为国家环境治理之重器必须要得到强化,这一基本共识的政治和社会基础越来越稳固;制度成果主要体现为环境司法实践探索积累的成功经验,为环境司法审判提供了一套有一定规范价值的合理裁判规则;实践成果主要体现在,通过环境审判职能的发挥,有力地遏制了环境违法犯罪行为,确保了生态环境质量从长期处于总体恶化的态势向稳中向好态势的转变,人民群众对良好生态环境的获得感大大增强。

这三个方面的重要成果,既是环境司法理性和司法经验彼此互动、相互融合的产物,也是环境司法实践结出的丰硕果实。从环境司法专门化先行先试地区实践发展的总体情况看,这些成果的取得主要源自以下几个方面的做法或者说是有益尝试,是值得我们认真加以总结的成功经验。

1. 以树立现代环境司法理念为引领注重强化环境司法审判职能,为生态文明建设注入强大司法能量

中国环境司法专门化的地方实践,大抵上都肇始于解决特定环境污染事件的需要,而其目的又在于通过加强司法审判助力生态环境保护,以改变过去过度依赖于行政手段解决环境问题不足这一基本事实。因此,随着诉讼方式在解决环境问题上的比较优势不断显现,那些开展环境司法专门化工作较早的省份,不仅特别重视通过司法途径保护生态环境,而且在生态环境司法保护理念和诉讼机制方面也一直在引领探索。

例如，在树立现代环境司法理念方面，各地法院能够自觉承担起维护环境公益的社会责任，将绿色发展、保护优先、注重预防、修复为主、环境有价、损害担责、系统治理、环境正义、公众参与、严格执法、维护权益，作为环境司法的基本理念引入具体的审判实践中。

在强化环境司法审判职能方面，贵州、江苏、云南等省份不仅在探索建立环境资源专门审判机构方面起步早，建立了涵盖三级法院的环境资源审判专门化体系，还积极创新审判机制，将涉及环境资源民事、行政、刑事案件统一归口管理、实行"二合一"或者"三合一"审理模式，实现了对各类环境案件"一站式"审理，这样就不必再由多个审判机构来"接力"完成对环境案件的多次审理。这种做法，在统一裁判尺度、优化审判资源方面取得了有益经验。在长期的诉讼实践中，这些法院通过审理大量的环境资源刑事、民事、行政案件，极大地彰显了司法在惩治破坏环境资源保护犯罪、监督行政机关依法履职、加大环境权益保护力度、维护国家和社会公共利益、促进经济社会可持续发展方面的权威性，也深刻地见证了"司法有担当、环保才有力"这一基本共识的正确性。

鉴于环境公益诉讼案件具有跨区域性、易受干预的特点，特别是一些地方为了保护本地经济发展，在涉及外地原告的案件时，可能存在干预司法，从而形成较为严重的案件审理的"主客场"问题，使法院难以客观公正地对案件作出判决。针对这一问题，近年来，为了进一完善集中管辖制度，加强对区域、流域生态环境的一体化保护，贵州、江苏等法院系统在建立环境资源案件跨行政区划集中管辖体制，即以流域生态系统或者以生态功能区为单位的集中管辖或提级管辖方面又迈出了重要一步。这对于破解长期以来存在的环境资源案件生态属性与区域分割的矛盾，提升生态环境司法保护的有效性，乃至探索跨行政区划法院建设都具有重要借鉴意义。

2. 以环境公益诉讼为依托积极探索生态环境司法保护新机制，创新判决方式，落实环境修复责任，有效提升环境司法保护的社会公信力

环境公益诉讼是司法保护生态环境的重要内容，也是审判机构的重要职能之一。近年来，各地法院在诉讼实践中，通过不断加强对环境公益诉讼制度的探索，畅通诉讼渠道，推动适格诉讼主体积极参与公益诉讼；通过建立环保公益金制度，将环境赔偿金专款用于恢复环境、修复生态；通过探索从公益金中支付原告环境公益诉讼费用等一系列做法，在一定程度

上破解了因公益诉讼制度不完善带来的对诉讼活动的制约，较好地发挥了环境公益诉讼制度在维护环境公共利益方面的积极作用。

推进环境资源审判专门化改革，环境公益诉讼是突破口和着力点，也是衡量环境司法专门化工作效果的重要指标。中国环境公益诉讼的地方实践表明，环境司法因公益诉讼而生，也因公益诉讼而得以发展和完善。从环境司法产生和发展的实践上看，在探索环境司法专门化起步较早的省份，成立环境法庭的初衷主要是审理环境公益诉讼案件。随着环境公益诉讼实践的大力开展，这些省份在环境审判中较为普遍地坚持以恢复性司法理念为指导，以生态环境公益损害的切实修复为价值目标，充分发挥环境保护司法审判职能，形成了很多公益诉讼的司法样本，提供了大量可复制、可借鉴的审判新模式和创新性裁判方式，对探索环境公益诉讼制度，推动地方环境司法专门化，促进省域生态文明建设发挥了重要作用。因此，在一定意义上可以说，如果没有环境公益诉讼的推动，就没有环境司法专门化全面和深入的发展。

在环境公益诉讼案件审判执行中，各地法院开展了独具特色的探索。例如，贵州省环境资源审判的实践探索，在环境公益诉讼原告资格、案件审理机制（主要包括在案件审理中发挥司法能动作用，在案件受理的同时采取证据保全、先予执行等诉前保护环境措施，在环境案件中引进并发挥专家辅助人作用等）、法律意见书、判决内容和执行方式等诸多方面敢为人先，主动作为，为生态环境司法保护树立了"贵阳模式"的成功典范。

又如，江苏法院在环境案件审理中，不论是刑事案件还是民事案件，也不论案件是以判决还是调解方式结案，都比较注重环境修复的内容，在公益诉讼案件裁判方式多样化（如刑事制裁、民事赔偿、生态补偿有机衔接的责任承担方式）、救济途径灵活化（如对于受到污染的环境无法恢复或恢复成本过高的问题，采取异地补植等替代性修复责任方式）、保障措施社会化（如对于环境公益诉讼中修复资金的保管和使用问题，设立环保公益专项资金账户以专款专用于环境修复）等方面，不仅拓展了环境司法的新领域，保障了公益诉讼的实效，而且有力推动了公益诉讼步入了专业化和规范化之路，有效提升了环境司法保护的社会公信力。其在公益诉讼实践中形成的独具特色的"无锡模式"，对环境司法的发展具有重要的示范意义。①

再如，昆明法院在全国率先成立首个"环境公益诉讼救济专项资金账户"，明确公益诉讼的利益归属，建成首个"环境公益诉讼林"示范基地，探索多样性诉讼责任承担方式。这些实践探索为积极稳妥推进环境公益诉讼开辟了新途径。

3. 以规则之治为支撑不断总结经验研判环境司法审判规律，通过制度创新带动环境审判工作依法推进，有力促进环境司法的法治化

环境资源审判既要致广大，又要尽精微。尤其是维持高水平审判，更需要依赖精细的规程。过去我们较为重视行政法治化问题，却较少提及司法法治化的问题，这不可避免地会带来司法活动不规范或者司法审判长效机制难以形成的问题。尤其是在制度供给相对不足的情况下，司法活动如果缺乏相应的自我规范，这种状况可能会更加突出。相反，在环境司法专门化的一些地方实践探索中，环境资源审判之所以能够在稳中不断推进，并维持在一个相对较高的水平上，与各地法院始终坚持规则之治，比较注重建立规范环境司法内部审判和外部协作的一系列规则，并适用于具体司法实践有较大的关联性。

例如，贵州法院系统在长期的审判实践中不断总结经验，先后出台了环境公益诉讼审判、环境专家陪审员、环境专家证人、环保司法诉前禁令、环境公益诉讼第三方监督机制、环保案件回访制度等规范和规则。这些制度规则的制定和出台，为环境审判提供了统一规范和基本遵循，既保证了环境审判有法可依、有规可循，避免了法官遇到相关情况时无所适从，也在一定程度上避免了法官在案件审理中的恣意和擅断。

再如，江苏法院历来重视为环境资源审判工作建章立制，以加强对审判活动的自我规范。在全国法院系统中，江苏法院率先建立起了一系列规范环境司法活动内外关系的配套制度和规则。例如，在环境资源审判基本规则方面，通过制定《关于环境保护案件管辖的若干规定》，确定了环保案由分类和管辖规则；通过制定《关于环境民事案件证据若干问题的实施意见》，明确环境民事案件的归责原则；通过制定《关于环境侵权损害

---

① 例如，江苏法院在环境案件审理中探索的"三审合一"模式和异地补植、劳务代偿、增殖放流、环保技改费用抵扣等恢复性司法、预防性司法审判经验和工作方法，受到广泛关注，并向全国推广。

赔偿案件审理规范指南》，就环境侵权的审理标准进行规范。

在公益诉讼规则方面，通过制定《关于办理环境民事公益诉讼案件的试行规定》，规定检察机关、环保行政职能部门、环保社团组织具有环境公益诉讼原告主体资格；通过制定《关于刑事附带环境公益民事诉讼的实施意见》，规定刑事附带环境公益民事诉讼的审理方式；通过制定《环境公益民事诉讼的审理规则》，规范公益诉讼的审理程序。

在环境司法联动规则方面，通过制定《关于规范环保行政职能机关申请人民法院对破坏环境资源、影响环境资源保护等违法行为采取强制措施案件审查程序的指导意见》，依法支持环保行政执法；通过制定《关于建立环境行政执法与司法联动工作机制的意见》，加强司法与执法的衔接和协调。

正是这些规范审判活动的立案规则、证据规则、裁判规则以及协调联动规则保障了环境审判的有序开展，既提升了案件审理的质效、维护了环境司法的权威、也提高了环境资源案件审判工作的专业化水平。

4. 以强化协调联动为有力抓手，构建多元参与齐抓共管的环境司法新格局，凝聚维护公益的强大法治合力

环境保护是一项需要多元主体共同参与、协同共治的综合性系统工程。这决定了环境司法不能孤军奋战、单打独斗，在协调好内部各审职部门之间关系的同时必须加强外部联动，着力做好环境行政执法与环境司法之间的协调配合与分工协作。

实践中，各地法院积极探索构建协调联动机制，通过搭建信息共享平台、建立联席会议制度、联络员制度以及违法案件联动办理机制等方式，形成了及时、快捷、高效的工作机制，加强了与环境保护行政监督管理部门以及其他各职能部门之间的沟通协作，充分显示了通过联动平台的聚集效应形成的工作合力，在惩治环境违法犯罪行为、保护生态环境方面的巨大优势。[①] 同时，法院还积极发挥环境资源审判能动作用，针对在环境资源案件审理过程中发现的问题，通过及时向有关环境保护和资源管理部门发送有针对性、建设性的司法建议，延伸审判影响力，发挥司法监督作

---

① 如"泰州案"发生后，法院与环保、公安、检察等机关各司其职、协同配合，倾倒废酸导致水污染的责任人被判处污染环境罪，两名执法人员被判处监管失职罪，长隆公司等单位被判令赔偿环境修复费1.6亿元。通过依法追究严重污染环境行为人和行政监管失职者的刑事责任、污染物提供者的民事赔偿责任，形成连环制裁效应，较好地实现了对生态环境的立体化保护。

用，督促其履职尽责，加强管理，有效提升了环境行政监督管理的实践效能和执法水平。

不仅如此，在环境司法实践中，为依法支持行政机关借助司法强制措施来提高行政执法效能，各地法院还通过建立环境司法提前介入制度，鼓励环保行政机关在依法履职查处环境违法行为的初期，可以申请法院对违法行政相对人采取强制措施，及时制止环境违法行为以避免环境损害的进一步扩大。①

我们认为，实践中的这些做法，不仅理顺了环境保护各职能部门在环境公共治理过程中的相互关系，也有利于通过明确各自的职责定位，做到各司其职、各尽其责，形成环境保护优势互补、齐抓共管的新局面。这既保证了"共同但有区别责任"在环境保护中的具体落实，符合环境是一个统一整体的要求，避免政出多门、各自为政，又发挥了行政与司法各自的积极性和专长，符合环境问题复杂、环境保护任务艰巨，涉及面广和具有地区、行业特点，需要分工合作的要求。

实践证明，多部门之间的协调联动机制，对于按照职能分工、加强协调配合，形成环境保护合力，从而增强环境治理的协调性和整体性是有利的，也是必要的，事实上也取得了良好效果。而且值得肯定的是，此一做法，也为在法律中规定、完善协调联动机制奠定了坚实的实践基础。

二 "问症"环境司法：专门化面临的问题与挑战

（一）在争议中前行：多维审视下的多元问题面向

通过设置专门的司法审判机关来解决环境纠纷是国际上的通行做法。目前，基于有效化解环境纠纷、制止污染和破坏的行为以及维护环境公共利益的现实需要，我国已在大部分省市相继开展了环境法庭设置的具体实践。环境法庭从试点到不断发展的运行过程中，体现出一定的优越性：②

在统一执法尺度方面：环境案件的专业性较强，且诉讼关系的交叉性

---

① 如常熟法院在非诉执行案件中，对拒不履行责令停产行政处罚继续违法排污的，对该公司法定代表人司法拘留 15 日。又如，昆山法院在执行非诉执行案件中，发出了江苏法院系统第一张防治大气污染执行令，责令擅自停用废气治理设施造成环境污染的企业恢复设施正常运行等。

② 参见高洁《环境公益诉讼与环保法庭的生命力：中国环保法庭的发展与未来》，《人民法院报》2010 年 1 月 29 日第 5 版。

或复合型特点明显。如果将环境刑事、民事、行政案件仍然依据传统审判模式分散在各个法院分而审之，很难从整体上把握案件做到执法尺度的统一，从而损害司法的一致性和权威性。对环境案件实行多审合一式的集中审理，实现了对过去刑事、民事、行政案件进行三审分离审判模式的突破，对统一执法尺度有重要意义。

在环境法官专业素质提升方面：通过环境案件的集中管辖，法官将长期专门办理环境类案件，除了对诉讼等法律问题有很好的理解外，对于环境科学证据等专业问题也会有更精准的把握，有助于法官专业素质和案件审判质量的提高。

在增强环保意识以及提高案件调解率方面：在环保法庭成立的大背景下，行政职能部门对环境审判的重视和参与程度明显提高，尤其是在环境案件中提供技术上的配合。而环境民事案件的调解率大大提高，与行政职能部门的积极参与配合有很大关系。

在提高对企业的威慑力和提升环境执法效果方面：环保执法效果的提升，从法院的角度看，体现在行政非诉执行案件和执行案件的执结率提高；从相关行政职能部门的角度看，是让行政处罚的落实变得容易。

在为环境公益诉讼制度建设提供制度创新空间方面：环保法庭开始了环境公益诉讼的实践，也纷纷出台了相关的环境公益诉讼规定，对于环境公益诉讼制度的建立无疑具有重要意义。

如果说，环境案件的特殊性决定了环境司法必须走专门化审判道路，那么环保法庭在运行中暴露出的问题，则无疑在告诫我们如何才能在总结经验和把握规律的基础上真正走好专门化之路。

不可否认，近年来，全国法院在推进环境资源审判专门化建设过程中，一大批形态模式、主管范围等各异的环保法庭纷纷以专业化审判面孔亮相。实践证明，环境资源审判专门化对统一裁判尺度、优化审判资源配置、提升审判质效发挥了重要作用。总体来看，环保法庭的运行情况态势良好，为有效发挥环境资源审判功能积累了经验、奠定了基础。然而作为一个新生事物，环境法庭的成长和发展注定不可能是一帆风顺的，更不可能一蹴而就，它也面临着成长中的烦恼和发展中的困惑。因此，在肯定其积极一面的同时，也应该直面其发展过程中出现的问题及面临的挑战。

事实上，中国的环境法庭从诞生到目前日益成熟，其一路走来始终是在伴随着毁誉参半、夹杂着期待与失望的话语和情绪中度过的。尽管在现在看来，我们已经清楚地认识到或者在面对司法审判助力生态环境保护所取得的一个又一个成绩时愈发坚定地认为"专门化"是大势所趋，是环境司法的发展方向。

比如，有人结合环境司法保护的实践探索，在总结目前环保法庭的现状时就曾指出：曾经被寄予很大期望的环保法庭自设立以来，就遭遇到与理想中的预期反差巨大，环境法庭面临无案可审、案子较少、"门庭冷落""等米下锅"的尴尬；就面临着公益诉讼遭遇起诉难、举证难、审理难、执行难的困扰；① 就承受着环保法庭的审判"改头换面""换汤不换药""专业化不专"的指责。

还有人通过对环保法庭的运行情况作出分析后指出，环保法庭虽然在总体上运行尚可，但在实践中也程度不同地存在"一少五难"的情况。"一少"，即案源少；"五难"，即举证难、审理难、裁判难、执行难、审判管理难。② "举证难"不仅限于原告举证难，而且包括被告举证难和法院取证难；"审理难"主要体现在审判人员少、审理时限短、专业难度大等方面；"裁判难"突出反映为受地方干预和民生抵触多、利益衡量难和救济方案选择难等方面；"执行难"大都表现为法院是否主动交付执行尚存争议、执行落实和监督难；"案件管理难"，则主要表现为现有的考核和评价机制与环境案件审理的专业性强、工作量大等特质存在冲突，案件不易管理。

还有人针对环境法庭面临的挑战指出，目前的环境法庭在缓解日益增大的环境案件审判压力、公正审理专业性极强的环境案件、推进环境公益诉讼、提高环境司法水平等方面发挥了一定的作用，但同时也存在法律依据不足、机构建制和管辖范围不科学、案件来源不足、支持保障机制不健全等问题。这些问题的存在，使得现阶段环境事故频发引致环境纠纷不断增加的情况下，或者出现环境法庭案源不足、"无米下炊"的状况，或者因审判能力不足而难以及时高效地审理环境案件，甚至使有些判决生效后无法执行。③

---

① 参见刘晓星《环境司法专门化如何顺势而为?》，《中国环境报》2016 年 3 月 9 日第 8 版。

② 同上。

③ 参见于文轩《环境司法专门化视域下环境法庭之检视与完善》，《中国人口·资源与环境》2017 年第 8 期。

还有人针对我国环境司法的现实状况指出，中国环境司法目前面临的问题是，大规模的专门审判机构的建立已告一段落，而统一的审判原则和规则体系尚未建立，关键性的诉讼制度，例如管辖范围、起诉资格、专家、救济、执行等尚未统一。这就导致了环境司法的碎片化，阻碍了环境司法专门化发挥其应有的作用，从而也引起了对环境司法专门化能否保障环境正义的质疑。①

的确，就环保法庭运行的体制机制存在的问题而言，应当看到，在环境司法专门化的地方实践中，尽管各地法院陆续设立了各种专门的环境审判组织，对环境案件进行统一管辖和专门化审理，然而纷纷设立的环保法庭就其人员组成上不仅面临着与普通法庭法官在专业知识和实践技能上并没有什么太大差别的问题，而且一些地方的环保法庭在运行过程中虽然也都普遍采用了所谓的"三审合一"或"四审合一"的案件审理模式，但是在案件的实际审理过程也只不过是简单地把原本属于民事、刑事、行政审判庭的环境类案件统一归口由环保法庭一并审理，但其实在案件审理所依据的程序和实体规定上与原有的审判方式并无本质区别的问题也是一并存在的。② 我们相信，这种"专门化不专"的问题，在一些地方环保法庭的审判组织以及环境案件审理所依据的法律保障机制中应当有一定的占比，尤其是在环境法庭成长期的运行实践中这个问题可能还很突出。

另外，在最高法院环境资源司法研究中心学术委员会主任吕忠梅教授领衔的课题组发布的《"环境司法专门化研究"调研报告》中，也对环保法庭的总体运行情况作出过这样的评价：如报告认为，我国环境审判机构专门化基本建立，环境审判机制专门化初步实现，环境审判程序专门化任重道远，环境司法专门化亟待完善。③ 这些情况无不说明环保法庭的建立和运行，一方面回应了现实需求，另一方面在实际运行过程中也暴露出一些急需改进的新问题。显然，这些问题的有效解决，需要我们更深入地认识和进一步把握环境案件的特殊性以及环境司法运行的特殊规律。

---

① 参见王树义、周迪《在绿色法庭与环境正义之间——评〈印度环境正义：国家绿色法庭〉》，《世界环境》2017 年第 1 期。

② 我们认为，环境案件的专门化审理不只是将过去由不同审判组织需要分工审理的案件一并交由环保法庭统一集中审理，专门化审理的价值主要体现在案件审理需要统一遵循的与环境案件的特殊性相适应的审判的程序机制和保障措施上。

③ 参见《我国环境司法专门化全面"提速"》，《经济日报》2016 年 8 月 31 日第 12 版。

那么，到底是哪些因素制约了环保法庭发挥作用呢？虽然，这几年全国各级法院系统设立的环保审判庭、合议庭等各种名称各异、形式多样的环境案件审判组织的数量在不断攀升，但是，就在一批接着一批的环保法庭在众多期待中建立起来后，这些环保法庭几乎又都面临同样的难题："乏案可审"。据2013年10月，昆明市中级人民法院发布的《环境司法保护状况绿皮书》公布的一组数字显示：昆明中院的环保审判庭于2008年12月11日成立的5年来，受理的环保公益诉讼仅6件，平均每年仅有1.2件，环保公益诉讼案件在所有受理案件中占比仅为5.7%。

昆明中院的情况并非唯一。贵州省贵阳市清镇人民法院环境保护审判庭成立6年来，共受理过案件624件，其中公益诉讼案件十余件，平均每年1.7件，在所有受理案件中，占比不足2%。庭长坦言："这在国内的环保法庭中，算是多的。"①

尽管为提高涉环境类案件的办案质量和效果，地方各级人民法院自发尝试专门化审判模式，成立专门审判机构审理环境案件，但在实行了专门化审判的法院中，审判组织形式、案件管辖的种类和范围却不尽相同，所发挥的作用差别较大。如各地法院的案件受理模式就存在由同一审判组织审理的"四合一"模式、"三合一"模式以及"二合一"模式。由于缺乏统一规定，各地法院对环境类案件的理解不尽一致，导致各地环保法庭受理的案件也存在差异。

应当看到，中国环境司法专门化尚处于初步发展时期，其早期面临的突出问题可能更多地体现在环保法庭纷纷设立并呈现"过度"量化或者"超生"问题突出，②且环保法庭的设立具有自发性强、地方性明显、非常态化的特点。对此，有学者在对典型省份环境审判机构设置的地方实践作出实证考察时也曾指出：无论环保法庭的设置、还是案件的受理，自始就是发生和进行在当地、局限在特定的时空的本土化实践，具有鲜明的"地方性"特征；其产生的内因主要来自地方的实际需求，可能是生态环境的、也许是社会的，或者是政治的，抑或几者兼具；其成长的轨迹是

---

① 苏孟迪、杨雪、庄庆鸿：《环保法庭的公益诉讼困境》，《中国青年报》2013年11月9日第3版。

② 环保法庭的设置应当注意避免"增长"陷阱。理性地看法庭设置应当与环境问题相适应，循序渐进、因需而设。如果盲目追求超前（数量）往往会欲速不达，因为环境司法最终还是要寻求"质"上的变化。

"自下而上"的发展。①

而随着环境司法实践的不断发展,与之形成鲜明对比的是与环境司法专门化配套的保障机制却相对滞后,这里面既存在素质之忧、体制之弊、机制之困的问题,也面临制约之失的难题,环境司法专门化运行开始偏离制度初衷,面临突出矛盾和重重难题,导致其价值和功能未能实际发挥。②

(二) 地方实践有亮点发展瓶颈待突破:专门化面临的主要深层次难题

1. 建制不合理及管辖范围不科学

从对环境案件实行专门化审理的角度看,环保法庭应当是指特设在人民法院内部享有独立建制,与人民法院内设的其他审判机构具有同等法律地位,并对环境案件进行集中管辖统一审理的特定审判组织或审判机构。一般来说,较为规范的环保法庭,在审判组织机构、案件审理模式、审职人员的有效配备等方面都应当满足对环境案件进行专门化审理的需要,这是环境司法审判机构专门化的基本要求。正是因为如此,一个建制相对科学合理的环保审判机构才能够保证案件及时立案审理并作出判决,这不但有利于提高审判效率、统一裁判尺度,而且有助于实现案件的公平审理。

然而,实践中却存在不少环保法庭因建制不尽合理而难以满足专门化审判要求的问题,在一定程度上影响或制约了环保法庭实际功能的有效发挥。这主要表现在:

其一,易受干扰、独立性不强。从设立环保法庭的初衷上看,现有的一些隶属于人民法院内设审判机构的环保法庭,其主要职能还在于对环境案件实行专门化审判。加之环境案件自身具有易受干扰的特点,这都需要环保法庭在实际运行过程中保持一定的相对独立性,这也是司法规律的本质要求。显然,如果环保法庭建制及其审判工作仍然受制于普通法院的体制机制,这就不可避免地会影响到对环境案件独立公正地审判,继而也就会失去其专门化审判的应有价值。

---

① 参见张忠民《环境司法专门化发展的实证检视:以环境审判机构和环境审判机制为中心》,《中国法学》2016 年第 6 期。

② 参见宋宗宇、陈丹《环境司法专门化在中国的机制障碍与路向转换》,《重庆大学学报》(社会科学版) 2013 年第 6 期。

其二，审判体系不完整、缺乏统一的案件审理规则。环境审判体系不完整，与环境司法区域发展不平衡、缺乏统一规划有关。目前，我国有不少省份环境法庭设置呈地方性、分散性和自发性特点，尚未形成系统、成熟和相对完善的专门化审判体系，由此形成的"专门化不专"问题较为突出。这使得各地环保法庭实际审理环境案件的水平参差不齐，难以达到类案同判、规范审判的要求，一定程度上影响了环境案件的审理质效，事实上也难以保障专门化审判不同于普通化审判的比较优势。因此，迫切需要建立自上而下的环境资源审判体系，制定统一的"环境案件审理规则"。

其三，职责定位不清、缺乏专门化诉讼机制。科学合理的环境审判建制，必然是内外关联协调一致的统一体。为此，环境资源审判必须要处理好环保法庭与人民法院其他内设审判机构，以及与环保行政机关和检察机关等外部的协调联动关系，以便共同推动形成以审判为中心，其他职能部门多方参与、襄助环境审判的环境司法专门化工作新机制。这就需要通过制定环境案件的审理规则，科学合理地界定环保法庭的功能、职责和设置标准，以及对环境案件的管辖、立案的审查、司法前置的条件和协调联动机制等加以指引。实践中，一些地方环保法庭因职责定位不清，还没有建立起与法院其他内设审判组织或者行政机关较为完善的分工和工作协调机制，这也是制约环保法庭审判职能发挥的重要原因。

管辖范围不科学是指环保法庭对环境案件的管辖缺乏专业化，主要体现在环境法庭设置的高度行政区划依赖与管辖案件审理的要求不相适应，制约了环保法庭功能的实际发挥。在我国，人民法院在地域管辖方面往往与行政区域一致。然而，环境问题与环境纠纷多具有跨行政区域的显著特点，这样就可能会出现同一个案件由多个法院管辖的问题从而导致管辖冲突。从趋利避害的角度看，当案件的审理有利可图则法院便会竞相寻求管辖以期获得更多的审判利益，反之则可能会出现管辖权回避或推让的不良局面，从而产生管辖权上的机会主义和相互转嫁管辖成本的问题。要么都管、要么都不管，无论存在哪种情况都不利于法院切实履行审判职能。

更为重要的是，环境问题一般具有超越行政区划限制的跨区域性和流域性的特点，这种情况下如果仍然从行政区划的小尺度出发来确定案件的管辖，仍然按传统行政区域来处理环境案件，除了会使审判工作面临无法真正解决跨区域和流域的系统性环境问题的现实障碍，还会影响到案件的有效解决及审判效率。同时，传统地域管辖的地方性特点，还可能影响到司法裁判的公正性。因此，较为科学的环境案件的管辖制度，应当或者也一定是能够体现出与行政区划适当分离的，特别是能够实行以流域或者地域等生态系统的完整性或生态功能区为基本单元的、跨行政区划的集中管辖制度。

尽管《民事诉讼法》关于"指定管辖"的规定在一定程度上为环境法庭审理跨区域环境案件提供了依据，例如当遇到跨行政区划的环境案件而又面临着管辖权不明或难以确定的问题时，就可以通过指定管辖的方式来加以解决。这时如果管辖冲突发生在基层法院，由中级法院指定一个运行和案件审判经验都比较好的法院的环保法庭进行管辖较为适当。如果管辖权冲突在中级法院的，则可以由高级法院指定较为合适的法院行使管辖权。但问题在于，跨区域性的环境案件是常有的事，而指定管辖是否也应当或者能够成为审理跨区域环境案件的常态化方式？而且由于环境案件涉及广泛的利益冲突，指定管辖的案件审理方式是否会导致法院间的管辖争议，这些问题都是需要进一步思考并作出回答的。

从级别管辖上看，我国实行的是"两审终审"的审判制度。而目前，我国的环境法庭设置和布局并不平衡。总的来看，专门化环境案件审判机构以基层法院居多，在中级法院设置相应专门审判机构的实践有待发展，在高级法院设置环保法庭的省份还很有限，总体上呈现出"一头大、一头小"的特点。这种审级上的不协调和不衔接问题，不可避免地会导致司法实践中出现环境案件的一审和二审因审判机构上的脱节而不能完全实现由专门审理机构审理的情况，这样不仅不利于上级法院对下级法院进行专门的业务监督和指导，而且也不利于形成统一的司法裁判标准。

另外，如果统一在中级法院和高级法院设立两级环境法庭，又会出现与现行法律对于级别管辖规定的冲突。依规定，一审案件原则上由基层法院管辖，而由中级法院和高级法院管辖的一审案件主要是重大涉外案件、在本辖区内有重大影响的案件。但在实践中，并非所有的环境案件均符合现行法规定的"重大"标准。显然，在一定区域内的环保法庭之间如何合理确定管辖权的分配、协调与联动机制，对于有效解决跨区域性的环境案件也是十分重要的。

2. 案源不足环保审判资源使用不均衡

一个不争的事实是，环保法庭如果没有案源，或者环境纠纷不能进入司法程序，那么环保法庭存在的意义就会受到质疑。尽管在我们看来不能简单地以环境案件审理的数量来论环保法庭设置的成败，但环保法庭的设置不是为了点缀和装饰，而是为了审判的实际需要。环保法庭案源不足，至少说明了因乏案可审而导致环保法庭闲置，是与环保法庭的设置缺乏计划性而严重"超生"相关联的。① 另外，案源不足也说明，案源的问题不仅是一个数量问题，还是一个结构性问题，更是一个环境审判背后缺乏相应制度支持和保障的问题。因此，通过研究案源不足的问题，可以揭示出隐含在环保法庭背后的一些深层次问题，从而更好地推动环境司法专门化的发展和完善。

环保法庭案件来源不足究其原因主要有：

其一，受案范围有限。案件的受案范围界定了可诉案件类型的范围，因此它是直接影响案件受案率的一个重要因素，当然也是会关系到专门环境审判机构生存和发展的问题。从已有的环境司法实践上看，各地的环保法庭在环境案件的受理范围上认识不同、做法不一、地方性偏好十足、尚未形成一个全国各级法院统一的案件受理范围名录。例如，江苏省环保法庭的受案范围相对比较全面，基本覆盖了环境与资源的各领域。在审判实践中，环保法庭的普遍做法是将过去分散在刑事、民事、行政审判庭的案件由环保法庭集中统一受理。在环境行政诉讼方面，除了受理环境行政许可、环境行政处罚、环境行政强制以及行政不作为和非诉执行案件外，还将环境信息公开案件纳入受案范围。

较之以江苏法院，云南法院环保法庭除了受理生态环境保护类案件之外，并没有将资源类的民事案件和行政案件一并纳入环保法庭的受案范围。而在公益诉讼方面，云南法院则较早地受理了环境民事公益诉讼和环境行政公益诉讼案件。贵州省因其对于环保法庭的受案范围作出了相应规定，因此环保法庭的受案范围相对较为规范，也更具可操作性。

总体来看，我国环保法庭的受案范围较为偏重或者大都集中在一些传

---

① 环境审判的国际实践也表明，环境法院和法庭的设置考虑潜在的案件数量，对于合理选择环境法院和法庭的模式以及避免因规划不当造成的规模过大或过小十分重要。如果提起的环境案件太少，设计一个强有力的、复杂的、采用很多手段的以及昂贵模式的环境法院和法庭将会徒劳无益。如果在现有和预期案件量基础上事先对需求进行一个评估，那么采用一个规模较小或配备更充分人员的方式可能是比较稳妥的。参见乔治·普林等《环境法院和法庭：决策者指南》，周迪译，王树义审订，中国社会科学出版社 2017 年版，第 103—104 页。

统的环境污染类的刑事案件、因环境侵权引起的民事损害赔偿案件以及环境行政处罚案件方面，而对于一些涉及生态环境损害赔偿的案件则较少问津。至于涉及生物多样性保护、气候变化以及能源诉讼等方面的一些新型案件就更为缺乏。① 一些环保法庭的受案范围并不包括有关生态环境破坏方面的民事诉讼，但实践中此类案件数量却不少。如果公众不能就此类案件向法院提起诉讼，环保法庭的案源自然就会受限。

从环境行政案件的受理情况来看，由于环保法庭对环境行政诉讼案件的管辖仅限于保护公民、组织的利益，若环境行政行为未损害特定人的利益，则无权管辖。环境行政诉讼的范围仅限于具体行政行为，这使得抽象环境行政行为（如环境规划行为）被排除在受案范围之外。②

行政诉讼的受案范围不仅仅是指法院可诉行政案件的数量问题，它也是衡量一国家民主法治化水平的一个重要标志。因为对受案范围的限制本质上是对公民依法寻求司法保护的权利的限制。即使是一个看似不会对特定主体产生直接影响的抽象行政行为，而该抽象行政行为在现实性上又存在可能严重影响环境公共利益的不利后果，这时不允许对该抽象行政行为进行诉讼监督，其实也就意味着对公民环境权益的限制。从这个意义上说，扩大行政诉讼的受案范围是必要的。

我们认为，现有环保法庭的受案范围有限，也与我国环境资源案件类型不明确以及缺乏统一规定有关。2016 年 5 月 26 日，最高人民法院发布的《关于充分发挥审判职能作用为推进生态文明建设与绿色发展提供司法服务和保障的意见》，将环境资源案件分为四大类，即环境污染防治和生态保护案件、自然资源开发利用案件、气候变化应对案件、生态环境损害赔偿诉讼案件，明确了各类案件的审判重点、审理原则和司法政策。显然，环境资源案件类型的逐步明确，有利于法院合理确定其受案范围。③

---

① 在我国签署《巴黎协定》后，气候变化的司法应对已经成为我国环境司法的重要内容。针对这一全新的领域，最高人民法院明确指出，要依法审理涉及碳排放交易、节约能源以及绿色金融和生物多样性保护等新型案件。

② 在我国现行体制下，对抽象行政行为的监督主要是通过非诉讼方式进行的。如人大和上级行政机关的监督等。

③ 确定适当的受案范围是环保法庭在实际运作过程中必须要解决好的问题。受案范围过窄，会导致乏案可审、审判资源闲置、不利于环保法庭发展。受案范围过宽，又会弱化专门化审判的质效并可能引发与其他审判庭之间关于案源划分的矛盾。科学合理的受案范围应当考虑环境纠纷的特殊性，尤其是要考虑案件的审理是否关涉环境公共利益损害以及经济社会可持续发展问题。

其二，敢与不公抗争的弱者因"三不"问题突出起诉意愿不足。实践中，在大多数情况下，受害者或者环保社会组织面对污染和破坏生态环境的公司法人或者组织，常常因不能、不敢、不愿以诉讼方式维护其合法权益的情况较为普遍。造成权利人司法维权的积极性不高的成因，主要有以下几个方面：

①因力所不逮而"不能"导致的起诉意愿不足。实践中，能力问题常常是能够对当事人是否提起环境诉讼产生较大影响的制约因素。我们认为，环境诉讼是一项严谨、专业的法律活动。提起和参与诉讼不仅是诉权问题，还是诉讼能力问题。由于环境诉讼的专业性和复杂性，不是任何人提起了诉讼都能将诉讼活动顺利推进下去的，实际诉讼能力的欠缺不利于诉讼活动的展开。因此，环境诉讼的当事人应当具备围绕着某一问题积极进行交涉和有效地进行诉讼的实际能力。例如，在诉讼活动中复杂的诉讼程序要求原告既要具备一定的法律知识，能够根据案件的实际情况适当地提出一定的诉讼请求，并对侵权事实和因果关系负有一定的证明能力，又要具备一定的环境科学知识，能够较为明确地阐释损害事实的存在和对因果关系判定的依据。显然，这种情况下，诉讼能力上的不足，可能会成为阻碍当事人提起诉讼的重要原因。

②因财政之困而"不愿"导致的起诉意愿不足。环境诉讼是典型的"高消费"。诉讼成本高、程序复杂、耗时长、赔偿额度低、是环境诉讼的重要特点。按照一般的诉讼费用承担模式，作为污染受害者的原告即使胜诉并获得了赔偿，其额度往往只相当于所受到的直接损失，其间接损失、因生态破坏而遭受的潜在损失、律师费和诉讼过程中产生的鉴定费等有时难以得到法院的支持，而且环境案件的举证、因果关系证明等还需要当事人付出大量的时间和精力。而一旦败诉，作为污染受害者的原告不仅无法获得相应赔偿或补偿，还要承担高昂的诉讼费、律师费以及诉讼过程中产生的其他费用。① 尤其是环境公益诉讼，原告因为发动诉讼不仅要支付一定的人力、财力和物力成本，而且案件判决的结果也不会像私益诉讼那样给原告带来直接的利益。加之，环保公益组织因筹资渠道有限而面临

---

① 环境案件专业性强，往往需要对污染状况、损害后果进行科学鉴定。从司法实践看，环境案件的鉴定费用动辄数万甚至数十万元，成本高昂。

着资金不足的状况,① 并且针对原告这种能力和财力不足的窘境,我国又缺乏相应扶"贫"济"弱"方面的优抚救济机制,原告考虑到巨额诉讼成本,往往不愿意提起环境公益诉讼,导致了一些环境公益诉讼案件"胎死腹中",这几乎成为我国潜在原告提起环境公益诉讼所面临的一道无法逾越的鸿沟。②

③因地位悬殊而"不敢"导致的起诉意愿不足。尽管从诉讼法律关系上看,受害者与加害者在诉讼中的法律地位是平等的,但在环境案件中,由于双方当事人在所掌握的资源、知识、技术以及经济实力等诸方面往往存在较大差异,从而在事实上受害者往往处于弱势地位。例如,在环境损害赔偿诉讼中,由于涉及许多专门性的科技知识,受害者会因缺乏这方面的专业知识而很难提供这类证据,在这种情况下,"寻求对其有利的公正诉讼结果的机会相对较小,致使其怠于行使诉权"③。另外,实践中一些地方政府因为不能辩证看待和正确处理经济发展与环境保护之间的关系,为了招商引资发展经济,对于环保往往是说起来重要、做起来次要、一旦发展和保护出现矛盾就会弃环保于不顾。这种情况下,政府的环境管理部门对一些企业的污染和破坏行为自然就会疏于管理或不作严格监管,即使这时存在一些针对这些企业而提起的公益诉讼,由于地方政府的消极态度,一些案源也会在服务地方经济发展"大局"的潜规则下被放弃。这也是导致受害者不敢轻易通过诉讼渠道维权的一个重要原因。

其三,制度不健全、原告资格窄、环境公益诉讼叫好不叫座。近年来,在各地的实践中虽然出现了一批具有一定影响的环境公益诉讼案例,但总体上不仅案件分布不均衡,而且数量也很少。从已有的情况看,环境公益诉讼案件主要集中为检察公益诉讼,而社会组织提起的环境公益诉讼案件数量偏少。据统计,2015 年以来,全国法院受理的社会组织环境公益诉讼案件年均仅 51 件。在我国 32 个省、自治区、直辖市中,受理社会组织提起的环境公益诉讼案件数量 10 件以上的仅有江苏、宁夏、贵州、北京 4 地,而案件数量在 5 件以下的则达到 19 个,其中黑龙江、上海、

---

① 例如,中华环保联合会 2014 年的调查显示:全国 60%的环保组织无固定活动场所,80%以上的组织年筹资不足 5 万元。
② 参见陈亮《环境公益诉讼"零受案率"之反思》,《法学》2013 年第 7 期。
③ 于文轩:《环境司法专门化视域下环境法庭之检视与完善》,《中国人口·资源与环境》2017 年第 8 期。

西藏、陕西、青海迄今还未实现案件零的突破。①

尽管案件数量少是多方面原因造成的，例如，据江苏省高级人民法院课题组撰写的《环境公益诉讼的发展路径——以江苏的实践为背景》调研报告称，从对江苏司法实践的调研情况看，环境公益诉讼存在着适格原告过少、受案范围过窄、信息渠道不畅、经济门槛过高、原告能力不足、取证举证艰难、地方支持率低等困境。② 但从当前的审判实践来看，起诉主体资格问题是制约环境审判机构正常运作的一个重要方面。

从理论上看，环境公益诉讼与私益诉讼在适格主体的确立标准上是不同的。环境私益诉讼的适格原告是遭受了人身、财产权益等私益性损害的人，而环境公益诉讼则并不要求以这些损害的发生作为提起诉讼的条件，只要存在有可能导致环境共益权以及生态系统之危险或损害的行为，任何人皆可以就此提起诉讼，包括国家、公民、法人以及社会团体。因此，环境私益诉讼可以将原告资格限于"直接利害关系人"，但环境公益诉讼原告资格的认定由于不直接涉及当事人的利益而主要出于保护环境公共利益之目的，因而原告是否适格的基准不在于是否有法律上的利害关系，在于是否存在法律为保护公益之目的而享有发动诉讼的授权。显然，在环境公益诉讼原告资格的认定上，如果仍然拘泥于民事诉讼法和行政诉讼法上"直接利害关系人"标准，不可避免地会因为"过高的诉讼门槛"而导致大量的环境案件难以进入诉讼程序。其结果不仅不利于通过司法力量维护环境公共利益，而且也不利于更好地监督污染破坏环境的违法行为。

尽管，随着新《环境保护法》的颁布实施以及《民事诉讼法》和《行政诉讼法》的再修改，从法律上进一步明确了"法律规定的机关和有关组织"的具体指向，并确认了"社会组织"提起的公益诉讼和"检察机关"提起的公益诉讼，有限地在适格主体多元化发展方向上打破了环境公益诉讼发展的瓶颈，从而有利于越来越多的社会组织和检察机关以诉讼方式发挥保护环境的新动能。但总体来看，我国在环境公益诉讼原告资格问题上采取的是"窄口径"的做法。诉讼主体受限、起诉门槛过高，势必会影响环境诉讼的案源数量。

---

① 参见江必新《中国环境公益诉讼的实践发展及制度完善》，《法律适用》2019 年第 1 期。
② 参见丁国峰、马超《环境公益诉讼存难点受案范围窄两法衔接程序不畅》，http://www.chinanews.com/fz/2014/09-24/6623880.shtml。

3. 审判保障配套机制运行不畅环境司法"梗阻"问题严重

这主要表现在：

其一，特别程序供给不足，环境司法专门化缺乏内在支撑。合理的审判组织及其运行机制，常常是保障公正高效地开展司法活动的必要条件。虽然法官工作的最终任务是在准确认定案件事实的基础上正确适用法律，但是这一任务的完成离不开科学公正的审判程序的保障。因此，只有审判机构的设置与诉讼程序和机制相适应，才能保障司法活动的公正和高效。这意味着，要加强生态环境的司法保护，实现对环境资源案件的优质高效审理，除了要加快设置职能合理的专门环保审判组织之外，还必须要不断推进对环境案件进行专门化审理的相关制度建设，而其中尤以加快形成一套独立的、系统的、符合环境保护需要的特殊诉讼程序规则为要。我国环境司法专门化的地方实践也证明：要维持高水平的环境资源审判，不仅需要在传统的司法审判机制及其程序模式的基础上，积极探索创新以形成能够满足环境司法实践需求的新的审判机制，也需要依赖较为精细的环境诉讼专门程序，这是由环境案件的特殊性所决定的。

独立、专门的诉讼程序是环境司法专门化的内在支撑，也是最能体现环境司法专门化价值的重要内容。我国环境司法专门化，起步于各地环境审判机构的建设。实践中，鉴于环境资源案件自身的特殊性，加之面对传统司法审判机制及其诉讼程序对环境案件审理形成的障碍，各地环保法庭为了适应生态文明建设的需要，全面加强环境司法，在环境诉讼中普遍采用了"多审合一"的案件审理模式，如"三合一"或"四合一"模式。但由于"多审合一"的诉讼实践存在"程序性失灵"问题，即缺乏专门适用于环境资源案件审判的特殊程序机制，无法有效回应环境诉讼对程序方面的专门化需求，制约了环保法庭的正常运作和审判职能的实际发挥。例如，传统的三大诉讼程序相分离的情形，无法应对复合性的环境纠纷需要并案审理的特殊需求，而这正是环境资源案件需要实行"多审合一"的现实基础。然而，如果法院在司法实践中，只是简单地把环境资源案件交由某一专设的环保法庭一并审理，而不对"多审合一"需要的诉讼程序作出实质性的整合，这样的司法就不能算是环境司法，也就更谈不上真正的专门化。正如有学者指出的，诉讼程序整合才是环境司法的核心与内涵所在，专门审判组织仅是这种内涵的外化和载体。① 显然，如何建立一套符合环境资源审判特点和规律的司法审判机制与专门化的诉讼程序，以弥补环境审判工作中的程序性失灵问题，是实现环境资源审判专门化必须要面对并加以解决的问题。

实际上，在环境司法领域，三大诉讼类型的划分，不一定绝对形成民事、行政和刑事案件三种形式，而是更多地表现出某种复合特性，在个案中形成类型交叉。② 这个时候，如果仍然对事实上存在交叉诉讼关系的环境资源案件采取"分而审之"的模式，可能会带来很多诉讼中难以避免的难题，比如难以统一裁判尺度、增加诉讼成本、延缓审判效率、不利于救济当事人的权益等。因此，环境纠纷之利益冲突的多元性和诉讼法律关系上的复合性的特点，决定了必须建立符合环境纠纷特点的审判组织及其运行机制，以凸显环境资源审判对程序的个性化需求，而不能照搬普通案件审理的程序机制。否则，环境司法的功能无法得以充分发挥。但是，目前中国实行的民事诉讼、刑事诉讼、行政诉讼严格区分的审判方式，以及依此划分为依据的审判组织形式和运行机制，不能适应环境纠纷解决的需要，导致一些环境案件审而不终、判而不决；也有一些案件，因为缺乏良好的机制保障而无法得到有效处理。③

其二，监测评估等配套机制不完善，阻碍了司法在环境保护中的作用。这主要表现为监测、评估机构中立性不强，环境监测数据质量得不到有效保障，不能为环境案件审理中所需证据提供及时、专业的技术支持。在诉讼过程中，监测数据以及鉴定和评估结果，是法院在审理环境案件和作出公正司法判决中不可或缺的重要证据。因此，法庭往往需要委托环境监测机构对污染物的排放情况以及环境状况等进行监测，需要专门的环境鉴定和评估机构对损害发生的原因、程度和范围作出鉴定和评估。然而，由于目前我国相关环境监测机构和鉴定评估机构较少或存在方方面面的问题，使得监测数据以及鉴定评估结果的公正性和法律效力受到质疑或者难以采信，导致环境诉讼中当事人举证和法院采证的困难，从而给审判带来

---

① 参见张宝《环境司法专门化的建构路径》，《郑州大学学报》2014年第6期。

② 例如，环境资源案件往往会因同一个环境致害行为涉及不同性质法律关系，而较为普遍地出现"民刑交叉""民行交叉"诉讼关系问题。

③ 参见吕忠梅、张忠民、熊晓青《中国环境司法现状调查——以千份环境裁判文书为样本》，《法学》2011年第4期。

了一定障碍。

①环境监测存在的问题。长期以来，我国实行的是由政府有关部门所属的环境监测机构为主来开展监测活动的单一管理体制。例如，《环境监测管理办法》①规定，环境监测是县级以上环境保护部门的法定职责，环境保护部门应当组建直属环境监测机构，对本行政区域环境监测工作实施统一监督管理。环境监测工作的法律性质是政府行为，是代表公众利益，为更好地行使公权力开展的公共事务。但问题在于，强化政府环境监测公共服务职能，并不意味着环境监测服务社会化不重要。事实上，在环境监测实际工作中，一些环境监测机构因隶属于政府行政部门，缺乏中立性和独立性保障，不利于其公平公正地开展环境监测活动并对其进行有效的监督制约，也难以保证其在监测活动中提供的监测数据的质量满足环境管理的需要。而且环境监测服务主体的单一化，也不利于提高政府环境监测公共服务的质量和效率。因此，有必要创新环境监测公共服务供给模式，有序放开公益性、监督性监测领域，鼓励引导社会环境监测力量广泛参与，形成以环保系统环境监测机构为骨干，社会环境监测力量共同参与的环境监测管理新体制。②

环境监测作为环境管理的重要内容和环境保护最为重要的基础性与前沿性工作，是客观评价环境质量状况、反映污染治理成效、实施环境管理和进行决策的基本依据。因此，环境监测必须要做到依法监测、科学监测、诚信监测。然而，实践中，由于环境监测管理不规范，特别是环境监测数据质量监督管理机制和责任追究制度不健全，给环境监测领域的失信行为提供了可乘之机，导致环境监测数据造假失真情况时有发生，严重影响了环境监测数据的可靠性，也损害了政府公信力。例如，这几年国家对环保的考核和督查越来越严格，地方上，如果环保出了问题，当地领导不仅可能被约谈，而且可能面临严厉的问责。为此，一些地方政府不当干扰环境监测的行为严重，更有甚者，一些本应为监测数据的真实性把关的地方环保部门也冒天下之大不韪，不惜"以身试法""监守自盗"，以造假的方式应付上级部门的监督、考核，使得环境监测数据的真实性和准确性

---

① 该办法于2007年7月由环保总局发布，9月1日起施行。该办法是环境监测法制化的重要转折点，填补了环境监测的立法空白。

② 为了弥补这一缺陷，2015年2月环境保护部印发了《关于推进环境监测服务社会化的指导意见》，旨在引导社会力量广泛参与环境监测，促进环境监测服务社会化良性发展。

大打折扣，影响极其恶劣。①

不仅如此，现阶段由于企业数据造假的违法成本低，加之受巨大的利益驱使和地方政府监管不力的影响，一些不法企业为逃避监管，破坏环境质量监测系统，干扰监测系统正常运行，导致企业污染源监测数据不实问题频出。据统计，仅在2015年，全国共发现2658家污染源自动监控设施存在不正常运行、弄虚作假等问题，有17省、自治区、直辖市立案78起。② 环境监测数据屡次"被污染"，这不仅让人怀疑一些地方环境治理的决心，也对环保部门公信力造成了事实上的损害。

没有真实数据，就没有公信力。环保监测数据造假之所以频频发生，原因很多。但近年来受到以下因素干扰，数据真实性屡屡受到质疑：③ 一是由于受到体制、机制的制约，地方政府存在着"既当运动员又当裁判员"的现象，随着"气十条""水十条"的陆续发布，各地环保达标考核压力日益增大，一些地方为应对环境质量考核、排名等工作，行政干预的风险大大增加。二是污染源自动监控设施及数据弄虚作假现象屡禁不止，一些企业采取非正常手段干预监测数据，导致生产或污染状况与事实不符，试图逃避环保部门的监管。三是社会环境监测机构良莠不齐，机构内监测管理体系未建立或不尽完善，且人员流动性较强，时有数据失真现象，甚至有部分社会环境监测机构受经济利益驱动或受利益相关方的干扰和暗示，杀价竞争，违规操作，伪造数据。

为了加强对环境监测的法律规制，2014年《环境保护法》对篡改、伪造或者指示篡改、伪造监测数据的行为提出了明确的惩处规定，首次将数据的质量问题上升到法律层面，具有了更高的约束力。为配合2014年《环境保护法》的贯彻实施，严肃查处环境监测数据弄虚作假行为，提升环境监测数据的公信力和权威性，原环境保护部于2015年12月发布了《环境监测数据弄虚作假行为判定及处理办法》，明确了监测数据造假情形的认定，为打击环境监测数据弄虚作假行为提供了判定依据。

②损害鉴定评估存在的问题。环境损害鉴定评估是鉴定评估机构按照

---

① 例如，西安环境监测数据造假案之后，"临汾造假案"也因环保局长亲自参与造假，监测数据被干扰近百次，导致监测数据严重失真达53次，教训深刻，影响恶劣。
② 参见智春丽《环境监测数据造假并非个案》，《人民日报》2016年10月27日第5版。
③ 参见王昆婷《解读〈环境监测数据弄虚作假行为判定及处理办法〉》，《中国环境报》2016年1月21日第3版。

规定的程序和方法，综合运用科学技术和专业知识，鉴别污染物性质，评估污染环境或破坏生态行为所致环境损害的范围和程度，判定污染环境或破坏生态行为与环境损害间因果关系，确定生态环境恢复至基线状态及补偿期间损害的恢复措施，量化环境损害数额的过程。当环境损害鉴定评估主要服务于环境管理和环境司法实践时，生态环境损害鉴定评估是确认生态环境损害发生及其程度、认定因果关系和可归责的责任主体、制定生态环境损害修复方案、量化生态环境损失的技术依据，评估报告是生态环境损害赔偿的重要证据。

当前，环境污染和破坏事件频发，给人们的生命健康和财产以及生态环境造成了巨大损害。构建完备的环境损害鉴定评估制度体系并不断改进鉴定评估技术方法，已成为世界各国环境保护实践的重要领域和前沿方向。尽管我国现行法律法规对环境污染和破坏行为的行政责任、民事责任和刑事责任都作出了原则规定，但由于在生态环境损害赔偿方面存在技术支撑薄弱、社会化资金分担机制尚未建立，尤其是缺乏具体可操作的环境损害鉴定评估技术规范和管理机制等诸多问题，导致生态环境损害赔偿案件在审理时因存在许多尚未解决的技术难题，使得环境污染和破坏者的违法成本极低，生态环境损害得不到足额赔偿，受损的生态环境得不到及时有效修复的问题比较突出。因此，及时开展环境损害鉴定评估工作，追究污染和破坏者的环境责任，是落实环境有价、损害担责原则和应对环境挑战的迫切需要。

生态环境损害鉴定评估技术规范缺失，是制约当前生态环境损害案件审判难和赔偿不到位的重要因素。过去，由于我国的环境损害相关立法和实践较为注重环境私益的评估与赔偿，目前正处于逐渐向环境公益损害的主张和求偿方面逐步过渡的初期阶段。因此，总体来看我国环境损害鉴定评估制度建设仍处于起步阶段，尚未形成完备的环境损害鉴定评估管理模式，在实际工作中面临诸多需要亟待解决的问题。尤其是因为鉴定评估缺乏完善的鉴定标准、程序、资格认证、法律责任等监督制约机制，使得涉及"环境资源案件的鉴定机构、鉴定资质、鉴定程序混乱，多头鉴定、重复鉴定，鉴定结论相互矛盾，导致当事人不服裁判的情况时有出现"[①]。

---

① 吕忠梅、张忠民、熊晓青：《中国环境司法现状调查：以千份环境裁判文书为样本》，《法学》2011年第4期。

这不可避免地会对案件的审判效率和公正性带来不利影响。

随着2014年《环境保护法》的贯彻实施，以及办理环境案件相关司法解释的出台，惩治环境污染和生态破坏犯罪、依法进行生态环境损害赔偿公益诉讼、开展突发环境事件环境影响与损失评估，已成为各级法院、公安机关、检察院、环境保护主管行政机关的重点工作。环境损害司法鉴定和环境损害鉴定评估作为开展上述工作的重要技术支撑，成为近年来环境科学、环境工程、生态学、环境经济、环境法学等相关学科领域新的研究问题，及时从应用层面开展和推进生态环境损害鉴定评估工作正当其时。

目前，我国已初步形成了有关生态环境损害赔偿鉴定评估技术体系：如有了相应的技术方法，包括《环境污染损害数额计算推荐方法》（第Ⅰ版）、《环境损害鉴定评估推荐方法》（第Ⅱ版）以及《突发环境事件应急处置阶段环境损害评估推荐方法》等；也有了可为行政和司法提供鉴定评估报告的机构。这客观上为环境司法、执法和管理活动提供了科学依据。为满足生态环境损害赔偿司法实践的迫切需要，环境保护部还制定了《生态环境损害鉴定评估技术指南总纲》[①] 和《生态环境损害鉴定评估技术指南损害调查》，以规范和指导生态环境损害鉴定评估工作。

4. 环境司法能力不敷使用法官"有心无力"问题凸显

司法无常强，无常弱。司法者强，则司法强；司法者弱，则司法弱。生态环境司法治理能力是软实力，直接决定着生态环境司法治理的成效。俗话说，打铁还需自身硬。因此，提高生态环境司法治理水平，能力变革是关键。对此，法官只有建立起与环境司法专门化相适应的现代司法能力体系，才能有效应对各种新问题新挑战，筑牢维护环境公平正义的司法防线。如果说法官的素质关乎司法的质量，那么提升司法质量，无疑可以从提高法官素质以不断增强其司法能力方面着手予以实现。那么如何判断法官的素质高低呢？从国外经验看，作为法律职业者中掌握决定人们命运大权的法官，是法律职业者的精英，必须具有精深的法律专业知识、丰富的司法经验和社会阅历。正如英国大法官爱德华·库克曾经说过的："法律

---

① 总纲和推荐方法两者的适用范围不同。推荐方法适用于污染环境或破坏生态所致人身、财产、生态环境损害以及事务性费用的鉴定评估，而总纲只适用于污染环境或破坏生态行为所致生态环境损害的鉴定评估。

是一门艺术,它需经长期的学习和实践才能掌握,在未达到这一水平前,任何人都不能从事案件的审判工作。"①

在环境诉讼中,审判人员的职业技能和专业素养不仅直接决定着案件审理的水平,也直接影响着环境法庭发挥作用的程度。环境资源案件具有特殊性,所以必须走专门化审判之路。而其中审判队伍专业化,是环境司法专门化的重要一环。之所以这样说是因为,法官的专业化对于司法公正有着最为直接的作用。因为,一个没有深厚法学理论功底的法官很难对法律的适用作出合理的解释和论证;一个不具有娴熟的法律专业知识和审判技能的法官很难高效率地处理案件;一个没有养成良好的定向思维的法官很难作出客观公正的判断和裁决。②

应当承认,我国环境司法专门化的十数年实践,不仅培养和锻炼了一支兼具法律素养和环境科学素养的环境审判队伍,而且创新了环境审判制度和机制。但从司法实践看,因知识结构不尽合理和理论水平参差不齐而导致的环境司法能力不敷使用问题仍然突出。实践中不断涌现的环境案件呈现出鲜明的专业性、技术性特征,同时环境损害后果的隐蔽性、长期性和潜伏性,都使得污染源、污染路径、损害结果以及因果关系等案件事实,因缺乏广泛的专业知识而在认定上面临一定困难。尤其是法官在环境法的专门知识、个体私益与环境公益的衡量技术、经济发展与环境保护的协调能力等方面存在的不足,还不能很好地满足解决环境纠纷的需要,对于已经建立的环境法律制度理解不透,对纠纷的事实认定与法律适用还存在不少偏差和问题,从而对环境司法的公正性产生了不良影响。案件审理面临的现实,既挑战着审判人员的业务素质和审判能力,也对环境案件审判人员的专业化提出了更高要求。因此,如何从不断提高审判队伍素质的角度以确保环境司法保护取得实效,是环境司法专门化发展过程中必须要解决的问题。

徒法不足以自行。无论是专门的审判组织还是特定的审判程序,都并不能必然带来公正有效的裁判。归根结底,案件还是要靠人来审理。因此,审判队伍建设对环境司法的重要性不言而喻。环境资源类案件专业性强、涉及面广、法律政策水平要求高,客观上需要一支具有较高政策理论

---

① [美] 罗科斯·庞德:《普通法的精神》,唐前宏等译,法律出版社2001年版,第42页。
② 参见吕忠梅《职业化视野下的法官特质研究》,《中国法学》2003年第6期。

水平和环境法律素养以及通晓环境科学等相关自然科学的专门知识,并具有较为丰富的审判实践经验的"一专多能"的复合型法官队伍,才能胜任审判工作的实际需要。虽然在环境司法专门化的实践探索中,全国各省陆续设立了形式多样的专门环境审判组织,开展了对环境案件的统一管辖和专门化审理。而且,为了加强审判能力,一些地方的法院还选调刑事、民商事和行政审判业务骨干充实环境资源审判庭,为实行"多审合一"归口审理模式积累了经验、奠定了基础。但由于我国环境法庭的审判人员大多由人民法院内部从事民事、刑事或者行政审判工作的法官兼任,受环境法律专业知识匮乏和环境案件审判经验不足的严重制约,法官难以适应环境纠纷案件审理的需要,使得大量环境案件不能得到很好地解决。

5. 环境案件执行难、审判效果打折扣、司法公信力受质疑

当事人提起环境诉讼的最终目的,就在于执行法院生效的裁判落实法律责任。因此,生效判决的执行关系到环境权益能否得到有效保障、环境公共利益能否得到及时维护,关乎环境法的实施效果及其审判机关的司法公信力。如果环境法庭设立后,其作出的生效判决无法得到有效执行,那么环境司法自身的价值也就无法实现。

在司法实践中,由于受执行法官专业化不强的制约,执行人员对环境案件执行程序的特殊性把握不够,对恢复性司法在环境案件中的重要性认识不足,不能较好地从环境利益最大化的角度去"优选"执行方案,我国环境法庭在执行生效判决、落实责任方面面临较大的执行困境。

首先,环境侵权案件的"执行难"与传统案件有所不同,在某种程度上,由于环境案件造成损害容易、恢复困难甚至永远无法回复的特点,决定了一些案件必然产生"执行难"问题。由于环境损害后果具有潜伏性和长期性,这不可避免地会增加对环境案件因果关系及损害后果认定上的难度,而这个过程不仅耗时长、还耗费大量金钱,既影响案件的审判进程,也势必会加大对责任追究的难度。

其次,经济利益与环境权益的冲突也会带来责任落实上的困难。面对环境资源,因不同主体利益诉求上的差异,容易产生不同的矛盾和冲突。比如,经济发展与环境保护之间、个人利益与公共利益之间、局部利益与整体利益之间,以及眼前利益与长远利益之间的矛盾和冲突等。面对这种复杂的利益关系,尤其是最突出和最核心的经济发展和环境保护之间的矛盾和冲突,要求环境诉讼必须要在这些利益关系中作出妥善平衡。以上海

青浦法院执行的一个实际案件为例：被执行人主要经营铝型材加工，为节省成本违规使用燃煤熔炼炉，造成环境污染。执行中查明，被执行人属集体福利企业，挂靠了35名残疾人。他们的生活费主要来源于企业的经营所得，如果勒令其停产，不但该厂职工会下岗，所挂靠残疾人的生活费也将没有着落。如何兼顾环境权益与劳动者权益，成为此类案件执行中的又一难题。

从青浦法院执行案反映的问题来看，我们认为，在处理此类案件的过程中，环境司法审判机关如果不能正确处理好环境权益与经济利益两方面的关系，就势必会影响当事人履行义务的积极性，甚至使法院的强制执行也无法落实，更有甚者，还可能产生新的矛盾和社会问题。因此，较为妥帖的做法是人民法院在案件审理的过程中，在保护环境公共利益的前提下，应充分考虑企业的生存和发展需求，尽量避免企业因损害担责而破产关闭，损害经济的健康发展。

事实上，来自青浦法院的数据也表明，环保非诉行政执行案件中，被执行人自动履行的仅占37%，强制执行结案的为5%左右，超过一半的案件不得不中止或终结执行程序。颇为纠结的是，当地居民迫切要求消除环境污染合情合理，但相关企业停产、停业，就意味着职工失业，影响家庭生计，甚至成为社会不稳定因素。①

那么，在环境资源审判中到底应当怎样去理性看待和有效衡平好经济发展与生态环境保护之间的利益关系呢？贵阳"守住两条底线"的环境资源审判理念，给类似案件的审理提供了有益启示：环资审判理念，不能拘泥于生态环境的绝对价值而阻碍发展，更不能简单地以发展为理由任由破坏生态，必须以发展和生态价值的平衡为抓手。不守住生态，环资审判就没有存在的意义；扼杀了发展，环资审判的社会效果就可能大打折扣。贵州环资审判坚持不以惩罚为目的，避免巨额判罚，判决重在积极寻找方案，以期又快又好地恢复和改善环境。②

在我们看来，"守住两条底线"的环境资源审判理念，其核心即我们所说的"坚持保护优先兼顾发展"的理念。2013年江苏省泰州市"天

---

① 参见卫建萍等《环保案执行——难题及解题之道》，《人民法院报》2011年10月10日第6版。

② 参见傅智文《生态环境司法保护的贵州经验》，《贵州日报》2018年6月19日第10版。

价"环境公益诉讼案,是生动诠释这一理念的经典案例:该案中,法院判令污染企业承担1.6亿余元的环境修复资金,但司法理性又使该案的判决没有止步于天价赔偿,而是允许涉案企业缓交40%的环境修复费用,还可以通过技术改造费用部分进行抵扣,既达到了环境修复的目的,又兼顾了企业生产经营面临的现实困境,较好地实现了经济发展和环境保护的有机统一。

实践中,环境侵权责任的履行,尤其是涉及环境公共利益损害赔偿的履行面临诸多困难。但泰州案判决在赔付责任履行方式上的积极探索,符合环境修复费用的主旨,如果污染企业不能从根本上转变生产经营方式,再犯的可能性仍然存在,那么修复的意义将不复存在。因此,通过抵扣的方式引导和鼓励企业主动开展环保技术改造,从源头上降低污染环境的可能性,符合环境法预防为主、防治结合的原则和理念,综合考虑了判决的司法效果、社会效果与环境效果,具有一定的积极意义。

最后,环境公益诉讼案件因其关涉的利益关系复杂,执行难问题表现得就更为突出。一是环境公共利益一般标的额较大,存在穷尽所有手段,用尽污染者的所有财产也难以弥补污染造成损失的可能性;二是环境公共利益(一般表现为环境生态功能)还存在污染和破坏容易,恢复和重建困难的情况,甚至一些生态环境一旦破坏,就永远不可能再回复;三是环境公益案件的执行常会受到不当的干扰。[①] 显然,积极寻求环境案件执行难问题的破解之道,也是环境司法专门化过程中必须要高度重视的一个问题。

---

① 参见郑少锋、王建民、杨秀梅、杨敬栓:《发挥环境司法职能作用维护环境公共利益——山东省东营市中院关于环境公益诉讼的调研报告》,《人民法院报》2014年3月27日第8版。

第四章 他山之石：域外生态环境司法保护机制及经验分析

设立环境法院或法庭是世界上许多国家在应对环境危机、有效化解环境纠纷时采取的通行做法。实践证明，通过成立环境法院或设置环保法庭的方式对环境案件实行专门化审判，对环境纠纷的解决和生态环境的司法保护发挥了重要作用。总体而言，国外环境司法专门化的实践历史较长、发展和运作的经验也较为成熟。多年来，各国法院忠实执行本国宪法及法律，审理了一大批环境重大案件，有力地保护了生态环境，积累了丰富的可资借鉴的审判经验。

较之域外，无论在理论意义上还是实践意义上，我国环境司法专门化都还是一个新生事物。虽然近年来，随着环境保护的实际需要增加，环境法庭案件增量明显，但制约其健康发展的问题不少。合理借鉴域外环境司法方面的有益经验，有助于进一步推进我国环境司法专门化的可持续发展。

第一节 环境审判的历史转型：国际社会专门环境法院和法庭的发展

一 环境法院和法庭"全球化"发展趋势的根源

历史地看，任何新生事物的出现可以说都是内部因素与外来影响相互作用的产物，或者说是由一系列复杂因素综合作用的结果。环境法院和法庭在国际社会的出现和兴盛也不例外。毫无疑问，有社会便会有纠纷，而且伴随着社会的发展变迁总是会有更多新的社会纠纷和矛盾形式不断衍生出来。事实上，任何一种纠纷解决的理论或制度都不可能是固定不变和一劳永逸的。纠纷的性质不同，往往需要防止和解决纠纷的场所、机构、程序以及有关规则也应当作出相应调整，以适应特定纠纷解决的现实需要。

正是在围绕纠纷解决模式转变这一新的实践探索中，才可能产生出新的纠纷解决的理论，开辟出不同于以往的司法改革途径以至于推动司法领域的革命性变化，并最终促进一种新的制度安排和纠纷解决规则的历史性生成。

站在环境纠纷解决的"最佳实践"的立场上看，为了有效应对环境案件的审理，强化司法在解释与促进环境法律实施、推动可持续发展、真正落实尊重人权和维护环境正义方面的作用，人们越来越多地认识到，一个具有专门的环境知识的法院不仅可以改变传统的司法和行政结构，而且还可以改变环境纠纷解决的途径。一些新兴的专门审判机构——环境法院和法庭开始成为解决传统司法体系障碍、审理环境案件，以强化获得环境正义和环境治理的一个理所当然的途径。

据统计，20世纪70年代，只有屈指可数的几个出现在欧洲的专门环境法院和法庭。① 至2009年，全球已经有了350个环境法院和法庭被记录在案。自2000年起，环境法院和法庭的数量开始呈现出惊人的"爆炸式"增长。截至2016年，已有44个国家在国家、州（省）层面，以及属于州或省的地方和市层面建立了逾1200个环境法院和法庭。此外，还有约20个国家正在讨论或计划建立环境法院和法庭。② 这些数字足以说明，环境法院和法庭在全球的发展和迅速普及，已经成为21世纪环境法及其实施机构发展进程中最引人注目的变化之一。

那么从国际层面上看，环境法院和法庭发展呈现出全球化趋势的成因有哪些呢？我们认为，这与国际环境法对环境人权的积极推动以及在促进环境治理方式转型方面的大力倡导是分不开的。

人权与环境保护之间的联系，从斯德哥尔摩大会时起就已经确立了。早在1972年，《人类环境宣言》就曾指出，"人类环境的两个方面，即天然的和人为的两个方面对于人类的幸福和对于享受基本人权，甚至生存权利本身，都是必不可少的"，并庄严宣告"人类有权在一种能够过尊严和福利的生活的环境中，享有自由、平等和充足的生活条件的基本权利"③。

---

① 其实早在1918年，瑞典和芬兰就成立了水法庭。作为审理环境资源案件的专业法庭，水法庭专门审理特定流域涉及水资源的调配和使用等方面的纠纷。
② 参见［美］乔治·普林、凯瑟琳·普林《环境法院和法庭：决策者指南》，周迪译，王树义审订，中国社会科学出版社2017年版，第3—4页。
③ 《人类环境宣言》，原则1。

这是历史上首次在国际法文件中明确环境权。对此，1992 年的《里约宣言》再次重申了这一人类社会可持续发展的基本价值，即"人类处于普受关注的可持续发展问题的中心。他们应享有以与自然相和谐的方式过健康而富有生产成果的生活的权利"[①]。由此可以看到，《人类环境宣言》和《里约宣言》都宣布，使人能够过尊严和福利的生活的环境是人享有的权利。

人权与环境在本质上是相互依存的。环境权的提出，使得人们享受其生存环境的生态功能和生态价值的利益有了权利载体，是人们享受良好环境条件的保障，参与环境保护事务的前提，也是人们主张环境救济和环境修复的依据之一。环境权还是确立政府环境管理权，以及对企业开发利用环境、排污行为进行合理限制的正当性之源，[②] 具有防御污染和破坏、保护和改善环境、促进公众参与、监督制约政府和经济主体的环境利用行为的重要功能。

不同于《人类环境宣言》的是，《里约宣言》还呼吁在环境保护问题上公众的有效参与，提倡个人的知情权、参与权和获得补救权。例如，宣言针对各个国家在保护环境和实现可持续发展方面应采取的各项措施中明确指出："环境问题最好是在全体有关市民的参与下，在有关级别上加以处理。在国家一级，每一个人都应能适当地获得公共当局所持有的关于环境的资料，包括关于在其社区内的危险物质和活动的资料，并应有机会参与各项决策进程。各国应通过广泛提供资料来便利及鼓励公众的认识和参与。应让人人都能有效地使用司法和行政程序，包括补偿和补救程序。"[③]

保护人权的基本内容之一，是创设使权利得到尊重的程序。环境权的实现也体现在程序制定方面，这就意味着要创设有效的程序。因此，承认环境权应包括使个人有权就环境问题诉诸有管辖权的机构。[④] 在这个方面，值得一提的是 1998 年在丹麦通过的《在环境问题上获得信息、公众参与和诉诸司法的奥胡斯公约》（*Arhus Convention on Access to Information , Public Participation in Decision-Making and Access to Justice in Environmental*

---

① 《里约宣言》，原则 1。
② 参见李挚萍《环境基本法比较研究》，中国政法大学出版社 2013 年版，第 12 页。
③ 《里约宣言》，原则 10。
④ 参见［法］亚历山大·基斯《国际环境法》，张若思译，法律出版社 2000 年版，第 20 页。

Matters)。这是目前将环境权具体化的最完善的条约。为该公约所确立的公众在环境保护方面的三个权利支柱,即环境信息权、参与决策权和获得司法救济的权利,不仅为环境法治奠定了坚实的权利基础,而且"公众有获得公正司法的权利"的主张,也为在国际和国家层面拓展诉诸司法的渠道,并为进一步强化对环境的司法保障提供了重要的动力和条件。近年来,通过完善司法来加强环境保护日益受到重视,专门的环境法院和法庭也在许多国家发展起来,公众参与、信息获取和诉诸司法等方面也取得了很大进步。

全球对持续增加的环境退化和气候变化的影响作出的积极回应,也是推动环境司法不断走向深入的重要原因。2015年国际社会达成了两项重要的承诺:一个是联合国《2030年可持续发展议程》①,另一个是气候变化《巴黎协定》②。这两项动议均包括一些与环境问题有关的承诺、目标和具体指标。例如,《2030可持续发展议程》可持续发展目标16就指出,"创建和平、包容的社会以促进可持续发展,让所有人都能诉诸司法,在各级建立有效、负责和包容的机构"。

为了回应这些承诺和目标而制定新的国家法律、决定和采取行动,相关的环境诉讼也将随之产生。随着环境纠纷进一步增多,对通过专门环境法院和法庭来解决环境纠纷的需求也将随之增加。目前,有一些关于《2030年可持续发展议程》和气候变化的问题,已经开始被起诉到包括环境法院和法庭在内的一些法院进行审理。因此,使用专家来处理这些问题的需要,将会进一步促进环境法院和法庭的建立和完善。③

可以肯定的是,环境法院和法庭之所以能在国家层面得到快速发展,是与国际环境法的深远影响分不开的。受国际社会的影响,人们对于"发展必须可持续以使未来世代和我们的地球能够继续生存"这一观念予

---

① 2015年9月25日举世瞩目的联合国可持续发展峰会在纽约联合国总部举行,会议通过了由193个会员国共同达成的成果文件,即《2030可持续发展议程》。这一包括17项可持续发展目标和169项具体目标的纲领性文件将推动世界在今后15年内实现3个史无前例的非凡创举——消除极端贫困、战胜不平等和不公正及遏制气候变化。

② 《巴黎协定》是2015年12月12日在巴黎气候变化大会上通过,2016年4月22日在纽约签署的气候变化协定。该协定为2020年后全球应对气候变化行动作出了安排。国际社会强有力的支持不仅证明了需要对气候变化采取行动的紧迫性,而且显示出各国政府一致认为应对气候变化需要强有力的国际合作。

③ 参见[美]乔治·普林、凯瑟琳·普林《环境法院和法庭:决策者指南》,周迪译,王树义审订,中国社会科学出版社2017年版,第3—4页。

以理解和承认的同时，国家、区域和地方在遵循一般国际环境法原则和制度的基础上，也开始从国家或区域环境保护的特殊需要出发，发展、演化出了一些新的富有特色的环境保护原则和制度，而环境纠纷解决机制就是其中的一个重要方面。在这样的背景和趋势下，一些国家开始纷纷重新审视已有的纠纷解决机制，并评价其是否有能力对环境纠纷进行公正、快捷和经济的解决。这使得国家制定与环境法院和法庭相关法律的现象也越来越多。因此，在国际环境法影响下形成的大量有关环境保护的国家法律，实际上也成为促进环境法院和法庭发展的另外一大动力。印度的《国家绿色法庭法》就是一个典型的例子。根据《国家绿色法庭法》，该法的制定就是为了履行印度作为《人类环境宣言》和《里约宣言》成员国的国家义务，以通过设立国家绿色法庭提供有效的司法和行政诉讼渠道。

环境法院和法庭在国家层面或竞相出现，或行将建立和不断发展，还受以下几个方面的促动因素的影响：

首先，从已有的纠纷解决机制的缺陷上看，在专门性的环境司法出现以前，作为解决某类环境纠纷的一般性法庭甚至是其他领域的专门法庭，虽然也涉及对环境问题引发的纠纷的处理，但是在案件的审理过程中无论对涉及环境保护方面的事实问题还是法律问题的认识和理解，并不一定能从环境保护的真正需要出发来作出合理的解释和正确的适用。或者说，较之以专门性环境司法模式，一般性司法在处理自身纠纷时，很难将环境事项或因素放在优先或突出的地位。环境利益在纠纷处理中的附带性或边缘性，客观上存在不利于环境保护的可能。

其次，从环境纠纷解决所需要的专门性的科学技术知识和能力上看，环境纠纷是公认的科学技术含量较高的纠纷形式。对于迅速发展中的环境法，普通法院和法庭不仅面临着解释和适用日趋复杂的环境法律体系的困扰，而且法官们还面临着对极其复杂的科学证据的正确认定、对未来环境影响进行评估，并依照可持续发展的要求，权衡相互冲突的经济、社会和环境等利益的巨大挑战。这都可能导致法院在作出判决时产生实质性延误，徒增时间和经济成本，而且判决之结果也难以真正起到保护自然生态或促进可持续发展的目的。面对环境方面专门技术知识的匮乏和人员不足的制约以及各国对环境正义的强烈需求，使得已有的司法系统因难以提供专业的知识和程序，在审理环境案件的能力方面几乎达到极限，面临着不能承担的诉讼负担，这时转而寻求建立专门的环境法院和法庭就成了理所当然的事了。

另外，从专门环境法院和法庭的优势上看，主张建立专门环境司法机构的理由，也是出于对一般司法机构在处理环境纠纷方面的能力和实际效果的怀疑与担心。经济社会的发展产生了大量的环境纠纷，而这些纠纷无论在涉及的法律问题上还是技术问题上都有其特殊性。加之各国在实践中有专业知识参与案件审理的大量需求，在这种情况下，根据纠纷的特点将其分配给专门的法院管辖或者诉诸专门法院或法庭，并且在必要时提供专门的技术意见，对于确保适用正确的环境专门知识来裁决纠纷来说可能是最适合的方法。而环境法院和法庭不仅可以为环境纠纷提供专业的知识和程序，而且也更符合其对灵活、高效、便捷、公正地解决环境纠纷的需要。事实上，环境法院和法庭纠纷解决机制的建立和运作实践也表明，对于技术性很强和法律上也比较特殊的环境纠纷，需要由专家组成的机构以更为科学的方式加以解决才符合环境诉讼的目的。

总之，环境法院和法庭的出现有其特定的原因和历史必然性，但是正如人们所认识到的，法院是解决纠纷的最后选择但却不一定是最优选择，当然更不是唯一选择，因此各国应当根据自身的实际情况自主地、有选择地确定各自的环境司法专门化实施方案，而不能成为环境司法国际化浪潮中的"被选择者"。

二 环境法院和法庭的运行模式

世界各国的环境法院和法庭的建立模式是多种多样的，不同的国家有不同的做法。不存在一个适合于所有情形的最佳模式可以直接拿来以供他国使用的情况，因为每一个环境法院和环境法庭都反映了其所在国特有的国家特色、文化和法律体系的要求。如果存在一个放之各国而皆准的理论的话，那么它一定是走符合国情的特色化环境司法道路。这样看来，对一个国家而言，所谓的"最好的"环境法院和法庭，只不过是最适合这个国家的、根植于一国本土资源，且最能够体现一国特有的历史、文化、经济、社会、政治与法律以及生态环境状况的司法模式而已。

从建制上看，环境法院既有由发展较为完备的、独立的且人员配备完整以及财政充足的司法机构建立的，也存在相对简单、财政支持不足、由流动法官按期审理环境案件的基层环境法院。环境法庭则既有由具备一定司法阅历的最高法院大法官主持，并配备法官和科学、经济等多学科知识背景的专业人士的较为复杂的行政机构，也有地方一级的不配备法官的土地利用规划委员会。

从管辖权上看，有的环境法院和法庭拥有综合管辖权，即同时拥有民事、刑事和行政案件的管辖权，以便使案件能够以一种完整的方式得到审理，而有的仅有其中一个或两个管辖权限。有的管辖权可以覆盖全国，而有的则仅限于特定的区域。从审理案件的数量上看，有的环境法院和法庭年均处理数百或上千件案件，而有的一年却仅处理3—4个案件。①

从司法实践上看，根据作出判决（审判）的独立性（decision-making independence），可以对世界各国的环境法院和法庭进行不同的分类。其中，环境法院可以分为独立运作的环境法院、有独立判决的环境法院、法学和科学双重背景的法官相结合的环境法院、普通法院指定法官四种模式，以及一种替代模式，即接受过环境法培训的法官模式。环境法庭则可以分为独立运行的环境法庭、独立裁判的环境法庭和附属的环境法庭三种模式。②

独立运行的环境法院是指完全独立或实质意义上独立的法院模式，是最高形式的环境法院。通常情况下，这类法院建立费用高、运行最复杂，有着最广泛的管辖权和最多的最佳实践，代表着环境司法专门化发展的方向。澳大利亚新南威尔士土地和环境法院、新西兰环境法院以及巴西亚马孙州环境和农事法院，都是独立运行的环境法院的世界典范。

独立判决的环境法院是指内置于普通法院、接受其监督管理，但在程序、规则和判决方面具有实质上的独立性的法院模式。美国佛蒙特州环境法院和澳大利亚昆士兰州规划和环境法院，是此类法院的典型。

法学背景和科学背景的法官结合进行跨学科联合审判的环境法院模式是指，在一些环境法院或环境法庭同时拥有法学出身的法官和科学技术背景出身的法官，在案件的审理过程中他们拥有同等投票权，采取"联合审判"模式，由两种背景出身的法官一起作出判决。瑞典土地和环境法院，是这种跨学科审判决策机制的范例。

普通法院指定法官审理环境案件模式是指，普通法院通过指定或将已

---

① 参见［美］乔治·普林、凯瑟琳·普林《环境法院和法庭：决策者指南》，周迪译，王树义审订，中国社会科学出版社2017年版，第21页。
② 同上书，第30—58页。

有的法庭或法官指定为"绿色法庭"或"绿色法官"的环境案件审理方式。这种方式因其简便易行，是很多国家的首选。菲律宾环境法院和美国夏威夷环境法院，是通过普通法院指定法官审理环境案件的范例。

普通法院的法官接受环境法培训的模式是指，并未设立环境法院只是通过对部分法官进行环境法培训以适应将来的环境审判需要。因此，这个类型并不是真正意义上的环境法院。

所谓独立运行的环境法庭主要是指，能够控制自身的运行、规则和其所做的裁决的模式。在这个方面，肯尼亚的国家环境仲裁庭和日本的环境（公害）纠纷协调委员会，是独立运行的环境法庭的范例。

独立决策的环境法庭是指，虽然附属于另一个政府机构并接受其监督管理，但在裁决上是完全独立的法庭模式。印度国家绿色法庭，是决策独立的环境法庭的范例。

附属环境法庭是指，在行政、财政和政策方面受一个行政机构控制的环境法庭，而这个机构作出的行政决定可以由这个附属于它的环境法庭审查。美国联邦环境上诉委员会是附属环境法庭的范例。

尽管环境法院和法庭的运行模式是多种多样的，但只要一个环境法院和法庭的建立能够为公众参与环境保护提供诉诸司法的渠道，能够通过"公正、便捷和经济的"环境纠纷解决机制以加强环境治理、推动环境法治、维护环境正义，进而促进可持续发展，那么在环境法院和法庭的模式选择上就可以不拘一格，或者说就没有必要做到整齐划一、千篇一律。因为不管怎样，最适合的、最能解决问题的才是最好的。正如国际环境法院和法庭研究的权威专家、美国丹佛大学教授乔治和凯瑟琳所指出的："最成功的环境法院和法庭绝不是换了个新名字的普通法院或穿着绿色法官袍的法官！"①

第二节 欧盟环境司法

在环境治理方面发挥重要作用的区域性国际组织，大部分并非专为解决环境问题设立。它们主要是在行使其原有的协调解决区域政治、经济、

---

① ［美］乔治·普林、凯瑟琳·普林：《环境法院和法庭：决策者指南》，周迪译，王树义审订，中国社会科学出版社2017年版，第66页。

社会问题的职能的基础上,应对形势发展的需要将职能扩展至环境领域。① 欧盟(European Union,EU)作为一种新型的区域性国际组织,在环境问题的国际治理中作用最为突出,也至为重要。

欧洲法院(European Court of Justice),作为欧盟的最高法院,虽然不参与决策过程,但可以通过它解读欧盟法及其判例对欧盟环境政策的发展和实施产生的直接或间接影响。②

一 欧洲法院及对欧盟环境政策与法律的影响

《建立欧洲共同体条约》等欧盟基础条约,对欧洲法院的组成、任务、职权等问题作了专门规定。欧洲法院,是欧盟环境争端的仲裁机构,由法官、检察官及其他人员组成。法院实行全体合议庭制,法院内部可以设立分庭,每个分庭由3—5名法官组成。③

欧洲法院在环境领域的主要职责是裁决欧盟机构和成员国之间,以及各成员国之间发生的环境纠纷。欧洲法院在执行欧盟环境法方面的基本任务是,保证在解释和实施欧盟基础条约中有关环境保护的条款时尊重法律。

欧洲法院对成员国、欧盟机构以及个人的诉讼都有管辖权,而且管辖权具有强制性、成员国不得随意撤销,也不能有任何保留。欧洲法院通过行使司法审查权、先予裁决权、民事审判权、欧盟法的解释权,对欧盟的环境政策施加影响。

欧洲法院的判例是共同体法律的重要组成部分,欧洲法院通过判例确立了许多法律原则。在与环境有关的法律和原则的形成过程中,欧洲法院显示了其充分的造法功能。例如,欧洲法院对"委员会诉丹麦饮料瓶案"(第302/86案)④ 的判决,肯定了丹麦饮料法在环境保护上的积极意义,首开共同体内将贸易与环境相联系的先河,在欧盟环境保护发展史上具有

---

① 参见张小平《全球环境治理的法律框架》,法律出版社2008年版,第225页。
② 参见肖主安、冯建中《走向绿色的欧洲:欧盟环境保护制度》,江西高校出版社2006年版,第6页。
③ 在国际层面,即便一些国际审判机构,例如国际法院、国际海洋法法庭和欧洲法院也都处理环境纠纷,但真正意义上有综合管辖权的多边环境法院和法庭还没有建立起来。
④ Commission / Denmark, Judgement of 20 September 1988, Case 302/86, [1988] ECR 4607.

积极的意义。

此前,丹麦政府通过立法,要求啤酒和软饮料必须使用可回收式容器。丹麦此项法律的动机是要让零售商回收所有的容器,不论容器来自何地。金属容器被禁止使用,非经允许的容器将由零售商自行收回。这项法律虽然可以极大地提高丹麦国内的容器循环使用率,但也使非丹麦生产厂家难以向丹麦出口啤酒和软饮料。

欧盟委员会认为,这项法律是对非丹麦生产厂家的一种变相歧视,也是对《建立欧洲共同体条约》第30条构成的贸易壁垒。因此,欧盟委员会认为,必须确定环境保护的考虑是否可以且在何种程度上可以对无边界的共同市场原则享有优先权,因为成员国今后可能会以保护生态为理由,避免按法院判例法要求开放啤酒市场。欧洲法院认为,环境保护作为共同体的基本目标之一,可以用来证明对商品自由流通原则施加的某些限制具有合理性,但对自由市场原则的限制必须同所需实现的目标保持适度的比例关系(proportionality)。①

为此,法院裁决,尽管丹麦饮料瓶回收计划可以接受,但它对所允许的容器形状的数量限制违反了比例适度原则(均衡原则),因而也违反了共同体法。1989年关于液体容器的指令(第85/339号指令),就是此案裁决的一个直接结果。该指令要求成员国制订计划,减少废弃物中人类消费的液体饮料容器的数量。

在瓦隆废物(Walloon Waste)案中,欧洲法院认为出于环境保护的迫切需要,可以对垃圾的跨国界运输有所限制,并通过判决确立了"首先在发生地处理废物"的原则,② 该原则一直沿用至今。

欧洲法院在实施欧盟环境政策和法律方面的作用,主要表现在如下几个方面:③ 受理由欧盟委员会对成员国提起的环境诉讼;受理由某成员国对另一成员国提起的环境诉讼;受理欧盟环境法规的有效性诉讼;受理欧盟机构不履行环境职责的诉讼;受理适用先决裁定程序的环境诉讼;受理与欧盟环境法或环境事务有关的其他诉讼;强制执行欧盟法院对有关环境

---

① 这也就是说,环境保护并非在任何情况下都是限制自由贸易的例外理由,只有在环境保护措施是必要的、并且不构成任意歧视或者掩盖贸易限制的情况下,环境保护才能成立。

② 这符合环境法源头治理的原则,这也是1989年有关控制危险废物越境转移及其处置的巴塞尔公约确立的自我约束(Self-sufficiency)原则和最近原则的要求。

③ 参见蔡守秋《欧盟环境政策法律研究》,武汉大学出版社2002年版,第30—35页。

案件的裁决或判决。

二 欧盟提起环境诉讼的依据

在欧盟，公众参与和司法诉讼是执行环境政策的重要方式和环节。在该领域的一个最重要的法律工具是《奥胡斯公约》（the Arhus Convention）。① 该公约包括一个提起司法诉讼的专门条款，即"在环境事务中获得司法公正"。该条款形成了由个人和公共利益团体提起的不同诉讼的基础。

这些诉讼包括：向法院或者由法律设立的其他独立的和中立的机构起诉公共当局的决议（行政的和司法的复审的权利），要求充分和有效的救济，包括禁止令；对私人和公共当局违反环境法的行为或不作为提起诉讼。

例如，《奥胡斯公约》第9条第1款开宗明义地规定："每个人都有权在有利其健康和福祉的环境中生活"（right of every individual to live in an environment for health and well-being），从而为公众参与环境保护的正当性奠定了权利基础。② 基于此，《奥胡斯公约》规定："公众可以诉诸行政或司法程序，就违反国家环境法律的有关行为提出质疑"③；"每个缔约方应在国家立法的框架内确保任何人，凡认为自己按照第四条（信息公开条例）所提索取信息的请求被忽视、部分或全部被不当驳回、未得到充分答复或未得到该条所规定的处理，都能得到法庭或依法设立的另一独立公正机构的复审"④。

不仅如此，《奥胡斯公约》还规定："每个缔约方应在国家立法的框架内确保（a）具有充分利益的所涉公众⑤或（b）被认定为某项权利受到损害的所涉公众，能够求助于法庭和/或依法设定的另一个独立公正机构的复审程序，以便就第三条（公众参与环境决策）规定范围内的任何

---

① 即《在环境问题上获得信息、公众参与和诉诸司法的公约》。
② 在这方面的权利（interconnected environmental rights）主要包括：知情权（right to information）、参与决策权（right to participate in decision-making）以及诉诸法律实施环境法权（access to justice to enforce environmental law）。
③ Aarhus Convention: Article 9, Paragraph 3.
④ Aarhus Convention: Article 9, Paragraph 1.
⑤ 《奥胡斯公约》界定了两个概念："公众"（Public）和"所涉公众"（Public concerned）。其中，所涉公众是指正在受到或可能受到环境决策影响或在环境决策中有自己利益的公众。

决定、作为或不作为,在实质和程序上的合法性提出质疑。"①

为保证公众参与的实效性,《奥胡斯公约》还规定:"复审程序必须提供充分和有效的补救办法,且此类程序应公正、公平、及时、费用不过于昂贵"②;"政府应确保为公众提供诉诸行政或司法复审程序的途径";"政府应建立适当的协助机制,以消除或减少公众在诉诸司法方面的经济和其他障碍"③。

近年来,环境领域的违法诉讼案在欧盟比重很大,占了委员会提交至法院的总数的1/3。这些案件主要涉及自由获取信息方面、环境影响评价方面、空气方面,以及水、自然保护、噪声、化学品和生物技术、废弃物以及环境和工业方面等。④

三　欧盟成员国的环境司法实践

(一) 芬兰

1. 芬兰的环境保护与环境法

芬兰是个空气清新、水清林秀、恬静怡人、城市被森林所包围、森林又被海洋所拥抱的北欧国家,也是欧洲第七大国,被誉为"千岛之国"和"千湖之国"。森林是芬兰最重要的自然资源,因其在人民的生活中占举足轻重的位置,从而使得这个世界上森林覆盖率最高的"绿色国家",早在1886年就颁布了世界第一部与环保有关的法规——《森林法》。此外,芬兰还建立了一个广泛的自然保护区网,以保护生物多样性。20世纪70年代以来,芬兰国家自然保护区的网络逐渐扩大。20世纪90年代,芬兰政府的环境部门提出了旨在协调人、资源与环境发展关系的"芬兰自然2000"计划,其主要内容是要建立总面积490万公顷占全国面积11%的保护区网络体系。另外,芬兰在许多全球性的环保标准中都名列前茅,而且"芬兰清洁技术"被芬兰以国家品牌向全世界推广。

但是即便这样,目前作为环境保护和治理工作最好国家之一的芬

---

① Aarhus Convention: Article 9, Paragraph 2.
② Aarhus Convention: Article 9, Paragraph 4.
③ Aarhus Convention: Article 9, Paragraph 5.
④ 参见肖主安、冯建中《走向绿色的欧洲:欧盟环境保护制度》,江西高校出版社2006年版,第168—170页。

兰，① 在工业化加速发展的历史时期也曾付出过沉重的环境代价。例如，20世纪六七十年代，芬兰也出现过严重的水污染问题，也不时出现过雾霾天，只是雾霾中没有沙尘，这是工业和汽车排放导致的。当环境污染问题在20世纪60年代后期显现出来之时，政府才开始重视环境治理和保护问题，在政府部门内部设立了主管环境工作的办公室。

为了治理已经被污染的水域，芬兰于1969年建立了水域管理局负责水域的管理和治理。此后，随着人们对环境保护和治理认识的发展变化，芬兰又于1983年10月1日挂牌成立了环境部。自从环境部建立以来，环境的治理和保护工作才走入社会发展和环境保护并举的快车道。经过前后30多年的努力，到20世纪90年代环境才得到根本性治理。亡羊补牢为时不晚。在改善了生存环境和社会环境之后，芬兰开始潜心研究"清洁能源"和"清洁技术"，如今已成为世界上顶尖的清洁技术使用国和输出国，受到国际上的瞩目。②

芬兰的法律制度遵循大陆法的传统。芬兰制定环境政策基于人类和自然和谐以及民主原则，同时考虑国际环境政策的尺度。在芬兰，环境法作为一个位于公法和私法交叉地带的独立法律部门，是在"土地法和水法"的基础上逐步发展起来的。作为传统法律部门的"土地法和水法"包括了四个方面的内容，即土地法、水法、规划法和建设法以及环境法。环境法作为一个独立的法律部门出现之后，"土地法和水法"丧失了其独立性，在学理上被环境法取代。③

在环境立法方面，从1928年制定第一部《自然保护法》到现在，芬兰共制定了20多部有关环境保护的法律、法规，其中《环境保护法》《自然保护法》《水域保护法》和《垃圾处理法》④ 四部法律是环境保护

---

① 2005年的"世界经济论坛"把芬兰评为最环保的国家。
② 参见赵广俊《芬兰治理环境的艰辛之路》，《光明日报》2013年6月1日第5版。
③ 参见高家伟《欧洲环境法》，工商出版社2000年版，第205—206页。
④ 芬兰的垃圾处理讲求章法，具有理念上超前、管理上严谨、手段上新颖、方法上科学的特点。早在1978年，芬兰就出台了首部适用于垃圾管理的专门性法律《垃圾处理法》，明确规定了对废弃物进行管理的机构、职能、措施和资金来源。1994年，芬兰政府对《垃圾处理法》进行了修订，强调了垃圾必须进行分类处理和回收利用的问题。2007年，芬兰又根据经济社会发展的新要求制订了《国家垃圾计划》，就废弃物的管理和政策目标提出努力方向。2018年1月，芬兰政府推出了《从循环利用到循环经济——2023年国家垃圾计划》，就未来垃圾管理提出了新主张：高标准的垃圾管理是可持续循环经济的一部分，而生产和消费中原材料的利用率事关地球资源保护和减缓气候变化。

方面的大法，涵盖了芬兰环境保护的全部内容。

芬兰是一个尊重法律和有法必依的国家。任何人违反了法律，都要受到环保当局的警告或法律的制裁。依照法律，自然人或法人的环境违法行为，首先将受到环保部门的警告，限期进行整改，如果在指定的时间内没有完成整改或者当事人在整改期间存在弄虚作假的行为，政府环保部门有权将其告上法庭，法庭将按照法律规定对其处以罚款、判处关闭停产、民事赔偿或判刑收监。在整个过程中，环境主管部门不能下达罚款令，罚款的决定只能由法院作出，任何政府职能部门都没有这个权力。

同时，芬兰《环境保护法》也规定了"行政上诉制度"①，有权上诉的主体广泛，既包括利益关系人，也包括以环境保护为宗旨的社会团体、受影响地的政府、地区环境保护中心等，上诉事项主要是与环境保护有关的决定、法律监督活动等。他们可以为了公共利益而向行政法院提起诉讼。这项规定明确了相对人的行政救济权，为环境纠纷的解决提供了法律依据。

2. 芬兰环境权的基本结构：诉诸环境司法的权利依据

芬兰 1995 年《宪法修正案》第 14a 条之规定，是关于环境基本权利（fundamental social environmental right）的法律依据。例如，该条规定："保护自然及其生物多样性、环境和文化遗产，是每一个人的责任。公共机构应尽力确保每一个人享有健康环境的权利，并且每一个人有能够影响与他们生存环境有关的决策的可能性。"该条既规定了公民对自然的普遍环境保护义务，也规定了公民享有健康环境的权利，当然也是对保护公民环境基本权利的国家责任的确认。在芬兰，宪法有关基本社会环境权的规定可以成为限制公民其他权利的根据。

除了环境基本权利，使用自然环境权、环境信息权、公民财产权保护、环境参与权和环境诉权以及环境损害赔偿也属于环境权的范畴。② 并且，这些权利常常可以成为诉诸环境司法的理由和根据。

使用自然环境权主要是指，公民进入国家或者私人所有的土地、森林、湖泊、道路、绿地等，享受自然美景和户外活动乐趣，依法使用自然

---

① 行政上诉制度，是指相关主体对政府及其有关部门作出的行政决定和处罚不服，可以依法向有关机构提出重新审查或者撤销该行政决定之申请的制度。
② 参见高家伟《欧洲环境法》，工商出版社 2000 年版，第 215—221 页。

环境成果的权利。

环境信息权是指，任何人都有权获得政府文件（official document），无须证明其特殊利益。获取文件的申请应当采取书面方式，但主管机关准许也可以采取口头方式。公共机构拒绝提供信息的，必须作出正式的决定，对该决定可以提起行政诉讼。

公民财产权保护也属于与环境权有关的问题，主要是因为在芬兰由于实行土地私有制度，因此最为重要的环境要素——土地属于私人所有。那么，这就势必产生为保护环境客观上需要限制公民自由使用其财产时，如何保护公民的财产所有权问题。① 一般来说，为环境保护对公民的财产权进行一般限制不予补偿。因为，这属于财产权的社会义务问题。但是，如果为了环境保护征收公民的土地和其他财产时，必须根据议会的法律，并且予以全面补偿。

环境参与权和环境诉权是指，其权益可能受到某种决策影响的利害关系人（当事人）享有广泛的参与机会以影响决策的进程，并且享有起诉权。芬兰环境诉权的特点是：其一，许多行政机关经常被视为当事人，它们可以参与与其保护的公共利益有关的环境问题的处理，并且可以起诉。其二，存在公益诉讼。根据市镇法的规定，在有关土地使用和土地开采的案件中，市镇的任何成员即拥有土地的居民或者组织都可以以违法为由起诉，无须注明直接的利害关系。

在芬兰，环境损害赔偿的法律依据，是1995年生效的《环境损害赔偿法》和1999年生效的《环境损害保险法》。② 根据《环境损害赔偿法》的规定，"环境损害"是指因环境污染或者其他类似侵害③造成的人身伤害、财产损害、收益损失等。环境损害赔偿属于严格责任，过错不是必要的构成要件。责任人除了支付因环境污染或者其他类似侵害造成的人身伤

---

① 这其实是一个私人利益与公共选择的关系问题。我们认为，环境法对环境公共利益这一基本价值的确认和保护，并不是以否定其他利益主张的正当性为条件的。因此，环境保护要妥善协调好自由保障与社会公正之间的关系。从法律上看，只有将各种利益诉求妥帖地纳入制度框架，以求得不同利益诉求和不同价值取向之间的协调与兼容，才能真正实现保护环境之目的。

② 《环境损害保险法》是环境损害赔偿法的补充，其目的是对因责任人没有支付能力或者不能查明而不能得到赔偿的环境受害人，提供全面的补偿。在欧盟成员国中，只有芬兰和瑞典确立了环境损害保险制度。

③ "其他类似侵害"主要包括噪声、震动、辐射、光线、热、气味等导致环境质量降低的物质、活动或者因素。

害、财产损害和经济损失以外，还应当支付因采取清除污染、恢复环境、防止或者限制环境损害等措施而产生的合理费用。

3. 芬兰的司法体系与环境法庭

芬兰有两套相对独立的法院系统：一是处理刑事案件和民事纠纷的普通法院系统；二是实施和适用公法的行政法院系统。芬兰普通法院，由地方法院、上诉法院和最高法院组成。绝大部分案件先经过初级法院审理，再经中级法院审理，很少案件到最高法院审理。行政法院依照宪法，对所有违法的行政行为和裁决都有权纠正。行政法院系统只设两级，即地方行政法院和最高行政法院。行政法院作出的判决可以上诉到最高行政法院，最高法院作出的判决是终审判决。最高行政法院设有三个部门，一个审理税收、环保、知识产权案件；一个审理国家公务员案件；一个审理市场竞争、保险法案件。必要时都可以请专家参与审判。另外，芬兰还设有特别法庭，包括土地权利法庭、水权益法庭及其上诉法庭、劳动法庭、保险法庭和市场法庭。①

芬兰的环境法庭包括：最高行政法院的第一庭，审理上诉案件，主要为环境案件。其次是瓦萨②的行政法院，主要受理全国有关环境的一审行政案件。

芬兰是千湖之国，因此特别重视水资源的保护。在 1961 年水法制定时，规定成立水法院（Water Courts）来颁发和审理有关用水、排污许可、规划许可等相关案件。2000 年，芬兰进行了环境法和水法的全面修改，建立了环境许可办公室，目前被称为地区行政许可办公室，代替水法院颁发水资源使用、管理和排污等方面的许可证。

虽然芬兰没有专门的环境法院，但由于环境问题主要是公法上的问题（一般法院会审理与环境有关的私人损害赔偿案件或环境刑事案件，但数量很少），芬兰的瓦萨地区行政法院事实上是专门审理全国与环境保护和水资源法有关的公法案件的法院。

考虑到环境和自然资源案件的科学技术性，瓦萨行政法院由受法律训练的法官和非法律训练的技术和生态专家组成。案件当事人不服瓦萨法院的决定可以上诉至最高行政法院。最高行政法院的第一审判庭负责专门审

---

① 参见林文学《芬兰司法制度概况及启示》，《中国司法》2004 年第 2 期。
② 瓦萨系芬兰西部的一个省会城市，人口 5.7 万，是著名的海滨度假胜地。

理与环境有关的案件，环境案件占其总案件的20%。最高行政法院的第一审判庭也由法官和生态技术专家组成，与瓦萨法院不同的是，生态技术专家是兼职的，一般是国家最为有名的科学家。

4. 芬兰法院的运行机制

除了有专门人员审理环境案件外，芬兰的环境法特别重视公众参与，其中包括保证公众能够寻求法院救济的权利。芬兰宪法明确规定每一个人有权通过参与影响关于其生存环境的决定，而公共机构必须确保这种可能性和渠道。目前，芬兰的环境法（自然资源保护法、土地使用和建筑物法、水法、高速公路法、铁路法和矿山法等）包括多个条款规定，公民组织对有异议的环境许可决定可以提起诉讼。

另外，芬兰的行政法院能够在审理环境案件时作出"行政强制"的决定，来保证环境质量。例如，公民组织可以要求行政机关发出行政命令，制止无证或违反许可证规定的排污单位排污，行政机关拒绝的，公民组织可以起诉到行政法院，行政法院可以作出停止违法企业排污的决定和强制执行。

（二）瑞典

瑞典是一个自然环境优美、自然资源丰富的北欧国家，也是世界上实施环境保护最为严格的国家之一。政府致力于建设绿色福利国家，实行积极的能源与环境政策，从20世纪50年代的污染严重到现在的环境宜人，瑞典在环境保护方面取得的成绩是世界瞩目的。2009年，瑞典曾是达沃斯世界经济论坛上评出的欧洲第一、全球第二的环境深受好评的国家。而在20世纪50年代，瑞典的环境污染问题还是很严重的。比如波罗的海的营养水平过高，湖泊和土地酸化，以及多种有毒物质的持续影响。20世纪60年代，特别是1972年联合国人类环境会议后，瑞典政府开始将环保作为其重要事务，采取一系列手段积极治理环境，经过近几十年治理，目前瑞典空气清新、环境优美。

瑞典环境政策的总目标，是为后代留下一个所面对的主要环境问题都得到解决的社会，包括良好的生活环境，良好的公共健康标准，生物多样性和生态系统能够长期得到保护，自然与文化景观得到保存等。近年来，瑞典政府进一步加大对环境保护的投资，在2015—2018年已投入19亿瑞典克朗支持企业、地方政府和民间组织保护环境的项目。投资主要用于减少温室气体排放，帮助瑞典到达温室气体排放目标值。

瑞典作为世界上环境立法和环境保护比较先进的国家，在环境法实施方面有许多值得我国借鉴的做法和经验。例如，瑞典在1998年颁布了世界上第一部《环境法典》，这为环境法庭提供了制度运行的框架和法律保障。其中关于环境法庭设置、管辖范围、诉讼程序、诉讼费用、环境诉讼制度等，对我国环境法庭的实践具有一定借鉴价值。又如，瑞典的环境司法别具一格。鉴于环境方面的法律纠纷涉及较多技术性问题，环境法庭进行审判时离不开基于科学和技术上的评估，需要法律领域以外的其他专业知识来考虑各方利益的平衡。因此，除了律师，环境科学领域的专家也可能充当法官的角色（技术法官）。为此，他们成立了特别的环保法庭。该法庭由司法人员和专门的技术人员共同负责案件审理，从而保证了案件结果的公平公正。

1. 瑞典的环境司法机构

瑞典的司法系统由普通法院、行政法院和特别法院（水权法院）组成，它们都与环境法的实施有关。这些法院及相关行政机关分工协作，保证了环境法律制度的有效实施。

普通法院由地区法院（基层法院）、上诉法院和最高法院三级组成，主要审理民事和刑事案件。在瑞典，有5个地区法院是环境案件的主要审理机构，上诉法院中审理环境案件的只有1个，管辖5个地区法院的上诉案件。最高法院原则上不直接审理案件，通常只审查已经审理的案件或审理社会关注度高、影响较大的案件。行政法院由郡行政法院、行政上诉法院和最高行政法院组成，一般只审理行政争议案件。

在瑞典，最初的水权法院属于专门为解决水事纠纷而特设的法院系统，有初级、地区级和高级水权法院之分。对水权法院审理案件的上诉，可以向一个具有专门审理水权纠纷案件的上诉法院提起，对上诉法院审理不服的，可以向最高法院上诉。

自1999年实施《环境法典》开始，瑞典就已经拥有了独特的环境法院体系，也就是当今的土地与环境法院。目前，共有5个土地与环境法院，一个土地与环境上诉法院，这些法院内置于普通法院中的民事司法系统之中，管辖民事与行政案件。有5个地方法院和斯德哥尔摩上诉法院。土地与环境法院可以对地方环境部门作出的行政决定进行监督，法庭扮演审批机构的角色。它们同时也处理关于土地和环境方面的民事诉讼，包括环境损害和赔偿的诉讼请求。但是，刑事案件并没有包括在土地与环境法院受案范围之内。具体来说，其案件审理的范围主要包括：作为一审的地区环境法院一般审理环境许可证颁发、水源开采、损害赔偿案件；环境上诉法院主要审理郡行政委员会或其他政府机关依据瑞典《环境法典》作出的决定。最高法院专门审理环境案件，并鼓励公众参与环境保护。

瑞典的环境法院（庭），是依据1999年生效的《环境法典》设立的。从2011年5月开始，环境法院更名为"土地和环境法院"，开始全面取代原财产法庭与环境法庭，并拥有受理瑞典《规划和建筑法》所涉及案件的管辖权，包括审查当地土地利用规划和建设许可证。

瑞典环境法院的设立，使得具有很强专业性的环境案件由精通环境法律知识的法官专属审理，既提高了解决环境纠纷的效率，也保证了案件审理的公平公正。更为重要的是，这种独立的专业环境法院制度代表着一种司法审判专门化趋势，可以保证环境人权，促进可持续发展。

在瑞典，环境法院有较高的信誉，并且为瑞典工业联合会和关注环境保护的非政府组织所完全接受。把涉及《规划和建筑法》案件的管辖权由行政法院移至环境法院的决定，证明了该院的成功。①

2. 瑞典环境法庭的沿革与立法

瑞典的环境司法机构先后经历了环境保护法时期的水法庭，《环境法典》时期的环境法庭和土地与环境法庭两个历史时期。

瑞典环境法庭的前身是"水法庭"（the Water Court），自1969年《环境保护法》颁布后得以建立。在瑞典《环境法典》颁布之前，鉴于本国河流较多、水源广阔的特点，为有效解决水权纠纷、保护水环境，瑞典设置了特别法庭系统——水法庭。水法庭的建制相对比较完善，有关水法庭的制度，瑞典以前的《水法》曾有详细规定。

根据原《水法》规定，水法庭是水事许可机构的一部分，也就是说，任何与水有关的行为需要得到水法庭的许可。但一定规模的水工程要经过内阁的批准，经内阁批准后的水工程应由水法庭按正常程序审核。由于水工程造成的不利影响的赔偿，由水法庭宣布赔偿方法。瑞典《环境法典》颁布实施后，环境法庭已全面取代了水法庭。

瑞典是世界上环境立法比较先进的国家之一，其环境立法总体上经历

---

① 参见杨帆、黄斌《瑞典、澳大利亚、新西兰、美国的环境法院及其启示》，《法律适用》2014年第4期。

了三个发展阶段：早在20世纪70年代之前，其立法关注的领域主要集中在公共卫生立法和森林、水体、渔业等资源立法以及污染防治立法方面。自1972年斯德哥尔摩人类环境会议后，瑞典的环境立法开始进入大发展时期。这一时期，随着新法的制定以及旧法的修订和完善，瑞典环境立法于20世纪90年代初开始进入体系化阶段。1992年里约联合国环境与发展大会后，瑞典环境立法终于在内外因的双重推动下开始进入法典化时期。

瑞典的环境法是一个庞大的体系，其中包括了不同级别、不同层次、不同方面的大量环境法律、法规和规章，它们共同为瑞典的环境保护提供了有效的法律保障。① 但由于瑞典环境法存在授权立法过多，规章过乱，加之立法持续时间长，不同阶段环境立法的指导思想和原则有所不同，造成数量庞大的法律、法规之间交叉和重叠甚至相互矛盾的问题比较突出，以至于要理解整个环境法律成为一件困难的事情。这种立法现状，为推进环境立法的综合化、一体化创造了条件。因此，协调这些法律法规，并将主要的环境法律整合在一部环境法典中，就成了迫切需要。

早在1989年5月，瑞典就开始酝酿环境法典的起草工作。1995年，瑞典加入欧盟，这客观上加快瑞典"环境政策与法律一体化"的进程。与此同时，国际环保理念与国家发展战略的相互影响，也成为推动法典化的重要动因。受1992年里约会议可持续发展思想的影响，1997年9月，瑞典政府提出将瑞典建设为一个生态可持续国家的目标。在这种情况下，同年12月，瑞典社会民主党政府向国会提交了环境法典草案，将历年制定的15个不同领域的环保法律②进行了综合、修改和增加，于1998年7月7日通过了瑞典政府在环境立法创新上的一项重要成果——《环境法典》。该法典被认为是"世界上第一部具有实质编撰意义的环境法典"③。

《环境法典》是瑞典环境法律体系中最重要的组成部分。该法的宗旨是促进可持续发展，为当代和子孙后代提供一个健康良好的环境，④ 并提

---

① 参见王灿发《瑞典环境法的体系及其借鉴意义》，《中国环境管理》1995年第5期。

② 这15部法律是：《环境保护法》《自然保护法》《自然资源法》《水法》《环境损害赔偿法》《动植物法》《健康保护法》《农业用地管理法》《转基因组织法》《化学产品法》《生物杀虫剂法》《林地杀虫剂法》《含硫燃料法》《公共清洁法》和《禁止向水体倾倒废弃物法》。

③ 竺效、田时雨：《瑞典环境法典化及其对中国的立法借鉴》，《中国人大》2017年第15期。

④ Environmental Code, chapter 1, section 1.

倡人们承担有效管理自然资源的责任。该法典是一部综合性立法，其授予环境法庭民事和行政管辖权及一定范围的强制执行权力。

瑞典环境法典适用于可能影响环境和人类健康的一切人类行为，该法律在体例上分为编（Part）、章（Chapter）和条（Section）三部分，在内容上由总则和分则两个部分构成。法典融入了15项环境立法，由7编33章组成，近500个条文。主要涉及总则（General Provisions）、自然保护（Protection of Nature）、特定活动的特殊规定（Special Provisions concerning Certain Activities）、案件与事项的审查（Consideration of Cases and Matters）、监督（Supervision etc.）、处罚（Penalties）、赔偿（Compension etc.）等方面的问题。该法典于1999年1月1日正式生效实施。

随着《环境法典》的颁布实施，《水法》由于被整合到环境法典之中而宣告失效，基于《水法》而设立的水法庭则经过改造升级与功能扩张，最终为环境法庭所全面取代。按照《环境法典》第20章第1条规定，地区法院将设立环境法庭，高级环境法庭（环境上诉法庭）设立在斯维亚（Svea）的上诉法院内，环境案件的终审法院是瑞典最高法院。

2010年7月，新修订的瑞典《规划和建筑法》颁布实施，该法将过去由财产法庭（Property Courts）以及行政法院（Administrative Courts）负责的规划和建筑类案件的管辖权交由环境法庭负责。2011年5月，环境法庭更名为"土地和环境法院"。作为专门法院建制，土地和环境法院的管辖权将由《环境法典》和《规划和建筑法》共同规定，主要包括土地租赁权案件、环境许可案件、土地征收补偿案件、环境损害案件以及涉水类案件等。不过，由于规模较小、主要依附于普通法院系统，土地和环境法院并没有形成独立的法院，主要以法庭的形式行使审判权。尽管如此，土地和环境法院在瑞典的环境治理和推动《环境法典》的实施方面仍发挥了极为重要的作用。

3. 瑞典环境法典对环境法庭的基本规定

德国、法国是国际社会较早开展环境法法典化实践探索的欧洲国家。瑞典作为其中的典型代表，其法典化历程和已有成果，尤其是环境法庭制度的革新尤其值得注意。例如，该法典创设了地区环境法庭（Regional Environmental Courts）来取代先前的国家环境保护许可委员会（the National Licensing Board for Environmental Protection）和水法庭；在斯威亚上诉法院（Svea Court of Appeal）内增设环境上诉法庭（Environmental Court of Appeal)，并于瑞典最高法院内设立环境终审法庭。由此，建立起了一套内置于普通法院体系中独立的环境法庭审判制度。

从世界范围看，环境保护是各国的一项普遍性的宪法义务，国家在风险社会中担负着对国民的"生存照顾义务"。① 国家司法机关作为环境法实施的重要保障机制，理应担负起促进可持续发展、维护公民环境权益的重要职责。为此，瑞典《环境法典》用了大量篇幅（主要体现在法典第四编第 20—25 章的内容上），对环境法庭的设置、管辖范围、诉讼程序、诉讼费用等内容，做了比较详细的规定。② 具体而言：

（1）在法庭级别方面：整个环境法庭系统设置在普通法院体系中，实行三级审判制，由地区环境法庭（Regional Environmental Courts）、环境上诉法院（the Environmental Court of Appeal）和最高法院组成。目前，瑞典在地区法院里设立了 5 个地方法院的环境法庭，环境上诉法庭即高等环境法庭只有 1 个，环境终审法庭设在瑞典最高法院。

（2）在法庭审判人员方面：地区环境法庭的组成包括 1 名主席（由具备法律资格、经验丰富的地区法官担任），1 名环境顾问或 2 名专家成员。环境顾问必须受过环境科技培训并有环境事务的处理经验，2 名专家中的一位必须熟悉国家环保局运作，另一位则熟悉与本案有关的工业和市政运作。③ 这些工作人员均由政府任命。案件审理的结果依次由主席、环境顾问和专家给出意见，由主席汇总各方意见做最后决定。④ 高等环境法庭法定组成人员为 4 人，其中至少 3 人符合法定资格，才可以审理案件。对高等环境法庭作出的判决或决定不服的，可以向最高法院上诉。

按照惯例，在审理重大案件时，需要 1 名专业法官、1 名环境技术员（技术法官）和 2 名专家成员（非专业法官）共同组成审判庭。然而大多数情况下，由 1 个技术法官和 1 个专业法官组成。土地和环境上诉法院由 3 名专业法官和 1 名技术法官组成。原则上审判庭所有成员拥有平等投票权，如果对某个案件的投票结果出现平局，那么主审法官具有一票否

---

① 参见陈真亮《瑞典环境法庭制度的发展及对中国的启示》，载《生态安全与环境风险防范法治建设——2011 年全国环境资源法学研讨会（年会）论文集》（第三册）。

② 当下，我国也正在加快推进环境司法专门化建设，但较之以瑞典《环境法典》关于环境法庭的设立及运行机制的规定，我国环境保护基本法无论在环保法庭的管辖、受案范围，还是特殊审判规则的立法方面都存在明显不足。

③ Section 4 of Chapter 20 of the Swedish Environmental Code.

④ Section 10 of Chapter 20 and Section 1 of Chapter 21 of the Swedish Environmental Code.

决权。

（3）在受案范围与审理方面：环境法庭初审案件主要受理与环境、水资源有关的八大类案件，可分为"依申请"的案件（application cases）和"依传唤"的案件（summons cases），前者包括原来由水法庭审理的与水上作业、水设施和水工程等有关的案件，以及由原来环境保护许可委员会审理的与许可证的发放、执法监督、撤销等有关的案件；后者包括与环境有害活动有关的案件和环境损害赔偿案件等。如果2个或2个以上案件具有连带性且环境法庭有能力审理此案，则法庭应该一并审理。

为贯彻公众参与原则，法庭受理依申请案件和依传唤的案件后，须在当地报纸公开，须召开听证会并在听证之后的3个月内作出判决。关于上诉类案件，环境法庭则主要适用行政法院程序法和环境法典相关规定，上诉案件可以撤回。不过环境犯罪类案件则在普通法院审理。在诉讼请求的审理程序方面，任何人就禁止危害环境的活动或就责令正在从事或试图从事这种活动的人采取预防措施向财产法院提起的诉讼，在财产法院结案之前，如果该活动的许可问题正在或将要被审查，法院应决定暂缓程序，直到问题解决为止。虽然案件已被提交法院，如被告已经依法律规定申请并得到许可证，则该诉讼案件应予以撤销。法院应视情节判定双方各自应承担的诉讼费用，或判一方承担全部或部分赔偿费。

（4）在司法管辖区域方面：根据《环境法典》，环境法庭的司法管辖区域由政府来划分，环境案件实行专属管辖。可见，政府对环境法庭的影响非常之大，似乎有行政权干预司法权之嫌。但也说明了环境案件的专业性非常强，而政府在环境问题的专业性方面显然比法院具有更多的优势，这可以说是司法权对行政权的一种尊重。[①]

（5）在环境诉讼方面：环境诉讼请求制度是瑞典实施环境法、保护环境的一项重要司法手段和保障措施。在瑞典，任何根据《环境法典》"对有害环境之活动提出诉讼请求的人，有权向该活动已发生或即将发生地的财产法院提起诉讼"。这一条规定明确了公民个人享有对从事有害环境活动提起诉讼请求的权利，并明确了受理或管辖这一诉讼请求的法院为有害环境活动已发生和即将发生地的财产法院。

另外，《环境法典》以及《司法程序法典》还规定了环境上诉权

---

① 参见夏凌、金晶《瑞典环境法的法典化》，《环境保护》2009年第2期。

(right of appeal），即任何个人、环保组织、地方工会、国家工会、行政机关、地方自治组织以及其他组织，都有权对法院裁判与决定提出上诉。法典还规定了激励性的倾斜措施，环保组织可以不用支付依申请案件的诉讼费，这有助于环保组织提起环境公益诉讼。

瑞典的环境诉讼请求制度，允许任何人可以就危害或可能危害环境的人提起一个要求其采取预防措施，或者责令其停止危害或者可能危害环境活动的诉讼，这实际上放宽了环境诉讼的起诉人资格，利于公众通过诉讼监督的方式促进企业守法和依法行政，从而更好地推动环境法的有效实施。

（6）在环境许可审查方面：环境法庭有权审批许可申请，即有权审查某个许可发放是否符合可持续管理，如果不是则可以宣布许可无效。瑞典政府把需要申请许可证的活动按照行业性质分为7种214项，并按照对环境影响的大小将活动分为A、B、C三类。许可证由当地和地区管理部门颁发，涉及水管理和大规模工业设施建设的，即属于A类活动的必须向土地与环境法院申请许可证并由其审核颁发。B类活动向郡行政委员会申请许可证，C类活动向市政管理委员会提交报告即可而无须申请许可证。①

申请许可证者必须同时提交一份环境影响报告，即活动者承担证明其活动对环境是否有不利影响的举证责任。再者，为了及时有效地制裁环境违法行为并与环境行政执法相衔接，《环境法典》规定了"环境罚金"制度。即无须经过环境法庭即可由行政执法监督部门对违法者处以数额在0.5万—100万克朗之间的环境罚金。②

---

① 环境保护行政许可证制度为瑞典首创、自20世纪70年代就开始实施，是瑞典环境保护管理制度中最重要且行之有效的一项制度。1995年修订后的《环境保护法》，对许可证制度作了详尽规定。1999年生效的《环境法典》也对许可证制度作了全面、具体、严格、明确的规定。其主要内容包括许可证颁发的条件、对许可证申请的审查和对许可决定的纠正等。

② Section 2 of Chapter 30 of the Swedish Environmental Code.

第三节 其他国家环境司法最佳实践疏议

一 世界首家环境法院：澳大利亚新南威尔士州土地与环境法院

澳大利亚是一个十分重视生态环境保护和建设的国家，政府和国民的生态环境意识都很强，政府在生态环境保护和建设中发挥了非常重要的作用。澳大利亚生态环境建设，属于典型的政府主导型模式。这不仅体现在各级政府为保护环境而专门设立的健全的环保组织机构体系上，还体现在政府统管生态环境保护建设的发展规划并保证其实际运行方面。依法治理环境是澳大利亚生态环境保护和建设的重要特点和成功经验。为此，澳大利亚十分重视生态环境保护和建设的立法和执法工作。

早在1970年，维多利亚州就制定和颁布了《环境保护法》（Environment Protection Act）。目前，澳大利亚已经建立起了完善的生态环境保护和建设的法律法规体系。澳大利亚环保执法严格，不论是个人、企业还是政府机构只要违反了环保法律法规都要受到严惩。为了确保严格执法，澳大利亚各州都组建了"环保警察"。环保警察隶属环保局领导，是环保局的一个内设机构，专司环境执法工作，具有很大权威。发动全民参与生态环境保护和建设，是澳大利亚政府推进环境保护事业的基本做法之一。在该国，国民很强的生态环境意识，加上以实际行动参与生态环境保护和建设的日常做法，使得全民的广泛参与，真正实现了国民环境行为与政府环境导向的统一。[1]

在环境保护方面，除了行政实施机制外，司法保证机制也是一个重要方面。澳大利亚新南威尔士州的土地与环境法院，是世界第一家专门的、也是比较成熟和完善的环境高等法院。[2] 该法院是依据澳大利亚1979年颁布的《土地与环境法院法》（Land and Environment Court Act）设立的。

---

[1] 参见冯海发、谢义亚《澳大利亚生态环境建设考察报告》，https://wendang.chazidian.com/fanwen-56088/，2019年8月15日访问。

[2] 在新南威尔士州的司法体系中，土地与环境法院与州最高法院（supreme court）拥有相同的司法管辖权，都属于高等法院。地方法院（local court）和地区法院（district court）属于低级法院。

经过 40 多年的实践,保证法院有效运行的各项制度,如综合性管辖权、替代性纠纷解决机制、法院专家证人制度①等都已经发展得比较完备。实践证明,土地与环境法院在环境司法保护方面发挥着不可替代的作用,已成为环境法院的成功典范,是包括我国在内的各国在开展环境司法的实践中值得学习和借鉴的先例。

(一) 法院设立的背景

新南威尔士州是澳大利亚人口最多、经济最发达的州。自 20 世纪五六十年代以来,伴随着经济的快速发展所导致的日趋严重的环境问题以及人们环境保护意识的提高,该州的环境、土地与规划纠纷日益增多。但实践中,由于环境案件的管辖权过于分散,比如当时的新南威尔士州的许多法院和行政机构都有权管辖环境案件,这种非排他性管辖造成的管辖权上的重复和交叉,使得环境案件在审理中出现的混乱和低效率问题十分突出。加之,审理案件的法官缺乏与新型的环境案件相关的专业知识,导致既有的法院体系一时难以应对数量繁多、客观上又需要一定相关专门知识的环境案件。

正是由于实践中现有的法院体系在解决环境案件上存在的"管辖不集中、审判不专业"问题,产生了需要通过司法改革以设立专门法院对环境案件进行审理,从而加强环境法制建设的呼声。而土地与环境法院作为一个专门解决环境和规划问题的法院,正是在这种背景下当人们在思考如何改革现有法院体系,以期寻求不同于以往老式、昂贵而拖沓的法庭,进而转向一个更具吸引力、更廉价、也更为快速的对环境案件的特别解决方案时所促成的一项成果。② 为此,新南威士议会于 1979 年制定了《土地与环境法院法》和《环境规划与评估法》。根据这两部法律,新南威尔士州在 1980 年成立了专门的环境法院。

总体来看,作为当时立法和司法一揽子改革的一部分,建立土地与环境法院的目的不外乎以下几个方面的考虑:一是促成土地与环境案件审理

---

① 环境案件会涉及很多专业技术问题,为了保证案件的审理,环境法院形成了完整的专家证人制度,以保证环境案件审理的科学性,进而在充分了解案件真实情况的基础上作出裁判。专家证人制度主要涉及专家证人的资格、法院对专家证人的指导、专家证人的义务、专家报告书的内容要求和专家证据的质证等。

② Paul L S., "Specialist Environmental Court: the Land and Environment Court of New South Wales, Australia", *Environmental Law Review*, 2002 (1): 5-25.

的合理化和专业化；二是建立一个新法院为土地、环境与规划案件寻求"一站式"便捷解决方案，从而改变目前各个法院和法庭管辖权分散的状况。新南威尔士州土地与环境法院拥有土地、环境与规划案件的专属管辖权，即在该州，除了州最高法院，任何其他法院或法庭都无权行使法律赋予土地与环境法院的管辖权。

(二) 法院的建制

1. 法院的组成

根据《土地与环境法院法》的规定，土地与环境法院由6名法官（1位首席法官、5位助理法官）和9位技术与调解委员（1位资深委员、8位全职委员）组成。① 关于法官的任职资格，法律特别要求法官必须曾经担任高等法院的法官或律师至少7年以上，而且为了更好地体现专业性，法官最好能掌握一些与法院管辖事项有关的专业知识。

除了法官，土地与环境法院还特别安排了技术与调解委员（commissioner）。关于委员的专业资格要求，法律规定了他们所必须具备的"特殊知识经验"（special knowledge and experience）和"特殊资格"（suitable qualification），一般需是城市规划、环境规划、环境科学、建筑和自然资源管理领域的专家。法官和委员的任职，均由州长任命。

从环境案件的特性和环境纠纷解决的实效性看，土地与环境法院采取的法官+环境专业人士这一人员构成模式，在一定程度上弥补了法官专业技术知识匮乏的不足，较好地实现了环境科学和法律复合性知识要求在环境诉讼中的结合与应用，为与环境有关的法律争议的合理解决奠定了基础。为此，有学者认为该环境法院是"司法和行政功能的结合"②。

在土地与环境法院中，法官可以审理所有类型的案件，但委员只能对行政决定的合理性进行价值性审查。因价值性审查不涉及法院对行政决定的合法性问题的审查，主要是从价值层面审查其作出决定的必要性与合理性问题。因此，法律允许由一个或多个掌握特殊知识的技术委员（techni-

---

① 尽管环境法院法官的组成体现了现代环境法的专业技术性，对于环境案件的审理和裁判具有重要作用，但仅仅依靠法院的技术专家委员来解决环境案件中的技术问题还远远不够，还需要各领域的专家来辅助环境法院来解决有关技术问题。所以在新南威尔士州，环境法院专家证人的作用也很重要。

② Nicola Pain, Sarah Wright, "The Rise of Environmental Law in New South Wales and Federally: Perspectives from the Past and Issues for the Future", Paper Presented to National Environmental Law Association Annual Conference, 24 October 2003.

cal commissioner）审理该类案件。当然，法官也有权参与审理该类案件。

一般在诉讼实践中，对于案件中既有法律问题又有技术或事实问题的，法律问题由法官决定，余下的争议则由委员自己审理。如果当事人对只有委员审理的案件存在法律方面的质疑可以上诉至本院法官，这属于土地与环境法院里的"内部上诉"。① 如果法律问题与事实问题难以分开，则通常要由法官来审理该案。由于土地和环境法院里大量的案件是对政府的行政决定进行价值性审查，因此委员和法官一起承担了大量的工作。而通过注重发挥委员专业特长的所谓"专家型案件审理方式"，不仅有效提升了土地与环境法院的专业性，而且对于提高土地和环境法院案件的审理质量也起到了至关重要的作用。

2. 综合性司法管辖权制度（comprehensive and centralized jurisdiction）

新南威尔士州的土地和环境法院是澳大利亚专门处理土地和环境保护争议的专业性法院，《土地与环境法院法》赋予了其极为广泛的司法管辖权，涉及土地征用补偿、土地评估、环境保护及规划等诸多方面。根据争议所涉领域及性质，土地和环境法院享有排他性管辖权的案件具体包括：对于政府环境规划行政决定进行上诉；涉及林木和矿产的民事纠纷；涉及环境规划和环境保护的民事执行；对政府环境和土地规划等决定的司法审理及执行；对土地与环境法院委员作出的决定进行上诉等。

对于上述案件，法院既可以作出民事争议方面的处理，也可以对相关的行政争议进行审查，还可以接受环境保护机构对严重环境违法者的控诉。因此，从案件的性质上看，土地和环境法院管辖的案件涵盖了民事、行政和刑事三大领域。这种对案件进行集中管理和审判的工作模式，实际上赋予了土地与环境法院以综合管辖权。这种管辖模式比起过去法院只能根据案件性质上的差异将民事、行政、刑事案件分散在不同的审判机构分而审之的做法，无疑是一种管辖模式上的有益尝试。

值得注意的是，尽管综合管辖权可以避免由于案件接力式多头审理带来的重复诉讼和拖沓，有利于提高案件审判效率和便捷性、降低诉讼成本、积累审判经验，但综合管辖因其所涉案件诉讼关系复杂非单一案件所能企及，因此综合管辖权制度在法院对案件的实际审理过程中要能够很好地发挥作用，需要提高法院的专业性和纠纷解决机制的有效性作保障。

---

① 参见丁晓华《澳大利亚的土地和环境法院》，《法治论丛》2005 年第 2 期。

3. 法院的纠纷解决机制

（1）环境诉讼

环境诉讼制度，是实施环境法、保护环境、维护公众环境权益的重要司法手段。新南威尔士土地与环境法院制度的重要特点之一，就是法律赋予了公民在环境保护领域广泛而又完善的参与权和诉权。在新南威尔士州，几乎任何人都可以提出赔偿之诉或者阻止违法之诉。例如，在涉及环境违法行为的诉讼中，1997年的《环境保护执行法案》就规定：如违反或可能违反任何法案或条例的行为造成或可能造成环境的损害，则任何人得向土地与环境法院提起诉讼，请求签发命令禁止该行为。

为了鼓励公众参与环境保护，1979年的《环境规划与评估法》还规定：任何人得向法院请求签发命令对违反本法案的行为予以救济或禁止，而无论其权利是否会受该行为影响。其他法案也对有关公益诉讼、代表人诉讼等作了规定。这种通过立法的方式，对环境诉权的行使采用一种更为特殊和开放的起诉资格（open standing）的做法，突破了传统诉讼机制要求原告具有"特殊利益"的严格规定，大大放宽了对起诉资格的限制，比较契合环境公益保护在诉讼机制上的价值取向，为公众特别是非政府组织通过诉讼方式参与环境保护提供了制度基础。

在新南威尔士，公益诉讼制度与土地与环境法院相得益彰，土地与环境法院的判决在实体和程序两个方面对公益诉讼制度的发展起到了举足轻重的作用。较为典型的比如，在案件审理过程中，法院一般不太关注公民相互之间私人权益纠纷，而更多地把关注的焦点放在公众与政府间的权利平衡问题上。这比较符合环境公益诉讼制度的功能主要在于监督制约政府的环境行政行为的立法旨趣，有利于提高社会对于环境问题的关注，推动环境执法，改善环境法治状况。又如，在案件的审理程序方面，法院不受证据规则的约束，可以就任何问题从任何专业人士或技术人员处获取帮助。为此，法院设立了"法院专家支持小组"作为咨询机构，为主审法官提供专业领域的建议。这一系列的制度设置在审判实践中成效显著，大大提高了环境诉讼案件解决的效率和科学性、合理性，保证了环境案件能够得到快速、有效的解决。

（2）替代纠纷解决机制

从20世纪70年代末期到80年代初期，澳大利亚的非诉讼纠纷解决程序已经发展成为一个受到高度尊重和追捧的纠纷解决机制。多年来，澳大利亚各种非诉讼纠纷解决组织纷纷建立，包括成立于 1975 年澳大利亚的仲裁员和调解员协会，成立于 1989 年的争议解决者协会（前身为非诉讼纠纷解决律师协会），以及成立于 1995 年的国家非诉讼纠纷解决咨询委员会等。在这样的背景之下，澳大利亚的法院调解也得到长足发展。

在环境纠纷解决方面，《土地与环境法院法》也授权法院可以将其认为合适且当事人同意的事项提交调解（conciliation）。例如，1979 年新南威尔士《土地与环境法院法》第 34 条规定：除非首席大法官另有命令，特殊案件中的当事人必须参加一个由法院专员主持的预备会议，来探究当事人是否可以在案件处理问题上达成一致。对此，土地和环境法院现任首席法官布莱恩·普雷斯顿（Brian Preston）将本过程描述为："立法机关，在法院中给予调解以重要角色，要求需要调解的案件要进行调解。法院并非将这些案件从正式司法裁判系统中转移出去。调解是一个同样合法与合适的纠纷解决机制。"①

在实践中，土地和环境法院在诉讼之外，还积极鼓励当事人采用替代性争议解决方法（alternative dispute resolution），比如法院开始寻求其他纠纷解决方式，包括调解和中立评估来代替传统的、对抗的诉讼程序来解决纠纷。首席法官 Preston 认为法院运作是"事实上有多扇门的法院"，"有能力根据个案采用不同的方法"②。

根据法律规定，在调解过程中，主持调解会议（conciliation conference）的调解员一般由技术委员或登记员（registrar）担任。登记员及助理登记员都是经过培训的调解员，他们向诉讼当事人提供免费的调解服务。另外，首席法官会定期公布经该院批准的调解员名单。双方当事人在调解员的帮助下缩小争议范围，努力达成共识。

多数情况下，调解员在听取和尊重双方意见的情况下提出解决方案，给予专家建议，并且可以根据双方当事人讨论的结果决定调解程序的进程。如果争议双方达成协议，则调解员可以根据协议终结诉讼程序。即使调解不能取得实质性进展，争议双方仍可以同意由调解员作进一步审理后作出裁决，从而结束诉讼程序。通过调解双方既不能达成协议，也不同意

---

① ［澳］P. A. 博金（P. A. Bergin）：《澳大利亚法院之调解现状——以新南威尔士州为中心》，《法律适用》2011 年第 6 期。

② 同上。

由调解员作进一步裁决时,调解终止,审理程序将重新启动。

实践中,土地与环境法院之所以注重 ADR 纠纷解决机制的运用,除了非诉讼程序的快速、便捷、低成本等在化解纠纷方面的优势外,法院认为对行政决定的审查,立法的根本目的并不在于得出输赢的结果,而在于取得最好的社区效果。由于法院追求的是解决实际问题,而不是单纯的输赢,现在越来越多的有调解结案必要的案件正通过庭前程序中的磋商而得以有效解决。①

二 美国最早的专门环境法院:佛蒙特州环境法院

从美国环境保护的历史看,在推动环境法发展和有效实施的诸多动力中,美国的法院系统扮演了极其重要的角色,也发挥了不可低估的重要作用。美国佛蒙特州专门环境法院的设立,既是长期以来的美国生态环境司法保护传统的一个缩影和司法在特定时空条件下适应社会变革不断发展的体现,也是已有的司法运行机制在环境保护领域的一种必要的和能动的,也更为直接和有效地推动环境法实施、解决环境纠纷、维护环境权益的司法运作形式。

(一)法院产生的背景

佛蒙特州位于美国东部新英格兰地区,是美国环境质量最好的州之一,全州约 77% 的面积是森林,有"绿岭之州"(Green Mountain State)之称。不仅如此,作为美国能源的一个标志性形象,佛蒙特州也是美国首个清洁能源之州。这个州最大的城市伯灵顿 100% 的能源消耗都来自可再生能源,早已超越了 45% 的能源消耗来自可再生能源的计划目标,已成为唯一一个奥巴马总统新清洁能源计划之外的州。在成为"绿色能源领军者"的过程中,佛蒙特人提供了一些可资仿效的方式:向邻近污染严重的其他州销售清洁能源,改革电网运行方式等。坚定的决心、聪明的才智和把握住时机,是佛蒙特州在清洁能源领域取得成功和发展的根本原因。②

佛蒙特州属于美国大陆最早的殖民地之一,开发较早,在过去两个世纪中,佛蒙特州的人口经历过大起大落,一开始在这里定居的是农民、伐

---

① 参见丁晓华《澳大利亚的土地和环境法院》,《法治论丛》2005 年第 2 期。
② 参见方宇宁《佛蒙特州:美国首个清洁能源之州》,《世界科学》2015 年第 12 期。

木人和猎人,后来许多农民向西部的大平原地区迁移。同时,由于过度采伐,森林迅速消失,林木业也逐渐萎缩。

作为一个联邦制国家,美国在法院的设置上各州有自主权。在美国的52个州中,仅佛蒙特州设有环境法院。1990年,美国佛蒙特州议会创立了佛蒙特州环境法院,其设立的法律依据是1989年佛蒙特州议会通过的《统一环境执行法》(Uniform Environmental Enforcement Act)。这是美国最早也是目前唯一的专门环境法院。由于该法院的审判权与其他特殊法院或法庭,如家庭法院、离婚法院、青少年法院不同,其审判权不是从传统法院中分离出来的,而是由议会赋予的新的审判管辖权,因此从性质上来看,佛蒙特州环境法院属于真正意义上的"专门"法院。

近现代以来,鉴于佛蒙特州政府在环境保护、社会福利和防止城市化等问题上态度激进,以及社会公众较强的环境意识,这导致该州的环境资源立法相对较多。但由于各项立法的执行程序和机制不同、对违法行为的处罚措施差异明显、救济途径形式各异,使得司法实践中对环境违法行为的法律适用结果不同,出现了社会不公平,这为统一执法过程创造了条件。

那么如何统一执法呢?议会在讨论不同的执法方案时,也曾考虑是沿袭以往行政机构内设的行政申诉机制呢,还是继续采取由传统法院来执行法律。其结果是他们更倾向于创设一种能够快速解决环境纠纷的新途径,即通过建立一个独特的司法机构"环境法院"的方式来解决这个问题。于是,佛蒙特州议会于1989年通过了《统一环境执行法》,确立了加强环境执法、增强法院的民事执法、在法院系统内设立环境法院以及将环境执法过程标准化,以确保执法的统一和公平的四项立法目的,[①] 从而使得佛蒙特州环境法院的创立有了明确的法律依据。

(二)法院的组成和受案范围

美国佛蒙特州高等法院环境审判庭,是一个在全州范围内享有管辖权的初审法院,它属于州普通初审法院系统的一个部分。它是全美最早建立也是唯一的州级法院的环境审判庭,通常保留它的旧称"佛蒙特环境法

---

① 参见李挚萍《美国佛蒙特州环境法院的发展及对中国的启示》,《中国政法大学学报》2010年第1期。

院"。① 佛蒙特环境审判庭，对大部分与环境法和土地利用法相关的案件以及执行上诉案件享有统一的管辖权。通过"一站式"（one stop shop）环境诉讼，往往可以为当事人和律师提供更为方便快捷的诉讼途径。

佛蒙特州环境法院由 2 名法官和若干司法辅助人员组成。环境法院的法官通常是经过高级法律训练的环境法官，他们在环境科学和技术问题上也有丰富的经验，他们只审理环境案件，一般由州最高法院任命，每届任期 6 年。② 从地理上看，两位法官处理全州的环境案件，并且就近开展审理以便更好地为全区域提供司法服务。

法院成立之初，只有一名法官、一名法庭职员和一名文件管理职员。2004 年以后，由于法院受案范围扩大，案多人少的问题突出。2005 年，增加了一名法官，法庭职员也成倍增加了。由于环境案件专业性、技术性特点明显，环境法院主要通过选择具有一定环境科学知识背景的法官以及具有相关专业知识的调解员来解决案件审理中涉及的技术问题。

在司法实践中，案件一般按间隔分配方式分给法官，即第一个案件分给法官 A，第二个案件将分给法官 B，以此类推。这样的案件分配方式，可以避免当事人利用案件分配的漏洞选择有利于自己的法官。

《佛蒙特州宪法》③ 第 28 条规定：法院应当审理所有适合其审理的案件，并且正义应当在法院毫无偏私地得到实现，排除任何腐败或不必要的迟延。佛蒙特州环境法院应当审理且适合其审理的案件主要有三类：第一类是由环境行政机关提起的行政执行案件和其他案件，属于"官告民"的范畴。例如，由自然资源局基于佛蒙特州《统一环境执行法》提起的环境执行案件，以及由州环境保护机构要求违法者承担民事责任的案件。第二类是对环境执行令的司法审查之诉，属于"民告官"的范畴。例如，针对州自然保护局根据《统一环境执行法》发布的执行命令而提起的司法审查之诉。第三类是对环境行政行为和决定提起的诉讼案件，也属于"民告官"的范畴。例如，针对自然资源局发放许可的行为而提起的诉讼

---

① 参见［美］乔治·普林、凯瑟琳·普林《环境法院和法庭：决策者指南》，周迪译，王树义审订，中国社会科学出版社 2017 年版，第 37 页。

② 根据《佛蒙特州宪法》第 34 条之规定，最高法院大法官和下级法院的法官，除助理法官及遗嘱法院法官以外，若非临时性任命得任职 6 年。助理法官和遗嘱法院法官的任期为 4 年。

③ 《佛蒙特州宪法》于 1793 年 7 月 9 日通过，1995 年 9 月 21 日修订。

案件。

从环境法院受理的案件类型看，它们主要是与行政决定、行政执法和行政许可有关的环境行政案件，基本不涉及环境犯罪和环境侵权案件。除此之外，环境法院也受理针对政府发放许可证的行政行为或者许可证的持有者违反许可证而损害公共利益所提起的环境公益诉讼案件，但是起诉者需证明自己与案件有利害关系，才能获得起诉资格。[①]

美国法院有着深厚的自然生态司法保护的历史传统。早在20世纪70年代初，美国联邦最高法院即决定放宽对诉讼案由的限制，允许对大气、水体和森林等公共资源造成损害的行为提起诉讼。正是由于美国法院系统采取了较为宽松的司法审查标准，使得行政机构对公众关注的环境问题不敢视而不见、漫不经心，以避免公众针对它的行政行为提起诉讼。不仅如此，在司法判决中，法院也日益认为自然资源的丰富多样性是维系和改善人们的生活品质所不可或缺的，环境利益由于与人的生存权、健康权和自由权息息相关，所以更应辅之以特别保护。

由于美国法院系统具体的司法实践显示出的对保护自然生态的鲜明态度和积极的环境司法保护倾向，使得法院在审理环境类案件时，总是能够审慎地衡平各种利益关系，并常常从生态利益优先的原则出发作出利益取舍。40多年来，美国法院已经受理了数以万计的环境诉讼案件，在生态环境司法保障方面，法院发挥了不可替代的重要作用。其中为一些经典案件所宣示的环境司法理念和价值，不仅对当时的环境诉讼产生了深远影响，而且对于今天的环境司法实践也具有一定的指导意义。

例如，1978年在美国环保史上具有典范意义的标志性案件——田纳西河流域管理局诉希尔案（Tennessee Valley Authority v. Hill），就是美国最高法院受理的一起依据1973年《濒危物种法》起诉的有关环境保护的案件。1967年经国会批准，田纳西河流域管理局开始在小田纳西河流域修建泰利库大坝。1975年，发现小田纳西河有一种濒临灭绝鱼类——蜗牛镖（Snail Darter），很快得到了环保人士的注意，联邦内政部随即将其列入濒危物种名单。环保组织为了维护濒危物种的生存权益，对田纳西河流域管理局提起诉讼，要求为保护物种终止大坝的修建。

[①] 参见李挚萍《美国佛蒙特州环境法院的发展及对中国的启示》，《中国政法大学学报》2010年第1期。

该案在美国环境保护史上的典型意义即在于，最高法院为了保护一种濒危物种——蜗牛镖[①]而不惜放弃巨额经济利益的判决结果，在美国确立了一项环境保护原则，即拯救濒危物种、保护物种多样性的价值优先于对经济利益的维护。

在案件审理过程中，面对小鱼的命运与大坝的修建孰重孰轻的问题，如何在牺牲泰利库大坝造成的损失与牺牲蜗牛镖所造成的损失之间进行利益衡量，法院认为：根据《濒危物种法》，濒危物种的价值是无法计算的，拯救濒危物种高于一切，无论付出多么大的代价都要终止和扭转濒危物种渐趋灭绝的趋势，并最终判决永久性禁止大坝建设。

该案是保护生物多样性的经典案例，尽管案件在审理过程中遇到了多方面的阻力，比如国会立场上的不坚定和利益集团的干涉，但是当需要在生态价值和经济利益之间作出抉择时，最高法院还是通过积极释法、有力执行环境保护法使得该案最终以环保力量的胜利而告终，对美国未来的环境保护起到了重要示范作用。该案虽已过去多年，但为法院在审理案件时所确立的生态利益高于一切的可持续发展司法理念，却值得我们在环境司法专门化建设中借鉴并在审判实践中作出更好的"绿色"跨越。

（三）环境案件的审判程序

2004，佛蒙特州最高法院制定了《佛蒙特环境法院程序规则》（Vermont Rules for Environmental Court Proceeding）。该规则针对环境案件的特点作出了很多特殊而又具体的规定，是环境法院审理案件时需要遵循的程序方面的主要法律依据。

环境法院审理的案件涉及事实审和法律审。对行政机关的环境行政行为既要进行合法性审查，又要作出合理性审查。根据合法性以及合理性要求，环境法院可以维持、推翻、修改或者终止行政机关作出的有关命令、许可和决定等行政行为。

按照《佛蒙特环境法院程序规则》，环境法院在审理案件时，一般会在庭审前安排由主审法官主持的一系列审前会议，以便与当事人讨论决定案件审理的时间、案件的争议点、可能存在的被驳回的事宜，并为当事人

[①] 蜗牛镖是一种体长不超过10厘米稀有鱼类，是鲈鱼的一种，主要以蜗牛为食，故称之为蜗牛镖。它是美国环保组织要极力保护的濒危物种。

提供遵循一般程序的指引。审前会议的目的在于合理确定审理事项、对案件事实予以归类、排序和定量,确定诉前证据和专家证言是否可用,是否需要现场调查,确定是否存在调解的可能性和其他任何有利于案件审理加速和公平进行的事项等。①

对于可以调解结案,则进入调解程序。无调解可能和必要的案件,则进入庭审。如果当事人认为案件涉及的事实无须开庭审理,则案件径行判决。除非当事人另有约定,庭审应当在争议财产所在地进行。

(四) 环境案件的非诉讼解决机制

在美国,非诉讼纠纷解决机制成为解决纠纷的主要途径,是与非诉讼纠纷解决机制的立法推动密不可分的。长期以来,由于人们对非诉讼纠纷解决机制的价值缺乏足够的认识,法院对非诉讼纠纷解决方式一直持排斥态度。20世纪六七十年代,随着案件数量大幅攀升,美国出现了"诉讼爆炸"现象。为了摆脱不堪重负的讼累,法院不得不另辟蹊径以便在诉讼之外寻找一种新的替代性纠纷解决方式,以弥补诉讼解纷方式一家独大带来的不便。70年代以后,法院对各种非诉讼纠纷解决的态度出现了重大转机,并开始了一系列非诉讼纠纷解决方式的重要实践。②

但是,非诉讼纠纷解决方式真正走上纠纷解决的前台、成为与诉讼并行不悖的重要纠纷解决方式,是由非诉讼纠纷解决机制相关立法的完善来推动和加以保障的。1983年《联邦民事诉讼规则》(Federal Rules for Civil Procedure)的修改,为法院利用非诉讼纠纷解决机制解决纠纷提供了明确的公共政策指南和法律依据,也带动了各州非诉讼纠纷解决机制立法的相继出台。在这个过程中,推动非诉讼纠纷解决机制获得重大发展的标志性事件,无疑是1998年颁布的《非诉讼纠纷解决机制法》(the Alternative Dispute Resolution Act of 1998)。

《非诉讼纠纷解决机制法》是世界上第一部关于非诉讼纠纷解决机制的专门立法。该法对各种非诉讼纠纷解决方式,如早期中立评估(early

---

① 参见李挚萍《美国佛蒙特州环境法院的发展及对中国的启示》,《中国政法大学学报》2010年第1期。

② 例如,1971年密歇根东区联邦地区法院开始率先采用法院附设调解程序解决纠纷。1978年,宾夕法尼亚东部地区法院首先开始采用法院附设仲裁程序。

neutral evaluation)①、调解、小型审判以及仲裁程序作出了较为具体的规定。该法鼓励联邦地区法院设计和采用新的非诉讼纠纷解决方式。立法的鼓励和促导，加上适应纠纷解决的实际需要，司法机关逐渐开始将非诉讼纠纷解决机制纳入其纠纷解决的范围，甚至在纠纷解决时将其作为优先考虑的方式加以适用。

环境法院也是一样，自20世纪90年代末开始在审判实践中适用非诉讼纠纷解决机制。尽管非诉讼纠纷解决机制不是强制性要求，但法院会对案件是否适合应用庭外纠纷解决机制进行评估，并向当事人各方提供符合资质的私人调解员名单。

从佛蒙特州环境法院非诉纠纷解决机制的适用情况看，"调解"目前是环境法院解决纠纷的一种重要而有效的方式。除非案件不适宜调解，否则调解将作为必选的一种结案程序，由法官下达调解令的方式加以实施。一般来说，调解开始时首先要由当事人根据调解员名单或在名单之外挑选调解员，调解过程为期四周，调解如何进行由当事人和调解员决定。法官可以将调解协议或其他解决方案纳入法院的执行令。

从环境法院纠纷解决的实践来看，调解已成为环境法院案件分流的重要方式。有相当一部分案件通过调解，快速平复了纠纷双方的争议，节省了当事人的诉讼成本，同时也节约了司法资源，大大缓解了诉讼的压力。而且调解的非对抗性，更有利于当事人双方互让互谅、充分理解对方的需求和目标、减少分歧和争议，从而在协商中化解矛盾、解决问题。即便调解不成功，也有利于将争议问题收窄，方便法院更有针对性地解决争议。

三 环境法院成功运作的世界典范：新西兰环境法院

新西兰素以环境优美著称于世，号称"地球上最后的伊甸园"。热爱自然和保护环境是新西兰人的传统，也是新西兰的象征。现代的新西兰自然环境优美、政治稳定、经济发达，是世界上社会福利项目最广泛的发达国家之一。

---

① 早期中立评估，是指由一位中立评估者（一般由在争议方面具有丰富经验的法官或律师担任），在充分听取争议双方的意见后，对各方的地位进行简要评估，并对争议提出无拘束力的解决方案。其目的在于使当事人在诉讼早期即获得有关争议方面的事实和法律问题的信息，合理判断自己在诉讼中的地位，降低当事人不切实际的预期，促成当事人和解。

20世纪80年代以来，随着环境保护被提升为国家战略，新西兰政府将60多部不完整、不全面甚至相互抵牾的自然资源和环境管理方面的法律法规融为一体形成了《资源管理法》，使其成为目前新西兰在环境保护领域的一部统一的也是最主要的自然资源管理的综合性法律。同时，该法也为新西兰环境法院制度的建构提供了立法上的支持。此后，政府又相继修改、完善和制定了一系列相关法律，强调对资源的可持续管理，在立法上理顺了环境与经济发展的关系。另外，政府还通过职能的改革和调整组建资源保护部和环境部，以及设立议会环境专员行使监督职能等手段和方法，从多个方面保证立法和管理的有效实施。

近年来，新西兰政府还通过立法建立了总面积占国土面积1/3的原始森林保护区、国家公园、沿海自然保护区及岛屿海洋生物保护区，加强环保理念和意识的推广和教育，加大对环保组织的扶持，注重发挥环保组织的作用，积极参与国际交流与合作，签署了《生物多样性公约》和《气候变化框架公约》等多项国际环境保护公约，并通过国内立法予以落实。新西兰在环境保护问题上的坚定立场、开放态度、积极作为以及取得的显著成效，为其在国际社会赢得了独特的地位。

新西兰的环境司法专门化走在世界的前列，具体表现在其环境法院的设立及良好的运作。新西兰环境法院（The Environment Court），是新西兰环境问题处理机制一体化的核心载体。经过长期的发展和改革，新西兰形成了科学而系统的环境法院制度，如案件的分类和管理制度、巡回法庭制度、专家证人制度和调解制度等，为各国环境纠纷的解决提供了典范。作为国际上成立较早、影响较大、发展最完善的环境法院之一，新西兰环境法院在通过司法途径解决环境资源纠纷方面表现出功能强、效率高的特点，其成功经验值得学习。

（一）环境法院的建立及主要职能

新西兰法院的组织体系是由普通法院和特别法院组成的。普通法院从审级上由低到高依次分为，地区法院（District Court）、高等法院（High Court）、上诉法院（Court of Appeal）和最高法院（Supreme Court）。其中，高等法院是拥有普遍管辖权的高级别法院，其下的低级别法院只拥有有限管辖权。由于新西兰上诉法院的判决很少有上诉到最高法院的情况出现，因而在多数情况下，上诉法院的判决在事实上就成了终审判决。此外，还有一些处理专门事务和纠纷的法院，如环境法院、家事法院、雇佣法院、毛利人土地法院和青年法院等。

在新西兰,环境法院是一个处理环境问题的专门法院,其地位相当于地区法院。例如,根据《资源管理法》的规定,环境法院在行使民事管辖权时具有与地区法院相同的权力,对环境法院的判决不服当事人可以就环境法院裁决中的法律问题上诉至高等法院。

新西兰环境法院的历史,可以追溯到1953年根据新西兰《市镇和乡村规划法》而设立的城乡规划上诉委员会(Town and Country Planning Appeal Board)。城乡规划上诉委员会是一个横跨多学科、多领域、全职业的,专门用来裁决城市规划项目争议的裁判机构。设立该委员会的初衷是通过建立一个全职的、具有多学科知识背景的专门裁判所的方式,以听证会和证据为基础来解决纠纷,从而在民众和政府之间主持公正。① 1963年和1969年,为了缓解审理环境争议案件的压力,又分别加设了两个上诉委员会。1977年,根据《市镇和乡村规划法》将三个上诉委员会合并为一个规划法院。1991年的《资源管理法》沿用了规划法院的名称,1996年修订的《资源管理法》,启用了"环境法院"这一名称,从而正式宣告了新西兰环境法院的成立。

新西兰《资源管理法》赋予了环境法院促进环境可持续发展,防止、纠正及减轻对环境产生不利影响的职能。因此,法院的大部分工作都会涉及与资源管理和环境相关的公共利益问题。作为一个专业性法院,新西兰环境法院在司法实践中主要承担三个方面的职能,即受理上诉案件、审理并决定重要事项申请和发布执行令及处理其他申请。②

在受理上诉案件方面,如果曾向市政局提交过书面意见书的当事人认为市政局的决定,如资源许可决定或市政局作出的有关地区和区域规划草案决定是错误的,侵害了他们的权益决定提起上诉,那么这类案件一般由环境法院审理。

在审理并决定重要事项申请方面主要是指,审理需要由法院直接受理而不需要经过地方市政当局决定的资源许可申请、改变许可条件的申请、请求告知的申请案件。

---

① 参见徐平、周晗隽《新西兰环境纠纷解决机制及其启示》,《湖北大学学报》(哲学社会科学版)2015年第1期。
② 参见胡斌《新西兰环境法院初探》,《甘肃政法学院学报》2014年第3期。

发布执行令这项权力影响深远，它是一套执行法定义务的潜在而强大的机制。任何人有权向法院提出执法申请，环境法院有权根据申请依据《资源管理法》发布执行令，要求停止违法行为、作出补救的措施减缓违法行为对环境造成的不利影响，赔偿第三方因采取减缓措施所付出的费用。

根据《资源管理法》第 314 条的规定，任何人都可以基于以下理由申请法院发布执行令：（1）为了禁止某人作出违反《资源管理法》的任何条款、任何规章、区域或地区计划中的任何规则，或者任何资源利用许可的行为；（2）为了禁止某人作出任何会或可能会对环境产生不利影响的有害、危险、令人反感的行为；（3）要求某人履行作为义务，以符合《资源管理法》的各项规定，或者避免、补救、减轻由其本人或其代理人对环境所造成的任何不利影响；（4）为了弥补其他情形下，应为避免、纠正或者减轻某人违反《资源管理法》、计划或者资源开发许可证的行为造成的不利后果所产生的合理费用。

在新西兰，发布执行令（enforcement order）是法院督促有关单位和个人要求其遵守《资源管理法》，避免环境问题产生的一种常用也更为严厉的法律手段。执行令只能由环境法院发出，这一点不同于由政府部门发出的消减通知书（abatement notice）。消减通知书通常是命令管理相对人在通知书规定的期限内完成符合法律要求的整改活动，比如停止或开始某项工作，类似于我国环保部门发出的限期整改通知书。较之以整改通知，法院发布的执行令显然是一种更为严厉的法律手段。

对于环境法院管辖的其他申请，主要是有关请求环境法院对存在争议的规划条款作出司法解释，以及请求环境法院判定商业竞争对手是否违反了《资源管理法》关于诉讼参与权限制性规定的公告（declaration）的申请。

（二）环境法院的组成及受案范围

新西兰的环境法院是"具备混合知识和专长"的法院，一般由环境法官（environment judges）和环境专员（environment commissioners）组成。其中环境法官通常具有法学背景和多年的律师工作经验，且必须是地区法院法官或具有担任地区法院法官的资格。环境法官经由司法部长的推荐、后由总督任命，一般任期 5 年并可连任。另外，《资源管理法》规定，环境法院必须设有非法律专业的环境专员。因此，要想获得环境专员的资格，必须具有科技、经济、农业、管理、规划以及调解等各方面与环境争议相关领域的多样化知识背景和相关经历。在案件的审理过程中，环境法院可根据案件的相关性调度环境专员，以确保案件审理的专业性。

一般一个环境法庭至少有一名环境法官和一名以上环境专员。在环境法院的实践中，通常由一名法官和两名环境专员组成合议庭。涉及重大案件，则由一名法官和三名环境专员组成合议庭。环境专员有权独立审理一些简单案件并作出裁决。根据《资源管理法》，总督根据司法部长的推荐，任命一名环境法官为环境法院的首席法官，主要负责环境法院的秩序、人员调度、紧急事务和特别问题的迅速处理。

作为专门性法院，环境法院对案件的处理不仅会涉及一些相关法律问题，还会涉及为环境争议解决提供专门方案的有关的跨学科的专业技术问题。因此，无论是环境法官还是环境专员，都需要具有极高的专业性。比如，环境法官的专业性主要体现在，具有多年的律师执业经验，具有多年的环境案件庭审经验，以及具备解决环境案件的专业背景知识等方面。环境法院对环境专员及调解员的专业素质要求也很高，他们必须是某些方面的专家，具有跨学科的知识储备。新西兰环境法院组成人员的复合型结构，较好地满足了环境案件审理在专业性方面的基本要求。

另外，在这里有必要指出的是，新西兰环境法院在案件审理过程中还特别重视专家证人的作用。专家证人通常来自规划、地质、生物、经济、文化等多个领域，他们在诉讼程序中的作用在于就其专业领域内的相关问题向法院提供中立的帮助，而不是帮助当事人如何做证。专家证人不得有倾向性，不得屈从于客户的要求，有不受外界影响独立地根据自己的专业判断作出客观结论的职责。因此，新西兰环境法院对专家证人的要求是他们必须是独立的、客观的、专业的。通常在环境专员的组织下，专家证人在其所处领域与其他专家证人开会商讨案件涉及的事实问题，并寻求达成一致的协议。这种商议性的会议，既可以由法院依据职权采取，也可以依当事人申请。达成协议后还需准备并且签署一份联合证据声明，声明中需要写明已达成协议的问题和未达成协议的问题及其原因。这样就可以加快庭审的进度，减少诉讼费用。专家证人制度在一定程度上弥补了环境法院在专业领域某些方面存在的知识上的不足，是新西兰环境法院裁判程序中的一个独具特色的制度。

宽泛的管辖权，是新西兰环境法院的一大特点。尽管新西兰环境法院是单一国家法院,但从区域上看,环境法院的管辖范围覆盖全国,它在三个不同城市(惠灵顿、奥克兰、基督城)的地方法院设有登记处,处理全国范围内的事物。环境法官还可以根据各地需要,到案件发生地开展巡回审判工作。例如,根据法律规定,除非当事人另有约定,环境法院应在诉讼涉及标的物所在地附近法院认为方便的地方,设立负责召开会议(conference)或听证会(hearing)的巡回法庭。此时,环境法官、环境委员以及工作人员都应一同前往。这使得环境法院能为全体公民、包括土著毛利人提供全国统一的环境审理,不受地域的影响。

在新西兰,法律对利害关系人的诉讼资格并无特别的限制。依照《资源管理法》的规定,任何人只要对政府或者地方政府的发展规划或资源利用审批等有意见都可以向环境法院提起诉讼,甚至申请人并不要求是纠纷地的当地居民。宽泛的诉讼资格,保证了法院案源的多样性。例如,如果当事人曾经针对某项规划草案或政策宣示提交过意见书,而市政局却没有采纳相关的意见,当事人就有权向环境法院提起上诉。环境法院这种特有的制度安排,既能保障广泛的公众参与,也有利于公共利益在环境法院的裁决中得到充分考量。

从案件的具体情况上看,新西兰环境法院能够审理和决定《资源管理法》框架内的诸多问题,涉及各类环境、规划、开发、建筑、地方政府、资源和土地问题等多个领域。比如,有针对市政局的决定提起上诉的案件,有对申请机构的决定提起上诉的案件,还有涉及其他立法的诉讼[1]和针对某些特定申请的案件等。这些案件具体包括:与区域政策声明、区域规划以及地区规划有关的诉讼;与资源许可有关的诉讼;与设计有关的诉讼;与消减通知(内容一般是要求当事人停止某项行为)有关的诉讼;申请发布执行令的案件;申请发布公告的案件(对所有涉及资源管理法实施的问题,公民或单位都有权要求环境法院就某一事项作出明确说明);有关费用支付等方面的案件(法院有权要求上诉人预先支付一定的款项,用以支付可能败诉后的诉讼费用。另外,在诉讼费用的承担上,法院有权作出有利于某方当事人的判决。在新西兰环境法院的实践

---

[1] 例如,《森林法》中的"有关砍伐海滩森林的诉讼";《名胜古迹法》中的"有关考古遗址的诉讼";《公共建设法》中的"对强制征地不服的诉讼";《地方政府法》中的"对道路停车规划不服的诉讼"等。

中,法官有时候会免除败诉方的诉讼费用,特别是那些环保组织及相对弱势的群体)。

(三) 环境法院的调解机制

新西兰环境法院,广泛地运用法院辅助的替代性纠纷解决机制来化解矛盾、定纷止争。替代性纠纷解决方式通常会通过环境法院的指派,由15位专家委员之一主导和负责。复合性的专业知识和丰富的案件处理经验,确保了他们能够妥善处理诉诸环境法院的纠纷,保障了调解的高成功率。尽管不是所有的纠纷都适合非诉讼纠纷解决的方式,但是在环境法院处理案件的整个过程中,只要当事人双方一致同意适用非诉讼纠纷解决方式,他们就可以选择在诉讼的任何程序中开展或者终止调解程序。

新西兰环境法院的调解程序,一般包括开场、收集信息、明确相关事项、讨论问题、确定争端解决选项、评估选项、确认协议和签署协议8个步骤。环境法院适用调解成功的案件,主要集中在与政策和规划文件有关的诉讼、资源许可类的诉讼以及申请执行令的诉讼等几个方面。

简则易行、行则有功。在新西兰,《资源管理法》赋予了环境法院出于纠纷解决之目的,可以安排调解和其他形式的非诉讼纠纷解决方式作为争端解决的途径。新西兰环境法院通常也会鼓励当事方,在适当的情况下采用非诉讼纠纷解决方式解决纠纷。调解是新西兰非诉讼纠纷解决方式中运用最广泛的一种。① 值得注意的是,环境法院的授权立法允许其按照最适合自己的程序来开展工作,不受普通法院程序或证据方面的规则限制以实现有效审判。实践中,新西兰环境法院的附设调解制度不仅应用得最为广泛,也取得了较好的实效。较高的调解成功率证明,不通过法院审判而运用替代性纠纷解决机制解决的案件占相当大的比例。根据统计,新西兰环境法院年均受理案件约为1100件,而其中有超过70%通过调解得以顺利解决。②

达成一致的调解协议可以呈递给法院,经过法官的批准或修改,可以作为法院最终判决的一部分。如果调解协议不符合《资源管理法》的目的,有损于环境的可持续性,环境法官可以拒绝赋予调解协议以法律约

---

① 根据新西兰环境法院应用指引,非诉讼纠纷解决的形式包括调解、和解、专家证人会议、仲裁、专家决定和司法解决会议等。
② 参见胡斌《新西兰环境法院初探》,《甘肃政法学院学报》2014年第3期。

束力。

和所有的环境资源类纠纷一样，环境法院审理的案件从根本上涉及多数人的利益。它的实质是，为了在环境质量方面的公共利益而对个人权利进行限制。因此，环境诉讼是一种公法性质的诉讼。[①] 这需要环境法院在案件审理程序上作出相应调整，以确保自由裁量权的行使有利于公共利益。这样看来，尽管调解制度适用起来简便易行，不仅可以减少花费和时间投入，也有利于促成争议双方在互动互信的基础上及早达成双赢的解决方案，但调解的适用不是任意的，它同时受到环境法院的监督与协调，以确保当事人达成的调解协议能够满足可持续性的要求。

值得一提的是，在新西兰为了防止调解适用中可能出现的程序滥用或诉讼迟延问题，新西兰环境法院对案件实行了独具特色的案件管理制度。如果案件提交到环境法院之后，将首先进入法院的案件管理程序。环境法院会通过案件管理系统（case management system），根据案件的性质由首席环境法官对其进行归类，并通过案件管理人（case manager）以书面的形式告知案件当事人。对于环境法院受理的案件，环境法官通常会考虑如何处理这些案件，以及是否有必要召集双方进行和解或者进行审前会议。

环境法院在接受案件后，通常将案件分为标准（standard）、复杂（complex）、当事人控制（parties' on hold）三种类型。其中，标准型案件主要包括资源许可上诉、部分规划上诉、非紧急执行和其他混合型诉讼；复杂型案件主要包括大部分规划上诉案件、由环境部长提交的环境问题、紧急执行的情况以及部分资源许可诉讼；当事人控制型案件主要是指，当事人并不热衷于求得环境法院的审理，而在于寻求一个进一步谈判或调解机会的诉讼。在这种情形下，不论当事人是否申请，根据法院的指令，案件随时可以从一种类型变为另一种类型。这种依据案件的特性进行分类处置的管理方式，减少了滥诉者滥用程序的机会。

总之，在新西兰环境司法实践中，环境法院在注重发挥司法裁判功能的同时，也为环境纠纷提供了非诉讼解决的机制。非诉讼纠纷解决机制因其具有灵活高效等优点，因此近年来在新西兰越来越受到重视。

[①] 参见徐平、周晗隽《新西兰环境纠纷解决机制及其启示》，《湖北大学学报》（哲学社会科学版）2015年第1期。

四 印度的环保"司法堡垒":国家绿色法庭

印度国家绿色法庭是同类法庭中的典范。印度和中国同属发展中国家,有着较为相似的经济和社会发展状况,而且两国都面临着发展经济与保护环境的双重压力和挑战。如何加强环境保护、保障公民享有的健康的环境权利,是国家的重要责任。自 20 世纪 70 年代以来,印度就制定了大量的环境法律,但却面临行政执法乏力,环境法的实施效果不佳的问题。为此,法院较早地就担负起了实施环境法的重要使命,并在长期的审判实践中作出了大量判决,展现了环境法院和法庭成功扩大其开放性、增强程序的灵活性和透明度、保持判决先进性的全过程。

"20 世纪 80 年代建立的公益诉讼制度开创了司法能动主义的新时代,它旨在解决严重侵犯社会边缘阶层的人权问题,对传统对抗性程序中的诉因、被侵权人以及私益诉讼等概念进行了创新性发展。"[1] 环境公益诉讼的发展促使环保人士、非政府组织和受影响的公民诉诸法院,尤其是到高等法院寻求救济。在此背景下,变革的公益诉讼制度,为环境退化的受害者提供了获得司法救济的机会。在过去的 20 年间,法院将人权与环境紧密结合,受理了来自各方面的公益诉讼请求,包括请求法院在立法缺位的情况下发布指导和命令。[2] 由此,积极能动的司法充当了"环境保护的法庭之友",极大地促进了环境司法的发展,无论对印度环境法的实施和发展还是环境保护都起到了巨大的推动作用。

印度国家绿色法庭因其诸多显著特征而值得瞩目,也因其在保护生态环境方面作出的创新性努力而备受赞誉,赢得了公众的尊重,也提高了司法的公信力。例如,国家绿色法庭认可"健康环境权"[3],对公众参与和诉诸司法遵从宽松规则,并强制适用国际条约和原则。又如,组成国家绿色法庭的审判人员包括司法人员和技术专家,反映了环境案件的跨学科属

---

[1] [英]吉檀迦利·纳因·吉尔:《印度环境司法:国家绿色法庭》,李华琪等译,王树义审订,中国社会科学出版社 2019 年版,第 44 页。

[2] 参见[英]吉檀迦利·纳因·吉尔《印度环境司法:国家绿色法庭》,李华琪等译,王树义审订,中国社会科学出版社 2019 年版,第 47—48 页。

[3] 在印度,无论是宪法还是法律都没有直接规定环境权利。但国家的不作为或国家机关履职不力,使宪法保障的人民生活质量遭受损害并面临危险。为此,印度最高法院积极回应将《宪法》中的"生命权"解释为"在健康环境中生活的权利"。印度国家绿色法庭援用了印度最高法院在特定时期逐步形成的富有前瞻性的审判规则。

性，增强了国家绿色法庭判决的合理性。而在扩大公众参与方面，国家绿色法庭的法官和技术专家经常去纠纷现场进行调查、分析并给出纠纷处理建议。国家绿色法庭不只是依据司法判例裁判案件，它还可以组织事实调查委员会和参与小组协助其制定一个可行的工作方案。其中，参与小组由其他专家、政治领袖、倡导团体和受害方共同组成。

正是因为印度的环境司法发展较早也更为成熟，从印度的司法实践中我们可以学到很多经验。因此，研究印度的环境法庭制度，无疑对于我国环境司法专门化建设具有重要的借鉴意义。

（一）国家绿色法庭设立的背景

国家绿色法庭（National Green Tribunal）在印度的建立，有着特殊的历史背景。作为一个人口稠密、经济增幅迅猛的发展中大国，印度近年来的城市空气污浊①、河流污染、森林面积锐减等环境问题异常突出。1984年发生在印度博帕尔（Bhopal）的毒气泄漏事故，是人类历史上最为严重的化学工业灾难，也是人类公害史上最为残酷的悲歌，给当地造成了灾难性后果，影响巨大。② 该案与国内的一系列环境污染案件都要求印度中央政府必须建立法律制度抑制日益严重的环境问题，并着眼于环境司法。这为印度《国家绿色法庭法》的出台奠定了社会基础。此外，印度最高法院的一系列判例，也在很大程度上助推了该法的产生。③ 例如，1986—1996年，印度最高法院在审理环境案件时，认识到环境案件涉及科学数据的评价，需要将有关环境科学家和技术专家的咨询意见作为审理程序的一部分，④ 而且考虑到环境案件跨学科的特点，为了加快审理的进度，有

---

① 例如，按照世界卫生组织 2014 年发布的报告，在全球污染最严重的城市中，印度占到 13 个。

② 该案在 25 年之后的 2010 年，才由印度中央博帕尔地方法院作出了姗姗来迟的判决，涉案的 8 名印度籍高管被裁定因玩忽职守导致他人死亡，各自将面临最高两年的有期徒刑。环保组织嘲讽该案是"历史上最慢的第一步"。

③ 在印度，最高法院在推动环境司法方面扮演了引领角色。例如，为了促进环境话语体系的建立，最高法院通过对宪法规定进行扩大解释，将人权与环境结合起来，由此发展出一种新型的环境法理学；为了给环境退化的受害者提供获得司法救济的机会，最高法院积极推动了环境公益诉讼制度的建立等。而中国不同，最高人民法院环境资源审判庭是在首个地方环保法庭建立 7 年之后才最终成立的。

④ 例如，在马哈诉印度（M. C. Mehta v. Union of India）一案中，印度最高法院认为，环境案件因其复杂特殊性经常涉及对科学数据进行评估，因此为法庭配备一名具有法定资格的法官和两名专家是完全必要的，也是有利于诉讼进程的。参见李建勋、蔡守秋《印度绿色法庭法及其对中国的启示》，《河南财经政法大学学报》2013 年第 2 期。

必要通过设立环境法院的方式对其进行专门审理。在此背景下，印度开始尝试走司法专门化的道路。①

从法律的实际推动上看，印度早在 1995 年和 1997 年就对环境审判制度作出了相应立法规定。比如 1995 年印度议会颁布了《国家环境法庭法》(*National Environmental Tribunal Act*)，1997 年颁布了《国家环境上诉机构法》(*National Environmental Appellate Authority Act*)。这两部议会法案的出台，表明了印度立法机构想要通过立法支持国家建立专门环境审判制度的鲜明态度。但是，由于种种原因这两项法案没有得到很好的实施，实际上立法并没有直接促成环境法庭的设立。尽管如此，通过议会立法来推动专门环境审判制度的做法，确为后续依法设立国家绿色法庭的动议奠定了基础。

为了应对和改变恶劣的环境状况，快速有效地解决与环境污染有关的案件，加之为了摆脱《国家环境法庭法》和《国家环境上诉机构法》因运行不力给环境案件的处理带来的不便，在社会要求通过立法来建立新的环境法院的呼吁下，印度议会司法委员会于 2003 年提出了建立专门的环境法院的设想。后经讨论，印度于 2010 年 10 月 18 日，依据议会通过的《国家绿色法庭法》(*National Green Tribunal Act*) 设立了国家绿色法庭。作为提高环保监管力度所作出的又一次努力和尝试，绿色法庭的成立使得环境案件从此有了一个新的专门化审理平台。

《国家绿色法庭法》是设立绿色法庭的直接法律依据，它的制定是印度积极响应全球环境保护国际倡议、努力践行国际会议项下的义务而在立法上的重要体现。② 该法由 5 章 38 条和 3 个附件组成，分别规定了立法目的、法案名称、生效时间、法庭的设立与管辖、审判权力和程序、处罚及其他条款。附件列明了 7 部与法庭管辖相关的法律，分别是 1974 年《水污染防治法》、1977 年《水污染防治税法》、1980 年《森林保护法》、1981 年《空气污染防治法》、1986 年《环境保护法》、1991 年《公共责

---

① 参见蔡守秋、文黎照《印度 2010 年〈国家绿色法庭法〉评介》，《中国环境法治》2014 年第 1 期。

② 例如，1972 年斯德哥尔摩人类环境会议，号召各国采取适当措施保护和改善人类环境，1992 年里约联合国环境与发展大会，号召各国提供有效的可诉诸司法和行政的程序，其中包括赔偿和补救措施。

任保险法》和2002年《生物多样性法》。①

根据《国家绿色法庭法》的规定,印度设立国家绿色法庭的目的,是为了迅速有效地处理与环境保护、森林和其他自然资源保护有关的案件,包括任何与环境相关的法定权利的实施,对人身、财产的损害及其他相关或偶然发生事项提供救济和补偿。同时考虑到环境案件的跨学科特点,国家绿色法庭在设立与结构、管辖与受案范围、审理程序与裁判原则、判决执行与处罚等方面都独具特色。

印度绿色法庭是以司法手段积极应对和力图扭转国内环境危机而设立的一个专门的环境案件审理机构。自成立以来,绿色法庭受理的案件逐年增多。法官们特别重视审理与空气污染、垃圾回收、煤矿开采、有毒物倾倒、水坝建设以及涉及水资源和森林保护有关的环境资源案件,还审结了一批涉及环境行政监督和信息公开方面的案件。随着环境案件的专门和快速审理,印度国家绿色法庭的影响力与日俱增。

据统计,国家绿色法庭2011年受理案件168件,2012年受理503件,2013年受理1703件,2014年受理1517件。截至2015年1月底,国家绿色法庭共受理各类案件7768件,审结5167件,未结2601件,审结比为66.52%,约2/3的案件得到了妥善解决。② 尤其是在一些地方政府保护环境不力的情况下,印度国家绿色法庭作为环境保护及防治污染的一道有力司法屏障,充分发挥审判职能,让印度多部环境保护法律的效力不再仅停留在纸面上,在为印度环境保护提供司法保障方面发挥了重要作用。

目前,国家绿色法庭已经成为印度一些重大环境纠纷的仲裁者,包括恒河污染、新德里大气污染、废物收集、采矿、有毒物品倾倒和大坝工程等。由于国家绿色法庭的授权立法特别授予了绿色法庭适用自然法则和国际环境法及其原则的权力,因此该法庭作出的很多裁判都是卓有远见和具有创新性的。实践证明,国家绿色法庭被公认为是一个非常活跃和有效的环境法庭模式。

(二) 绿色法庭的组成及管辖和受案范围

法庭的人员构成及其专业与配置,往往会对案件的高效和公平审理产生直接的影响。印度《国家绿色法庭法》充分考虑到了环境案件跨学科

---

① 参见《国家绿色法庭法》,附件Ⅰ。
② 参见李忠东《国家绿色法庭:印度的环保"司法堡垒"》,《防灾博览》2016年第2期。

的特点与法庭人员组成的对应关系,由此确立了由多数成员共同审判的制度(decision to be taken by majority),体现了环境司法的要求,可谓环境法庭立法的典范。

按照《国家绿色法庭法》之规定,绿色法庭的组成由三类主要固定成员和一类非固定成员组成。固定成员包括,全职主席(庭长)1人、全职审判人员10—20人和全职专家人员10—20人。非固定成员是指法庭在必要时,为审理某类特殊案件而邀请的一位或多位专家。基于对环境问题的专业性和跨学科性的认识,每一个审理案件的裁判庭都配备有1名司法人员和1名专家人员。

按照法律要求,全职主席通常由现任或卸任的高等法院首席法官或最高法院的法官担任;审判人员由担任或曾经担任最高法院的法官、高等法院的首席法官或法官担任;专家成员由理科硕士或工学硕士、博士或技术硕士,并且具有15年相关领域的工作经历,包括5年国家机构实践经历(包括污染控制、危险品管理、环境影响评价、气候变化、生物多样性管理和保护),或者具有15年行政管理经历,包括5年政府机构处理环境事务经验的人担任。其中最高法院的法官被任命为主席或审判人员的,年满70岁的不得继续任职。审判人员和专家人员的任期为5年,不得连选连任。

国家绿色法庭由中央政府设立,行使《国家绿色法庭法》赋予的审判职责和权力。为便于审理案件,绿色法庭分为常住地(the ordinary place)法庭和常设地(places of sitting)法庭。其中常住地新德里本部为主法庭,并在4个城市(金奈、博帕尔、普纳和加尔各答)设立了4个区域性法庭。

根据《国家绿色法庭法》的规定,国家绿色法庭在环境问题上具有广泛的初审管辖权、上诉管辖权和特殊管辖权。其中,《国家绿色法庭法》第14条有关初审管辖权的规定,明确了法庭有权受理涵盖附录1中规定的涉及重大环境问题的民事案件的初审申请。《国家绿色法庭法》第16条规定,受害人有权向法庭提起上诉。《国家绿色法庭法》第15条,授予了国家绿色法庭特别司法管辖权。基于特别司法管辖权,国家绿色法庭可判令加害方对环境污染的受害人和附录1所规定的其他环境损害的受害人进行救济和赔偿。同时,法庭亦有权在认为合适的情况下,判令加害方赔偿生态损失,修复区域生态环境。

在印度，绿色法庭采取"三审合一"（triple jurisdiction），管辖与环境有关的民事、行政和刑事案件。任何人（any person）① 都可以针对违反环保法而造成危害的行为进行控告，这样就可以受理尽可能多的环境诉讼案件，使更多的纠纷进入司法裁判的领域。国家绿色法庭将对违法行为进行审理，奉行"污染者付费原则"和可持续发展环保理念，向污染制造者索赔，不服法庭裁判的可以上诉至印度最高法院。环境法庭对诉讼资格所采取的开放态度，突破了印度普通法规定的受害人原则，为社会公众广泛参与环境诉讼提供了法律基础。

绿色法庭受理的民事案件，主要是指与《绿色法庭法》附件1中的7部法律有关的案件。民事案件的诉求，主要包括诉请解决纠纷和申请救济赔偿两类。其中，对于损害赔偿既有对受害人的损害赔偿问题，也包括对环境的损害赔偿问题。对环境损害的赔偿救济，需要支付到专门的"环境救济基金"。②

绿色法庭管辖的行政案件，主要是针对行政机关制定或作出的命令、决议、指令、决定而提起的诉讼。依照法律规定，任何人在受到国家行政机关的有关行政行为的损害时，都可以向绿色法庭提起上诉。这里面既包括一般的环境行政诉讼，也包括环境行政公益诉讼（public interest litigaion）。

绿色法庭管辖的刑事案件，主要是指自然人或法人因拒不履行法庭的裁定、判决和决定而要承担刑事责任的案件。③ 按照《绿色法庭法》的规定，对于拒不执行绿色法庭判决和裁定的当事人，不仅要承担刑事责任和罚金，还要被另行按日处罚。例如，对于自然人拒不履行的，除被处以三年以下监禁（imprisonment）外，还可能面临1亿卢比（约合人民币1460万元）的罚金，公司则可能面临2.5亿卢比（约合人民币3650万元）的罚金。除此之外，还要按照拒不履行的期限另行处罚，对于自然人按照每日2.5万卢比（人民币3650元），公司按照每日10万卢比（人民币1.46

---

① 在印度，自然人、公司、企业、协会或团体、董事或理事、地方机构等都被赋予了环境案件的起诉资格。
② 参见《国家绿色法庭法》第24条。
③ 印度国家绿色法庭管辖的刑事案件与我国环保法庭管辖的刑事案件有所不同。绿色法庭管辖的刑事案件主要是指，因拒不履行绿色法庭的判决应承担刑事责任的案件。我国环保法庭管辖的刑事案件，是指违反我国《刑法》第6章妨害社会管理秩序罪中的"破坏环境资源保护罪"的案件。

万元）处罚。① 严格的执行保障措施，目的在于督促当事人主动履行绿色法庭的判决和裁定。当然，法院所享有的这种对不遵守判决结果的人和组织的"惩罚权"，也极大地保证了环境法庭的权威性。

（三）绿色法庭的审理程序和审判原则

在案件审理程序方面，法庭在遵循《国家绿色法庭法》第19条规定的前提下，考虑到不同案件对程序的特殊要求，绿色法庭因"案"制宜有权制定自己的程序，可以不受1908年印度《民事诉讼法》规定的有关程序的约束，但必须要遵循自然正义（natural justice）原则（衡平法）。其立法目的在于，扫清程序上的障碍，以确保快速有效处理环境案件。而且，《国家绿色法庭法》第19条第4款授予了国家绿色法庭与《民事诉讼法》中的民事法庭相同的权能，包括传唤证人出庭作证、查阅和制作法庭文书、获取证人证言、征用公共档案和文件、复查判决、驳回缺席申请或缺席判决、颁布临时禁令、延期执行决定等相关权能。

在证据程序方面也同样可以适应案件审理的需要以制定更有针对性的证据要求，可以不受以往印度证据法的限制。但在刑事程序方面，法庭要受刑法典和刑事诉讼法的限制。在印度，行政诉讼与民事诉讼基本适用相同的程序。

在印度，国家绿色法庭作出的判决被直接上诉至印度最高法院，而不是上诉法院（intervening appeals court）。这足以说明，国家绿色法庭拥有很高的权力和地位。

作为保障环境法实施的重要司法机制，环境司法在处理具体的环境问题时必须遵循环境法的基本原则，或需要依据环境法原则的精神对案件进行处理和解决。印度已认识到履行国际环境公约规定义务的重要性，也承诺会承担起作为"良好国际成员"所应承担的责任。为此，印度在2010年《国家绿色法庭法》的序言部分规定，印度政府应当执行1972年斯德哥尔摩会议与1992年里约热内卢会议通过的各项决议。

值得注意的是，《国家绿色法庭法》第20条明文规定，绿色法庭在通过任何命令、决定或判决时，都必须遵循可持续发展原则、预防原则和污染者负担原则。上述三项原则应当与《国家绿色法庭法》序言规定的国内环境权结合适用，以保护国家及全球的环境公共利益。绿色法庭必须遵

---

① 参见《国家绿色法庭法》第26条。

守和适用上述三项原则,以确保印度能够有效行使环境权力并履行相应的环境义务。

在印度语境下,应当适用风险预防原则的情形包括:① 印度各邦政府及相关法定机构必须预防、阻止和消除导致环境恶化的各类因素;在遇到有严重威胁及不可逆转的损害时,相关部门不得以缺乏科学确定性为由,延迟采取防止环境恶化的措施;行为人或者开发者(企业家)必须承担相应的"举证责任",证明其行为有助于保护环境。风险预防原则,本质上包括预防和控制两个方面。为了实现保护之目的,有必要采取一些预防措施,同时禁止或控制某些活动。目前,风险预防原则已被正式确立为法定原则,并影响及贯穿于国家绿色法庭的全程决策中。而且,风险预防原则绝不是一纸具文,而是具有决定性意义的"规范性原则"。

污染者付费原则,在国内乃至国际环境政策中均有着举足轻重的地位。现有法律已明确规定,污染者有责任赔偿并消除其行为所导致的生态环境损害,并且应当做好相关的环境修复工作。在印度语境下,污染者付费原则涉及的费用,包括环境治理费用、环境污染造成的第三者人身及财产损失等。最高法院认为,"修复受损生态环境是实现可持续发展的应有之义,污染者有义务对环境污染受害者进行赔偿,并承担修复受损生态环境的责任"②。

实现可持续发展,是世界各国及国际法律文件中所规定的政府主要职能和重要目标。国家绿色法庭认为,以保护生态环境和促进人类福祉为目的的"发展"才是务实、进步社会的本质所在。在一系列的案件中,绿色法庭将可持续发展解释为:发展依赖于自然资源(生态环境)。在适用可持续发展原则时,我们必须牢记以衡平理念为基石的"比例原则",适用该原则来衡平经济发展与环境保护之间的关系。具体来说,绿色法庭一方面需要思考优先发展事项,另一方面也需要考虑环保问题,需要通过利益衡平作出最终抉择。因此,可持续发展需要人们处理好经济发展与环境保护间的关系,并要求经济发展以环境承载力为限,确保经济发展不会带来重大的环境损害后果。此外,我们应当从"理性人视角"出发,重点

---

① 参见[英]吉檀迦利·纳因·吉尔《印度环境司法:国家绿色法庭》,李华琪等译,王树义审订,中国社会科学出版社2019年版,第143—144页。

② [英]吉檀迦利·纳因·吉尔:《印度环境司法:国家绿色法庭》,李华琪等译,王树义审订,中国社会科学出版社2019年版,第151页。

考虑公共利益，而非个体与集体利益。①

由上可知，在印度，可持续发展原则、风险预防原则和污染者付费原则，是绿色法庭在案件审理中应当坚持的基础性原则。这些审判原则对于绿色法庭的环境司法实践提供了指导和基本遵循，有利于实现绿色法庭维护和促进环境正义的司法目的。

第四节　域外环境司法成功经验：共性规律及其趋势

环境司法是现代国家进行有效环境治理的既成形式。环境法院和法庭在国际社会的"爆炸式"发展，反映了世界范围内对既有的环境纠纷的司法解决机制的不满和怀疑，以及全球对改善诉诸司法和环境法治的要求。事实表明，环境法院和法庭的建立与有效运行比普通法院系统在解决环境纠纷方面更公正、有效和便捷。尤其是环境法院和法庭在案件审理过程中产生的富有创见性的一系列成功的最佳实践范例，具有明显的扩散和带动效应，成为很多国家竞相"取经"的典范。正如乔治·普林夫妇在对世界各国的环境专门审判机构进行调查和综合的比较研究之后指出的，所谓"成功"是指它们被实践证明是行之有效的能够更好地保证诉诸司法、完善环境法理、强化法治、使诉讼程序更快捷和程序费用更低廉的实践。②

的确，纵观域外环境司法审判实践，可以说环境法庭的出现大大推动了环境法的司法化，不仅增强了环境法的生命力，也是检验环境法律的可行性、实施效果的重要平台。环境法庭的出现也提供了一个环境法制创新的平台，法院针对具体案件所作出的司法能动，丰富了环境司法的实践，也为环境法理论的发展提供了重要支撑。在环境危机日益加深的年代，环境法庭会产生积极的宣传效应和社会效应，向排污者和环境破坏者传递了国家严格执行环境法的决心，也向全社会表明了国家保护环境和公民环境权益的态度。③

---

① ［英］吉檀迦利·纳因·吉尔：《印度环境司法：国家绿色法庭》，李华琪等译，王树义审订，中国社会科学出版社 2019 年版，第 164 页。

② 参见 ［美］乔治·普林、凯瑟琳·普林《环境法院和法庭：决策者指南》，周迪译，王树义审订，中国社会科学出版社 2017 年版，第 65 页。

③ 参见李挚萍《环境基本法比较研究》，中国政法大学出版社 2013 年版，第 180 页。

他山之石，可以攻玉。域外环境法院和法庭制度及其成功实践，有其先进和独到之处。虽然不同国家的环境审判机构专门化实践有不同的样态，但这些实践存在很多共性。例如，立法支持、综合管辖权（管辖权的融合）、公益诉讼、审判专业化（专业性）、诉讼支持手段（公正、便捷和经济的诉诸司法渠道）、替代性纠纷解决机制等。按照乔治·普林夫妇的说法，无论采用何种模式的环境法院和法庭，最佳实践都是相同的。① 无论是程序上的还是实质上的，它们带来的法律效果和社会效果是明显的，都对诉诸司法和加强法治产生了促进作用，对我国环境司法专门化建设形成了有益启示。

尽管我国与域外环境司法专门化发展良好的国家，在法律体系和历史文化传统以及环境法院和法庭运行的制度环境等各方面有所不同，但其环境法院制度及其有效运行的经验对于完善我国环境司法制度所具有的借鉴意义，是不容否定、也是应当引起足够重视的。

一　完善的环境法律制度体系

环境司法是一种法律适用活动，完善的环境法律制度体系无疑是公正环境司法的基本前提和根本保障。况且，环境司法专门化建设本身就蕴含着对传统司法理念以及司法体制机制的改革与突破。与此相适应，要保障环境司法专门化的持续有效运行，自然需要为其成功实践提供充分有力的制度支持。其实，域外环境司法经验也一再表明，无论是环境法庭的设置还是环境司法功能的充分发挥，都离不开完备和良好的环境法律制度的支持和保障。正因为如此，域外典型国家环境审判机构的创设普遍遵循了立法先行的原则。② 例如，新西兰环境法院作为一个专业性的法院，在《资源管理法》的整体框架下发挥着独特的功能；澳大利亚新南威尔士州土地与环境法院，是根据《土地与环境法院法》来进行运作的成功典范；印度国家绿色法庭作为独立建制的法庭，其设立的法律依据是《国家绿

---

① 参见［美］乔治·普林、凯瑟琳·普林《环境法院和法庭：决策者指南》，周迪译，王树义审订，中国社会科学出版社 2017 年版，第 65 页。
② 国际社会有关环境司法制度的立法主要有三种形式：一是在环境基本法中作出相关规定，如瑞典的《环境法典》和新西兰的《资源管理法》；二是针对环境司法机构的设置和运行进行专门立法，如澳大利亚新南威尔士州的《土地与环境法院法》和印度的《国家绿色法庭法》；三是既有环境司法机构设立的实体法，也有法院运行的专门程序规则，如美国佛蒙特州的《统一环境执行法》和《佛蒙特环境法院程序规则》。

色法庭法》；美国佛蒙特州环境法院设立的法律依据是《统一环境执行法》，而《佛蒙特环境法院程序规则》则是专为环境法院量身定制的灵活的程序规则，是环境法院审理案件时需要遵循的程序方面的主要法律依据。

瑞典土地与环境法院的成功，则得益于瑞典《环境法典》为其提供了制度运行的框架和法律保障。可以说，瑞典《环境法典》用比较完善的、可司法化的基本原则和基本制度，构建起了比较系统化的环境诉讼规则之王。正是有了相应的立法，并通过明确的法律条款规范并统一环境法庭的设置、职责定位及权限范围，从而使环境法庭的设置有了相应的法律基础。

不仅如此，域外环境司法专门化的实践还表明，因环境法的司法执行以及环境权益的司法救济问题不是单一的制度和程序问题，实际上涉及包括案件管辖、诉讼资格、司法援助、证据规则、事实认定、救济手段、执行权和法律适用等一系列制度和程序安排，只有通过专门立法才能协调好相关制度和程序的衔接问题。因而国际社会环境法院和法庭的成功运作，始终是伴随着有关环境案件的管辖权、诉讼的主体资格、环境纠纷审理的程序规则、审判人员组成和知识结构、纠纷处理方式（包括 ADR 的运用），以及对不遵守法院或法庭命令者处罚[①]的专门规定和案件管理方式等制度来进行的。

另外，从实践上看，环境司法的功能得到很好发挥的国家，相对来说都有着较为成熟的环境公益诉讼（public interest litigation）制度，即允许对政府或私人的任何不利于公共健康或环境的行为或不作为提起诉讼。而在由立法、法庭规则以及判例法的先例所规定的提起诉讼或参加诉讼必须具备的资格方面，人们普遍认为诉讼资格规定得越宽泛越好，甚至应当开放到"任何人"都可以提起环境诉讼。尽管各国对此采取的态度或积极或保守，但都反映了同样的动向，即不仅支持公益诉讼，并为降低诉讼门槛、促进私人及民间团体提起公益诉讼进行一系列修改法律的努力，这已成为国际社会在"接近司法"问题上的一种普遍做法。

---

① 例如，在新西兰不遵守环境法院的命令，将受到两年监禁或不超过 20 万美元的处罚；澳大利亚新南威尔士州土地与环境法院和瑞典土地和环境法院，对于不遵守法院命令的可以判处监禁和罚金；印度国家绿色法庭对此则可以判处不超过 3 年的有期徒刑或者罚金。

与一般的案件相比,环境案件的一个显著特性就是涉及因污染环境和破坏生态所产生的环境公共利益的保护问题,这是由环境资源的公共性和共享性所决定的。由于其利益特殊,因此为其提供专门的司法保护和救济措施是一种国际趋势。而环境司法专门化的一个重要功能,就是要承担起传统司法难以承担和实现的环境公共利益的保护之责。正如有学者指出的:环境侵权的二元性导致的环境纠纷关涉私益与公益、有形主体和无形主体、个人损害与生态损害、直接利益与间接利益、实际损失和未来风险等多重因素,在纠纷解决过程中存在复杂的因果关系、难以计量的损害后果、行为的不可谴责性等难题。为此,一些环境保护先进国家对环境侵权建立了双重的救济机制,并通过诉讼专门化方式、建立统一诉讼规则将有关因素纳入统一考虑。与此同时,也建立了相应的纠纷解决程序以及公益诉讼制度,这些都是对环境侵权二元性认识的实践。[①]

尽管不同国家对环境公益诉讼的范围理解不尽一致,但均承认环境公益诉讼并将其纳入受案范围。例如,澳大利亚和新西兰的环境基本法就规定了较广泛的环境公益诉讼。两国在20世纪90年代就已在法律中确立了生态可持续发展原则,并把公众参与作为促进生态可持续发展的重要手段。实践证明,公共决策中的广泛公众参与以及为了保障公众的环境权益而普遍设立的环境保护专门司法机构,使得环境公益诉讼获得了较为充分的制度保障。

以新西兰《资源管理法》为例,根据该法规定,政府在制定资源和环境保护规划、计划,颁发或者变更许可证等过程中,受到影响的人为了自身利益和社区或者地区利益,可以在法律规定的征求公众意见阶段提交意见,提交了意见的公众或者环保团体对于随后的决策仍有意见的,可以向法院提起公益诉讼。

澳大利亚新南威尔士州土地与环境法院在涉及环境违法行为的诉讼中,采用特殊的、开放式的起诉资格制度(open standing),突破了普通法要求原告具有"特殊利益"的做法。依照1997年《环境保护执行法案》的规定,如违反或可能违反任何法案或条例的行为造成或可能造成的环境损害,则任何人得向土地和环境法院提起诉讼,请求签发命令禁止该行为。这为公众参与环境诉讼提供了法律基础。

---

① 参见吕忠梅《论环境侵权的二元性》,《人民法院报》2014年10月29日第8版。

相比较而言，在有关环境司法制度立法方面我国则存在明显不足。尽管目前在我国环境法庭呈现出纵贯南北、横跨西东的"井喷式"发展态势，但是长期以来因对司法在环境治理中的定位不明确，加之对司法在推动环境法的有效实施、保护和改善环境、保障环境人权、促进可持续发展方面的重要性认识不够，导致我国环境立法长期以来在规范环境司法活动方面存在严重的制度供给不足，这使得法院在环境治理中的法律地位长期缺位，严重制约了环境司法的正常发展。这与国际社会历来注重通过发展环境司法以不断完善环境治理结构和增强环境法治的普遍做法是很不相符的。

二 综合且集中的管辖权

综合且集中的管辖权模式，是瑞典、新西兰和澳大利亚等国环境法院和法庭在案件管辖模式的实践探索过程中取得的成功经验。所谓"综合"管辖模式一般是指，专门环境审判机构管辖的案件不仅类型多，而且覆盖面广；所谓"集中"管辖模式主要是指，从地理区域上看专门环境审判机构通常被授予跨行政区域的管辖权，因而地域管辖的范围是更广阔的。这种管辖模式，不完全按照既有的行政区划设立环境审判机构，既可以使得法院获得足够数量的案源，也可以免于地方行政的不当干预，有利于法院从生态系统大尺度保护的要求上开展案件的审理，从而真正推动生态可持续性目标的实现。

从各国的管辖实践上看，综合且集中的管辖权，一般包括对所有涉及环境和土地利用规划法律的案件都具有广泛而全面的管辖权，它们覆盖了民事、刑事和行政案件。例如，澳大利亚新南威尔士州的土地与环境法院就拥有环境、规划与土地案件的专属管辖权，涉及行政、民事、刑事和执行案件。环境法院和法庭管辖的最佳实践还包括跨行政区域的集中管辖权，如美国佛蒙特州环境法院被授予管辖全州的环境案件，澳大利亚新南威尔士州的土地与环境法院也被授权管辖全州的土地和环境案件。

一国或一州内所有人都应当具有相对简便和平等的诉诸环境法院和法庭的机会，但跨区域审判却面临当事人所在地因与法院的地理距离相对较远，而难以从地理的可及性上保证当事人便利诉讼的实际问题。于是，为了克服集中的地域管辖模式不便于当事人就近参与案件审理所带来的诉讼障碍，这就要求环境法院和法庭的法官与审判人员可以开展现场调查和实地庭审。例如，为了方便当事人诉讼、确保司法的可进入性，佛蒙特州环境法院大部分环境案件的主审法官会到案件发生地开庭。澳大利亚新南威尔士州的土地与环境法院，也会定期在全州的各地开庭。所选择的开庭场所，或者是与争议发生地最接近的地方法院，或者是在现场。

在管辖权方面另外一个值得关注的最佳实践是法律明确授权在审判过程中适用宪法和国际环境法的原则。预先防范原则、代内和代际公平原则、污染者负担原则和其他正在兴起的国际环境法原则，使得环境法院和法庭既能保护当今的资源，也能保护未来的资源，并有助于实现联合国2030年可持续发展目标。① 例如，印度国家绿色法庭的授权立法特别授予绿色法庭适用自然公正原则和国际环境法及其原则（包括可持续发展、预先防范和污染者负担）的权力，这使得绿色法庭在公益价值和对国际环境法原则适用的基础上作出的很多裁判都是富有远见和创新性的。又如，根据菲律宾最高法院2010年制定的环境案件程序规则，菲律宾环境法院②在司法实践中也被要求适用国际环境法上的预先防范原则，在确认人类活动和环境影响之间的因果关系的过程中，即使在缺乏充分的科学证据的情况下，也应当"存疑先行"、以优先保护"一个平衡和有益健康的生态系统"。

三 健全的审判保障机制

充分考虑环境纠纷处理的特性，合理配置审判资源，为环境司法提供良性的机制保障，也是域外环境司法专门化实践中比较成功国家的普遍做法。这主要表现在：

（1）根据环境纠纷的特征所作的特殊的程序设计，不仅使得审理环境案件的整个程序更有针对性和更具操作性，而且明确的程序规则保证了案件的审理公平、公开、高效、便利及可负担。从国际社会来看，允许环境法院和法庭在制定自己的规则、程序和救济方面享有一定的灵活性，可以使环境法院和法庭从普通法院系统关于诉讼资格、证据、专家证人管理、收费、指令、惩罚等规则的限制中解放出来，并根据环境案件审理的实际

---

① 参见［美］乔治·普林、凯瑟琳·普林《环境法院和法庭：决策者指南》，周迪译，王树义审订，中国社会科学出版社2017年版，第73页。

② 菲律宾环境法院由菲律宾最高法院于2008年设立。

需要，去寻求更具有创新性的和"问题解决式"的以及优于传统法院规则和程序的环境纠纷解决方法，从而有助于促进诉诸司法和提高其有效性。例如，新西兰环境法院、印度国家绿色法庭以及美国佛蒙特州环境法院，都在环境法庭的立法中被授权制定自己的规则和程序，或拥有自己专门的程序规则，这被广泛认为是环境司法专门化过程中的一个最佳实践。

（2）保证环境案件审理的专业化，包括选择及培训合格的法官，加强法官能力建设；保障技术及其他方面的专家参与诉讼和决策，确保案件审理的质量和公正性。在环境案件的审理过程中，由法学出身的法官和科学技术专家联合形成的跨学科的审判决策机制，可以增强审判的专业性、公正性和平衡性，因而能直接对可持续发展和环境保护作出贡献。在这方面，瑞典土地与环境法院不仅是实行跨学科联合审判的典范，也是最早运用这种审判模式的环境法院。

例如，瑞典土地与环境法院在进行审判时，较早认识到环境案件既包括法律问题又包括科学技术问题，需要法律以外的其他专业知识来考虑各方利益的平衡，这时由懂法律和懂科学的决策者共同审理案件较为合理。因此，除了法律人士外，环境科学领域的专家也充当了法院的法官角色。为此，瑞典《环境法典》规定，每一个区域环境法院都必须有一个由一位法学背景的"法官"，一位环境"技术专家"以及另外两位非职业专家组成的审判小组。其中法官和技术专家是法院的全职工作人员，其他两位专家则根据具体案件的专业要求选拔。上述四位人员在审判过程中具有完全同等的地位。

又如，澳大利亚新南威尔士州土地与环境法院为了提升法庭处理专业技术性问题的能力，除了法官法院还有一个由高级委员、专职委员和兼职委员组成的委员会。委员必须符合《土地和环境法院法》规定的职业资格要求，具备多学科背景的知识和经验。在审判实践中，他们可以受首席法官的委托以审判员、调停人、调解员或中立评估员的身份参与部分案件的审理（主要是对行政决定的合理性问题进行实质性审查的案件）。

再如，为了保证审判人员在法律和科学技术上的专业性，印度国家绿色法庭的授权立法在选拔审判人员方面确立了很高的标准，包括主席（要求担任过最高法院的大法官或高等法院的首席大法官），其他的"法律成员"（要求担任过高等法院法官）和"专家成员"（要获得科学—工程的高等学位，并拥有15年以上经验，以及5年环境专业方面的经验）。

另外，新西兰环境法院也采用了类似的制度。

四 环境案件审理方式的多元化

环境案件审理方式的多元化，主要表现在大部分环境法院和法庭都在环境司法实践中广泛地引入了替代性纠纷解决机制（Alternative Dispute Resolution），包括和解、早期中立评估、调解以及仲裁。由于环境案件的复杂性、昂贵性，环境法院和法庭普遍认为采用替代式纠纷解决方式，是加快案件处理进度、降低诉讼成本的有效途径。加之，替代性纠纷解决机制的非正式性、非对抗性的解决问题的方式，往往可以超出以往要么赢要么输的结果，从而更有利于达成双赢的解决方案，因而是一个最能使环境法院和法庭成功的最佳实践。

以调解为例，环境案件往往涉及公共利益，环境一旦遭受污染和破坏就难以恢复，因此环境案件的处理就更具紧迫性，而运用调解的方式结案，则不仅有利于快速解决案件促进责任的落实还能降低诉讼成本。所以很多国家都很重视调解程序的运用。

在案件的审理过程中，环境法院和法庭一般都会对案件作出初步评估，以确定替代性纠纷解决方式在案件处理过程中适用的可行性。无论是在刑事案件还是民事案件的审理过程中，法律法规均授权环境法院和法庭可以将运用替代性纠纷解决机制作为争端解决的一种方式。例如，新西兰在其审判规则中就非常积极地鼓励使用替代性纠纷解决机制。

美国佛蒙特州环境法院，在20世纪90年代末开始尝试在环境案件中适用调解机制。尽管替代性纠纷解决机制不是强制性要求，但法院会对案件是否适合应用庭外纠纷解决机制进行评估，向当事人各方提供符合资质的调解员名单。一般在案件受理后，除非有充分理由认为案件没有必要经过调解程序结案，否则主审法官都会对案件下达一个调解令，被下令调解的案件则必须经过调解程序。法官可以将调解协议或其他解决方案纳入法院的执行令。

替代性纠纷解决最全面综合的模式，要数澳大利亚新南威尔士州的能够为当事人提供多种ADR纠纷解决方式的"多门法院"（multi-door courthouse）设想，即法院作为一个争端解决中心，应当为当事人提供全方位的纠纷解决服务，以使不同的纠纷能够使用适合自己的纠纷解决方式。土地和环境法院积极鼓励当事人采用替代性纠纷解决方式。例如，

《土地和环境法院法》就授权法院将其认为合适且当事人同意的事项提交调解，这样做既符合程序正义的原则，也有利于实现个体公平并提高司法运行的效率。

五 有效的诉讼支持手段

在许多国家，考虑到传统的法院体系提供的信息有限，公众参与和诉诸司法的机会很少，并且法院还可能在作出判决时产生实质性的延误导致高昂的时间和经济成本，而最后作出的决定也难以真正保护生命、环境或可持续发展。因而，"公正、快捷和经济"的法院，就成了公民社会团体推动新的法院体系形成的主要动力。或者说，正是因为公众对环境司法"公正、快捷和经济"的要求，促使政策制定者、决策者和其他利益相关方开始重新审视已有的冲突解决机制，并评价其是否有能力满足公众的这些合理期待。[①] 这样一来，环境法院和法庭建立的目的就不只是出于解决专业性强的环境案件，同时也是为了较好地解决环境诉讼中出现的门槛高、耗时长和成本高等阻碍或拖延诉讼的一些问题。因为，公正、快捷和经济的程序符合每一个人的利益。

从各国的实践来看，专门审判机构在环境诉讼中采取的对纠纷进行公正、快捷和经济解决的措施主要有：

（一）诉讼费用的合理负担

如同当事人适格理论一样，诉讼费用规则对公益诉讼的启动也会起到促进或抑制的作用。在环境诉讼中，诉讼费用常常是困扰当事人起诉的重要问题之一，为了公共利益之保护而承担高额的诉讼费用往往使广大民众对公益诉讼望而却步。更有甚者，不合理的诉讼费用承担方式（比如败诉方负担原则）不仅不能起到鼓励公众积极参与公益诉讼的作用，有时还可能对公益诉讼产生阻吓作用。为此，各国专门的环境审判机构，都从环境正义和公平的角度出发对该问题作出了特殊回应。例如，澳大利亚新南威尔士州的土地与环境法院，在诉讼费用的负担问题上就采取了因人而异、因案而异的"差异化"收费策略，即在案件收费问题上，要么根据当事人支付能力的不同按个人是公司的一半、确有支付困难的可以申请减

[①] 参见［美］乔治·普林、凯瑟琳·普林《环境法院和法庭：决策者指南》，周迪译，王树义审订，中国社会科学出版社2017年版，第16—17页。

免的标准收费,要么根据案件的性质采取邻里纠纷较低、土地开发纠纷居高的收费方法。① 而在有些国家,则基于公益诉讼的特殊性采取了免收诉讼费用的鼓励性政策,如在瑞典环保组织可以不用支付案件的诉讼费。还有一些国家对公益诉讼的原告败诉的,其诉讼费用可通过诉讼费用保险和公益诉讼基金两种方式转嫁。

(二) 科学的案件管理服务

为了选择合适的环境纠纷解决程序、加快案件的审理速度、加强对案件的有效管理,许多环境审判机构都建立了科学的案件管理制度。案件管理服务,从一个案件的归档到它的审理的全过程一般包括:对案件进行初审确定它是否属于环境法院和法庭管辖;在登记初期对案件进行评估,以便及时判断法律问题和确定哪一种替代性纠纷解决机制更为有效;召开指导性听审会,以作出相关预期和明确执行的时限;提供最新的法院和案件信息;对案件进行持续跟踪,以及裁判结果以书面形式在网上公布等几个方面的内容。② 例如,佛蒙特州环境法院和新南威尔士州土地与环境法院,都建立了自己的案件管理制度。当一个案件被受理后,就会按照案件审理程序规则设定的时间或审理流程开始运行。通过使用案件管理方法以及调解等手段,环境案件审结的时间会大大缩短,既提高了诉讼效率也减少了时间和经济成本。

(三) 便利当事人参加诉讼

便利当事人参加诉讼,主要体现在巡回审理和就近开庭方面。当然,从接近司法到环境正义的实现过程上看,这也是环境法院和法庭为保证人人能诉诸司法,高效和及时地为公众提供纠纷解决服务所必须要做的。例如,佛蒙特州环境法院因其是一个在全州范围享有管辖权的初审法院,从地理角度看,为了实现为全区域提供诉诸司法的机会,法官会尽可能在问题的发生地就近开展审判。新南威尔士州土地与环境法院也是一样,为了克服地理上的障碍、便于当事人诉讼,法院会定期在全州各地开庭,开庭场所一般均采取就近原则。于是,便有了"空中飞行的法官"和"移动法庭"之说。

---

① 参见李挚萍《外国环境司法专门化的经验及挑战》,《法学杂志》2012年第11期。
② 参见[美]乔治·普林、凯瑟琳·普林《环境法院和法庭:决策者指南》,周迪译,王树义审订,中国社会科学出版社2017年版,第84页。

第五章　鉴往知来：我国生态环境司法保护机制的完善与发展

环境司法理念的形成与环境司法制度的构建，受到人们认识能力和认知水平的历史限制。因此，环境司法的成长注定是一个涉及司法理念的自我修正与司法制度的自我完善的动态长期发展过程。"法典背后有强大的思想运动。"① 新时代的中国环境司法改革，既需要关注如何科学理性地构建环境司法运行的一般机制问题，也应当重视环境司法实践所蕴含着的对理论的期待和需求。一个缺乏充分有力的理论阐释和理论合理性论证支持的环境司法改革，可能会收到一时之效，但却可能因缺乏应有的理论认识和理论自觉而面临走得快、走不远的实践难题。因此，行走在思想与时代之间，对我国环境司法改革而言，一个都不能少。

第一节　向内求取向新而行：走符合国情的特色化环境司法之路是王道

不言而喻，与域外环境司法专门化发展比较成熟和完善的国家相比，我国的环境司法专门化建设尚处于起步和探索中，总体上较为薄弱。尽管就绝对数量而言，我国各种形式的环境审判机构的总量已堪称世界之最，但对于环境司法专门化的组织形式应当如何、环境法庭运作的成功模式是什么，以及案件的审理和管理程序应当如何体现环境案件和环境诉讼的特殊规律等，这一系列可能会影响到环境司法专门化正确发展的实质性问题，在认识上我们还都有待厘定和持续深化。

事实上，由于我国环境司法不甚发达造成的环境立法成果难以在环境

---

① ［美］劳伦斯·M. 弗里德曼：《法律制度》，李琼英、林欣译，中国政法大学出版社 1994 年版，第 241 页。

保护实践中切实发挥作用，使得公民环境维权面临障碍重重的问题也是比较突出的。因此，如何通过系统梳理我国的环境资源审判工作，以便及时总结我国环境司法专门化建设中的经验教训；如何通过正确看待域外环境司法专门化的成功实践，并积极借鉴其成功经验做到取长补短以不断完善我国的环境司法体制机制，从而增强国家环境司法在大力促进环境权利受尊重、生态安全有保障、环境行为有约束、环境纠纷可诉求、环境利益可维护的法治环境方面的作用，致力于走出一条符合中国国情的特色化环境司法专门化道路，就显得极其重要和十分迫切。

一 厚筑环境司法专门化的法制基础

司法无法，岂能高估？"遵守规范制度而且是严格遵守规范制度，乃是法治社会的一个必备条件。"① 因此，没有环境司法的法治化，就不可能有真正的环境司法专门化。域外环境司法专门化的成功实践告诉我们，通过立法先行，把环境审判机构的设置、组织形式、法定职权、程序规则全面纳入法制化轨道，是保证环境审判有序推进和取得实效的重要基础。

应当承认，在我国环境司法改革的大潮中，以创新驱动为主的地方实践形成的一些环境司法"新治理"模式，因其超前性的指导功能，在一定意义上发展和丰富了我国环境司法专门化。同样也因其敢于在难行能行、难为能为的道路上，为解决现实问题、服务于司法需求作出了具有一定创造性的实践探索，因而取得了很多值得肯定和可以复制的成功经验。但不可否认的是，环境司法改革的地方实践也程度不同地存在擅自突破合法性底线的"良性违法"的改革现象，这使得原本具有一定合理性的环境司法的改革同样也面临着合法性的质疑。

环境资源审判是国家环境治理体系的重要环节，在生态文明建设与绿色发展中发挥着重要作用。而环境司法改革则是努力实现国家环境"善治"的重要手段和着力提升环境资源审判服务与保障能力的重要途径。其顺利进行既离不开法治的支撑与保障，又需要其自身的改革依法依规进行以确保改革的合规范性和内容的合法性。因此，如何妥善处理好改革和合法之间的关系；如何做好职权法定和探索创新两者之间的协调和统一，

---

① ［美］E. 博登海默：《法理学——法哲学及其方法》，邓正来等译，华夏出版社1987年版，第232页。

无疑也是值得我们在环境司法专门化建设中值得认真对待和必须要解决好的问题。

一项好的竞赛，不仅要有好的运动员，更要有好的竞赛规则。因此，环境司法的改革应当寄希望于一套法律制度，尤其要寄希望于一套用来规范和指导环境审判活动的专门制度。因为我们坚信，环境公共利益就是环境法律制度的利益，没有了它社会就会无力界定和实现其共同利益。正是在这个意义上，为了促使我国环境司法专门化能够朝着制度化、规范化和有序化方向发展，不至于因制度供给不足而出现合法性危机，在当前环境司法改革以及走专门化道路得到广泛认同和普遍重视的今天，要十分重视环境司法的法制保障。

近年来，尽管由最高人民法院牵头出台了一系列关于推进我国环境司法专门化建设和规范环境资源审判工作方面的政策文件和司法解释，使环境资源案件审理的规则和程序得到了完善，并有效地指导了环境资源审判实践，在一定程度上弥补了环境司法实践中面临的法律依据不足问题，但总体来看，我国环境司法活动仍然面临着较为突出的实践超前和法律滞后的矛盾。

例如，实践中各地对设立专门的环境审判机构、对审判专业化的探索、对实行多审合一审判模式的选择等普遍的做法，主要还是通过上级法院批准进行的，尚缺乏统一的司法标准和案件审理规则方面的明确的法律指引。而在我们看来，在我国环境司法专门化建设中形成一套对法官有普遍规范价值的合理裁判程序是至关重要的，因为法院审判不能"淮南为橘、淮北为枳"。

受目前环境司法制度自身局限的影响以及环境司法规范供给不足的制约，我国环境司法专门化建设中也不可避免地出现了一些因缺乏顶层设计和统一规划而各自为政、发展不系统、不规范和不平衡的现象，这种情况极大地影响了我国环境资源审判职能作用的发挥和环境司法专门化的健康有序发展。

我们认为，健全和完善我国环境司法的制度体系是依法司法、实现环境司法法治化的基本要求，当然也是充分发挥环境资源审判在救济环境权益、制约公共权力、终结矛盾纠纷等方面的职能作用，推动生态环境质量不断改善，促进经济社会可持续发展和维护环境公平正义的客观需要。显然，要使环境法庭的建立和运行获得正当性并有效发挥其优越性，应以充分的环境法庭制度为基础是毋庸置疑的。为此，应当通过立法系统明确地规定环境审判机构的设置、管辖范围、专门的程序规则以及专业人员的配备、技术支持和保障等问题。

具体而言，建立和完善我国的环境审判制度，首先可以通过修改《人民法院组织法》的形式来加以解决。比如，在修改《人民法院组织法》时可以科学合理地增补或进一步完善关于专门法院的特别规定，为适应今后专门法院的发展预留一定的法律空间。在环境法院的部分应明确规定专门环境审判机构的法律地位、组织形式以及人员构成和资质要求、受案范围、综合集中的管辖权、专门的运行程序等主要问题，从而为我国的环境资源审判提供一个既正式又系统的制度体系的基础性框架。

当然，可以肯定的是，较之以保证环境司法有效运行的专门性立法，修改《人民法院组织法》的方式毕竟是权宜之计。考虑到《人民法院组织法》在专门法院规定方面可能存在的局限性，我们认为，较为理想的做法是在条件成熟以后走专门化立法的路子，适时制定一部专门的环境审判特别程序法，将环境司法的规律对于审判的组织架构、基本建制以及诉讼程序的特殊要求等方面的内容在该法中一并作出具体规定，从而为我国环境司法专门化提供坚实的法律支撑。

我们认为，为环境司法活动进行专门性立法与修改《人民法院组织法》最大的不同在于，专门性立法对环境司法活动的规范和指导不是枝节上的一些问题的补充，也不是局部问题上的修改，更不是头痛医头脚痛医脚式的被动疗法，而是一种想要从根本上解决环境司法制度供给不足、克服环境审判弊端的整体性顶层立法设计问题，其目的就是通过建立起一整套符合生态环境与自然资源保护特点和规律的专门化环境资源诉讼程序，给中国的环境司法实践提供基础性的法律依据和系统性的规范指引。[1]

二 建立维护环境权益的专门司法途径——环境法院

建立维护环境权益的专门司法途径，首要的就是环境法院和环境法庭

---

[1] 环境审判专门立法主要在于解决系统性规范供给问题，至少要系统考虑到环境案件的受理、公益诉讼、证据调取、证据保全、诉前禁令、举证责任分配、诉前鉴定、调解听证、专家顾问、责任承担方式以及执行监督等相关制度的立法问题。

的设立。目前，在环境司法审判专业化模式选择上，国际上有两种较为通行的做法：一是设立专门的环境法院，该方面以澳大利亚新南威尔士土地与环境法院（Land and Environment Court）和新西兰环境法院（NZEC）为其典型。另一种选择是在普通法院内部增设环境法庭。例如，瑞典在1969年出台第一部环境法后随即成立了环境法庭，随后在全国5个区域设立了环保法庭，同时还设立了国家环保最高法庭专门审理环境案件，并鼓励公众参与环境保护。

推进环境资源审判专门化，必须实现审判机构的专业化。目前，在环境资源审判机构的设置上，我国较为普遍的做法是在各地高级、中级人民法院和一些环境资源案件较多的基层法院设置专门的环境资源审判庭、合议庭或者巡回法庭。除此之外，我们认为我国还可以考虑根据跨区域环境治理的实际需要和环境系统管理的要求建立若干专门的环境法院，即探索设立以流域等生态系统或以生态功能区为单位的跨行政区划的环境资源专门法院。

从以往各类专门法院的沿革来看，专门法院的设立，既是顺应社会经济发展需要的结果，也是司法现代化、专业化的产物，当然也是世界各国普遍采用的司法模式。因此，我国应当顺势而为主动适应生态文明时代绿色发展的需要，根据新形势下环境审判面临的新问题、发展的新要求，通过设立环境法院把环境司法改革推向一个符合现代化和专业化建设要求的更高层次。更为重要的是，环境法院的设置也较为符合环境案件技术性、专业性、区域性更强的特点，有助于通过对环境案件的进一步集中管辖和审理，加强对区域、流域环境的系统治理，以便更好地从整体上全面改善区域、流域的环境质量。

我们认为，根据生态系统管理和区域环境治理的需要在我国适时地建立环境法院，是全面提升生态环境司法保护力度，实行以"去行政化"和"去地方化"为重点的环境司法体制改革，不断强化环境资源审判独立性的重要举措和制度契机。相对于环境法庭，环境法院的设置并非只是形式上的另立门户，而是真正兑现专业化审判的应有价值、提升环境司法专门化水平的重要标志。正如有学者指出的，"中国必须在经济发展和环境可持续发展之间找到一个平衡点，这至关重要。而建立专门环境法院将被证明是迈向平衡道路的重要一步。虽然建立专门环境法院不可能是医治中国环境问题的'万能药方'，但至少会是朝着解决问题的方向迈出的重要一步"①。

所谓专门法院,是指根据实际需要在特定部门或领域设立的审理特定案件的法院。跨行政区划的设置,是专门法院区别于地方各级法院的一个基本特点。例如以知识产权法院为例,《全国人民代表大会常务委员会关于在北京、上海、广州设立知识产权法院的决定》中提到,"知识产权法院实行跨区域管辖"。从域外发达国家的情况看,专门法院的设置主要是基于对其管辖案件的专业化和类型化的考量。而我国早在20世纪90年代之前设立的一些专门法院,如军事法院、铁路运输法院、海事法院、农垦法院、森林法院、矿区法院和油田法院,由于计划经济胎记明显,"部门化"或"企业化"色彩浓厚,而由这些法院承办审理的案件的专业化程度则要低得多,更有甚者也有违司法公正的理念,最终不得不走上改制和转型之路。

这种状况的真正改变,源自2014年以后新设立的一些专门法院。例如,近年来,我国在北京、上海、广州设立的知识产权法院;在北京、广州、杭州设立的互联网法院;在上海设立的上海金融法院。新型专门法院的设置,从一开始就走出了历史的误区,深深嵌入了以事物管辖为标准,以专业审判为基点的改革框架。不仅及时呼应了时代变迁和司法需求,更集中占据了司法改革的前沿高地,真正开启了以司法现代化、专业化为价值追求的新起点。②

在我国,专门人民法院是人民法院体系中的一个组成部分,它和地方各级人民法院共同行使国家的审判权。专门法院与地方法院的区别主要在于:一是专门法院是按照特定的组织或特定范围的案件建立的审判机关,而地方法院一般是按照行政区划建立的审判机关;二是专门法院审理的案件的性质不同于地方法院,因其管辖案件类型的专业化,案件的受理范围具有特定的约束;三是专门法院的产生及其人员的任免不同于地方法院。

环境法院应当如何设置?我们认为,首要的是要解决好专门环境法院设立的法律依据问题。其实,早在2014年最高人民法院颁布的《关于全面加强环境资源审判工作为推进生态文明建设提供有力司法保障的意

---

① [美]达西·戈尔兹:《中国应建立专门环境法院》,屈文生译,《中国社会科学报》2010年9月7日第13版。

② 参见阿计《专门法院的设立之道》,《人民之声》2018年第8期。

见》,就在"有序推进环境资源司法体制改革"的问题中指出,要"逐步改变目前以行政区划分割自然形成的流域等生态系统的管辖模式,着眼于从水、空气等环境因素的自然属性出发,结合各地的环境资源案件量,探索设立以流域等生态系统或以生态功能区为单位的跨行政区划环境资源专门审判机构,实行对环境资源案件的集中管辖,有效审理跨行政区划污染等案件"[①]。

2016年,根据中央的决策部署,最高人民法院以新发展理念为指导,制定出台了《关于充分发挥审判职能作用为推进生态文明建设与绿色发展提供司法保障和服务的意见》。该意见把环境资源审判专门化确定为一项重要的司法政策,明确指出了要"按照审判专业化和内设机构改革的要求,立足本地经济社会发展、生态环境保护需要和案件数量、类型特点等实际情况,探索建立专门机构。对于环境公益诉讼以及跨行政区划的环境污染、生态破坏案件,探索实行跨行政区划集中管辖"[②]。可见,鉴于环境诉讼不同于一般诉讼、具有较为明显的专业性和跨区域性的特点,根据需要引入新的案件审理模式,以至于适时设立专门环境法院,是得到了国家司法政策的支持和鼓励的,也是颇为值得期待的。

2018年新修订的《人民法院组织法》第12条规定:"人民法院分为最高人民法院、地方各级人民法院和专门人民法院。"第15条进一步规定:"专门人民法院包括军事法院和海事法院、知识产权法院、金融法院等。"尽管《人民法院组织法》第15条没有明确提及"环境法院",但从该条关于"专门人民法院包括……"的立法表述上看,"专门法院"一语应当是具有一定包容性的一个开放性的概念,蕴含着"包括但不限于……的意思"。也就说,基于解决现实问题、服务司法实践的需要,专门法院的类型可以适当扩大。其实,这一点已经在实践中得到了的证实。例如,我国《人民法院组织法》并未明确规定专门法院包括"互联网法院",但是近年来我国却在个别省市设立了互联网法院。这说明,着眼于时代变迁和司法需求,《人民法院组织法》实际上已经为包括环境法院这样的新型专门法院的创设预留了一定的制度空间,以适应未来专门法院发

---

① 参见《关于全面加强环境资源审判工作为推进生态文明建设提供有力司法保障的意见》,第五部分(18)。
② 参见《关于充分发挥审判职能作用为推进生态文明建设与绿色发展提供司法保障和服务的意见》,第七部分(26)。

展的实际需要。

其实，这个问题也在早期的《人民法院组织法》修改中得到了印证。例如，1979年《人民法院组织法》第2条规定："专门人民法院包括军事法院、铁路运输法院、水上运输法院、森林法院、其他专门法院。"对此，王汉斌在其所作的关于修改《人民法院组织法》等法律案的说明中，曾经明确谈到在专门法院设置上除军事法院外究竟还需要设立哪些专门法院，以及在专门法院的体制、职责和管辖范围等方面都还缺乏经验，这次将《法院组织法》的"专门人民法院"修改为"军事法院等专门人民法院"，并删去"专门人民法院包括：军事法院、铁路运输法院、水上运输法院、森林法院、其他专门法院"的规定。这样修改后的规定较为灵活，除明确必须设立军事法院外，对其他专门法院的设置不作具体规定，可以根据实践，需要设的就设，不需要设的就不设。显然，根据实际需要，该设立环境法院就设，[1] 应当说是具有法院组织法依据的。

但应当承认的是，毕竟《人民法院组织法》尚未对专门环境法院的设立作出明确规定。因此，对于环境法院的设立，还需要站在法治和改革并举的高度上，通过进一步完善《人民法院组织法》为环境法院设置的标准、程序、运行机制等问题确立基本准则。另外，根据新的《人民法院组织法》第15条关于"专门人民法院的设置、组织、职权和法官任免，由全国人民代表大会常务委员会规定"这一立法要求，未来我国环境法院的设立只有经过全国人大常委会批准通过后，才能获得"准生证"。

我国地域辽阔，不同区域环境问题的表现和紧迫程度以及可能产生的影响都有所不同。环境法院应当如何布局，我们认为，应当根据区域环境问题的现状，在综合考虑案件的数量和类型以及环境法院设立的成本和效能等实际情况的基础上，可以将我国分为若干个大的司法区域，优先考虑在那些区域性或流域性环境问题比较典型也至为严重、环境保护的司法需求较为迫切的地区先行先试、设立一些专门环境法院，不受行政区划的限制、集中受理一些跨区域或流域的环境案件。比如，我国的西部地区是国家的生态安全屏障，同时也是生态环境的脆弱区和敏感区，环境保护对支撑区域经济社会发展的意义重大，可以作为设立环境法院的首选之地。这

---

[1] 参见蔡守秋《关于建立环境法院（庭）的构想》，《东方法学》2009年第5期。

样做符合探索环境资源审判集中管辖改革的要求，在人力、物力上也比较可行，符合我国国情。

关于我国环境法院的组织模式，新西兰环境法院的经验值得借鉴。作为全球最早建立和发展，同时也是最为完善的环境法院之一的新西兰环境法院，是致力于解决与资源管理和环境法律有关的公益诉讼的专家法院。其管辖范围覆盖全国，法院能提供统一的环境审理，不受地域影响。新西兰环境法院规模不大，它的组成人员包括9位具有法学背景的法官和15位拥有科技、经济、农业以及调解等多样化背景的环境专家委员。专家委员协同法官办案，替代性纠纷解决通常由15位专家委员之一主导。在发展专门环境保护法院方面，新西兰环境法院是公认的最佳模式，它在保护新西兰公共资源和公共利益方面发挥着重要作用，可以作为我国设立环境法院的参考样本。

设立环境法院和法庭并不存在一个适合于所有国家的可以套用的既定模式，从国际范围来看，每一个环境法院和环境法庭都反映了其所在国的基本国情。因此，我国环境法院的设立既需要有改革的思维和发展的眼光，又需要有科学合理的论证和深入细致的研究，切不可一味贪多求全或盲目效仿所谓他国的环境法院的最佳模式。

另外，在推进环境资源审判机构专业化建设方面还可以另辟蹊径，即通过传统型专门法院（如森林法院）的改造、整合、升级，使其承担环境法院的审判职能。这是专门法院实现自身可持续发展的科学定位，也是专门法院历史地位所形成的必然选择。我们认为，这样做既可以为传统型专门法院的持续发展找到新的出路，又可以在充分利用现有专门法院资源的基础上借势发挥其在审理环境资源案件方面的重要作用，是一个值得考虑、也较为经济合理的备选方案。① 例如，针对"森林法院"在探索进一步深化环境资源审判集中管辖的改革中如何成功实现转型升级的问题上，就有人以实证研究为基础，提出了可以将东北某省具有跨行政区划管辖权的林区法院改革转型为"环境资源专门法院"的建议，并认为这是林区法院在深化集中管辖改革中具有较强操作性的一次有益尝试，其优势在于

---

① 这一设想一定程度上也得到了环境司法改革实践的证实。例如，据《长江日报》报道，由于近年来长江流域的水污染事件时有发生，作为唯一设在长江沿岸城市的武汉海事法院在建院30周年发布会上，院方宣布已设立专门针对长江污染的环保合议庭，审理环境污染案件。

不仅可以从根本上解决案件管辖的难题，而且依托原有林区法院完整的建制和林区法院法官积累的审理环境资源案件的专业技能进行的改革成本低、效率高、符合当前改革的精神。①

还有人通过对建立与行政区划适当分立的司法管辖制度的研究，提出我国有些专门法院，如现有的林业法院、石油法院、矿业法院，其特定的历史使命已经完成，并都已从原来的部门（企业）管理转为司法系统管理，可以在尊重历史、面向未来的基础上对这些专门法院进行合理改造，考虑对其进行整体功能性转变，在条件成熟的时候将这些专门法院统一转化为环境法院，以适应不断发展变化的司法需求。②

目前，我国的专门法院主要有军事法院、海事法院、铁路法院、森林法院、农垦法院以及石油法院等。从各专门法院的性质来看，其中不乏与环境与资源保护密切相关的法院类型，如农垦法院、林业法院、海事法院等，可以考虑在保持其传统审判资源优势的基础上以旧带新，将其司法审判的职能向审理涉土地资源保护、森林资源保护以及海洋生态环境保护方面延伸，以充分发挥它们在环境资源案件审判方面的司法功能。

以海事法院为例，从《最高人民法院关于海事法院受理案件范围的若干规定》中可以看出，海事法院受理的10大类海事侵权纠纷案件中，有不少就属于环境污染纠纷案件，如"船舶排放、泄漏、倾倒油类、污水或者其他有害物质，造成水域污染或者他船、货物及其他财产损失的损害赔偿纠纷案件"。显然，通过进一步扩大海事法院的受案范围，以引导并充分发挥海事法院在审理海洋生态环境保护或海洋环境污染案件方面的潜力，不仅是可行的而且是近水楼台的便利之举。

三 完善审判程序

（一）完善和优化审前调解

在环境案件的审理过程中，广泛采用"调解"等非诉讼纠纷解决机

---

① 参见刘庆林、国成《深化环境资源审判集中管辖改革设立环境资源专门法院的若干思考——以东北某省林区法院为样本》，载《深化司法改革与行政审判实践研究（上）——全国法院第28届学术讨论会获奖论文集（2017）》，第62—70页。

② 参见杨帆、吕偲偲《专门法院向何处去——建立与行政区划适当分离的司法管辖制度的探索》，载《全国法院第26届学术讨论会论文集（2015）：司法体制改革与民商事法律适用问题研究》，第74—82页。

制（ADR），可以使诉讼双方当事人缩小争议范围，避免案件审理过程中出现不必要的争讼，从而提高案件的审结率。因此，在审理环境案件时环境法院或法庭应当以法律规定除外，先予实行调解机制处理环境纠纷。

就国际社会环境法院和环境法庭运行的成功经验而言，广泛的运用替代性纠纷解决机制可以说是最具代表性的环境司法实践。大部分的环境法院和法庭都实行包括和解、早期中立评估、调解和仲裁等替代性纠纷解决机制。较为典型和成功的实践主要有，澳大利亚新南威尔士州土地与环境法院、新西兰环境法院和美国佛蒙特州环境法院。在这些国家的环境法院中，最为全面和综合的替代性纠纷解决机制，要数澳大利亚新南威尔士州土地与环境法院的"多门法院"（multi-door courthouse）模式。该模式在庭外纠纷解决方面赋予了当事人广泛的选择权，从案件开始到整个过程可以为当事人提供全方位的纠纷解决服务，包括和解、案件早期中立评估、调解和仲裁。

新西兰环境法院在其审判规则中鼓励积极使用替代性纠纷解决机制，一般替代性纠纷解决机制由法院中的专家委员主导，在纠纷解决中具有重要地位。替代性纠纷解决机制也是美国佛蒙特州环境法院的成功实践，尽管替代性纠纷解决机制不是强制性要求，但法院一般总是会对受理的案件是否适合应用庭外纠纷解决机制预先作出评估，并向各方当事人提供符合资质要求的调解员名单，以便于他们选择不同的纠纷解决方式来处理案件。除非有充分的理由认为案件没有必要经过调解程序。

从实际效果来看，替代性纠纷解决机制不那么正式、对抗性较小，通常更加快捷和经济，反而有助于增加诉诸司法的机会。加强运用替代性纠纷解决机制可以较好地促成争议双方达成双赢①和可执行的共识，因而不通过法院审判而运用替代性纠纷解决机制解决的案件，在世界很多国家环境法院和环境法庭中都占有相当大的比例。

我国在环境司法专门化的实践探索中，也有不少运用非诉解纷方式的成功实践，例如贵阳的大调解模式就是如此。贵阳大调解模式的典型意义和可资借鉴之处在于，对于涉及损害大小不易确定、因果关系难以查明、

---

① 双赢的解决方案，是替代性纠纷解决方式带来的是一种超出了审判预期的新的救济方式，而不是要么输、要么赢。这提醒我们，化解解纷不仅要着眼于纠纷解决，更要注重弥合或修复社会关系。

不确定因素较多，而适用普通调解程序又难以化解当事人之间争议的环境案件，利用大调解模式往往可以加快纠纷解决的进度，同时也可以节省诉讼当事人的成本、节约司法资源。例如，在周和忠诉百隆陶业有限公司环境污染民事赔偿案中，清镇市环保法庭通过邀请清镇市招商局、环保局、林业局相关人员共同参与调解，促成了案件的顺利解决。这种大调解模式，在审判员和诉讼双方当事人之外，还纳入了与案件有关的其他行政机关的参与。不同的主体从各自的角度对案件的相关问题进行分析，使当事人双方能够掌握更多的信息，权衡利弊，从而有利于达成一致意见，促进纠纷的解决，节约诉讼成本。①

域外环境法院和环境法庭在运用替代性纠纷解决机制处理环境案件方面，给我国在环境诉讼中运用庭外纠纷解救机制带来了一些有益启示，值得我国在环境司法专门化建设中认真对待。

其一，对一国的司法机关来说，出现纠纷并不可怕，可怕的是出现了大量纠纷诉诸司法，而司法机关却缺乏相应的纠纷解决的能力。域外环境审判为当事人提供的多元化的纠纷解决机制，使当事人在面对纷争时有了更多的选择权，既可以便捷、经济地定纷止争、息事宁人，也符合程序正义的要求。在我国，环境司法改革是推进国家环境"善治"的重要手段，其最终的目的就是要建立一个独立、公平、高效的司法体系，以使人民群众能在每一个案件中都能获得实实在在的公平正义。正如最高人民法院颁布的《关于人民法院进一步深化多样化纠纷解决机制改革的意见》指出的："深入推进多元化纠纷解决机制，是人民法院深化司法改革，实现司法为民公正司法的重要举措，是实现国家治理体系和治理能力现代化的重要内容，是促进社会公平正义、维护社会和谐稳定的必然要求。"② 因此，我国的环境审判机构应当高度重视替代性纠纷解决机制在环境纠纷解决中的地位和作用，不仅如此，还要善于通过利用法定的非诉纠纷解决机制给予当事人的权利以制度性的尊重和维护。

其二，域外大部分环境法院和法庭在受理案件后，一般都会对案件是否适用替代性解纷方式的可行性作出评估，以便通过甄别可以对受理的案

---

① 《关于人民法院进一步深化多元化纠纷解决机制改革的意见》指出，要加强"一站式"纠纷解决平台建设，对于环境保护纠纷，人民法院可以与行政机关、人民调解组织、行业调解组织等进行资源整合，推进建立"一站式"纠纷解决服务平台，切实减轻群众负担。

② 参见《关于人民法院进一步深化多元化纠纷解决机制改革的意见》，前言。

件进行合理分流。这种"递进式"的环境纠纷分层过滤机制，既可以较好地平衡或兼顾诉与非诉方式在环境纠纷解决中各自的优势，也有利于通过诉与非诉方式两者的"协同治理"，提高纠纷化解实效并实现解纷资源的优化配置。我国今后也可以尝试在环境诉讼中设立相应的环境案件管理制度，比如"环境案件的预审和分流制度"，或者是"环境案件的中立评估制度"，通过类似制度的实施可以把非诉的归非诉、把诉讼的归诉讼，两者并举有利于形成纠纷化解合力，也可以为环境司法化解纠纷提质增效。①

其三，从域外环境法院和环境法庭对于替代性纠纷解决机制的实际运作方面看，法律法规普遍授权环境法院和环境法庭可以将替代性纠纷解决机制的运用作为争端解决的一个前提。或者说，至少法院规则应当保证替代性纠纷解决机制对于诉讼当事人和法院而言都是可以实现的，而且替代性纠纷解决机制的运用一般需由擅长此举的有资质的专门人士主持，从而保证了其专业性。这要求我国在今后的环境法庭审判程序规则立法方面，对于诉诸司法途径解决的纠纷也能够将其纳入多元化纠纷解决机制的制度框架内，通过明确规定替代性纠纷解决机制在环境纠纷解决中的地位、适用类型及其运行的保障措施，从而使当事人选择根据替代性纠纷解决机制解决纠纷的法律预期能够通过制度供给得以满足。除此之外，还要考虑建立调解员资质认证制度以及法院专职调解员制度。②

除此之外，我们认为，贵阳大调解模式因其在有效化解矛盾纠纷、修复弥合社会关系、促进解纷资源的优势互补方面发挥了很好的作用，因此也极具参考和借鉴价值，可以在环境司法实践中灵活运用。环境案件往往涉及复杂的利益关系、关联的部门众多，成功地化解纠纷不是法院一家的事，需要不同的利益相关者和各职能部门在广泛参与的基础上相互陈词、各抒己见，才能把纠纷中的利弊得失更好地呈现给当事人，从而使纠纷和平共处地加以解决变得更为容易起来。可以说，这既是大调解的优势，也更符合我国的国情。

---

① 《关于人民法院进一步深化多元化纠纷解决机制改革的意见》指出，对诉至法院的纠纷进行适当分流，对适宜调解的纠纷引导当事人选择非诉讼方式解决。

② 《关于人民法院进一步深化多元化纠纷解决机制改革的意见》指出，人民法院可以在诉讼服务中心等部门配备专职调解员，由擅长调解的法官或者司法辅助人员担任，从事调解指导工作和登记立案后的委托调解工作。

贵阳大调解模式带给我们的另外一个有益启示在于，环境纠纷的解决不是法院一家之事，不能把解决环境纠纷的社会责任统统推给法院，好像环境纠纷的解决只是法院和诉讼当事人之间的事。大调解的成功表明，多方参与形成的化解纠纷的合力有助于提高纠纷化解实效。另外，法院适用调解结案的做法值得肯定之处在于，法院没有片面地强调司法的作用，坚守了"司法是最后一道防线"的定位。在案件的处理过程中法院注重调解而不是时时处处强调"诉讼优先"，既成功地化解了矛盾纠纷，也激发了多元主体共同参与环境纠纷解决的社会责任感，同时也提高了环境司法的社会公信力。[1]

客观地说，多元化的环境纠纷解决机制在我国还很不完善，尤其是立法供给不足的问题比较突出，导致非诉解纷方式在实践中的运用缺乏规范指引、也存在不确定性，在一定程度上严重影响了环境纠纷解决的实效。因此，在我国尽快建立一个立体化的纠纷解决的制度体系极其必要。

(二) 建立"多审合一"的审判程序

科学、统一的审判程序，不仅有利于实现案件的优质高效审理，而且可以提高司法效率、降低司法成本。考虑到环境案件综合性强，在诉讼法律关系上具有较为明显的复合性、环境审判常常跨越刑事、民事、行政三大诉讼门类的特点，而传统司法对案件进行分门别类、由不同的案件审理机构分别审理的机制及其程序模式已无法满足环境司法实践的需求这一基本情况，可以将环境与资源保护的民事与行政、民事与刑事以及行政与刑事有交集的案件，交由享有独立建制的环境法院或环境法庭进行合并审理。案件审理过程中，可首先确定案件所涉法律关系的交叉情况，并在此基础上选择适用相应的裁判程序。这样做的好处无疑有利于统一案件的裁判尺度、提高案件审理的质量，更为重要的是通过统筹适用刑事、民事、行政责任，有利于全方位和最大限度地加强对环境资源的司法保护。

从国外的情况看，大部分环境审判机构具有合并的审判权，或者称为

---

[1] 这一点也得到了司法政策的鼓励和支持。例如，《关于人民法院进一步深化多元化纠纷解决机制改革的意见》指出，各级人民法院要大力宣传多元化纠纷解决机制的优势，鼓励和引导当事人优先选择成本较低、对抗性较弱、利于修复关系的非诉讼方式解决纠纷。

管辖权的融合，它们可以集多种性质案件（如环境民事、行政和刑事案件）的审判权于一身，甚至还实行"审执一体化"。① 环境法院和法庭实行民事、刑事和行政案件"三审合一"，是因为环境纠纷通常都具有跨单一案件的性质，实行"一站式"环境诉讼，符合环境案件的性质和综合处理环境问题的需要，还可以为当事人提供明确的诉诸司法的途径，方便快捷，有利于提高环境司法的实效。正因为如此，一些表现出色的环境法院，比如澳大利亚新南威尔士州和新西兰的环境法院管辖范围都很广，通常都贯通了刑事、民事和行政案件的审理。

其实，这一新的案件审理模式在我国环境司法专门化的地方实践中已经取得了相当大的进展，也积累了一定的经验。这就是我们所说的在环境诉讼中不再将民事、行政、刑事案件像过去那样分别审理而是由环境法庭统一审理的"三审合一"（triple jrisdiction）的案件审理模式。这实际上意味着，环境法庭拥有了覆盖民事、行政和刑事案件的管辖权。显然，这是一种具有创新性的环境司法审判机制的实践探索。为此，2016年最高人民法院颁布的《关于充分发挥审判职能作用为推进生态文明建设与绿色发展提供司法服务和保障的意见》也明确指出，要鼓励支持人民法院"探索将环境资源民事、行政乃至刑事案件统一由一个审判机构审理的'二合一'或者'三合一'"归口审理模式，并将其作为充分发挥环境审判职能作用的一个重要方面。

"三审合一"是我国法院系统在推进环境司法专门化建设、积极探索新的环境案件审判模式的实践中产生的一个新事物，其存在的合理性及其产生的实践价值值得肯定。但"三审合一"审理模式在实践中也存在一些问题，其中最为突出的就是在诉讼实践中存在所谓的"程序性失灵"问题，即缺乏专门适用于环境资源案件审判的特殊程序机制，无法有效回应环境诉讼对程序方面的专门化需求，从而制约了环保法庭的正常运作和审判职能的实际发挥。

目前我国尚没有对"三审合一"的具体程序作出规定的专门性立法，已有的一些规定主要是各地区在探索"三审合一"案件审理模式过程中

---

① 环境法院和法庭在作出判决之后，还拥有"持续命令"的权力，即在作出判决之后继续对案件进行管辖，以监督案件的执行，直到判决得到"圆满执行"为止。这种方法在印度、菲律宾、巴基斯坦等一些国家都有所使用。

一些地方法院出台的一些相关的指导性文件,且它们基本上都没有涉及"三审合一"审判程序的实际性问题。因此,有必要通过国家立法进一步完善"三审合一"案件审理模式的程序。这样一来可以使"三审合一"案件审理模式得到国家法律上的认可,从而获得其应有的合法性和正当性,二来也有利于"三审合一"案件审理模式在司法实践中能够得到统一和规范的适用。

那么应当如何进一步完善"三审合一"审理模式呢？我们认为,这是一个与案源的合理分流、涉诉案件诉讼法律关系的厘定以及环境案件审理的专业化相互关联的综合性问题。

首先,"三审合一"势必会加大环境法院或法庭案件审理的工作负荷,同时又面临着要提高案件审理质效的司法需求,因此合理的案件分流是必要的也是必需的。而在诉讼中平衡这一关系的最好的方法,就是通过建立案件的合理分流制度,把诉讼案件推向环境审判机构归口审理,把可以通过非诉方式解决的案件通过庭外替代性纠纷解决机制处理。

其次,为了推进环境案件的专门化审理,首先需要对诉讼法律关系存在交集的案件进行分类,在正确厘定案件类别的基础上再按照相应的程序一并进行归口审理。比如,对于民刑交叉的环境资源案件,环境审判机构一般可以按照刑事附带民事诉讼案件的程序审理。如果案件具有特殊属性,如属于刑事附带民事公益诉讼案件,则案件除了要依照刑事附带民事诉讼的程序审理之外,还要考虑到案件中环境公共利益救济的实际需要。因此,这时候在案件审理过程中是先刑后民、还是先民后刑,要视案件的具体情况而定,不能一概而论。

另外,在我们看来,其实"三审合一"案件审理模式的实施,也是与该审判模式对法官的司法理性和司法经验的要求相一致的。这也就是说,"三审合一"不仅是一个环境司法中的程序性问题,同时也是一个涉及案件审理法官的司法理性和司法经验的问题。这意味着,"三审合一"案件审理模式要取得预期的效果,就必须要提高环境案件审理的专业化水平。而要做到这一点,就必须要有一支具有高度复合知识背景和相应诉讼实务经验的法官队伍。

从域外环境法院和法庭的实际运作情况来看,同时配备法学出身的法官和科学技术专家共同审理案件是一个成功的实践。"这项实践给审判过程带来了两种主要技能——法律技能和科学技术技能,这两项技能对复杂的环境案件的审理、并成功地作出判决均至关重要。"① 由此看来，在我国实行"三合一"案件审理模式，就必须要建立健全适应环境资源审判的法官队伍和专家队伍，形成法官与技术专家联合的案件审判决策机制。

四 拓宽案件来源

（一）扩大受案范围

国际社会环境法院和法庭在受案范围方面情况不一，比如有的环境法院和法庭拥有涉及民事、刑事和行政案件的综合管辖权，而有的仅拥有一两项权限；有的环境法院和法庭的管辖权覆盖全国，而有的仅涉及特定的区域；有的环境法院和法庭的受案范围通常包括环境污染、自然资源、土地利用和规划以及环境许可证等方面的所有案件，有的则被严格限制在某一个类型的案件上，如环境影响评价案件。但是，整体的发展趋势是确立"综合且集中的管辖权"，即不断扩大环境法院和法庭的管辖权，使其更加综合和具有包容性，以使案件能够以一种完整的方式得到审理。

总体来看，目前我国环境法庭的受案范围主要集中在环境污染纠纷引起的案件、资源破坏纠纷引起的案件、环境保护部门提起的强制执行案件；检察机关提起公诉的环境刑事案件、各类适格主体提起的环境公益诉讼案件；有关环境规划和环境保护的刑事、民事、行政责任的强制执行案件以及环境影响评价纠纷引起的案件等方面。

其实，根据我国环境保护法的规定，受法律保护的"环境"不仅是指影响人类生存和发展的各种天然的和经过人工改造的自然因素的总体，还具体包括大气、水、海洋、土地、矿藏、森林、草原、湿地、野生生物、自然遗迹、人文遗迹、自然保护区、风景名胜区以及城市和乡村等环境和资源要素。但是从各地已审理案件的基本情况看，我国环境保护公益诉讼案件的受案范围主要集中在涉及大气、水和土壤等环境要素的保护方面，而涉及其他环境要素保护的案件却并不多。② 而且，已有的一些案件

---

① ［美］乔治·普林、凯瑟琳·普林：《环境法院和法庭：决策者指南》，周迪译，王树义审订，中国社会科学出版社2017年版，第69页。

② 近年来，一些法院对受理的环境案件所持有的态度日益积极开放，除了涉及大气、水和土壤污染方面的案件，还审理了不少涉及其他环境要素，比如湿地、自然保护区以及濒危动植物保护方面的新的案件类型。特别是郑州中院受理的绿发会诉上街区马固村委会的环境民事公益诉讼案，将不可移动文物也纳入了环境公益诉讼范围，不仅使环境保护的范围更加广泛，也大大丰富和拓展了环境案件的类型。

又多属于污染环境类案件，相对而言生态破坏类案件则较少。① 不仅如此，已经受理的案件中绝大多数也都是针对已然的环境损害施以法律救济提起的公益诉讼案件，而针对具有损害社会公共利益重大风险的行为提起的环境公益诉讼案件就更是少之又少。② 由此可见，我国环境公益诉讼案件的受案范围还有较大的扩容空间。

值得关注的是，2016年5月26日，最高人民法院发布的《关于充分发挥审判职能作用为推进生态文明建设与绿色发展提供司法服务和保障的意见》，确定了我国环境资源审判机关应当依法审理的案件范围，进一步明确了哪些案件属于环境资源审判的受案范围和管辖范畴，哪些案件不属于环境资源审判的范围，是环境资源审判受理案件的重要依据，为规范今后的环境资源审判、统一案件的受理范围指明了方向。例如，该意见明确指出：要依法审理涉环境污染防治和生态保护案件；依法审理涉自然资源开发利用案件；依法审理气候变化司法应对案件；依法审理各类生态环境损害赔偿诉讼案件。

当然，扩大受案范围也不能贪大求全，更不是要将所有与环境有关的案件不加取舍地归入受案范围。考虑到我国环境审判尚处于起步和初级发展阶段，既面临缺乏对环境案件审理经验的积累，又存在审职人员环境司法能力不足的实际情况，因此受案范围扩大与否以及如何扩大也不能一刀切，还需要根据不同区域环境治理的实际需求，从其必要性和可行性上考虑在稳步合理扩大增容的同时并依法作出一定的限制为宜。

（二）合理确定环境公益诉讼起诉主体

1. 扩大起诉主体范围

关于环境公益诉讼的适格原告问题，在2012年《民事诉讼法》修订之前，因我国尚未确立环境公益诉讼制度，贵州清镇、江苏无锡、云南昆明等地法院在司法实践中采取了较为开放、灵活的态度，原告主体范围一度呈现了多样化的发展趋势，出现了包括公民个人、社会组织、环境保护行政主管部门和检察机关均能作为适格原告提起诉讼的情形。2012年，

---

① 环境污染和生态破坏既有联系也有区别，但不论怎样，污染环境和破坏生态都是对环境的损害。因此，环境案件应当包括污染环境和破坏生态两种基本类型。

② 根据《最高人民法院关于审理环境民事公益诉讼案件适用法律若干问题的解释》的规定，也可以针对具有损害社会公共利益重大风险的行为提起环境公益诉讼。

随着修订的《民事诉讼法》第 55 条对"环境公益诉讼制度"的正式确立，特别是 2014 年修订的《环境保护法》第 58 条对于"有关组织"的进一步界定，使得可以提起环境民事公益诉讼的主体资格有了更为明确的法律依据。

从已有的环境公益诉讼案件情况来看，环保公益社团组织作为适格原告在环境审判实践中发挥了非常重要作用。一些社会组织具有强烈的公益性和中立性，可提供专业的人力和技术资源，这些特点为其参与环境公益诉讼奠定了必要的基础。

检察机关作为环境公益诉讼的适格主体，在云南、江苏、贵州等省份的环境公益诉讼司法实践中获得了认可。检察机关作为环境公益诉讼的原告，有其天然的优越性：一方面，检察机关作为法律监督机关，其职责之一就是监督法律的实施，保护国家利益和社会公共利益。针对污染环境、破坏生态的违法行为，检察机关有权积极作为，履行法定职权。另一方面，较之政府机关，检察机关具有更大的中立性和独立性，拥有更强的人、财、物等方面的优势，在诉讼中有较强的对抗力，有助于更有效地应对困扰环境诉讼的地方保护主义等问题。

行政职能机构负有依法管理社会公共事务、维护公众利益之职责，在不特定人群的环境权益遭受侵害时，赋予其公益诉讼原告资格是其依法履行职责上的需要。特别是环境保护、林业、土地和水利等行政机关拥有专业的人才和设施，在环境监测、证据收集等方面拥有较强的技术和资金实力，可为提起环境公益诉讼提供更大的便利。因此，在环境公共利益受到侵害的情况下，由行政机关予以处理包括利用诉讼的方式来保护环境是十分恰当的。

值得一提的，2017 年新修改的《民事诉讼法》和《行政诉讼法》确立了"检察公益诉讼制度"，从而使检察机关提起环境民事和行政公益诉讼有了明确的法律依据。例如，《民事诉讼法》第 55 条第 2 款规定："人民检察院在履行职责中发现破坏生态环境和资源保护……等损害社会公共利益的行为，在没有前款规定的机关和组织或者前款规定的机关和组织不提起诉讼的情况下，可以向人民法院提起诉讼。"《行政诉讼法》第 25 条第 4 款规定："人民检察院在履行职责中，发现生态破坏和资源保护……等领域负有监督管理职责的行政机关违法行使职权或者不作为，致使国家利益或者社会公共利益受到侵害的，应当向行政机关提出检察建议，督促其依法履行职责。行政机关不依法履行职责的，人民检察院依法向人民法院提起诉讼。"

从不同法律修改的情况看，较之 2014 年修订的《环境保护法》第 58 条关于"符合法定条件的社会组织可以提起公益诉讼"的规定，此次对《民事诉讼法》和《行政诉讼法》关于检察机关可以在"符合法律规定的条件下，针对损害社会公共利益的行为提起诉讼"的规定，不仅进一步明确了除法律规定的"社会组织"以外的检察机关在环境民事公益诉讼中的主体地位，而且还创设了检察机关可以在法定条件下提起环境行政公益诉讼的制度。这是环境公益诉讼制度在适格主体多元化发展方面的新进展，对于充分发挥公益诉讼制度的功能，更好地保护和改善环境具有重要的现实意义。

2. "适格原告"再辩

我们认为，从环境公益诉讼制度的发展上看，我国《环境保护法》《民事诉讼法》和《行政诉讼法》确立的仅社会组织和检察机关"二主体"具备提起公益诉讼主体资格之规定，看起来似乎是一种略显保守甚至有些偏狭的做法。因为公益诉讼不仅是一种诉讼制度创新，更重要的还在于它是合理利用司法资源的一种理想的"民治"方式。① 这样看来，法律规定只有社会组织和检察机关有权提起环境公益诉讼，是否意味着"公民个人"通过司法途径参与环境保护的行动，会因原告资格的限制而在面对环境公共利益遭受不法侵害的情况下，只能成为袖手旁观的"局外人"呢？既然没有诉诸司法的权利和自由，还何以鼓励公民个人通过积极参与履行其社会责任以实现替"天"行道、维护环境公平正义的使命呢？在我们看来，社会组织和检察机关提起公益诉讼制度只是解决环境公共利益保护问题可供选择的途径之一，这并不否认由公民个人通过诉讼方式启动保护环境公共利益程序，并为其提供司法救济这种必不可少的选择。这意味着，必须承认公民个人、社会团体、检察机关都具有提起公益诉讼的原告资格，单一或片面的适格原告制度设计难以形成全方位的公共利益保护机制。

从理论上讲，作为公众参与环境保护的一种重要的制度形式，环境公益诉讼活动的开展，客观上需要放开对诉讼主体资格的限制，从而形成一个与之相适应的由公民个人、环保公益社会组织以及特定的国家机关组成

---

① 参见颜运秋《公益诉讼理念与实践研究》，法律出版社 2019 年版，第 69 页。

的具有广泛兼容性的多元诉讼主体构成的适格原告体系，才能充分发挥环境"公"诉[①]在保护和改善环境，有效救济社会公共利益损害方面的制度功能。从域外经验看，无论是普通法系国家还是大陆法系国家，环境公益诉讼都是有效遏制侵害环境公共利益行为的重要而又经常使用的法律手段。为了谋求环境公益诉讼原告资格问题的妥善解决，放宽对原告资格的限制目前已成为世界各国环境立法的一个普遍趋势。

显然，我国相关立法在环境公益诉讼原告资格问题上采取的"窄口径"的做法，本质上似有与环境公益诉讼制度琴瑟不合之嫌。因此，打破诉讼垄断、拓宽原告资格以满足环境公益诉讼对原告适格规则的特殊需要，从而让任何公民、团体和国家机关都能与污染和破坏环境者对簿公堂、一决高下，显然是十分必要的。但放宽起诉资格并不意味着"任何人"都可以不加限制地借助司法权对环境违法者说"不"。我们认为，承认不同主体的原告资格，但却不可以忽视不同主体在实际参与诉讼上的能力差别以及自身存在的局限。[②] 例如，相对于私权主体，环保行政机关这一公权主体作为适格原告，无论是在诉讼能力还是行政资源配置方面都具有明显优势。再如，较之以公民个人，环保团体因其以组织化的行动凝聚了个人的力量、弥补了分散的社会个体在参与环境保护方面"行为能力"上的不足，因而在推进环境法治建设中往往会发挥更大的作用。

明白了这一点，在强调要建立一个由多元主体共同参与的原告资格体系的同时，我们就必须要考虑这样一个现实问题，即谁最有资格也最能够代表公共利益提起环境公益诉讼。换句话说，在中国环境公益诉讼的选择如何才能从实际出发，确保能够让最适当的原告有机会提起诉讼，从而更好地发挥公益诉讼的制度功能，就成了在确立环境公益诉讼原告资格问题上的一个关键点。基于此，从我国实际出发，结合不同主体在诉讼能力上的比较优势，通过立法方式赋予行政机关和检察机关以提起环境公益诉讼的"优先权"，既是必要的也是可行的。[③]

---

① 应当注意的是，公益诉讼并不等于"公诉"。从发起诉讼的主体上看，公益诉讼包括公益"公诉"和公益"私诉"。

② 从审判实践上看，我国的环境公益诉讼案件主要集中在检察公益诉讼方面，社会组织提起的环境公益诉讼案件则明显偏少。

③ 实际上检察机关已成为提起环境公益诉讼的主力军，在维护环境公共利益方面具有巨大优势，这一点在实践中也得到了证实。

当国家公权力机关的环境公益诉权"缺位"的情况下，赋予环保团体和公民个人等私权主体以提起环境公益诉讼的"代位权"，即在国家公权机关不依法行使或怠于行使其公益诉权而有使国家或社会公共利益面临危险而无人主张权利，并经环保团体或公民个人之诉前通告和督促未果时，环保团体和公民个人得以"私人检察官"的身份，径行向人民法院提起环境公益诉讼。① 在环保团体和公民个人两者之间，环保团体应以"主当事人"的身份提起环境公益诉讼，公民个人可以"从当事人"身份襄助参与环境公益诉讼。

需要注意的是，主张国家公权机关环境公益诉讼的优先权，只是相对于其担负的职责和诉讼能力上的优势而言的，并不意味着可以轻视社会私权主体以诉讼的方式在维护环境公共利益方面的重要作用，尤其是不能借口社会私权主体提起环境公益诉讼的时机尚未成熟，而将其原告资格排除在外。从根本上说，公众不仅是"公害"的直接承受者和"公益"的最大受益人，而且环境公益诉讼的主要功能即在于通过公民诉讼监督环境行政机关以勤勉履责、严格执法。因此，在环境受托利益处于"自身难保"的境地，公众首先得以公益诉讼的方式为环境公共利益代言，其原告资格上的正当性就是不证自明的。

(三) 建立和完善鼓励起诉制度

1. 改进诉讼费用承担方式

"就算世界上有一种最完美的法律制度，如果公众无法利用这一制度，那么该制度再好也是没有多大用处。"② 环境案件科学技术性强、审理周期长，使其诉讼和取证成本加大，为此当事人往往需要支付高昂的诉讼、鉴定等费用，这已成为阻碍公民接近环境正义、维护环境权益的一大现实障碍。③ 加之，环境公益诉讼是一种旨在救济环境损害的诉讼形式，或者说提起诉讼的原告是为了增进环境公共利益而不是为了个人利益。因此，为了保证诉讼的顺利进行，应当建立合理的支持性制度，即对

---

① 实践证明，行政机关在公共利益维护方面不仅存在缺乏效率和动力不足问题，也存在失灵和失效问题。这使得社会力量通过诉讼方式保护公共利益成为必不可少的选择。

② [英]阿蒂亚：《法律与现代社会》，范悦等译，辽宁教育出版社、牛津大学出版社1998年版，第67页。

③ 例如，在2011年云南的铬渣污染案中，正是鉴定机构开出的700万元的生态环境损害鉴定费用报价，让已经迈出"草根NGO环境公益诉讼案"第一步的"自然之友"不得不停滞不前，就是一个鲜明的例子。

于公益性案件，对代表公共利益的一方无论是在诉讼费用的收取方面、还是对于胜诉后的奖励，都应当采取具有扶持性和激励性的特殊规则。

事实上，"原告应否起诉的决定，多数情况下与诉讼费用相关"[①]。我国目前实行的是先由原告方预付诉讼费，待判决生效后再由败诉方承担费用，这种做法在公益性案件中会加重原告经济负担，更为重要的是会降低其提起环境诉讼的意愿。正是考虑到巨额诉讼成本可能会阻碍原告提起诉讼的积极性，昆明在探索环境司法专门化发展的道路上，建立了"环境公益诉讼救济资金专户"，救济资金主要用于环境公益诉讼案所涉及的调查取证、鉴定评估、诉讼费用、环境恢复和执行救济等合理费用。而且在环境司法实践中，为了鼓励社会组织提起环境公益诉讼，在大部分由社会组织提起的环境民事公益诉讼案件中，人民法院都准许缓交诉讼费用，并且对于社会组织请求被告赔偿的检验、鉴定费用，以及聘请专家辅助人费用、律师费用和为开展诉讼支付的其他合理费用，也都予以支持。[②]

从国际社会环境审判机构的普遍做法来看，控制和降低时间与金钱成本也是环境法院和法庭的一项重要的最佳实践。他们认为："环境法院和法庭的规划者不应当将环境法院和法庭视为通过向诉讼人收取费用而成为完全或者实质上'自筹资金'的法院，否则，激励环境法院和法庭的将会是创收，而不是服务客户和完善诉诸司法的渠道。在一些国家，就诉诸司法而言，高昂的诉讼费用是比诉讼资格更大的一个障碍。"[③] 为了破解诉讼费用对诉讼带来的障碍，很多国家在司法实践中都采用了较为灵活的公益诉讼成本合理分摊规则。例如，在瑞典环保组织可以不用支付依申请案件的诉讼费。在新西兰，代表公共利益的一方一般不向对方支付费用。而有的国家如孟加拉国，环境法院甚至不收取费用。不仅如此，为了有效激励公益诉讼原告提起公益诉讼的积极性，西方国家在其公益诉讼中大都

---

① [德] 莫诺·卡佩莱蒂：《福利国家与接近正义》，刘俊祥等译，法律出版社 2000 年版，第 70 页。

② 《最高人民法院关于审理环境民事公益诉讼案件适用法律若干问题的解释》第 22 条规定：原告请求被告承担检验、鉴定费用，合理的律师费以及为诉讼支出的其他合理费用的，人民法院可以依法予以支持。第 33 条还规定：原告缴纳诉讼费用确有困难，依法申请缓交的，人民法院应予准许。败诉或者部分败诉的原告，申请减交或者免交诉讼费用的，人民法院可以视原告的经济状况和案件的审理情况决定是否准许。

③ [美] 乔治·普林、凯瑟琳·普林：《环境法院和法庭：决策者指南》，周迪译，王树义审订，中国社会科学出版社 2017 年版，第 87 页。

引入了"赏金猎人"（bounty hunter）制度，即胜诉的原告可以获得诉讼收益的一部分作为奖励，这样既满足了人们追求自身经济利益的偏好，也有利于社会公共利益的实现。①

基于此，我们认为，为了充分发挥环境公益诉讼制度在维护环境公共利益方面的功能，克服公益诉讼原告因诉讼成本问题无法"接近"司法从而放弃维护公共利益，我国有必要将"败诉方负担"确立为环境公益诉讼成本负担的一般原则，即允许法院在对环境公益诉讼案件作出最后判决时裁定败诉方承担包括律师费用在内的所有合理诉讼费用。同时为了鼓励人们积极参与、主动拿起环境公益诉讼的法律武器维护社会公共利益的"善举"，还必须对公益诉讼原告的行为辅之以制度上的褒扬和认可。为此，我国也可以借鉴"赏金猎人"制度，明确规定原告胜诉后，可以从法院判令被告支付的损害赔偿金中分得一部分作为奖励。

2. 发挥好检察机关支持起诉的作用

关于支持起诉问题，早在 2008 年 9 月无锡市中级人民法院和市检察院共同出台的《关于办理环境民事公益诉讼案件的试行规定》，就对人民检察院"支持起诉"作出了明确规定。根据该规定，对于单位或者个人提起的环境民事公益诉讼，人民检察院可以通过帮助原告收集证据、派员参加庭审等方式予以支持。实践证明，有检察机关出面襄助参与诉讼，有利于激发更多潜在畏惧诉讼的社会公众，勇于以"私人检察官"的姿态与环境违法者对簿公堂、一决高下。

为了发挥好支持起诉制度的积极作用，最高人民法院在《关于审理环境民事公益诉讼案件适用法律若干问题的解释》中，依据民事诉讼法支持起诉的原则进一步细化并确立了环境民事公益诉讼中的支持起诉制度。例如，第 11 条规定：检察机关、负有环境保护监督管理职责的部门及其他机关、社会组织、企业事业单位根据《民事诉讼法》第 15 条②的规定，可以通过提供法律咨询、提交书面意见、协助调查取证等方式支持社会组织依法提起环境民事公益诉讼。按照该解释的规定，支持起诉的主体除了检察机关以外，还包括负有环境保护监督管理职责的部门以及社会

---

① 参见陈亮《为环境正义而战——环境侵害法律救济研究》，中国检察出版社 2014 年版，第 222—224。

② 《民事诉讼法》第 15 条规定：机关、社会团体、企业事业单位对损害国家、集体或者个人民事权益的行为，可以支持受损害的单位或者个人向人民法院起诉。

组织等，但实践中检察机关作为支持起诉人的案件数量占绝对优势。这说明，检察机关以支持起诉人的身份参与环境公益诉讼，已成为其依法履行维护公共利益职责的既成形式和普遍做法。

然而近年来，检察支持起诉工作却出现了一定程度的弱化。从近年来检察机关提起公益诉讼案件的实际情况看，自 2015 年 7 月检察公益诉讼试点工作开展以来，检察机关一改以往大多以支持起诉或者督促起诉的方式参与环境公益诉讼的做法，更多的是作为原告一方以提起诉讼的方式积极履职，从而使得其支持起诉的工作变得相对弱化了。但是，按照《民事诉讼法》第 55 条第 2 款的规定，人民检察院在履行职责中发现破坏生态环境和资源保护……等损害社会公共利益的行为，在没有前款规定的机关和组织或者前款规定的机关和组织不提起诉讼的情况下，可以向人民法院提起诉讼。前款规定的机关或者组织提起诉讼的，人民检察院可以支持起诉。这说明，检察机关提起环境公益诉讼，是以没有法定机关和社会组织或者上述机关和社会组织不提起相关诉讼为前提的。或者说，检察机关环境公益诉权的行使，实际上是为了弥补环境公益诉讼救济主体的缺失而作出的选择。而事实上，在环境司法实践中，检察机作为原告的案件数量已远远超过了社会组织作为原告提起的环境公益诉讼案件数量，检察机关已经成为了名副其实的提起环境公益诉讼的主导性力量。这种现象的出现，无疑给我们提出了一个值得进一步思考的新问题，即应当如何科学界定检察机关和社会组织在环境公益诉讼中的地位和作用，才能较好地平衡好检察机关和社会组织的环境公益诉权问题。

五　完善审判保障机制

（一）实现审判人员专业化

环境案件特别是环境公益诉讼案件涉及面广、社会影响大、公众关注度高，从诉讼理念、庭审能力、文书撰写、案件执行等方面都对司法审判提出了更高的要求。同时，由于绝大多数法院缺乏环境公益诉讼案件审理经验，导致法院难以适应日渐增多的对此类案件审理需要的问题日益突出。因此，无论从理论上讲、还是从实践需求上看，设置了专门环境审判机构，自然需要一支与专业审判相匹配的专业化的环境法官队伍来作为环境正义的守门人，才有可能保证审判效率和结果的公平。事实上，环境审判需要法官具备足够的从业素质，才能较好地发挥其预期作用。

我们认为，环境资源审判是一项较为典型的知识密集型工作和活动，既需要法官具有与环境案件审理相关的专业知识优势，也需要法官具有较为丰富的环境司法审判经验，还需要法官心怀司法良知，能时时处处关注自己的判决对他人和社会产生的影响。正如博登海默指出的："如果一个人只是个法律工匠、只知道审判程序之方法和精通实在法的专门规则，那么他的确不能成为第一流的法律工作者。"① 因为，"任何实践的法律推论无论怎样具体或局限，都预设了法理学提供的那类抽象基础。当对立的抽象理论基础相互对抗时，一种法律推论总是接受一个而拒绝其他。所以，任何法官的意见本身就是一篇法律哲学，即使这种哲学隐而不露，即使显而易见的推论充满了条文引证和事实罗列。法理学是审判的一部分，是任何法律判决的无声序言。"② 环境案件的特殊性既对法官提出了较高的从业要求，同时也为法官的遴选确立了基准。

域外环境法院和法庭的经验证明，建立一支既精通环境法学专业知识、又能较好地掌握基本环境技术的职业化审判队伍，对于优质、高效地开展环境司法活动至关重要。环境法院或法庭与普通法院的不同在于，它专门审理环境案件，并配备受过环境法训练的审判人员，而且在案件的审理过程中同时还有科学和技术专家的参与，确保了环境法院或法庭中科学与法律的互动。法学背景和科学背景相结合形成的跨学科的审判决策机制，更有利于环境纠纷的有效解决。因此，通过严格遴选和加强业务培训锻造一支拥有相应的环境法专业知识，并具备审理专业、复杂环境案件能力的法官队伍，是环境司法专门化良性发展的一个重要方面。

提高审判队伍的专业化，另一有效途径就是设立专业陪审员和专家委员会。专业人民陪审员可以为环境一审案件提供充足可靠的专业支持，专家委员会可以根据法官的要求提供专业的咨询意见。鉴于环境案件有较强的专业技术性，在案件的审理过程中注重吸纳技术专家的有效参与，是国际上通行的做法。因此，人民法院要鼓励和支持专家担任环境公益诉讼案件的陪审员③，积极拓展专家辅助人的职责范围，注重发挥专家辅助人制

---

① ［美］E. 博登海默：《法理学——法哲学及其方法》，邓正来等译，华夏出版社 1987 年版，第 491 页。
② 刘星：《法律是什么》，中国政法大学出版社 1998 年版，第 155 页。
③ 在这个方面法律有明确规定。如《人民陪审员法》第 16 条规定：人民法院审理根据民事诉讼法、行政诉讼法提起的公益诉讼的第一审案件，由人民陪审员和法官组成七人合议庭进行。

度在环境审判中的功能。

在我国的环境司法实践中,人民法院在遵循诉讼制度基本规则的基础上,也积极探索让技术专家参与环境公益诉讼案件的审理,注重发挥其在调查取证、查明损害事实、厘定因果关系、制定修复方案以及验收修复成果等方面的重要作用。在这一方面,贵阳市中级人民法院就曾成立了由13名环保专家组成的环境保护审判专家咨询委员会,成员分别来自贵州省和贵阳市环境保护、生态资源的相关职能部门。有一定学术造诣并有一定影响力的专业人士,为法院的环境保护审判工作提供专业意见,发挥咨询和监督的作用。实践证明,这一做法为案件的正确和有效审理提供了技术支持和智力保障,是行之有效的。

(二) 强化环境司法的技术支撑

1. 构建新时代生态环境监测体系

生态环境监测①作为环境保护的基础性工作,无论是对环境形势的总体评价还是对个别案件的查处,其在环境治理中"数据支撑"的重要作用都是不言而喻的。近年来,国家高度重视生态环境监测工作,特别是党的十八大以来中央改革文件对生态环境监测事业的发展作出了一系列决策部署,推出并实施了一系列制度性改革创新。如《关于加快推进生态文明建设的意见》要求,"健全覆盖所有资源环境要素的监测网络体系";中央全面深化改革领导小组通过的《关于建立资源环境承载能力监测预警长效机制的若干意见》和《关于深化环境监测改革提高环境监测数据质量的意见》,还实行了省以下环保机构监测监察执法垂直管理制度等重要改革措施。2018年3月,通过职责整合而组建的生态环境部将"统一负责生态环境监测工作",由此明确了由传统环境监测到生态环境监测的新职能定位。2019年10月31日,党的十九届四中全会通过的《中共中央关于坚持和完善中国特色社会主义制度推进国家治理体系和治理能力现代化若干重大问题的决定》还专门指出,要"健全生态环境监测和评价制度"。这些决策部署和相关规定,为今后一个时期生态环境监测事业的发展提供了政策依据。面对新形势、新问题、新要求,如何加快构建适应我国生态文明建设需要的新时代生态环境监测体系,无疑是当前急需解决

---

① 随着工业和科学技术的发展,环境监测开始由传统的环境质量监测和污染源监测逐步扩展到对生物、生态变化的监测。

的重要问题。

科学的生态环境监测体系应当包括：形成统一指挥、规范管理、部门协调、测管联动、上下联合、运转高效的生态环境监测决策指挥体系；完整、科学、系统的监测标准规范体系；覆盖各类生态环境要素的监测网络体系；提升监测科技创新能力的生态环境监测技术支撑体系；保障生态环境监测数据质量真实、准确的质量监管体系；培育在监测资源配置中起决定作用的监测市场体系；完善监测信息公开的社会监督体系；由资金投入、仪器装备、人才培养、技能培训、网络安全和应急预警等组成的综合保障体系。新时期生态环境监测体系的构建，应当以强化监测管理、提升监测能力、确保监测数据质量和监测网络安全为核心，使生态环境监测与生态文明建设要求相适应，努力实现生态环境监测体系和监测能力现代化。

鉴于目前我国生态环境监测从供给主体上来看，主要还是依靠政府所属监测机构提供信息产品，考虑到环境监测机构的行政依附性可能影响到监测数据的客观真实性，加之存在社会监测机构供给能力严重滞后，企业自行监测数据质量难以保障的问题，因此除了应当进一步深化生态环境监测改革，建立健全独立、权威、高效的监管机构和良好的运行机制以外，还需要统筹协调、平衡发展政府和市场两类监测力量，积极培育生态环境监测市场、逐步放开社会服务性监测市场，有序推进监测服务社会化和基础公益性监测领域的政府购买服务。① 同时，为了提高生态环境监测的法治化水平，还需要同步跟进的是健全和完善生态环境监测政策法规体系，以便对环境监测机构的资质认定、监测人员的资格认可、环境监测方法标准、监测工作程序与过程的科学规范、监测仪器的可靠性等作出明确规定，从而更好地规范生态环境监测行为，确保监测活动能够做到有法可依、有章可循。

2. 完善环境损害鉴定评估制度

环境损害鉴定评估，作为环境司法和行政解决环境纠纷的必要环节和有效手段，目前在国外普遍受到重视而且有了长足发展，并逐步形成了比

---

① 我国生态环境监测还存在这样几个问题，即主体上以政府监测为主、功能结构上主要服务于政府监管执法、职能上是亲力亲为的"运动员"而非"裁判员"。因此，如何实现从主要依靠政府向主要依靠市场转变，如何实现从监测主要服务监管执法向主要服务社会公众转变，如何实现从政府监测由运动员到裁判员的转变，是未来生态环境监测实现提质增效必须要加以解决的问题。

较完善的环境损害受理、评估和判定工作程序以及较为合理的环境补偿机制和法律体系。

在我国，建立独立、公正的环境损害评估制度，既是推进生态文明建设的必然要求，也是实施环境管理和推进环境司法的强烈现实需求。近年来，我国工业化和城市化进程带来的环境污染和生态破坏问题日益严重，而要解决好这些问题就离不开对那些因污染和破坏生态环境造成损害的事实依法进行鉴定、监测并出具书面评估报告，以便为环境管理以及环境司法提供服务。

实践中，环境损害鉴定评估是确认生态环境损害发生及其程度、认定因果关系和可归责的责任主体、制定生态环境损害修复方案、量化生态环境损失的技术依据，生态环境损害鉴定评估报告（评估结论或意见）是环境行政处罚的重要依据，也是开展环境民事公益诉讼、追究环境犯罪刑事责任的重要证据。[1] 因此，无论环境管理活动还是环境司法审判，都迫切需要环境损害鉴定评估作为技术支撑。这意味着，只有做好环境损害评估工作，才能真正落实污染者负担原则，客观公正地追究污染破坏生态环境者的损害赔偿责任。

完善环境损害鉴定评估技术方法体系，是推进生态环境精细化管理和维护环境司法公正的必要保障。尽管自 2013 年以来，原环境保护部相继出台了《环境损害鉴定评估推荐方法》（第Ⅱ版）、《生态环境损害鉴定评估技术指南总纲》等规范性文件，为环境损害的定量化提供了基本的参考的依据，但实践中推荐方法的选择以及具体计算参数的确定等还都是难点，使得生态环境损害赔偿的定量化还比较困难。

除了鉴定评估技术体系的不完备，在我国还存在具备评估能力、能够独立开展鉴定评估的机构严重不足。同时，鉴定机构的分布也不平衡。[2] 加之，受到鉴定范围的限制、监管乏力以及相关法律法规不健全等

---

[1] 如《最高人民法院关于审理环境民事公益诉讼案件适用法律若干问题的解释》第 15 条规定："鉴定人作出的鉴定意见或者就因果关系、生态环境修复方式、生态环境修复费用以及生态环境受到损害至恢复原状期间服务功能的损失等专门性问题提出的意见，经质证可以作为认定事实的根据。"

[2] 据统计，截至 2018 年 9 月经省级司法行政机关登记的专门从事环境损害司法鉴定业务的鉴定机构共有 78 家。这些机构集中分布在 17 个省（自治区、直辖市），全国有近半数省份没有专门鉴定机构。参见《司法部关于做好环境损害司法鉴定机构和司法鉴定人准入登记有关工作的通知》。

诸多方面的影响，使得环境损害评估鉴定工作在为解决环境纠纷提供科学的判定依据和司法证据支撑方面存在明显不足，远不能满足当前生态环境损害赔偿制度改革、环境行政执法、环境资源诉讼等方面的鉴定需求，这客观上影响了环境案件的高效审理和公正裁判。因此，尽快增加与办案需求相匹配的环境损害鉴定机构，不断完善环境损害鉴定评估制度，已成为实践中全面加强生态环境保护的迫切需要。当前，完善环境损害鉴定评估主要可以从以下两方面着手：

首先是扩大专业鉴定机构的司法鉴定范围，并根据需要，认证一批具有独立性和中立性的鉴定评估机构，为环境法庭的审判工作提供技术支持。其次是建立和完善鉴定标准、鉴定程序、鉴定方法规范、责任追究等法律机制，确保鉴定机构的独立性和中立性，逐步实现环境损害鉴定工作的规范化、程序化和标准化。

另外，还有一个需要指出并加以明确的问题是，既然鉴定难、鉴定贵问题不可能在短期内得到很好解决，这就要求人民法院在案件审理过程中既要合理选择适当的鉴定机构以满足环境司法活动对鉴定的需要，又要能够充分认识到鉴定结论只是证据的一种类型并非唯一的形式，还要善于另辟蹊径不断丰富案件事实查明方法、拓宽证据形式，特别是对于环境资源主管部门出具的相关行政文书，国务院环境资源行政主管部门推荐的机构出具的检验报告、检测报告、评估报告、监测数据，经当事人质证，可以作为认定环境侵权案件事实的根据。①

在我们看来，法官在案件审理过程中是否能够正确地认识到技术与法律之间的关系，妥当地平衡好"真"与"善"或者说"实然性判断"与"应然性判断"的关系，不"唯技术是赖"或不"唯鉴定是从"是尤为重要的。尽管对于实现司法公正而言，正确地判断案件事实是一件非常重要的事情。然而却不能让基于法律问题的判断受制于科技，从而沦为科技之工具。因为从根本上说，"司法活动的实质并不是认知而是合法性评价，它的目的也并不是追求事实之真而是追求法律之善"②。因此，虽然环境司法需要依赖科技手段解决事实查明问题，但最终环境司法的目的在

---

① 参见江必新《中国环境公益诉讼的实践发展及制度完善》，《法律适用》2019年第1期。
② 郑成良：《法律之内的正义：一个关于司法公正的法律实证主义解读》，法律出版社2002年版，第116—117页。

于"超越此一科技限界,而追求实证技术外之人文价值"①。

六 共画公益保护最大同心圆:健全环保与司法的协调联动执法机制,增强国家环境司法力量

分权制衡是现代法治的基本原则。从理论上看,不同的国家职能部门因其职能定位不同而承担着不同的公共职能,行使着不同的公共权力。因此,从合理分工与权力保障的要求上,应当厘定彼此间的权力边界而不能越俎代庖。但随着时代的发展变迁,现代权力分立论也注入了分工合作的因素,开始在分权制衡中强调权力间的相互配合、协同共治。因为权力上的分立只是手段上的安排,其本身不是目的。因此,分权并不意味着不同职能部门间的孤立与隔离。相反,不同职能部门间相互协调配合的好坏,才是管理效能是否可以整体奏效的关键。

那么,在环境司法中如何实现"以权力合作协同促环境善治"的目的呢?我们认为,环境司法是一种典型的"协同型"司法活动,司法权不应、也不可能是孤立和封闭性权力。从协同司法的角度看,各职能部门各自为政、孤军奋战不符合环境系统管理的基本要求。相反,各职能部门间协调联动齐抓共管,既有利于发挥各自的专长和职能优势,也符合环境问题复杂、环境保护任务艰巨、涉及面广、具有跨部门跨行业的特点,需要各职能部门分工合作各司其职各尽其责,增强环境保护协调性和整体性的"善治"要求。因此,从环境司法的治理效能上看,司法权不可能被排除在环境行政执法与司法衔接机制之外。这也就是说,要充分发挥法院在推进生态文明建设中的司法保障职能,就离不开国家各职能部门间的彼此协调联动和相互配合。这要求在环境司法实践中不仅要有"大环境观",也要树立与之相匹配的"大职能观"。如此一来,既可以提高环境治理效能,也有利于克服过去因偏狭的"部门权力本位观"形成的相互掣肘而导致的守土有责却难以尽责的不良现象。

从司法实践上看,环境案件往往涉及多方利益,是司法问题也是社会问题。因此,案件处理往往难度较大。要解决好这些现实问题,关键是要建立环保部门与环保法庭以及其他环境执法机构的执法协调联动机制,如案件的移送制度、联络员制度、联席会议制度以及信息通报制度等。

---

① 柯泽东:《环境法论》,台湾三民书局1995年版,第31页。

近年来，为了破解"执法难"问题，云南昆明等地针对建立环境保护执法联动机制出台了相关实施意见，尝试提出了将环保部门与司法机构有机结合，通过法院、检察院、公安和环保局四方联动，着力强化司法保障，打击各类环境违法犯罪行为，构建行政执法与刑事司法"无缝对接"体系，进一步提高环保行政执法效率和防范打击能力。这些措施，为环保法庭的有效运行作出了有益探索和尝试。实践证明，环境司法特别是环境刑事司法是由生态环境管理部门、公安机关、检察机关、审判机关、刑罚执行机关等多主体在相互衔接、协调联动基础上"合力"完成的实践活动，不同职能部门之间的有效集成、互联互通，对充分发挥审判职能惩治环境犯罪发挥了重要作用。

尽管现阶段我国环境行政执法与司法协调联动机制有了一定法制基础，但实践中机制运行不畅的问题还比较突出。比如，因环保部门有案不移、以罚代管、以罚代刑、公安机关立案及处理率低、检察职能发挥有限、法院职责缺失等制约性因素的存在，导致协调联动受阻或不畅难以形成有机合力，在一定程度上影响了环境行政执法协调联动机制功能的有效发挥。

我们认为，要健全环境行政执法与司法协调联动机制，首先要破除体制机制上的障碍，做到以"生态"为连接点、以"系统管理"为基本要求，立足于"四权一体"的原则去优化配置行政、公安、检察、法院的环境保护职能。其次要完善立法，建立一套科学、完整、系统的环境保护职能部门协调联动的规范体系，不断提高环境行政执法监管职责、环保与公安机关有效衔接、检察机关环境检察监督以及法院环境司法保障职能间协调联动的法治化水平。

过去，因对环境问题和环境保护缺乏统筹考虑，对环境资源采取分门别类、分而治之的分割式保护是环境治理中普遍的做法。事实上，这种思维也直接影响了我国各职能部门在环境保护问题上的权力义务配置，这主要表现在对国家各职能部门职能分配上过度强调"彼此分工"而对"协同共治"重视不够，更有甚者，这种职能设置可能还更多的是针对环境保护行政管理内部的体制安排，似乎难以与其他职能部门串联起来。这不仅导致了在环境治理整体格局中环境行政权的一家独大，公安、检察、法院环境保护职责却严重缺位的问题，而且也在一定程度上导致了各部门间在环境保护问题上天然的隔绝与对立。实践证明，制度"碎片化"和管理"分割化",不符合整体性保护需要各职能部门高度综合协调的基本要求。

行政权与司法权的协调也是在环境保护职权配置上应注意的问题。行政管制模式之所以能够成为各国应对环境问题的主导模式,是因为环境治理中的行政权是通过执行法律事前为社会谋取公共利益、促进权利实现的积极性权力。相比较而言,在维护环境公共利益方面司法权主要是以对生态环境损害的事后救济为导向的消极性权力。这意味着,在环境治理方面行政机关的监管始终应当是第一位的,而司法权作为最后一道"守土有责"防线则更宜于充当行政权的"助手"而不是相反。因此,即便我们再怎样强调司法能动,也都应做好在生态环境保护中行政权和司法权的合理配置,注意处理好它们之间的协调互补关系以避免职能错位。为此,我们应当深入研究环保部门在环境司法运作过程中的角色与职责定位,不断创新环境执法协调机制,积极探索以环境司法促进环境执法、有效化解环境纠纷、不断提高环境治理效能的机制和路径,以强大的环境司法力量切实维护社会公平正义。

第二节 直挂云帆济沧海:直面新时代中国环境司法面临的新机遇新挑战

党的十九大报告和十九届四中全会对新时代生态文明建设以及坚持和完善生态文明制度体系作出的重要论断和决策部署,为新时代环境司法提供了理论指导、方向引领和发展机遇。因此,环境司法必须站在新的历史起点上,坚持良法善治理念,努力书写生态环境司法保护的时代答卷。

一 途正可登顶:以制度自信推进制度建设

党的十九大报告中提出了一系列既赓续传统、也契合当下、更指向未来的时代命题,对于指导新时代我国环境司法发展具有重要的思想和方向引领意义。党的十九届四中全会决定提出的关于"坚持和完善生态文明制度体系,促进人与自然和谐共生"的生态法治新部署,对于推进环境治理体系中的环境司法,用最严格的法治保护生态环境,提供了重要的制度安排和新的适用空间,为新时代环境司法创造了诸多历史发展新机遇。

例如,关于新时代我国社会主要矛盾已经转化为人民日益增长的美好生活需要和不平衡不充分的发展之间的矛盾的论断,蕴含着人与自然发展不平衡不充分是这一新矛盾的一个重要方面,并已成为满足人民日益增长的优美生态环境需要的主要制约因素的理性判断。从思想意识上看,要破解这一矛盾,就要坚持人与自然和谐共生,树立和践行绿水青山就是金山银山的理念,推进绿色发展,走生产发展、生活富裕、生态良好的文明发展道路。因此,新的社会矛盾论、人与自然和谐共生的文明发展论,内在地包含着只有形成人与自然是生命共同体,人类必须尊重自然、顺应自然、保护自然的生态文明共识,处理好求发展与保生态之间的辩证关系,才能不断推动生态文明迈向新境界的深刻思想。这些重要论述理应成为新时代加强环境司法,为生态文明建设和绿色发展提供有力司法服务和保障的思想理论遵循和实践范式。

又如,党的十九大报告不仅把生态文明建设纳入了"五位一体"总体布局,并将"绿色发展"作为五大发展理念之一,大大提升了生态文明建设在国家治理体系中的地位和作用。在发展的价值取向上报告指出,我们要建设的现代化是人与自然和谐共生的现代化,既要创造更多物质财富和精神财富以满足人民日益增长的美好生活需要,也要提供更多优质生态产品以满足人民日益增长的优美生态环境需要;必须始终把人民利益摆在至高无上的地位,让改革发展成果更多更公平惠及全体人民,使人民获得感、幸福感、安全感更加充实、更有保障、更可持续;增进民生福祉是发展的根本目的,必须多谋民生之利、多解民生之困,在发展中补齐民生短板、促进社会公平正义。这些体现了鲜明"人民立场"的发展观明确了发展的初心使命,也揭示了生态文明建设的核心要义是符合人类与自然共同诉求的未来发展之路,深刻地回答了文明发展是"为了谁"的问题。

"治国有常,而利民为本。"良好的生态环境是最公平的公共物品和最普惠的民生福祉。生态环境没有替代品,用之不觉,失之难存。显然,尽管现实生活中的生态环境损害表现为环境危害行为导致的生态系统结构或功能发生的不利改变,但其实质是对人们生存和发展权益的损害。因此,新时代环境司法对生态环境损害等突出环境问题的预防与救济,一定要坚守以人为本、人民至上的价值初心,多从解民生之困、谋民生之利的立场出发,把为民、利民、惠民作为环境司法的出发点和落脚点,作为衡量环境司法工作成效的评价标准和价值尺度。

再如，党的十九届四中全会决定在坚持和完善生态文明制度体系建设方面指出：促进人与自然和谐共生，要实行最严格的生态环境保护制度，健全源头预防、过程控制、损害担责、责任追究的生态环境保护体系；全面建立资源高效利用制度，健全自然资源产权制度，落实资源有偿使用制度，实行资源总量管理和全面节约制度；健全生态保护和修复制度，统筹山水林田湖草一体化保护和修复，加强森林、草原、河流、湖泊、湿地、海洋等自然生态保护，加强对重要生态系统的保护和永续利用，加强长江、黄河等大江大河生态保护和系统治理；严明生态环境保护责任制度，严格落实企业主体责任和政府监管责任，完善生态环境公益诉讼制度，落实生态补偿和生态环境损害赔偿制度。

"法与时转则治，治与世宜则有功。"我们认为，这些明确而具体的部署，对于推动新时代环境司法在着力解决突出环境问题、加大生态系统保护力度、坚决制止和惩处破坏生态环境行为，以及在积极探索生态环境司法保护有效途径，努力把环境质量改善转化为提高人民生活水平的增长点和造福人民的资本，使之成为人们实实在在的获得感方面提供了制度支撑、发展路径和着力点。

概而言之，从环境司法治理的角度看，党的十九大报告以及十九届四中全会决定对生态文明建设的总体部署，为环境司法提供的发展机遇可以概括为如下几个方面：

其一，"人与自然和谐共生"的生态自然观，深刻揭示了人与自然是"万物相形以生、众生互惠而成"的命运共同体的生命特征，具有明确新时代环境司法在构建人与自然和谐发展新格局中的标尺作用。这为环境司法解决经济利益和环境利益冲突、处理好求发展和保生态之间的关系提供了选择判断的基准和基本价值遵循。这要求环境司法在个案审理过程中，要正视我国经济社会发展的环境代价过大的突出问题，必须要通过审判对有害生态环境的行为予以法律上的规制和严惩。同时，在价值取向上，"人与自然和谐共生"的生态观还要求环境司法要注意克服"见物不见人"的弊端，法官的价值判断结论应当符合新时代环境公平正义和自由人权等价值要素的内在要求，这是环境司法价值理性对"人与自然和谐共生"的现代社会价值关切的积极有效回应，也是环境司法为实现"法为民而治"的目的而勇担社会责任的重要体现。①

其二,"节约优先、保护优先、自然恢复为主"的方针,为环境司法提供了鲜明的理念支撑。这要求环境司法必须坚持节约资源和保护环境的基本国策,实行最严格的生态环境保护制度。

其三,统筹"山水林田湖草"的系统治理观所要求的生态环境治理要"既见树木又见森林",为环境司法提供了方法论指引。这要求生态环境司法治理要从系统保护要求上进行整体推进,全方位、全地域、全过程地开展环境司法工作。生态环境系统治理的要求,延长了环境保护的司法边界、扩大了环境司法保护的覆盖空间。

其四,"实行最严格的生态环境保护制度、严明生态环境保护责任制度"的要求,为加大生态环境司法保护力度,用"制度之力"推进"生态环境司法保护之治"提供了法律适用上的制度安排。这要求环境司法审判要严格遵循源头严防、过程严控、损害严惩的审判运行机制,要多措并举、全过程预防和救济生态环境损害。这是运用生态法治思维和法治方法保护环境的核心要义,也是国家"最严"生态法治观在环境司法实践中的必然要求。

二 有为才有位:直面新时代环境司法面临的挑战

在我们看来,我国环境司法经过十余年的实践探索取得的三个方面的重要成果是有目共睹的、也是值得肯定的。其中的思想成果,使我们统一了认识,建立起了"环境司法是国家环境治理之重器"这一基本共识;其中的制度成果,使我们初步形成了一套对环境司法审判有一定规范价值的合理裁判规则;其中的实践成果,使我们确保了生态环境质量从长期处于总体恶化的态势开始向稳中向好态势的转变,使人民群众对良好生态环境的获得感大大增强。这三个方面的重要成果,既是环境司法理性和司法经验彼此互动、相互融合的产物,也是环境司法实践结出的丰硕果实。

总体来看,这些成果的取得,我们把它看作以下几个方面原因耦合的结果:环境公共利益损害的客观事实,是环境司法发展的现实依据;生态环境司法保护的实践探索,是环境司法发展的"内生动力";环境司法专

---

① 这也是法官的社会角色义务,即通过解决环境解纷以有效维护现代环境司法的基本人权价值。

门化理论研究成果,是环境司法发展的"新动能";生态文明建设的重大部署和法治生态化的历史转型,是环境司法发展的重大机遇。正是以上主客观、内外因等诸因素相互影响、相互作用形成的正向合力,推动了环境司法不断走向深入。

机遇与挑战从来都是相伴而生的。我们认为,目前我国环境司法在发展中面临的挑战,主要体现在生态环境司法治理的"软硬双核",即我们所说的治理体系与治理能力与新时代生态文明建设的要求还不相适应,生态环境司法治理的效能还比较低下。

究其原因,一方面是与传统私益救济的司法理念相适应的消极被动的司法主义哲学,难以满足环境公共利益损害预防与救济对能动司法的需求;另一方面是面对生态环境损害纠纷或环境公益诉讼等新的纠纷类型或诉讼形式,由于传统的司法审判体制机制以及审判制度体系,缺乏与环境案件审理需要且能够保障环境司法有机运行并有效发挥其功能相适应的内部和谐一致性,加之因环境司法的制度性供给能力不足而导致的司法权运行缺乏相应的制度保障等问题,都在一定程度上限制了环境司法在"定纷止争""兴公惧暴",以及维护环境公共利益方面功能的实际、有效发挥。

不仅如此,当前的环境司法也还面临治理能力匮乏的挑战。这主要体现在,环境司法实践中存在的"案难人弱"问题仍然十分突出。具体而言,就是法官在"寻找事实"和"寻找法律",以及准确适用法律法规惩治环境犯罪、解决环境纠纷、平衡利益关系、维护环境公平正义方面,因囿于专业素质和综合能力水平的限制,不能更好地履行环境司法职能,不能更好地适应生态环境司法治理能力现代化的要求。

这些问题的存在,迫切需要环境司法在新的历史条件下加快实现自身转型,以与新时代生态文明建设相适应的司法理念和价值观,来构建环境司法运行的新结构。而在这个过程中,制度创新与有效供给以及大力提升法官处理环境案件的能力,则无疑是环境司法实践中面临的最紧要的任务。当然也是提高环境司法治理体系和治理能力现代化的基本路径。

三 在守正创新中昭示自觉:构建"中国之治"环境司法新格局

环境司法审判体系和审判能力现代化,作为国家治理体系和治理能力现代化的重要组成部分，是生态文明时代全面推进生态环境法治建设的重要基础，是符合现代司法发展规律、让司法更好地满足人民对环境公平正义的需要，确保司法公正高效权威的必然要求。

要加快推进环境司法审判体系和审判能力现代化，就要着力解决影响环境司法公正、制约环境司法能力的深层次问题。而在这方面，首先要解决的就是环境审判的制度保障问题，即因环境司法的制度性供给能力不足而形成的生态环境司法治理的制度体系存在的不完善问题。其次要解决的是，环境审判活动的快速推进与审判能力不相匹配的问题。实践中的案多人少、案难人弱，与环境审判中法官司法能力的相对不足，构成了新时期环境司法工作最大的挑战。

对前一个问题，需要厚筑环境司法的制度根基，构建系统完备、科学规范、运行有效的环境审判制度体系来加以解决。"经国序民，正其制度。"环境审判的"中国之制"，是推动环境司法通向"中国之治"的重要基石。环境司法发展能力强、环境审判活动绩效优，其背后的逻辑是制度设计更好、治理效能更高。因此，新时代环境司法的发展必须要坚持和完善环境司法审判的"中国之制"，以生态环境法治建设为依托，促进立法的科学化和司法活动的规范化。

促进立法科学化和司法活动规范化，需要统筹考虑环境司法是"协同型"司法、"能动型"司法、"预防与救济"型司法和"恢复与保护"型司法的特征，积极探索与环境审判相适应的司法权运行保障机制，明确各职能部门的职责、处理和协调好环境审判中的司法权和其他国家权力资源之间的关系，注意发挥好环境行政审判监督和预防功能、环境刑事审判惩治和教育功能以及环境民事审判预防和救济功能的整体合力。

除此之外，还应当根据环境审判的实际需要，科学确立能够保障环境案件公正高效裁判所需要的庭审方式、事实认定规则、证据规则以及法律适用规则；还需要针对环境案件的特殊性和专业性特点，建立一套专门化的环境诉讼程序规则，注意协调好诉讼与非诉之间的关系，通过调解优先、多元化解等政策降低诉讼成本、促成诉讼和争议的实质性解决。[1]

---

[1] 我们认为，在环境司法实践中面对大量的待审案件，法院能否妥善处理好环境纠纷的司法最终解决原则与司法资源的有限性矛盾，是事关环境司法治理效能的一个重要问题。通过设立案件分流制度，鼓励诉前通过多元化的非诉讼纠纷解决机制进行解决，符合法治经济便宜的原则。

从科学立法的基本要求上看，还要补齐三方面的短板，即在制度构造上要解决好从"简单化"到"精细化"的转变，以提高制度的实操性；在制度体系上，要解决好由"点"到"面"的转变，以提高制度的系统化水平。在制度内容上，要解决好守正与创新的关系，依据审判实践中的新问题、新情况，以提高制度创设的合理性和实用性。

另外，对于法官面临的审理环境案件的水平和能力不足问题，我们认为这个问题的核心就是要解决好法官的从业资格问题，这需要从法官司法理性的不断提升和司法经验的不断积累两个方面着手。① 因为，在审判实践中，无论是对案件所涉事实问题还是对法律问题获得的认知，法官的理性认识和经验都发挥着不可替代的重要作用。这就要求法官既要有与案件审理相关的丰富法律知识特别是法律解释技巧，又要有对社会生活经验的获取和积淀，以及对社会生活较为深刻的洞察、领悟、思考和总结，这样才能为自己的判断提供足够的依据、并进而对案件所涉及的事实问题和法律问题作出合乎理性的判断。

在这里，法官的知识背景是裁判据以获得合法性和合理性，并进而维护裁判权威的重要保障。正如韦伯指出的，现代国家组织的成功须以高度的专业技术优势排除个人情感因素，对社会事务作出非个人化的理性安排。② 就司法活动而言，这意味着，法官在案件审理过程中必须具有与之相适应的专业知识优势，才能准确地解释和适用法律，保证案件得到公平公正的审理。

至于法官的司法经验或者叫作"实践理性"抑或"技艺理性"，则是在长期的司法实践中经过试错而积累起来的经验和智慧。这种经由司法实践、司法经验积累而来的司法理性，其重要的表现就在于提高了法官处理疑难案件的能力，同时也优化了个案裁判中的说理艺术。③ 因此，在司法实践中，法官基于司法经验所作出的判断更容易与社会大众产生亲和力，使法律对社会关系的调整更为合乎情理和易于接受。

---

① 一般来说，法官的司法能力应当包括学习研究能力、分析判断能力、语言文字能力、合作协商能力以及守正自律能力等几个方面。这些能力需司法者在不断学习和诉讼实践中积极培养和提升，以更好地服务社会治理。

② [德]韦伯：《论经济与社会中的法律》，张乃根译，中国大百科全书出版社1998年版，351—352页。

③ 参见韩伟《新时期需加强法官的技艺理性》，《人民法院报》2013年7月17日第2版。

其实就司法审判对法官的执业要求来看，无论是司法理性还是司法经验，无不在强调着这样一个事实，即法官从事的是一种专业性工作、必须要专业化。因为事实一再证明，司法的权力经过了道德的和知识的净化后会变成十分神圣的东西。法律工作非职业化，无论法治的实体价值或是形式价值，都会在从业者的无知和盲从中丧失。申言之，法治社会缺乏了主体条件的保障，即使有良法，也未必出现良法之治。①

环境司法有其特殊性，对法官的司法能力有着较高也较为特殊的要求。不仅需要法官具备系统的法律专业知识、还要求法官应当具备一定环境方面的科学知识。但总体来看，由于我国环境司法起步较晚，专业化色彩还不够强，无论在环境审判方面的知识理性上还是主体实践性上，都存在较为明显的缺陷和不足，这导致法官审理水平和能力还不足以应对解决环境纠纷的需要。正因为如此，我们认为，我国环境司法必须把"专业化"建设摆到更加重要的位置，使法官的从业素质逐步提高。这可以从两个方面入手：一是通过各种方式的在职培训，加强对法官的专业训练，不断更新和提高法官的专业知识；二是通过推行环境法官的考评制度，遴选和扩充更多符合环境审判从业要求的优质法官资源。

总之，我们认为我国的环境司法已经开始从过去的重数量和规模，走向现在的注重提质增效的发展阶段。中国的环境司法如何在"顺潮流、担道义、应变局"的发展过程中，通过履职能力的不断提升以增强其治理水平和效能，如何在有效化解纠纷的同时，也能够在权力制约和公共政策制定以及调节和引导社会生活等方面发挥其应有的作用，还需要在良好法律的创制、有能力法官的培养以及强有力的司法实施保障等诸多方面作出更加有为的探索和创新。

环境司法的发展必须坚持良法善治的理念。在我国，环境司法前所未有地展现出了其在推进生态文明建设和促进绿色发展以及提高环境治理水平和维护公众环境权益方面的强大功能，与此同时也进一步显示出需要为其良性发展"立制树威"，需要良法善治为其提供保障的重要性。那么，如何构建符合环境司法运行规律的、科学合理而又良好有效的法制体系与体制机制，从而实现生态环境司法治理的善治秩序，我们仍需不断探索和付出努力。

---

① 参见张文显《法理学》，高等教育出版社、北京大学出版社1999年版，第194页。

结语　以司法的名义助力生态文明建设

环境司法是现代司法在特定社会环境和历史背景下发展的必然产物，有其独特的时代蕴意和时代价值。今日之世界，环境司法发展蔚为大观，已成为一种世界性的司法现代化潮流。正如美国丹佛大学教授乔治·普林夫妇所言：环境法院和法庭在世界范围内的不断增加，是21世纪环境法领域最激动人心的发展之一。法治兴则国兴，法治强则国强。在开启中国法治现代化建设的新时代，我们不应该也不可能成为主流文化的逆行者。相反，中国环境司法要发展要振兴，就必须在历史前进的逻辑中前进、在时代发展的潮流中发展。

洞察时代风云，把握发展大势。在我们看来，法治现代化固然有其民族性和历史性，但同样也在昭示着其时代性和世界性。因此，确立与世界法治现代化进程相协调而又充满自己民族特质的制度安排，是中国法治现代化的不二选择。时移世易、变法宜矣。可喜的是，面对环境司法治理现代化潮流的荡涤，我国亦立足现实、放眼世界、主动适应现代司法发展的趋势，积极调整司法在我国发展的历史方位，强担当善作为，不断深化司法体制改革，环境司法终得以在我国生态文明建设的历史大潮中横空耀世、星火燎原，并不断发展壮大成为一个不可逆转的趋势了。

环境司法是法治思维创新的典范，具有重要的示范意义和实践价值。在中国语境下的环境司法，既是国家司法制度在"深化司法体制改革，优化司法职权配置，规范司法行为，建设公正高效权威的社会主义司法制度"的背景下取得的一项重要成果，也是司法在新时代中国特色社会主义历史条件下，立足于人民群众日益增长的美好生活需要与发展不平衡不充分这一社会主要矛盾，及时回应社会发展过程中人民群众对环境公平正义的需求，积极探索、推进司法改革的过程中合理选择的一种独具特色的司法模式，有其事实基础和历史必然性。

"法雨"滋润生态兴，司法让美丽中国梦绿意更浓。环境司法作为推进国家治理体系和治理能力现代化的重要举措，始终服务和保障生态文明建设大局，不仅掀开了当代中国司法现代化的崭新一页，而且环境司法的生动实践也实实在在地让中国感受到了司法改革增添的绿色审判的活力和司法担当取得的绿色发展的重要实效。实践证明，环境司法之剑不仅在守护生态"高颜值"、维护公众环境权益、促进环境公平正义方面具有举足轻重的作用，也有力推动了新时代中国特色社会主义法治国家建设的发展进程。

环境司法制度是司法制度中的一个冷知识。在我国，环境司法不仅开辟了全面依法治国理论和实践新境界，也为推进中国法治现代化建设注入了新动能。从根本上说，推动环境司法制度建设其目的主要是通过对环境案件的集中管辖和专门审理，提高环境司法审判的质效，解决影响环境司法公正和制约环境司法功能有效发挥的体制机制问题，消除环境案件审理中因地方保护和行政干预形成的诉讼"主客场"现象，以便更好地发挥环境司法在推进生态文明建设和绿色发展中不可替代的重要作用。

知者行之始，行者知之成。进入新时代，法治将发挥更积极的作用，也将面对更迫切的需求。近年来，在生态文明建设中努力展现大国担当的中国，积极借鉴世界先进法治文明的有益经验，且结合自身资源与要素优势，锁定问题，高站位、宽视野、大力度谋划和推进硬核司法体制改革，适时作出战略调整，向环境污染和生态破坏宣战，不断拓展环境公益保护的范围，努力提高生态环境治理效能，取得了历史性进展，为我国生态文明建设和生态环境保护提供了有力司法服务和保障。

环境司法在我国是一项满载创新的改革，从规模扩张到提质增效、从立良法到行善治，一路在摸索中前行、规范中发展。自彼时的 2007 年，中国第一家环保法庭在贵阳清镇问世开始了环境司法专门化的有益尝试以来，江苏、云南、海南等省的大地上环境司法波澜再起，他们走在前、做在先，产生了巨大的示范引领效应。正所谓头雁领程，群燕竞飞。目前，我国专门环境资源审判机构已超过 1350 个，已呈"天下云集响应，赢粮而影从"之势。从 1 到 1350，环境司法大潮澎湃帆正扬，创造了"当惊世界殊"的奇迹。

法治之花结硕果，绿色审判美名扬。历经十余年的实践探索，我国的环境司法在大力推进生态文明建设的背景下，行稳致远，逐渐走上了新的历史道路，为开展全方位的环境司法改革奠定了实践基础，积累了改革经验。其间，从尝试建立科学的审判组织形式、深化审判方式改革以及建立健全审判协调联动机制等方面入手，司法机关通过着力推进专门审判机构和专门审判队伍的建设，加强案件的归口管理和集中管辖，完善案件的审判程序和审判机制，强化环境司法理念的指引和审判理论的创新，不仅有力地促进了环境司法专门化体系的形成，而且推进了环境司法专业化的不断拓展。环境司法审判可谓成效明显、影响卓著、亮点纷呈。

如同对任何事物都要进行一分为二的分析一样，若只看到成绩而看不到问题，未免短视。毕竟，环境司法制度不是我国土生土长的产物。对于目前我国正在进行的环境司法改革，就其涉及领域的广度和深度而言，较之以域外环境司法制度成熟和发达的国家，我们还有相当大的差距，很多方面都还存在问题，远谈不上完备和出色。比如环境司法实践中，实用主义侵越合法性问题和司法行为的不规范问题仍然存在；环境司法理念、环境司法能力以及环境审判工作机制等，与新时代生态文明建的形势发展以及人民群众对环境公平正义的需求相比还有不小差距。特别是可能影响环境司法公正的深层次的司法体制机制，还不科学不完善。显然，这些问题的存在，需要我们对环境司法在我国的发展有一个恰当的认识和评价，并有必要做长期努力的思想准备。

光明的道路，要有新作为。进入新时代的环境司法改革必然是全方位的系统性改革，应当具有全面整体的均衡框架。从国际社会的成功经验看，环境司法的发展和完善是在系统性、整体性和协调性的基础上统筹谋划向前推进的，始终伴随着环境案件管辖权、环境纠纷审理规则、审判人员组成和知识结构、纠纷处理方式以及案件管理方式等的调整和创新。以此为鉴，我国环境司法的改革必须要解决好与其关联度高、相互配套措施的同步推进，进一步增强改革的系统性、整体性和协调性。

守理念之正，创机制和制度之新。在我们看来，审视现实之弊端固然重要，但更为重要的是探索变革现实之流弊的方法和途径，思考未来之良法，构筑制度之藩篱。总的来看，我国环境司法的良性发展，除了要继续做好树立和坚持维护环境权益、注重预防、修复为主、公众参与等现代环境司法理念，充分发挥审判职能、提高依法审理各类环境资源案件能力，继续加大对环境公共利益的保护力度，持续推进环境资源专门审判体系建设，不断提升环境资源的司法保障水平等方面的工作外，在环境司法制度建设方面要做到"有良法可依"，还需要做好以下几个方面的工作：

其一，从"简单化"到"精细化"的转变，以提高制度的实操性。大而化之地进行制度设计，无法应对环境司法实践对精细化治理的要求。《中庸》有言："致广大而尽精微。"细节往往决定成败，因此我们认为，未来环境司法的发展必须要有"精细化"的思维。

其二，要解决好点面结合，由"点"到"面"的转变，以提高制度的系统化水平，既要面上好，也要点上优。

其三，要解决好守正与创新的关系，要依据审判实践中的新问题、新情况，不断提高制度创设的合理性和实用性。

改造自身，适应世界。我国的环境司法改革不是追逐潮流和随波逐流，而是立足国情、在回应社会需要的法律实践中创造属于中国的"本土"法制的过程。不同国家的法律总会有先进与保守之分，发达与落后之别。因此，取人之长、接受他国先进的法律文化和司法制度及理念为我所用，是应当的也是必须要做的。无视司法文明的共同之处，或者盲目排斥西方的文化成果，是一种狭隘的文化偏见。

矫正迷失，重返正途。事实上，我国的环境司法改革是在世界环境司法发展的历史进程中进行的，并不是直接地建立在以往传统的基础上进行的，是一个借鉴的过程，不可能不带有西方文明的色彩。但这并不意味着我们所进行的环境司法改革可以不考虑我国的国情和传统，一切都应当以西方模式为标准摹本、一切都要向西方看齐。相反，我们所进行的环境司法改革必定是一个中国化的创造性转换式改革进程。

借鉴岂能"抛却自家无尽藏，沿门托钵效贫儿"。中国的环境司法改革是一个"反思司法现代化"的新典范。坚持司法现代化与中国国情的统一和坚持中国特色与借鉴世界先进法治文明的统一，是我国环境司法改革的出发点和基本要求。以此为指针，中国的环境司法改革就必须要确立"中国"这一主体意识、凸显"中国问题"这一问题意识、解决"中国发展"这一现代化诉求、构建"中国风格"这一民族特质，既不要落入西方中心主义的陷阱，也不能掉进狭隘的民族主义泥潭。

事要去做才能成就，路要去走才能辟通。新时代环境司法面临新的挑战和发展机遇，如何以提升审判体系和审判履职能力现代化，助推国家治理体系和治理能力现代化贡献新时代"中国之治"司法方案，是环境司法面临的新挑战，也是环境司法肩负的历史性任务。在我国，环境审判体系和审判能力现代化作为国家治理体系和治理能力现代化的重要组成部分，是加快建设公正高效权威的社会主义司法制度的有效途径，是为生态文明建设和经济社会可持续发展提供有力司法服务和保障的必然要求。中国的探索，形成了很多环境司法治理有效模式和经验，不仅赋予了国家治理以新的内涵，也拓展了中国特色社会主义法治道路，为新时代"中国之治"提供了新的制度依托，对于各国环境治理体系建设也具有普遍意义。

谋定而心无旁骛，躬身而务求实效。进入新时代，法治将承担更繁重任务。在国家治理现代化的战略导向下，环境司法要体现司法担当、贡献司法力量，就必须要积极回应时代关切、更新理念、提升能力、强化创新、补齐短板，持续探索绿色审判新机制、科学设计绿色审判新制度。唯有如此，才能充分发挥审判职能，为生态文明建设提供有力司法服务和保障，为国家治理体系和治理能力现代化提供坚实的司法基础。

以命运共同体展望人类未来，以中国梦擘画民族复兴蓝图。中国的环境司法改革，由问题倒逼而产生，又在不断解决问题中而深化。在环境司法制度建设上，没有完成时，只有进行时。古语有云，天下之势不盛则衰，天下之治不进则退。我们坚信，在不久的将来，一场开启中国环境司法之治新境界的改革，必将展现出更为壮丽的图景。我们也期待，中国环境司法改革之创举能够光耀世界、普惠全球，为纾解人类的生存和发展之困、探索新的人类永续发展之道，提供更多新的选择、范式、经验和前瞻性解决方案。

大道之行，天下为公；良法善治，民之所向。关键时刻担当是环境司法的醒目底色。在我国，"为生态增绿""为生民立命""为万世开太平"，司法未缺席、沐荣光、解民忧、孚民望。"作始也简将毕也钜。"站在新的历史起点上，以提升质量与能力为核心，扎实推进环境司法专门化，不断提高环境司法的治理效能，满足人们安全感、获得感和幸福感，环境司法道阻且长，行则将至。

风物长宜放眼量，勇立潮头再争先。环境司法治理不能争旦夕之功，必须摈弃短视思维。越是成绩斐然，越需百尺竿头更进一步。越是任重道远，越需舍我其谁开新篇的担当精神。

致敬中国环境司法"不负江山不负卿"！

参考文献

［澳］P. A. Bergin：《澳大利亚法院之调解现状——以新南威尔士州为中心》，《法律适用》2011年第6期。

［英］阿蒂亚：《法律与现代社会》，范悦等译，辽宁教育出版社、牛津大学出版社1998年版。

蔡守秋：《以生态文明观为指导实现环境法律的生态化》，《中州学刊》2008年第2期。

蔡守秋、文黎照：《印度〈2010国家绿色法庭法〉评介》，《法学杂志》2013年第11期。

陈业宏、唐鸣：《中外司法制度比较》，商务印书馆2000年版。

程琥：《论我国专门法院制度的反思与重构》，《中国应用法学》2019年第3期。

高家伟：《欧洲环境法》，工商出版社2000年版。

［日］谷口安平：《程序的正义与诉讼》，王亚新、李荣军译，中国政法大学出版社1996年版。

顾培东：《社会冲突与诉讼机制》，四川人民出版社1991年版。

黄学贤、王太高：《行政公益诉讼研究》，中国政法大学出版社2008年版。

［英］吉檀迦利·纳因·吉尔：《印度环境司法：国家绿色法庭》，李华琪等译，王树义审订，中国社会科学出版社2019年版。

江必新：《环境权益的司法保护》，《人民司法》2017年第25期。

江必新：《中国环境公益诉讼的实践发展及制度完善》，《法律适用》2019年第1期。

李挚萍：《环境基本法比较研究》，中国政法大学出版社2013年版。

李挚萍：《美国佛蒙特州环境法院的发展及对中国的启示》，《中国政法大学学报》2010年第1期。

李挚萍：《外国环境司法专门化的经验及挑战》，《法学杂志》2012年第 11 期。

卢洪友：《外国环境公共治理：理论、制度与模式》，中国社会科学出版社 2014 年版。

吕忠梅：《环境法学》，法律出版社 2008 年版。

吕忠梅：《环境司法理性不能止于"天价"赔偿：泰州环境公益诉讼案评析》，《中国法学》2016 年第 3 期。

吕忠梅：《生态文明建设的法治思考》，《法学杂志》2014 年第 5 期。

吕忠梅：《新时代中国环境资源司法面临的新机遇新挑战》，《环境保护》2018 年第 1 期。

吕忠梅、焦艳鹏：《中国环境司法的基本形态、当前样态与未来发展》，《环境保护》2017 年第 18 期。

吕忠梅、刘长兴：《环境司法专门化与专业化创新发展：2017—2018 年度观察》，《中国应用法学》2019 年第 2 期。

吕忠梅、张忠民、熊晓青：《中国环境司法现状调查——以千份环境裁判文书为样本》，《法学》2011 年第 4 期。

[美] 罗斯科·庞德：《法律史解释》，邓正来译，中国法制出版社 2002 年版。

梅宏、高洁璞：《美国非诉讼纠纷解决机制及其对我国的启示》，《北京仲裁》第 69 辑。

[意] 莫诺·卡佩莱蒂：《福利国家与接近正义》，刘俊祥等译，法律出版社 2000 年版。

[美] 庞德：《通过法律的社会控制·法律的任务》，沈宗灵等译，商务印书馆 1984 年版。

[美] 乔治·普林、凯瑟琳·普林：《环境法院和法庭：决策者指南》，周迪译，王树义审订，中国社会科学出版社 2017 年版。

苏力：《法律活动专门化的法律社会学思考》，《中国社会科学》1994 年第 6 期。

苏力：《法治及其本土资源》，中国政法大学出版社 1996 年版。

王树义：《论生态文明建设与环境司法改革》，《中国法学》2014 年第 3 期。

王曦：《美国环境法概论》，武汉大学出版社 1992 年版。

王旭光、王展飞:《中国环境公益诉讼的新进展》,《法律适用》2017年第6期。

[德]韦伯:《论经济与社会中的法律》,张乃根译,中国大百科全书出版社1998年版。

[日]小岛武司:《诉讼制度改革的法理与实证》,陈刚等译,法律出版社2001年版。

[法]亚历山大·基斯:《国际环境法》,张若思译,法律出版社2000年版。

杨帆、黄斌:《瑞典、澳大利亚、新西兰、美国的环境法院及其启示》,《法律适用》2014年第4期。

杨宜中:《环境司法专门化"贵阳模式"的实务意义和理论价值》,《人民司法》2017年第31期。

姚燕:《新世纪以来生态文明建设的回顾与分析》,《当代中国史研究》2013年第3期。

叶俊荣:《环境政策与法律》,中国政法大学出版社2003年版。

于文轩:《环境司法专门化视域下环境法庭之检视与完善》,《中国人口·资源与环境》2017年第8期。

[日]原田尚彦:《环境法》,于敏译,法律出版社1999年版。

张宝:《环境司法专门化的建构路径》,《郑州大学学报》(哲学社会科学版)2014年第6期。

张文显:《法理学》,高等教育出版社、北京大学出版社1999年版。

张忠民:《环境司法专门化发展的实证检视:以环境审判机构和环境审判机制为中心》,《中国法学》2016年第6期。

章武生等:《司法现代化与民事诉讼制度的建构》,法律出版社2003年版。

赵军:《贵阳法院生态保护审判案例精选》,人民法院出版社2013年版。

郑成良:《法律之内的正义:一个关于司法公正的法律实证主义解读》,法律出版社2002年版。

左卫民:《诉讼权研究》,法律出版社2003年版。

后　记

　　环境司法是人民法院在生态文明建设的时代背景下，转型发展和探索创新的成功实践范式，也是国家为推进和加强生态环境司法治理而作出的重大制度安排，需要环境法学者对这一法律现象的前世今生作出梳理和解释，尤其需要将其在实践中形成的、对环境审判实务具有普遍指导意义的成功经验和建设性成果加以提升、概括、总结，并将其概念化和理论化，从而创建出基于中国经验的环境司法的科学理论体系。显然，这是一个有情怀和责任感的环境法学者应当积极回应的时代关切。正是出于此目的，2016年我申报并成功获批了陕西省哲学社会科学基金项目——"生态文明建设的司法保障机制研究"这一课题，该著作即是我在此项课题基础上持续跟踪研究环境司法理论和实践问题所形成的一项成果。

　　环境司法制度是我国司法制度中的"冷知识"。但是近年来这个问题不但人们不再陌生，事实上它也已经成为广受法律实务和理论界关注的热议话题。对我而言，之所以选取这个问题作为研究课题，说起来既有一点研究生时期的影响，也是偶然的机缘所得。

　　记得早在攻读硕士学位期间，出于对法治理论的某种偏好，我在学习中隐约地意识到，长期以来由于我国在环境治理中存在的"重立法、强行政、弱司法"的非均衡治理格局导致的环境司法职能的严重缺位，已经严重影响了环境社会公共利益损害的司法救济。而从全面加强环境法治、推进环境治理的角度看，司法作为环境治理中不可或缺的重要组成部分，理应成为中国环保中的一支新生的中坚力量。因此有必要通过司法改革、培育新的治理机制，建立一个集立法、执法、司法于一体的全方位环境均衡治理新格局，以弥补因司法在环境治理方面功能不彰带来的对环境污染和生态破坏无法及时有效和充分救济的缺陷。

　　正是带着这种最初的认识，我在课余时间尝试撰写了一篇还算有点研究性质的小论文——《环境权益的司法保障制度研究》，发表在了当时的

《法律科学》增刊上。但那个时候，对于尚处在学术启蒙阶段的我来说，没有能力也没有定力做到在学习中凝练明确的研究方向，并把研究不断推向深入。更不可能有先见之明、预测到环境司法会不期而至地成为唱响中国大地司法改革的中心问题，并因此而掀起一股环境司法研究热潮。所以，在此后的学习中我并没有坚持对这一问题的持续追问和探究。

偶然的机缘是，2014年年初至2015年6月，西北政法大学和德国国际合作机构（GIZ）中德法律合作项目共同实施了一个"陕西、广西、甘肃法官培训项目"。该项目是以"环境司法"为主题的中欧环境治理项目的地方合作项目之一，旨在通过对法官的系统培训，学习欧盟的环境司法最佳实践，提高法官对环境案件的应对和处理能力，以便整体推进中国的环境司法目标。

幸运的是，在该项目实施过程中我被选聘为项目培训专家，主要承担环境司法专门化课程的主讲任务。另外，出于项目培训的需要，按照项目组的要求，我还参与了该项目培训教程的编撰工作，并具体编写了"环境司法专门化的理论与实践"部分，作为课程培训的参考资料供法官选用。后该文被收录于《环境法适用的理论、实践与欧盟经验》一书，作为整个培训项目的最后产出成果由人民法院出版社出版。

更让我意想不到的是，在项目结束后，我还被国家法官学院广西分院、广西法官学院荣聘为兼职教授。正是这一次亦教亦学的特殊体验和十分难得的近距离接触与观察司法原生态的机会，不仅修正了不少以往我对于司法的雾里看花式的肤浅认识，也大大丰富和深化了我对法官职业以及司法活动规律的认识和理解。此外，这件事于我而言还有一个附加值，那就是它不仅再次激发了我对环境司法问题的关切，甚至可以说也是推动我进一步深入和系统研究环境司法改革这一理论和实践问题的转折点。

其实，我还是颇为认同司法更多的是一种实践的事业，对司法客观规律的探索有时不得不让位于司法实践者这样的说法的。因为，对司法规律的深刻把握仅凭坐而论道难得其要，一如医者的精湛医术必须要从诊疗实践中来、自然离不开大量长期的临床实践的历练和点滴经验的积累。这决定了，只有在司法活动中长期摸爬滚打的司法操作者方能体验到对司法最真切的感受，对司法改革才最有话语权。这样看来，从司法实践者这一主体的角度反思环境司法改革之利弊，也许更能接近事物的本质。而如我等这般既没有司法实践履历也缺乏相关从业经验积累的一个外在观察者，竟然也来津津乐道司法实务这一实践理性问题，从"成果转化"的角度看到底价值几何，我倒没有自信了。

日本经营之圣稻盛和夫曾说："伟大的事业"乃是朴实、枯燥工作的积累。美国法学家格兰特·吉尔莫更为直接地指出："我们的专业里有大量枯燥的苦活；我们必须处理、驾驭大量的琐碎的细节，我们必须极端重视具体细节。我们必须接受这一事实，即我们大部分的时间必须花在乏味的工作上。"这些经验之谈和实践智慧无不提醒我们，无论做何事情重视细节并为此付出必要的努力都是极其重要的。

应当承认，司法是一个实践性很强的领域。在课题研究过程中，我也曾深切地感受到"生态环境司法治理机制"问题，其实是一个需要用"明确、细致、可行"作为制度建构遵循的基本公式才能很好得以表达的具体实践问题，如果只是博大而不精深、含混而欠缺精确地笼而统之式地谈论司法的运行机制问题，而不能很好地把理必求真、事必求是的"工匠精神"的研究哲学有机地贯穿在研究过程中、去做一点具体而扎实的研究，这样的成果对司法实践的助益是不大的。这样看来，我对于我所从事的研究就更加没有自信了。

近年来，在法学研究中出现了一种所谓的"热点法学"现象。热点法学之所以盛行，很大程度上可以归因于申报项目与发表论文的压力下促成的求新求奇的心理。在我看来，一般"热点法学"的成果多数属于应急思维产物下追逐时政热点的"急就章"，有时就像报纸上的新闻，有些可能会轰动一时，但是昙花一现、好景不长。这有点类似于市场营销中，为解决一时之需而以短平快的方式提供的无法从全局上满足需求的短线产品。既然是短线产品，那就有短的特性，比如产品的生命周期短、促销期短等。但短线产品一旦被热炒之后，优势却又很明显，比如可以快速提高产品覆盖率、有效打击竞品、可以短期内快速赚一把等。操作短线产品一般做的都是"一锤子买卖"，往往产品有"牌"而不一定也有"品"。

但是，学术研究提供的是知识文化产品，它不能奉行韦伯的工具理性，老想着如何采取有效手段获得即刻回报，总是思考着如何在一个个热点中成功地实现自我营销，而从来不去思考价值和意义问题。因此，过度追求"实用之用"的功利主义法学研究，且不说其自身研究的自主性问题是否值得怀疑，即便从社会效益上看，一旦情势变更导致"热点"过后没有了"卖点"，还能留下什么，也是很值得怀疑的。这样一想，我又开始质疑我所进行的这项本身就缺乏长期积累并且不乏跟风之嫌的研究的真实价值了：它们是有用的吗？它们是社会所需要的吗？我的这些所谓的研究成果不是在自说自话吧？

纸上得来终觉浅，绝知此事需独思。可以聊以自慰的是，幸好我所进行的研究并不是建立在一个不曾受过批判检视基础上的众所周知、人云亦云的东西。无论怎样，理论和实践都还是应当保持一定距离的。在我看来，法学研究不是也不应该是实在法的回音壁和社会生活经验的反光镜。即便是作为解决具体法律问题的技术性法学研究，也不能丧失其知识的反思性。否则，我们的学术研究就可能是徒劳无益的学术游戏。

从知识生产的角度看，没有哪一个有尊严的学者能够坦然接受自己的作品只是用作点缀的装饰之物，是可有可无的东西。但我也深知，在环境司法领域已经生产了不少颇具影响的学术研究成果的情况下，还能写出一点自带光芒的真知，是十分不易的。古人云：贤者，以其昭昭、使人昭昭。今自己尚且昏昏，何能使人昭昭呢？尽管在写作过程中，我在"释众人之疑、辩是非之理"上作出了努力，但我仍然不敢贸然说，我所提供的东西一定是具有建设性的硬核研究成果。但有一点是可以肯定的，即至少它还不至于是在传播有关环境司法的大众化和碎片化知识。对此，我也只能尽其当然、顺其自然了。

我自知，从一个内在参与者的角度来看，我的论述可能会不孚众望。不过这没有关系，悟者云："一花一天堂、一草一世界。"既然做不了炬火，那就好好发出萤火之光。在我看来，这两者对于照亮前行之路都是不可或缺的。因此，我仍然寄望于能够通过克服我思想上的懒惰以及用我精神上的劳作赢得的"凡人微光"，能为吾国之生态环境法治建设尽一份力！

落其实者思其树、饮其流者怀其源、学其成时念吾师。再次感谢导师王树义教授在学术成长之路上给予我的鼎力支持和无私帮助。先生对我的研究生涯影响至大，为其一贯倡导的"勇攀理论高峰、开创学术新风"的思想，是学生在不断求索的学术征程中永志不忘的座右铭。

再次感谢资深编辑梁剑琴博士为本书的出版作出的努力和提供的帮助，感念我们以书为媒结下的美好同学情缘。

感谢在本书写作和出版过程中给我提供便利和各种支持的领导、师长，也感谢在参与调研和修改书稿的过程中以不同方式给我以帮助、鼓励、启发的学友和同事。

感谢家人对我近乎有些"唯我"的学习和工作方式的包容和理解，没有他们背后有温度的支持，就没有我一次次面对困难、战胜困难的希望与力量。

感谢在写作过程中笔者参阅过的文献的作者。他们的论说和观点，是我思想诉求的无声序言。

感谢有你，感恩前行！

王继恒

2020 年 3 月 21 日完成

2020 年 7 月 13 日修改补记